Badach

Voice over IP
Die Technik

Anatol Badach

Voice over IP
Die Technik

Grundlagen und Protokolle
für Multimedia-Kommunikation

2., überarbeitete und erweiterte Auflage

HANSER

www.hanser.de

Bibliografische Information Der Deutschen Bibliothek:

Die Deutsche Bibliothek verzeichnet diese Publikation in der Deutschen Nationalbibliografie; detaillierte bibliografische Daten sind im Internet über http://dnb.ddb.de abrufbar.

© 2005 Carl Hanser Verlag München Wien
Lektorat: Margarete Metzger
Herstellung: Irene Weilhart
Datenbelichtung, Druck und Bindung: Kösel, Krugzell
Printed in Germany

ISBN 3-446-40304-3

Inhalt

Vorwort

Die heutige Gesellschaft kann man sich ohne Telefon kaum noch vorstellen. Das Internet ist inzwischen auch zum unabdingbaren Kommunikationsmedium geworden, über das jeder und zu jeder Zeit Information über fast alles abrufen sowie E-Mails senden und empfangen kann. Das Internet ist ein weltweites Rechnernetz, in dem die Daten nach dem sog. *Internet Protocol* (IP) übermittelt werden. Man kann es auch als Dienst für die Übermittlung von Informationen in Form von IP-Paketen ansehen. Vergleicht man diesen Dienst mit dem Briefdienst der Post, so entspricht ein IP-Paket einem Brief und die sog. *IP-Adresse* einer postalischen Adresse. Auch in anderen Netzen werden Daten als IP-Pakete übermittelt. Alle Rechnernetze mit dem Protokoll IP bezeichnet man als *IP-Netze* und wünscht sich, dass in diesen Netzen auch die Sprachkommunikation stattfinden kann. Dies führt zur Übermittlung von Sprache in IP-Paketen. Diese spezielle Form der Datenübermittlung bezeichnet man als *Sprache über IP* bzw. kurz *VoIP* (*Voice over IP*).

VoIP bedeutet nicht nur zwei Telefone und IP dazwischen, sondern hinter diesem Begriff verbergen sich sehr komplexe Vorgänge. Hierzu gehören sog. *Signalisierungsprotokolle*, nach denen eine Verbindung zwischen Telefonen vor dem Telefongespräch aufgebaut und danach abgebaut werden kann. H.323 und SIP sind als solche Signalisierungsprotokolle in der „IT-Welt" bereits populär geworden. Ein Telefon für VoIP, d.h. ein *IP-Telefon*, ist nicht mehr nur ein Telefon, sondern ein Rechner an einem IP-Netz, der eine IP-Adresse hat. Das IP-Telefon hat auch eine Telefonnummer. Eine Telefonverbindung im Telefonnetz wird unter einer Telefonnummer aufgebaut. Bei VoIP wird zwar das Ziel der Telefonverbindung mit einer Telefonnummer angegeben, aber diese Verbindung kann nur unter einer IP-Adresse aufgebaut werden. Das ist zum Beispiel eines der vielen Probleme bei VoIP.

VoIP: nicht nur zwei Telefone und IP

Dieses Buch hat das Ziel, eine breite und fundierte Übersicht über die Technik von VoIP zu geben. Hierzu gehört u.a. ein Überblick über den heutigen Stand und die Perspektiven der Sprachkommunikation, die Darstellung der Signalisierung in Telefonnetzen und im ISDN, eine Einführung in die TCP/IP-Protokollfamilie, Quality of Service bei VoIP, ein Überblick über Sprachcodierungsverfahren, die Prinzipien der Echtzeitkommunikation mit RTP/RTCP und mit Secure RTP, die Darstellung des Standards H.323 und des Protokolls SIP, VoIP-Gateways und Telefonie-Routing. Das Buch vermittelt die technischen Grundlagen, die unabdingbar sind, um die Sprachkommunikation in IP-Netzen (z.B. im Internet) besser zu verstehen und zu nutzen bzw. neue VoIP-Anwendungen zu entwickeln.

Ziel des Buches

An wen richtet sich das Buch?	Das Buch ist so aufgebaut, dass jeweils zunächst die Grundlagen fundiert dargestellt und danach praktische Anwendungen diskutiert werden. Damit eignet es sich nicht nur als Lehrbuch für Studenten und Neueinsteiger, sondern auch als Nachschlagewerk für alle Experten, zu deren Aufgabengebieten *die Entwicklung, Planung bzw. Betreuung* verschiedener Netzwerke oder Netzwerkapplikationen gehört. Die praxisorientierte und fundierte Darstellung der Inhalte sollte allen „Netzwerk-Fans" die Nutzung dieses Buches zum Selbststudium ermöglichen.
Kapitel 1	Ein kompakter Überblick über klassische Netze für Sprachkommunikation, Mobilfunknetze (GSM, GPRS, UMTS), Ansätze für VoIP sowie eine Darstellung von Möglichkeiten, die durch die Konvergenz der Netze entstehen, enthält Kapitel 1. Die VoIP-Aktivitäten der verschiedenen Standardisierungsgremien, Konsortien und Foren werden hier ebenfalls kurz dargestellt.
Kapitel 2	Den Prinzipien der Übermittlung der Steuerung beim Auf- und Abbau von Telefonverbindungen, was man als *Signalisierung* bezeichnet, widmet sich Kapitel 2. Die Schwerpunkte liegen hier auf einer fundierten Darstellung des D-Kanal-Protokolls aus dem ISDN und des Signalisierungssystems Nr. 7. Diese Inhalte dienen als Basiswissen für VoIP.
Kapitel 3	Die Grundlagen der TCP/IP-Protokolle, die man bei VoIP benötigt, vermittelt Kapitel 3. Hier wird das Transportprotokoll SCTP kurz präsentiert, mit dem sich virtuelle Autobahnen in IP-Netzen einrichten lassen. SCTP spielt eine wichtige Rolle bei der Integration des Signalisierungssystems Nr. 7 mit dem Internet. In diesem Kapitel wird auch das Konzept ENUM präsentiert, nach dem eine Telefonnummer als eine einheitliche Adresse für alle Internet-Dienste und damit auch die Internet-Telefonie verwendet werden kann.
Kapitel 4	Hinsichtlich der Qualität der Übermittlung der Sprache in IP-Netzen werden bestimmte Anforderungen an diese Netze gestellt. Man spricht hierbei von QoS-Anforderungen. Welche Konzepte es gibt, um die QoS-Anforderungen zu erfüllen, zeigt Kapitel 4. Insbesondere werden die für VoIP wichtigen QoS-Parameter, Differentiated Services, Queue-Management und das Protokoll RSVP für die Reservierung der Bandbreite dargestellt.
Kapitel 5	Die Sprachkommunikation ist Echtzeitkommunikation. Um diese Form der Kommunikation über IP-Netze zu realisieren, verwendet man die Protokolle RTP und RTCP. Kapitel 5 zeigt zuerst, wie die Sprache nach verschiedenen Verfahren codiert und näher mit Hilfe von RTP/RTCP übermittelt wird. Dieses Kapitel präsentiert auch das neue Secure RTP und die Möglichkeiten der Kompression des RTP/UDP/IP-Headers.
Kapitel 6	Wenn man VoIP einsetzt, spielt fast immer der Standard H.323 eine Rolle. H.323 ist ein komplexes Rahmenwerk, das regelt, wie weitere Signalisierungsprotokolle wie H.225.0 und H.245 verwendet werden. Das Kapitel 6 ist dem VoIP-Konzept nach H.323 gewidmet. Hier werden auch die sog. *Supplementa-*

ry Services nach H.450.x und die Möglichkeiten zur Unterstützung der Mobilität von VoIP-Teilnehmern präsentiert.

Als Konkurrent von H.323 gilt das Protokoll SIP, das bei VoIP als Signalisierungsprotokoll dienen kann. Kapitel 7 erläutert, wie SIP konzipiert wurde, und zeigt, wie es eingesetzt werden kann. Hierbei wird u.a. auf verschiedene Betriebsarten und Dienstmerkmale bei SIP, SIP-Abbildung auf das D-Kanal-Protokoll von ISDN und auf das Signalisierungssystem Nr. 7 eingegangen. Es wird auch gezeigt, wie eine Koexistenz von H.323 und SIP möglich ist. *Kapitel 7*

VoIP-Systeme entstehen nicht auf einer „grünen Wiese", sondern müssen mit den bereits vorhandenen Systemkomponenten und Netzen für die Sprachkommunikation entsprechend integriert werden. Damit wird garantiert, dass die Sprachkommunikation zwischen klassischen Telefonen und IP-Telefonen stattfinden kann. Hierfür sind verschiedene VoIP-Gateways und die Protokolle für Steuerung von diesen Gateways nötig. Auf diese Aspekte geht Kapitel 8 ein. *Kapitel 8*

Um VoIP weltweit zwischen beliebigen administrativen Domänen (Unternehmen, öffentliche Verwaltungen, …) zu ermöglichen, zeigt Kapitel 9 die Prinzipien, nach denen das sog. *Telefonie-Routing* zwischen verschiedenen VoIP-Zonen (z.B. eine VoIP-Zone als Standort eines Unternehmens) realisiert werden kann. Hierbei ist das Konzept TRIP von großer Bedeutung. *Kapitel 9*

VoIP-Einsatz sollte in keinem Netzwerkprojekt außer Acht gelassen werden. IP-Telefonie kommt zunehmend auch in kleinen Büros und in privaten Haushalten zum Einsatz. Die Migration zu VoIP in Unternehmen und in anderen Institutionen führt zu einem komplexen Projekt, bei dem mehrerer Aspekte berücksichtigt werden müssen. Dieser Thematik widmet sich Kapitel 10. *Kapitel 10*

Entstanden ist dieses Buch zum Teil auf der Basis von Skripten zu meiner Vorlesung *Integrierte Netze*, die ich an der Fachhochschule Fulda, Fachbereich Angewandte Informatik, für die Studenten des Schwerpunktes *Telekommunikation* gehalten habe.

An dieser Stelle möchte ich meinen Dank an alle Personen richten, die mich mit ihren Anregungen unterstützt haben. Für kritisches Korrekturlesen bedanke ich mich bei allen Studenten, insbesondere bei Thorsten Grösch, Ansgar Jökel, Thomas Rinke und Matthias Staab.

Für die gute Zusammenarbeit mit dem Hanser Verlag möchte ich mich insbesondere bei Frau Margarete Metzger und Frau Irene Weilhart aufrichtig bedanken.

Nicht zuletzt möchte ich auch meiner Frau Ingeborg für die unendliche Geduld, die sie mir während des Schreibens dieses Buches entgegenbrachte, danken.

Fulda, im April 2005

Anatol Badach

Der Autor

Prof. Dr.-Ing. Anatol Badach

Jahrgang 1947, arbeitet seit fast 30 Jahren auf den Gebieten *Informatik* und *Telekommunikation*; Promotion (1975) auf dem Gebiet *Datenkommunikation*; Habilitation (1983) auf dem Gebiet *Rechnernetze*. Seit 1985 ist er Professor im Fachbereich *Angewandte Informatik* an der Fachhochschule Fulda. Zu seinen Schwerpunkten in Lehre und Forschung gehören: *Rechnerkommunikation*, *Netzwerktechnologien* und *Multiservice Networking*. Zur Zeit forscht er im Bereich der Multimedia-Kommunikation über IP-Netze, insbesondere in der Entwicklung intelligenter und multimedialer TK-Dienste auf der Basis von Web Services.

Prof. Badach ist Autor zahlreicher Veröffentlichungen und mehrerer Fachbücher, darunter *Technik der IP-Netze* (Hanser, Mitautor), *Web-Technologien* (Hanser, Mitautor), *Integrierte Unternehmensnetze*, *Datenkommunikation mit ISDN*, *High Speed Internetworking* (Mitautor). Seine Erfahrung vermittelt er auch als Leiter und Referent bei Fachkongressen und -seminaren.

Ihre Kritik, Verbesserungsvorschläge und evtl. Korrekturen nehme ich gerne entgegen: *Anatol.Badach@informatik.fh-fulda.de*

Bei allen, die mir bereits nette Worte über dieses Werk und Korrekturen geschickt haben, möchte ich mich an dieser Stelle recht herzlich bedanken.

VoIP und Web-Technologien basieren auf IP-Netzen

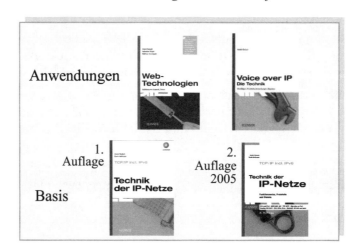

1 Vom einfachen Telefon bis zu Next Generation Networks

Seit der Erfindung des Telefons sind fast 150 Jahre vergangen und dieses Gerät ist inzwischen zum wichtigsten Kommunikationsmittel geworden. Weil die Sprachkommunikation für die Menschen eine sehr große Bedeutung hat, kann man sich heute ein Leben ohne Telefon kaum vorstellen. Im Zeitalter des Internet werden die Konzepte entwickelt, um die menschliche Sprache auch über diese weltweite Kommunikationsplattform zu übermitteln. Im Internet verwendet man das *Internet Protocol*, kurz IP, nach dem die Daten in Form von sog. *IP-Paketen* übermittelt werden. Bei der Übermittlung der Sprache in Form von IP-Paketen spricht man von *Voice over IP* (VoIP).

Was ist VoIP?

Ein Telefon, mit dem man über VoIP telefonieren kann, ist nicht mehr nur ein Telefon, sondern eigentlich auch ein Rechner. So ist die Telefonie mittels VoIP eine Form der Rechnerkommunikation. Dieses Zusammenwachsen der Sprach- und Datenkommunikation bezeichnet man als *Konvergenz der Sprach- und Datennetze*. Ein *Next Generation Network* (NGN) ist ein konvergentes Netz mit dem Protokoll IP, in dem die Sprach-, Daten- und Videokommunikation gleichermaßen möglich ist.

Next Generation Network

Dieses Kapitel gibt einen Überblick über die bisherige Entwicklung der Netze für die Sprachkommunikation und erläutert die wichtigsten Trends. Abschnitt 1.1 zeigt die Entwicklung vom einfachen Telefon bis zum intelligenten Netz. Die Prinzipien von VoIP erläutert Abschnitt 1.2. Auf die Evolution der Mobilfunknetze geht Abschnitt 1.3 ein. Abschnitt 1.4 erläutert die Konvergenz der Netze und die Migration zu NGN. Abschnitt 1.5 stellt die VoIP-betreffenden Aktivitäten bei den Standardisierungsgremien und Konsortien dar.

Überblick über das Kapitel

In diesem Kapitel werden u.a. folgende Fragen beantwortet:

Ziel dieses Kapitels

- Wie haben sich die Netze für die Sprachkommunikation entwickelt?
- Wie kann man sich VoIP vorstellen und welche Ansätze dafür gibt es?
- Wie werden die Mobilfunknetze (GSM,GPRS, UMTS) aufgebaut?
- Welche Bedeutung hat die Konvergenz der Netze?
- Wie kann eine Migration zu NGN erfolgen und welche Vorteile bringt sie?
- Welche Bedeutung haben die Konzepte Parlay/OSA und JAIN?
- Mit welchen VoIP-betreffenden Entwicklungen befassen sich die Standardisierungsgremien IETF und ITU-T?

1.1   Vom Telefon bis zum intelligenten Netz

Das Telefon ist für unsere heutige Gesellschaft ein Mittel der Massenkommunikation geworden. Seine Geschichte begann bereits vor fast 150 Jahren. Im Laufe der Zeit wurde es um verschiedene Zusatzfunktionen erweitert. Das grundlegende Konzept des Telefons selbst hat sich nicht geändert, die Art und Weise, wie die Sprache übermittelt wird, jedoch schon. Das Telefonnetz, oft auch als *Fernsprechnetz* bezeichnet, hat sich stark verändert: es wurde digitalisiert. Dies hat in Europa zur Entstehung von ISDN (*Integrated Services Digital Network*) geführt. Das digitale Telefonnetz und das ISDN werden laufend um intelligente Funktionen erweitert, sodass man heute vom intelligenten Netz (*Intelligent Network*) spricht.

1.1.1   Erfindung des Telefons

Pioniere der Entwicklung

Eine der bedeutendsten Erfindungen des 19. Jahrhunderts war die Erfindung des Telefons, das schnell zum wichtigsten Kommunikationsmittel geworden ist. Abbildung 1.1-1 zeigt die Pioniere seiner Entwicklung.

Johann P. Reis (1834-1874)   Alexander G. Bell (1847-1922)   Antonio S. G. Meucci (1808-1889)   Elisha Gray (1835-1901)

Abb. 1.1-1:   Pioniere der Entwicklung des Telefons

Erste Idee des Telefons von Reis

Bald werden 150 Jahre vergangen sein, seit der aus Gelnhausen bei Frankfurt stammende deutsche Physiker Johann Philipp Reis im Jahr 1861 einen Apparat vorstellte, der die Töne und Sprache mit Hilfe des elektrischen Stroms übertragen konnte. Das war das erste (noch sehr primitive) Telefon der Welt, bei dem ein Holzmodell einer Ohrmuschel verwendet wurde. Reis simulierte das Trommelfell, indem er an einem Ohrmodell ein Stück Wursthaut befestigte, deren Schwingungen von einem feinen Platinstreifen und einer Feder abgetastet wurden. Zwar war die Übertragung nur in eine Richtung möglich und die Leistungsfähigkeit sehr gering, aber bei den später durchgeführten Tests konnte man feststellen, dass das von Reis entwickelte Telefon die Sprache gut übermittelte. Dennoch wird Philipp Reis nicht als Erfinder des Telefons anerkannt, weil es ihm nicht gelungen ist, seine Idee so zu verbessern, dass sich daraus eine praktische Anwendung ergeben hätte.

Erst 1876 gelang es dem US-Amerikaner Alexander Graham Bell, ein kommerziell brauchbares Telefon zu entwickeln. Er erkannte, dass für die Übertragung der Sprache eine kontinuierliche Änderung des Stroms nötig ist. Eine Lösung für die Umsetzung seiner Idee hat Bell in den Erkenntnissen der elektromagnetischen Induktion gefunden. Bell baute einen Apparat, der – ähnlich dem Telefon von Reis – die Schwingungen einer Membran in elektrische Schwingungen umwandelte und den beiden Gesprächsteilnehmern ermöglichte, miteinander zu sprechen. Allerdings waren Mikrofon und Lautsprecher in einem Handstück so eingebaut, dass man den Hörer beim Telefonieren abwechselnd an den Mund oder das Ohr halten musste. *Bell galt lange als Erfinder des Telefons*

Bell hatte im Februar 1876 für seine Erfindung ein Patent beantragt. Nur zwei Stunden später am gleichen Tag versuchte auch der US-Amerikaner Elisha Gray, einen ähnlichen Apparat anzumelden. Drei Wochen später, am 7. März, erhielt Bell das Patent für sein Telefon, das jedoch, im Gegensatz zu der Erfindung von Gray, erst nach einigen Tagen überhaupt betriebsbereit war. Bell gründete im Jahr 1877 die Firma *Bell Telephone Association*, die den Bau eines Telefonnetzes in den USA übernehmen sollte. Diese Firma benannte sich 1885 in *American Telephone and Telegraph Company* (AT&T) um und ist heute der größte Telefonkonzern der Welt. *Zwei Patentanmeldungen in zwei Stunden*

Neuesten Erkenntnissen zufolge ist der US-Italiener Antonio Santi Guiseppe Meucci der eigentliche Erfinder des Telefons. Meucci hatte seine Erfindung in der italienischen Ausgabe eines amerikanischen Journals vorgestellt und im Dezember 1871 eine Patentanmeldung beantragt, die allerdings 1874 auslief, da Meucci nicht in der Lage war, die notwendigen Gebühren in Höhe von 250 Dollar zu bezahlen. Die amerikanischen Behörden hatten von 1887 an versucht, das Patent von Bell zu annullieren und ihn wegen Betrugs anzuklagen. Aber durch den Tod Meuccis im Jahr 1889 und den regulären Ablauf des Patents wurde der ganze Vorgang abgeschlossen, ohne eine rechtliche Klärung, wer der wahre Erfinder des Telefons ist. Erst am 11. Juni 2002 wurde in den USA offiziell beschlossen, Meucci als Erfinder des Telefons anzuerkennen. *Seit 2002 gilt Meucci als Erfinder des Telefons*

Das Telefon verbreitete sich schnell und seit der Erfindung des analogen Telefons hat sich im Telefonapparat viel verändert. Abbildung 1.1-2 soll dies zum Ausdruck bringen. Fast bis Ende der 60-er Jahre des 20. Jahrhunderts änderte sich an der Funktionsweise der Telefone kaum etwas, hauptsächlich sind die Apparate kleiner geworden. In den 70-er Jahren kam das Tastentelefon auf den Markt und die Bedienbarkeit wurde damit vereinfacht. *Große Veränderungen im Telefonapparat*

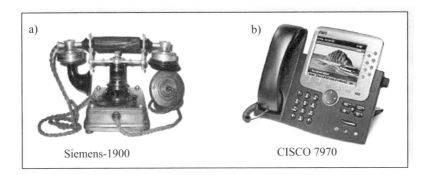

a) Siemens-1900   b) CISCO 7970

Abb. 1.1-2:   Zwei Generationen von Telefonen:
a) Analoges Telefon vor 100 Jahren, Modell *Siemens-1900* von Siemens
b) VoIP-Telefon, Modell *7970* von CISCO

Durch die Digitalisierung des Telefonnetzes, was in Europa zur Entstehung des ISDN geführt hat, konnten digitale Telefone zum Einsatz kommen. Ein ISDN-Telefon erzeugt aus dem Sprachsignal einen kontinuierlichen Bitstrom von 64 kbit/s und stellt verschiedene Zusatzfunktionen (sog. *Leistungsmerkmale*) zur Verfügung. Die VoIP-Telefone stellen die neueste Generation der Telefone dar. Im Vergleich zu einem Telefon vor 100 Jahren ist es eine sehr komplizierte Endeinrichtung.

Eine sehr interessante Geschichte der Telefonie ist zu finden unter http://www.sig-telefon.de und http://www.alte-telefone.de

1.1.2 Vom analogen Telefonnetz zum ISDN

Besonderheit der analogen Sprachkommunikation

Die menschliche Sprache, die durch ein Mikrophon aufgezeichnet wird, stellt ein analoges Sprachsignal mit den Frequenzen von ca. 300 bis 3400 Hz dar. Die alten Telefonnetze wurden so konzipiert, dass die Übertragung der analogen Signale mit den Frequenzen bis zu 4000 Hz zwischen zwei Telefonen möglich war. In diesem Zusammenhang wurde auch von einem *analogen Sprachkanal* mit der Bandbreite von 4 kHz gesprochen. Abbildung 1.1-3 zeigt die Phasen bei der analogen Sprachkommunikation über ein Telefonnetz.

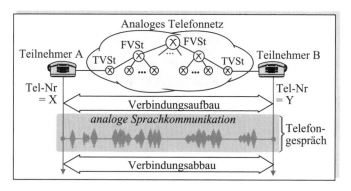

Abb. 1.1-3: Phasen bei der analogen Sprachkommunikation
FVSt: FernVermittlungsStelle, TVSt: TeilnehmerVermittlungsStelle,
Tel-Nr: Telefonnummer

Begriff: Signalisierung

Eine Telefonverbindung muss vor dem Telefongespräch aufgebaut und danach abgebaut werden. Hierfür müssen entsprechende Steuerungsangaben (u.a. die Ziel-Rufnummer) an die Vermittlungsstellen als Knoten im Telefonnetz übermittelt werden. Die Übermittlung der Steuerung, um eine Verbindung auf- und abzubauen, bezeichnet man als *Signalisierung*. Sie wird in analogen Telefonnetzen durch die Übermittlung von speziellen Signalen realisiert, die u.a. durch Abheben und Auflegen des Hörers erzeugt werden. Da diese Signale über den gleichen analogen Kanal übermittelt werden, der auch für die Übermittlung der Sprache dient, bezeichnet man diese Signalisierung als *Inband-Signalisierung*.

Abbildung 1.1-3 zeigt auch, dass das Telefonnetz, auch *Fernsprechnetz* ge- *Hierarchische* nannt, eine baumartige und hierarchische Struktur besitzt, die sich in der Struk- *Struktur des* tur der Telefonnummern widerspiegelt. Die Knoten der unteren Hierarchiestu- *Telefonnetzes* fen bilden die lokalen Vermittlungsstellen, die sog. *Teilnehmer*-(VSt) oder *Ortsvermittlungsstellen*. Die Vermittlungsstellen in den höheren Hierarchiestu- fen bilden die *Fernvermittlungsstellen* (FVSt). Das öffentliche Telefonnetz wird kurz *PSTN* (*Public Switched Telephone Network*) genannt.

Ein wichtiger Schritt in der Entwicklung der Sprachkommunikation war die *Digitales* Digitalisierung der Übertragungswege zwischen den Vermittlungsstellen und *Telefonnetz* die Digitalisierung der Vermittlungsstellen im analogen Telefonnetz. Dadurch ist ein digitales Telefonnetz entstanden, in dem die Sprache in digitaler Form als Bitstrom mit 64 kbit/s übermittelt wird.

Das ISDN (*Integrated Services Digital Network*) wurde in Europa als Weiter- *Besonderheit* entwicklung des digitalen Telefonnetzes eingeführt. Eine Verbindung über das *von ISDN* ISDN zwischen zwei Telefonen stellt einen *digitalen Sprachkanal* mit der Bit- rate von 64 kbit/s dar. Abbildung 1.1-4 illustriert die Phasen bei der digitalen Sprachkommunikation über ISDN.

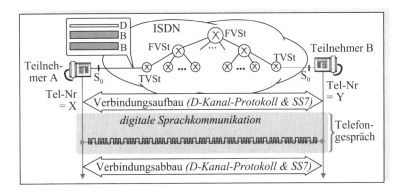

Abb. 1.1-4: Digitale Sprachkommunikation im ISDN
Abkürzungen wie in Abb. 1.1-3

Das ISDN stellt ein universelles digitales Netz dar. Daher können neben Tele- *B-Kanal* fone auch andere Endeinrichtungen wie z.B. Faxgeräte bzw. Datenendeinrich- *als digitaler* tungen angeschlossen werden, die über die ISDN-Schnittstelle S_0 verfügen. Je- *Sprachkanal* der Endeinrichtung werden über die *Schnittstelle S_0* zwei Nutzkanäle, sog. *B-Kanäle,* mit je 64 kbit/s bereitgestellt. Darüber hinaus steht ein spezieller Kanal für die Übermittlung der Signalisierung, der sog. *D-Kanal* mit 16 kbit/s, zur Verfügung. Der D-Kanal stellt einen *Signalisierungskanal* dar (s. Abschnitt 2.3).

Signalisie-
rung nach
D-Kanal-
Protokoll

Um die Sprache zwischen zwei Telefonen über das ISDN zu übermitteln, muss vor dem Telefongespräch eine ISDN-Verbindung zwischen ihnen aufgebaut und danach wieder abgebaut werden. Die Übermittlung der hierfür notwendigen Steuerungsangaben zwischen Telefon und TVSt erfolgt über den D-Kanal nach dem sog. *D-Kanal-Protokoll.*

Signalisierung
nach SS7

Die Übermittlung der Signalisierung zwischen den ISDN-Vermittlungsstellen erfolgt nach dem *Signalisierungssystem Nr. 7* (SS7, *Signalling System No. 7*). Somit erfolgt die Signalisierung nach dem D-Kanal-Protokoll nur im Netzzugangsbereich, also auf der Strecke zwischen einem Telefon und einer Teilnehmervermittlungsstelle (TVSt). Auf SS7 geht Abschnitt 2.4 näher ein.

Für Näheres über den Aufbau des Telefonnetzes sei auf [Sieg 02a] verwiesen. Das ISDN wird detaillierter in Kapitel 2 dargestellt.

1.1.3   Vom ISDN zum Intelligenten Netz

Entstehung
eines
Intelligenten
Netzes

Das ISDN mit seiner Bitrate von 64 kbit/s stellt schon einen bedeutsamen Sprung gegenüber dem analogen Telefonnetz dar. Es ist jedoch nur ein reines Übermittlungsnetz. Um „intelligente Dienste" im ISDN bzw. im öffentlichen digitalen Telefonnetz (PSTN) zu erbringen, können spezialisierte Server an die Vermittlungsstellen angeschlossen werden. Eine derartige ISDN/PSTN-Erweiterung, wie dies Abbildung 1.1-5 zeigt, führt zur Entstehung eines *Intelligenten Netzes* (*Intelligent Network*, *IN*).

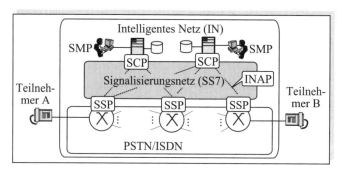

Abb. 1.1-5: ISDN/PSTN-Erweiterung zum Intelligenten Netz
INAP: Intelligent Network Application Protocol, SCP: Service Control Point,
SMP: Service Management Point, SSP: Service Switching Point,
SS7: Signalling System No. 7

Intelligentes
Netz

Die „Intelligenz" des Netzes, die man zur Realisierung der IN-Dienste benötigt, wird mit Hilfe von spezialisierten Servern erbracht. Die Nutzer der IN-Dienste können sowohl ISDN- und PSTN-Teilnehmer als auch die Teilnehmer von Mobilfunknetzen sein. Für die Unterstützung der IN-Dienste werden die Vermittlungsstellen um ein IN-Modul erweitert, das als *SSP* (*Service Switching Point*) bezeichnet wird. SSP enthält die Funktionen, die notwendig sind, um mit weiteren IN-Komponenten zusammenzuarbeiten. Hier wird der Wunsch nach einer Verbindung zu einem spezialisierten Server als Erbringer des IN-Dienstes erkannt. Der Erbringer von IN-Diensten stellt einen *SCP* (*Service Control Point*) dar. Für den Betrieb der IN-Dienste wird ein SMP (*Service Management Point*) als Dienstverwaltungspunkt definiert, um IN-Dienste einzurichten, zu verwalten und zu überwachen.

Die Kommunikation zwischen SSP und SCP verläuft nach dem Protokoll INAP (*Intelligent Network Application Protocol*). Für die Übermittlung von INAP-Nachrichten wird das Protokollsystem SS7 verwendet. Somit stellt INAP eine Anwendung von SS7 dar. *INAP zwischen SSP und SCP*

Die Rufnummern im ISDN/PSTN werden so strukturiert, dass die ersten vier bzw. fünf Ziffern der Rufnummer als Präfix dienen. Ein IN-Dienst wird durch einen Präfix-Wert als *Dienstkennzahl* in der Rufnummer identifiziert. Beispielsweise hat der IN-Dienst *Televotum,* den die Fernsehanstalten zur Zuschauerbefragung während Live-Sendungen verwenden, die Dienstkennzahl 0137. Eine Dienstkennzahl könnte man als Vorwahl eines IN-Dienstes interpretieren. Ein wichtiger IN-Dienst ist das *Routing von Telefonverbindungen*. *Rufnummer und Dienstkennzahl*

Beispiel: Beim IN-Dienst „herkunftsabhängiges Routing" handelt es sich um die Umleitung ankommender Telefonanrufe, je nachdem, aus welchem Ursprungsgebiet sie kommen. Die Anrufe können von einem Server entsprechend umgeleitet werden. Kriterien für die Umleitung können u.a. sein: Vorwahlnummer, Bundesländer, individuelle Vorgaben. Abbildung 1.1-6 illustriert, wie ein Versandhaus einen derartigen IN-Dienst in Anspruch nehmen kann.

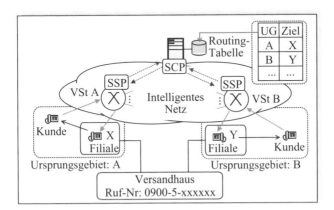

Abb. 1.1-6: Beispiel für einen IN-Dienst: Herkunftsabhängiges Routing
UG: Ursprungsgebiet, VSt: Vermittlungsstelle, weitere Abkürzungen wie in Abb. 1.1-5

Das Versandhaus ist unter einer Rufnummer 0900-5-xxxxxx zu erreichen und besitzt mehrere Filialen für die Auslieferung von Waren an seine Kunden. Um die Lieferkosten zu reduzieren, wird herkunftsabhängiges Routing genutzt. Ruft ein Kunde an, so wird sein Anruf zu der Filiale umgeleitet, die seinem Herkunftsort am nächsten ist. So verkürzt sich der Lieferweg für die bestellten Waren und die Transportkosten reduzieren sich.

Beispiel: Andere Routing-Varianten beim Aufbau von Telefonverbindungen:

- Zeitabhängiges Routing
  Je nach Tag, Tageszeit und unter Berücksichtigung von Ferienzeiten und Feiertagen werden eingehende Anrufe auf vorgegebene Zielrufnummern umgeleitet.

- Sequenzabhängiges Routing
  Es soll nur jeder n-te Anruf weitergeleitet werden. Für telefonische Gewinnspiele (z.B. jeder 1000-ste gewinnt). Die Gewinner und Nichtgewinner könnten auf entsprechende Standardansagen umgeleitet werden.

- Lastabhängiges Routing
  Als Weiterleitungskriterium dient hierbei die Anzahl paralleler Gespräche je Ziel. Falls eine Niederlassung (Filiale) einer Firma mit maximal x Telefonisten besetzt ist, dann werden gleichzeitig nicht mehr als x Telefonverbindungen an dieses Ziel weitergeleitet.

1.2   Ansätze für VoIP

VoIP als Intranet-/ Internet-Telefonie

Eines der größten Wachstumspotentiale wird derzeit der Sprach- und Datenintegration auf der Basis des Internet-Protokolls (IP) zugesprochen. Wird die Sprache über ein IP-Netz übertragen, bezeichnet man dies als *Voice over IP (VoIP)*. Stellt das IP-Netz das öffentliche Internet dar, spricht man auch von *Internet-Telefonie*. Als *Intranet-Telefonie* bezeichnet man VoIP innerhalb eines firmeneigenen IP-Netzwerks, also innerhalb eines Intranet.

> **Bemerkung:** Das *Internet* ist kein einzelnes physikalisches Netz, sondern stellt einen Dienst für die Übermittlung der IP-Pakete in einem weltweiten Verbund unterschiedlicher physikalischer Transportnetze dar. Logisch gesehen stellt das Internet eine Nachbildung des weltweiten Briefpostdienstes dar, wobei ein IP-Paket einem Brief und eine IP-Adresse einer postalischen Adresse entsprechen würde. Das Internet kann auch als ein weltweites logisches IP-Netz angesehen werden.

Arten der IP-Telefone

Eine Endeinrichtung für VoIP-Anwendungen nennt man *IP-Telefon*. Hierbei kann es sich einerseits um einen speziellen Telefonapparat handeln, der de facto ein Rechner ist und an ein IP-Netzwerk angeschlossen wird. Andererseits kann ein „normaler" PC um bestimmte Funktionskomponenten so erweitert werden, dass er ein sog. *Soft-IP-Telefon* darstellt. Ein Telefonat kann bei einem Soft-IP-Telefon oft über eine Web-Seite initiiert werden, sodass man hierbei auch von *Web-basierter Telefonie* spricht.

Ein PC am Intranet/Internet benötigt für VoIP eine Hardware- und Software-Erweiterung. Die Komponenten für Ein- und Ausgabe der Sprache (Mikrofon, Headset, evtl. Lautsprecher) werden in der Regel über eine Audio/Video-Adapterkarte (auch *Soundkarte* genannt) mit dem PC verbunden. Die Sprache wird durch die Adapterkarte digitalisiert und komprimiert. Eine Software auf dem PC sorgt u.a. für die Verpackung der digitalisierten Sprache in IP-Pakete.

1.2.1   Internet-Telefonie

Telefonieren über das Internet bedeutet, dass die Sprache in Echtzeit über das Internet in IP-Paketen übermittelt wird. Das Protokoll TCP (*Transmission Control Protocol*), das man als Transportprotokoll für die Datenkommunikation nutzt und bei dem Quittungen verwendet werden, um eventuell eine wiederholte Übermittlung von fehlerhaft empfangenen bzw. verloren gegangenen Daten zu veranlassen, kann bei VoIP nicht eingesetzt werden. Stattdessen wird das Protokoll RTP (*Real-time Transport Protocol*) eingesetzt. Jedes IP-Telefon muss somit das RTP unterstützen. Auf das Konzept und die Nutzung von RTP wird in Kapitel 5 näher eingegangen.

Einsatz von RTP

Abbildung 1.2-1 illustriert das Prinzip der Internet-Telefonie. Als IP-Telefon dient hier ein Rechner (z.B. ein PC), auf dem VoIP-spezifische Funktionskomponenten (Audio/Video-Adapterkarte, RTP-Protokoll etc.) installiert wurden. In diesem Fall spricht man von *PC-zu-PC-Sprachkommunikation*.

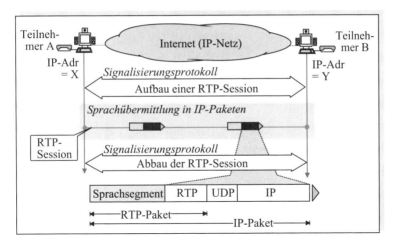

Abb. 1.2-1:   Prinzip der Sprachübermittlung über das Internet

Wie bei der Sprachkommunikation über ein analoges bzw. digitales Telefonnetz muss auch eine Telefonverbindung vor dem Telefongespräch über das Internet aufgebaut und nach dem Telefongespräch abgebaut werden. Da es sich beim Internet um ein Netz mit Paketvermittlung handelt, wird eine Telefonverbindung durch eine Verknüpfung von entsprechenden Speicherplätzen in den beiden IP-Telefonen logisch nachgebildet. Zwischen diesen Speicherplätzen wird die Sprache in einer digitalen Form nach dem Protokoll RTP ausgetauscht. Eine derartige Nachbildung einer physikalischen Telefonverbindung zwischen den IP-Telefonen wird *RTP-Session* genannt. Eine Telefonverbindung über das Internet stellt somit eine RTP-Session dar.

RTP-Session

Signalisie-
rungs-
protokolle

Um eine RTP-Session auf- und abzubauen, ist ebenso wie im PSTN/ISDN ein Signalisierungsprotokoll nötig. Man kann hierfür das Protokoll SIP (*Session Initiation Protocol*) bzw. die Protokolle H.225.0 und H.245 aus der Protokollfamilie H.323 verwenden. H.323 und SIP werden entsprechend in den Kapiteln 6 und 7 detaillierter dargestellt.

Besteht eine RTP-Session zwischen zwei IP-Telefonen, kann die digitalisierte Sprache in IP-Paketen über diese Session übermittelt werden. Eine RTP-Session kann auch als *RTP-Kanal* angesehen werden.

Sprach-
codierung

In jedem IP-Telefon erfolgt die Umwandlung der analogen Sprachsignale in eine digitale Form. Man bezeichnet dies als *Digitalisierung der Sprache*. Hierbei werden auch komplexe Verfahren zur Sprachcodierung verwendet. Die am häufigsten verwendete Art der Sprachcodierung nach dem Standard G.729 erfordert eine Bandbreite von lediglich 8 kbit/s für ein Telefongespräch mit relativ guter Qualität. Für besonders gute Qualität kann das Sprachcodierungsverfahren PCM (*Pulse Code Modulation*) nach dem G.711-Standard verwendet werden (s. Abschnitt 5.1.3), wobei hier die Bandbreite von 64 kbit/s benötigt wird. Auf die Prinzipien der Sprachcodierung wird in Kapitel 5 näher eingegangen. In der Situation aus Abbildung 1.2-1 muss man darauf achten, dass die Sprache auf den beiden Seiten nach dem gleichem Prinzip codiert wird. Ein IP-Telefon unterstützt in der Regel mehrere Sprachcodierungsverfahren. Das Prinzip der Sprachcodierung wird beim Aufbau einer RTP-Session zwischen den IP-Telefonen vereinbart.

Komprimie-
rung des
RTP/UDP/
IP-Headers

Wie Abbildung 1.2-1 zeigt, wird jedem übertragenen Sprachsegment zuerst ein RTP-Header mit min. 12 Bytes, danach ein UDP-Header mit 8 Bytes und zum Schluss noch ein IP-Header mit min. 20 Bytes vorangestellt. Wird eine Sprachaufnahme von 20 ms beispielsweise als Sprachsegment mit 20 Bytes übermittelt, so wird jedem 20-Byte-Sprachsegment ein RTP/UDP/IP-Header von mindestens 40 Bytes vorangestellt. Der vorangestellte Gesamtheader ist somit länger als das eigentliche Sprachsegment im IP-Paket. Aus diesem Grund ist die Komprimierung des RTP/UDP/IP-Headers in einigen Situationen von großer Bedeutung. Darauf geht Abschnitt 5.8 noch detaillierter ein.

Adressie-
rungs-
problem bei
VoIP

Jeder Rechner an jedem IP-Netz besitzt eine IP-Adresse. Jedes Telefon am PSTN/ISDN besitzt eine Telefonnummer. Ein IP-Telefon am Internet bzw. bei einem anderen IP-Netz wird nur dann auch aus dem PSTN/ISDN erreichbar, wenn es eine Telefonnummer besitzt. Im Allgemeinen muss man daher annehmen, dass ein IP-Telefon am IP-Netz auch eine Telefonnummer besitzt. Da eine RTP-Session nicht zwischen zwei Telefonnummern aufgebaut wird, sondern zwischen zwei IP-Adressen, muss irgendwie bekannt gemacht werden, welche IP-Adresse welcher Telefonnummer entspricht. Dies stellt ein Adressierungsproblem bei VoIP dar. Dieses Problem kann jedoch unterschiedlich gelöst werden. Für Näheres ist auf die Abschnitte 6.3.4, 6.7.2 und 6.7.3 zu verweisen.

Bei VoIP werden völlig neue Anforderungen an IP-Netze gestellt im Unter- *VoIP und*
schied zu den Netzen für reine Datenkommunikation. Man bezeichnet diese *QoS*
Ansprüche als *QoS-Anforderungen* (*Quality of Service*). Insbesondere müssen
die Zeitabstände zwischen den aufeinander folgenden IP-Paketen bei einem Telefongespräch auf Sende- und Empfangsseite identisch sein. Dies bedeutet,
dass die *Isochronität* bei der Sprachkommunikation garantiert werden muss (s.
Abschnitt 5.6.1). Auf die QoS-Aspekte bei VoIP geht Kapitel 4 ein.

1.2.2 Erweiterung von ISDN mit einem IP-Netz

Um zu ermöglichen, dass ein Teilnehmer an einem IP-Netz einen Teilnehmer *IP-Netz als*
am PSTN/ISDN anrufen kann, muss das IP-Netz mit dem PSTN/ISDN ent- *räumliche*
sprechend integriert werden. Da ein Rechner am IP-Netz als IP-Telefon fungie- *Erweiterung*
ren kann, stellt das IP-Netz – funktionell gesehen – eine räumliche Erweiterung *von ISDN*
von PSTN/ISDN dar. Einem IP-Telefon am IP-Netz, das normalerweise eine
IP-Adresse besitzt, muss zusätzlich eine Telefonnummer zugeordnet werden,
sodass es aus dem PSTN/ISDN erreicht werden kann. Abbildung 1.2-2 illustriert eine räumliche Erweiterung von ISDN mit einem IP-Netz.

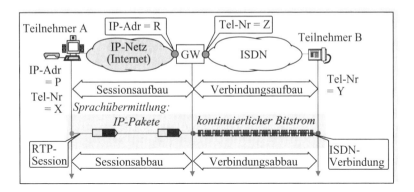

Abb. 1.2-2:   Erweiterung von ISDN mit einem IP-Netz
GW:Gateway, IP-Adr: IP-Adresse, Tel-Nr: Telefonnummer

Eine Erweiterung von ISDN mit einem IP-Netz setzt ein *VoIP-Gateway* (kurz
Gateway) zwischen diesen beiden Netzen voraus. Das Gateway hat seitens des
ISDN eine Telefonnummer und seitens des IP-Netzes eine IP-Adresse.

Zwischen einem IP-Telefon am IP-Netz und einem Telefon am ISDN muss eine Telefonverbindung vor dem Telefongespräch aufgebaut und danach abgebaut werden. Eine derartige Verbindung setzt sich aus einer RTP-Session über
das IP-Netz und aus einer ISDN-Verbindung über das ISDN zusammen. Der
Auf- und Abbau einer Verbindung über das ISDN verläuft nach dem D-Kanal-

Protokoll und nach dem Signalisierungssystem Nr. 7 (SS7). Näheres ist in Abschnitt 2.4 zu finden.

RTP-Session als Verlängerung einer ISDN-Verbindung

Eine Telefonverbindung zwischen einem IP-Telefon am IP-Netz und einem Telefon am ISDN könnte man sich so vorstellen, als ob die ISDN-Verbindung zwischen ISDN-Telefon und Gateway mit einer RTP-Session bis zum IP-Telefon verlängert wäre. Über die RTP-Session zwischen IP-Telefon und Gateway wird die Sprache in IP-Paketen transportiert. Über die ISDN-Verbindung wird die Sprache als kontinuierlicher Bitstrom mit 64kbit/s übermittelt.

Aufgabe des Gateway

Eine Aufgabe des Gateway zwischen ISDN und IP-Netz besteht in der Umwandlung des kontinuierlichen Bitstroms mit der Sprache in IP-Pakete und umgekehrt. Das Gateway muss auch für eine Umsetzung von Adressen sorgen. Bei einem ankommenden Anruf von einem ISDN-Telefon zu einem IP-Telefon muss das Gateway in der Lage sein, zu ermitteln, wohin – also unter welcher IP-Adresse – es eine RTP-Session aufbauen soll. Hierfür muss das Gateway entweder selbst über eine Zuordnung: *Telefonnummer => IP-Adresse* verfügen oder es muss z.B. diese Zuordnung an einer Stelle abfragen können.

1.2.3   IP-Netz als Backbone für PSTN/ISDN

VoIP-Gateway bei ISP

Die VoIP-Dienste können auch von *Internet Service Providern* (ISP) angeboten werden. Bieten einige ISPs die VoIP-Dienste an, besteht die Möglichkeit, IP-Netze und insbesondere das Internet als eine Art Backbone für das öffentliche Telefonnetz (PSTN) zu nutzen. Abbildung 1.2-3 illustriert dies. Es wurde hier angenommen, dass die beiden ISPs entsprechend in Deutschland und in den USA ein Abkommen vereinbart haben, und dass die entsprechenden Ressourcen im IP-Netz für die Sprachübermittlung zwischen ihnen reserviert wurden, um eine ausreichende Qualität der Sprachübermittlung zu garantieren.

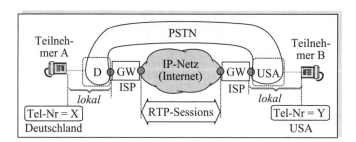

Abb. 1.2-3:   Bereitstellung der VoIP-Dienste durch ISPs
GW:Gateway, Tel-Nr: Telefonnummer

Möchte der Teilnehmer A in Deutschland den Teilnehmer B in den USA anrufen, wählt er zuerst die Telefonnummer seines ISP aus und gibt eine Ziffer als

Kennzahl für den VoIP-Dienst an. Danach erhält er in seinem Telefon einen Freiton, sodass er die Telefonnummer des Teilnehmers B angeben kann. Nach der USA-Vorwahl entscheidet das Gateway beim ISP in Deutschland, unter welcher IP-Adresse, d.h. zu welchem Gateway in den USA, die notwendige RTP-Session aufgebaut werden muss. Beim Aufbau der RTP-Session wird auch die Telefonnummer von Teilnehmer B an das Gateway in den USA übergeben. Somit kann das Gateway in den USA den ankommenden Anruf zum Teilnehmer B weiterleiten.

Die Telefonverbindung zwischen Teilnehmer A und Teilnehmer B setzt sich aus einer Telefonverbindung zwischen Teilnehmer A und ISP in Deutschland, einer RTP-Session über das IP-Netz und einer Telefonverbindung zwischen ISP und Teilnehmer B in den USA zusammen. Da die Übertragungskosten über das Internet niedrig sind, lassen sich dadurch die Kosten für die internationalen Telefonverbindungen enorm reduzieren.

In Abbildung 1.2-3 wurde der Fall gezeigt, bei dem die VoIP-Gateways zwischen dem IP-Netz und dem öffentlichen Telefonnetz bei ISPs installiert wurden. Die VoIP-Gateways können jedoch auch direkt in die Vermittlungsstellen im PSTN bzw. im ISDN integriert werden. Abbildung 1.2-4 illustriert eine derartige Lösung. Sie kann als Erweiterung von PSTN zum Intelligenten Netz (IN) angesehen werden (vgl. Abb. 1.1-5). Also handelt es sich hier um einen IN-Dienst, nach dem die internationalen Telefonverbindungen über ein IP-Netz (wie z.B. Internet) realisiert werden. *VoIP als IN-Dienst*

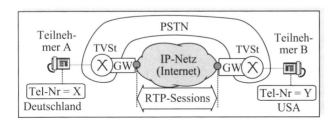

Abb. 1.2-4: VoIP-Dienst als IN-Dienst
Abkürzungen wie in Abb. 1.2-3

Möchte der Teilnehmer A in Deutschland den Teilnehmer B in den USA anrufen, wählt er zuerst eine entsprechende Kennzahl für den VoIP-Dienst und danach die Telefonnummer des Teilnehmers B in den USA. Der Aufbau der Telefonverbindung verläuft nach den gleichen Prinzipien wie in der Lösung aus Abbildung 1.2-3.

Ist ein Unternehmen an mehren Standorten angesiedelt, kann ein IP-Netz für eine standortübergreifende Vernetzung von TK-Anlagen dieses Unternehmens genutzt werden. Abbildung 1.2-5 zeigt eine derartige Vernetzung. *VoIP-Einsatz im Unternehmen*

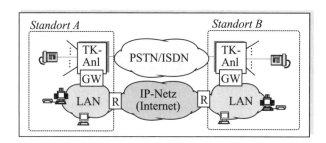

Abb. 1.2-5: Standortübergreifende Vernetzung von TK-Anlagen über ein IP-Netz
und über das PSTN/ISDN
R. Router, GW:Gateway

Die Sprachkommunikation zwischen den Standorten A und B kann sowohl
über das PSTN/ISDN als auch über das IP-Netz abgewickelt werden. Wird das
sog. *Low Cost Routing* in den TK-Anlagen unterstützt, so können die Telefonkosten zwischen den beiden Standorten reduziert werden. Befindet sich ein
Standort beispielsweise im Ausland, können die Telefonverbindungen zwischen den Standorten über das IP-Netz realisiert werden, um die anfallenden
Telefonkosten zu reduzieren.

1.2.4   Ein lokales Netzwerk als IP-TK-Anlage

*Einsatz
eines VoIP-
Servers*

Ein lokales IP-Netzwerk kann auch als TK-Anlage fungieren, sodass alle
Rechner zusätzlich als IP-Telefone dienen können. Ein solches Netzwerk nennt
man *IP-TK-Anlage, IP-basierte TK-Anlage* oder auch *IP-PBX (Private Bran-
che Exchange)*. Bei einer IP-TK-Anlage wird als zentrale Komponente ein
VoIP-Server eingesetzt. Wie aus Abbildung 1.2-6 ersichtlich ist, dient der
VoIP-Server auch als Gateway zwischen dem IP-Netzwerk und dem öffentlichen PSTN/ISDN.

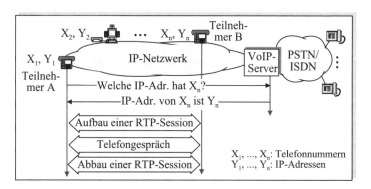

Abb. 1.2-6: Ein lokales Netzwerk als IP-TK-Anlage

Alle Rechner im IP-Netzwerk, die als IP-Telefone dienen können, besitzen außer ihren IP-Adressen noch Telefonnummern, sodass sie aus dem PSTN/ISDN erreicht werden können. Der VoIP-Server verfügt über eine Tabelle mit den Zuordnungen *Telefonnummer => IP-Adresse*.

Initiiert z.B. der Teilnehmer A einen Anruf zum Teilnehmer B, muss das IP-Telefon von Teilnehmer A wissen, unter welcher IP-Adresse eine RTP-Session für die Sprachübermittlung über das IP-Netzwerk aufgebaut werden muss. Hierfür fragt das IP-Telefon von Teilnehmer A beim VoIP-Server nach der IP-Adresse des IP-Telefons von Teilnehmer B ab. Ist dem IP-Telefon von Teilnehmer A diese IP-Adresse bekannt, initiiert es den Aufbau einer RTP-Session nach einem Signalisierungsprotokoll (wie z.B. nach SIP bzw. nach H.225.0 und H.245 aus der H.323-Familie).

Nach dem Aufbau einer RTP-Session zwischen den IP-Telefonen von Teilnehmer A und Teilnehmer B kann das Telefongespräch beginnen. Nach dem Ende des Telefongesprächs wird die RTP-Session abgebaut und damit werden die für die Sprachübermittlung reservierten Netzwerk-Ressourcen wieder freigegeben.

Ein IP-Netzwerk als IP-TK-Anlage stellt eine räumliche PSTN/ISDN-Erweiterung dar (vgl. Abb. 1.2-2).

1.3 Evolution der Mobilfunknetze

Die Mobilkommunikation ist einer der wichtigsten Trends auf dem Gebiet der Telekommunikation. Die Schwerpunkte der Entwicklung in den letzten 15 Jahren haben sich insbesondere auf die Konzepte der Mobilfunknetze konzentriert. Man unterscheidet heute bereits mehrere Generationen der Mobilfunknetze und man bezeichnet sie als 2G, 2.5G, 3G und 4G (G für Generation).

Die Mobilfunknetze nach dem Standard GSM (*Global System for Mobile Communications*) stellen die zweite Generation (2G) dar. Mit ihrer Hilfe ist nur die Sprachkommunikation und der Austausch von begrenzten Datenmengen möglich. Durch die Bündelung von bis zu 8 Kanälen nach dem Konzept HSCSD (*High Speed Circuit Switched Data*) ist bei der Datenübertragung eine Bitrate bis zu 115.2 kbit/s (theoretisch) möglich. *GSM als 2G*

Die Erweiterung der GSM-Mobilfunknetze um die Möglichkeiten der Paketvermittlung wird als Generation 2.5 (kurz 2.5G) angesehen. Diese Bezeichnung sollte darauf verweisen, dass es sich hierbei um eine Stufe zwischen 2G und 3G, also um eine Übergangsvariante, handelt. Diese erweiterte GSM-Variante nennt man GPRS (*General Packet Radio Service*). *GPRS als 2.5G*

Die dritte Generation (3G) der Mobilfunknetze stellt UMTS (*Universal Mobile Telecommunikations System*) dar. Es handelt sich hier um ein universelles Mobilfunknetz, das fast 200-mal schneller als heutige GSM-Mobilfunknetze ist. *UMTS als 3G*

Im UMTS kann die Datenübertragung mit einer Bitrate von bis zu 2 Mbit/s erfolgen.

4G

Heute spricht man bereits von der vierten Generation (4G) der Mobilfunknetze. Hiermit ist eine integrierte Netzstruktur auf der Basis von UMTS und WLANs (*Wireless Local Area Networks*) gemeint.

*Funktions-
bereiche
in Mobil-
funknetzen*

Alle Generationen der Mobilfunknetze werden nach den gleichen Prinzipien aufgebaut. Jedes Mobilfunknetz enthält folgende zwei Funktionsbereiche:

- Funkzugangsnetz als RAN (*Radio Access Network*),
- *Core Network* (CN), auch *Kernnetz* genannt.

*Funk-
Zugangsnetz*

Das Funkzugangsnetz stellt eigentlich das vollständige Versorgungsgebiet eines Mobilfunknetzes dar und wird auf eine Vielzahl von sog. *Zellen* aufgeteilt. Jede Zelle enthält eine *Station* (oft *Basisstation* genannt) mit Sender und Empfänger, mit deren Hilfe die mobilen Endgeräte (d.h. Handys, PDAs) den Zugang zum Kernnetz haben (s. Abb. 1.3-1, 1.3-2 und 1.3-3).

*Core
Network*

Das Core Network enthält die gesamte „Intelligenz" des Netzes, hierzu gehören zwei besondere Register, HLR (*Home Location Register*) und VLR (*Visitor Location Register*), sowie die Gateways zum ISDN und zum Internet. Mit HLR und VLR wird die aktuelle Lokation von mobilen Teilnehmern verfolgt, um zwei wichtige Funktionen der Mobilfunknetze zu realisieren, *Roaming* und *Handover*.

Im Weiteren werden die Generationen 2G, 2.5G und 3G der Mobilfunknetze kurz dargestellt.

1.3.1 Aufbau der Mobilfunknetze nach GSM

*Aufbau
des Funk-
zugangs-
netzes*

Die allgemeine Struktur der Mobilfunknetze nach GSM – also der Generation 2G – zeigt Abbildung 1.3-1. Jede Zelle im Funkzugangsnetz, d.h. im GSM RAN, enthält eine Basisstation, die als *BST* bezeichnet wird. Mehrere BSTs, die im Frequenzbereich von 900 MHz bzw. von 1800 MHz arbeiten, werden an einen *Base Station Controller* (BSC) angeschlossen, über den sie den Zugang zu einer Vermittlungsstelle MSC im Core Network haben. Zu den Aufgaben des BSC gehören die Steuerung und Kontrolle der Funk-Ressourcen von BSTs und die Herstellung von Verbindungen zu einer Vermittlungsstelle MSC. Darüber hinaus fungiert ein BSC als zentraler Steuerungspunkt für *Handover*. Darunter versteht man den Verlauf der Steuerung, falls ein mobiler Teilnehmer während einer bestehenden Verbindung eine Zelle verlässt und in eine andere aufgenommen werden muss. Hierbei darf die bestehende Verbindung nicht abgebrochen werden.

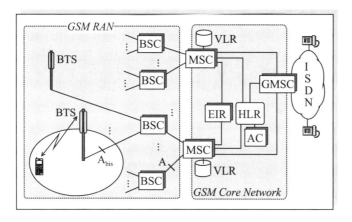

Abb. 1.3-1:   Struktur der Mobilfunknetze nach GSM
   AC: Authentication Center, BSC: Base Station Controller, BTS: Base Transceiver Station,
   EIR: Equipment Identification Register, HLR: Home Location Register, GMSC: Gateway
   MS: Mobile Station, MSC: Message Switching Center, RAN: Radio Access Network
   VLR: Visitor Location Register

HLR ist ein zentrales Register innerhalb jedes Mobilfunknetzes. Im HLR werden alle Informationen über diejenigen Teilnehmer des Mobilfunknetzes als Teilnehmerdatensätze gespeichert, die einem bestimmten Bereich im Funkzugangsnetz zuzuordnen sind. Je nach Größe des Mobilfunknetzes und seiner Teilnehmerzahl sowie nach der Netzorganisation können in einem Mobilfunknetz auch mehrere HLRs vorhanden sein. Die Rufnummer jedes Teilnehmers zeigt an, zu welchem Mobilfunknetz er gehört und in welchem HLR sich seine Teilnehmerdaten befinden.   *Bedeutung des Registers HLR*

Auf die Teilnehmerdaten im HLR wird u.a. beim Verbindungsaufbau seitens eines mobilen Teilnehmers zugegriffen, um seine Rechte zu überprüfen. Es handelt sich hierbei um eine *Authentifizierung* mit Hilfe der Komponente AC (*Authentication Center*).   *Authentifizierung*

Jede Vermittlungsstelle MSC enthält ein VLR, in dem aufgelistet wird, welche mobilen Teilnehmer (d.h. Handys) sich in den Zellen aufhalten, die zum Versorgungsbereich dieser MSC gehören. HLR und VLR sind so miteinander verknüpft, dass die Daten jedes Teilnehmers im HLR die Angabe enthalten, in welchem VLR seine aktuelle Lokation im Funkzugangsnetz abgelesen werden kann.   *Bedeutung des Registers VLR*

Eine besondere Vermittlungsstelle stellt das Gateway GMSC zum ISDN dar. GMSC enthält aber keinen VLR.

Für die Kommunikation zwischen den Vermittlungsstellen MSC wird das Protokollsystem SS7 (*Signalling System No. 7*), also das gleiche Protokollsystem wie zwischen den Vermittlungsstellen im ISDN, eingesetzt (s. Abschnitt 2.4).   *SS7-Einsatz*

Bedeutung
des Registers
EIR

Um die Nutzung gestohlener Handys zu verhindern, wurde das Register EIR (*Equipment Identication Register*) eingeführt. Im EIR werden die eindeutigen Nummern der Endgeräte gespeichert. Sie werden hier in einer schwarzen bzw. in einer weißen Liste geführt. Die schwarze Liste enthält die Nummern gestohlener Endgeräte, sodass ihre Nutzung verhindert werden kann.

Core Net-
work als
CS-Domain

In Mobilfunknetzen nach GSM wird nur die Leitungsvermittlung (*Circuit Switching*) unterstützt. Somit bildet das GSM Core Network eigentlich nur eine *Circuit Switched Domain* (kurz *CS-Domain*).

Für detaillierte Informationen über die Mobilfunknetze GSM sei auf [Walk 01] verwiesen.

1.3.2 Aufbau von GPRS

GPRS (*General Packet Radio Service*) als Generation 2.5G stellt eine Erweiterung der Mobilfunknetze nach GSM um die Funktionen für die Paketvermittlung dar. Die allgemeine Architektur von GPRS illustriert Abbildung 1.3-2.

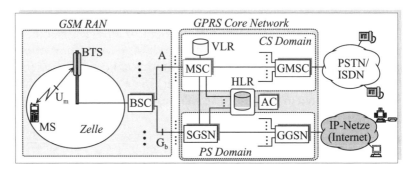

Abb. 1.3-2: Allgemeine Architektur von GPRS
CS: Circuit Switched, PS: Packet Switched, GGSN: Gateway GPRS Support Node,
SGSN: Serving GPRS Support Node, weitere Abkürzungen wie in Abb. 1.3-1

Core Net-
work als CS-
und PS-
Domain

Vergleicht man Abbildung 1.3-1 mit Abbildung 1.3-2, so stellt man fest, dass das GPRS Core Network im Vergleich zum GMS Core Network zusätzlich die Komponenten SGSN und GGSN enthält, mit deren Hilfe die Paketvermittlung und die Anbindung an das Internet realisiert werden. Diese Funktionskomponenten bilden eine *Packet Switched Domain* (kurz *PS-Domain*).

Aufgabe von
SGSN

SGSN stellt die für die Abwicklung des Datenverkehrs nach der Paketvermittlung notwendigen Funktionen zur Verfügung. Zu diesem Zweck leitet SGSN die IP-Pakete an einen BSC weiter, die für mobile Endgeräte in seinem Versorgungsbereich bestimmt sind oder von einem mobilen Endgerät abgeschickt werden. Darüber hinaus sorgt SGSN für die Verschlüsselung und Authentifizierung, das Mobilitätsmanagement sowie für die Verbindungen zu HLR, MSC, BSC innerhalb der CS-Domain und zum Gateway GGSN.

GGSN stellt die für die Abwicklung des Datenverkehrs notwendigen Gateway-Funktionen zum Internet zur Verfügung. Dazu gehört u.a. die Bereitstellung von Schnittstellen zu den Routern in externen IP-Netzen. Aus Sicht eines externen IP-Netzes fungiert GGSN als Router.

Aufgabe von GGSN

1.3.3 Konzept von UMTS

Die Entwicklung des Konzeptes für die dritte Generation (3G) der Mobilfunknetze hat bereits in 1992 begonnen, als die ITU das Projekt IMT-2000 (*International Mobile Telecommunications 2000*) ins Leben gerufen hat. Man bezeichnet IMT-2000 auch als *International Mobile Telecommunications at 2000* MHz (`http://www.itu.int/home/imt.html`). Wie der Name schon sagt, handelt es sich um ein Mobilfunksystem, das im Frequenzbereich um 2000 MHz funktioniert. Um allen Nationen wirtschaftlich entgegenzukommen, integrierte man im IMT-2000 mehrere Einzelstandards, um es den verschiedenen Netzbetreibern zu ermöglichen, ihre zum Teil bereits bestehenden 2G- und 2.5G-Mobilfunknetze in die zukünftigen 3G-Mobilfunknetze integrieren zu können.

IMT-2000 als G3-Mobilfunknetz der ITU

UMTS (*Universal Mobile Telekommunications System*) stellt ein 3G-Mobilfunknetz dar und ist ein europäisches Konzept, das zuerst von ETSI in 1998 spezifiziert wurde. UMTS ist ein Teil vom Standard IMT-2000. Die Entwicklung und Einführung von UMTS wird vom 3GPP (*3rd Generation Partnership Project*) betreut. 3GPP ist ein Zusammenschluss von Unternehmen, Herstellern und Organisationen mit dem Ziel, die technischen Spezifikationen und die organisatorische Realisierung für UMTS voranzutreiben.

UMTS als G3-Mobilfunknetz von ETSI

So wie bei GSM und GPRS lassen sich bei UMTS ebenfalls zwei Bereiche unterscheiden:

Funktionsbereiche bei UMTS

- UTRAN (*UMTS Terrestrial Radio Access Network*) als UMTS-Funkzugangsnetz und

- Core Network (CN, Kernnetz).

Abbildung1.3-3 zeigt die Funktionsbereiche bei UMTS. Wie hier ersichtlich ist, wird das GSM-Funkzugangsnetz (GSM RAN) mit UMTS integriert, um die Kompatibilität mit 2G-Mobilfunknetzen zu erreichen. Dadurch können GSM-Handys auch mit UMTS-Endgeräten kommunizieren.

Da das Core Network im UMTS die CS- und PS-Domains enthält, bedeutet dies, dass UMTS die Leistungsmerkmale der Leitungsvermittlung, also der GSM-Technik, und der Paketvermittlung, also der GPRS-Technik, in sich integriert. Dadurch schafft UMTS die besten Voraussetzungen für ein universelles Mobilfunknetz. Darüber hinaus enthält UMTS die Komponenten in der PS-

Core Network als CS- und PS-Domain

Domain, die den Transport von Daten auf Basis des IP-Protokolls unterstützen. Sie kann damit als Internet-Zubringer für mobile Endgeräte dienen.

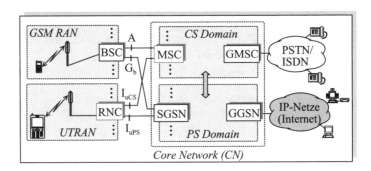

Abb. 1.3-3: Funktionsbereiche bei UMTS
CS: Circuit Switched, PS: Packet Switched, RCN: Radio Network Controller,
UTRAN: UMTS Terrestrial Radio Access Network,
weitere Abkürzungen wie in Abb. 1.3-1 und 1.3-2

Vereinfachte Architektur von UMTS

Erste
Ausbaustufe
als 3GPP
Release 99

Die in Abbildung 1.3-3 dargestellten UMTS-Funktionsbereiche werden in Abbildung 1.3-4 detaillierter veranschaulicht. Es handelt sich hier um die erste Ausbaustufe (sog. *3GPP Release 99*). UTRAN besteht hierbei in erster Linie aus den Basisstationen, die als *Node B* bezeichnet werden, und aus RNCs (*Radio Network Controller*), an welche die Nodes B angeschlossen sind. Der Funktion nach entspricht ein RNC einem BSC von GSM. Die RNCs kommunizieren untereinander über die Schnittstelle I_{ur}, um u.a. das Handover zwischen den benachbarten Zellen eigenständig durchzuführen. Im Gegensatz dazu wird das Handover in GSM-Mobilfunknetzen über Vermittlungsstellen MSC, also im Core Network, abgewickelt.

CS-Domain

In der ersten Ausbaustufe von UMTS wird die existierende Vermittlungstechnik im Core Network verwendet. Somit setzt sich das Core Network von UMTS aus einem Leitungsvermittlungs- und einem Paketvermittlungsteil zusammen. Der Leitungsvermittlungsteil stellt eine CS-Domain dar, die mit der CS-Domain bei GPRS vollkommen vergleichbar ist. Die zentrale Komponente in der CS-Domain stellt ein MSC (*Mobile Switching Center*) dar, das der Funktion nach einer GSM-Vermittlungsstelle entspricht.

PS-Domain

Der Paketvermittlungsteil bei UMTS repräsentiert eine PS-Domain, die der Funktion nach der PS-Domain bei GPRS entspricht. Hier gibt es somit die gleichen zwei Arten von Funktionskomponenten, SGSN und GGSN. Bei UMTS werden aber SGSN und GGSN über ein IP-Netz miteinander vernetzt. GGSN dient hier als Gateway zu den IP-Netzen und zum Internet.

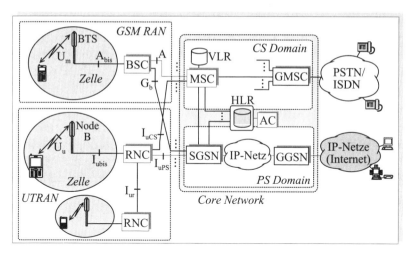

Abb. 1.3-4: Vereinfachte Architektur von UMTS
Abkürzungen wie in Abb. 1.3-1, 1.3-2 und 1.3 -3

UMTS-Ausbau und IMS

Die in Abbildung 1.3-4 dargestellte Architektur von UMTS wird in der ersten *UMTS nach*
Ausbaustufe realisiert. UMTS wird jedoch ständig weiterentwickelt. Es wurde *3GPP*
bereits ein 3GPP Release 5 von UMTS spezifiziert. Die Weiterentwicklung von *Release 5*
UMTS führt vor allem zur Erweiterung der Funktionalität der PS-Domain. Sie
wird nach 3GPP Release 5 zu einem *IP Multimedia Subsystem* (IMS) auf Basis
des Protokolls IP ausgebaut. Abbildung 1.3-5 zeigt die Struktur der PS-Domain
bei UMTS nach 3GPP Release 5.

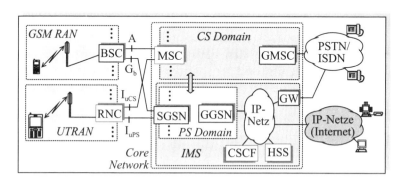

Abb. 1.3-5: UMTS mit IMS als Erweiterung von PS Domain im Core Network
CSCF: Call State Control Function, GW: Gateway, HSS: Home Subscriber Server
Abkürzungen wie in Abb. 1.3-1, 1.3-2 und 1.3-3

Die PS-Domain bei UMTS nach 3GPP Release 5 wird in IMS integriert. IMS *SIP-Einsatz*
sollte die multimediale Kommunikation über UMTS ermöglichen. Als Signali-

sierungsprotokoll für den Verbindungsauf- und -abbau wird das SIP (*Session Initiation Protocol*) verwendet. Mit IMS soll eine neue Generation der multimedialen Dienste zur Verfügung gestellt werden. Insbesondere werden diese Dienste auf Web-Technologien basieren und Web Services werden hierbei eine große Rolle spielen.

VHE als persönliches Portal

Ein IMS-Dienst sollte das sog. *Virtual Home Environment* (VHE) sein. VHE soll dafür sorgen, dass sich ein Teilnehmer ein persönliches Portal für die Nutzung sämtlicher Dienste einrichten kann. Dieses Portal, also seine persönliche Benutzeroberfläche, soll ihm dann auf jedem beliebigen UMTS-Endgerät zur Verfügung stehen. Dies bedeutet für den Teilnehmer eine einheitliche Schnittstelle für alle Arten der Kommunikation und Netzdienste. Bei der Verwirklichung dieses Konzeptes werden sowohl Web Services als auch die Konzepte *Parlay/OSA* und *JAIN* eine wichtige Rolle spielen (s. Abschnitte 1.4.4 und 1.4.5).

Eine Beschreibung der Technik von UMTS findet man in [BaTG 04].

1.4   VoIP und Konvergenz der Netze

Konvergenz der Netze: Netz + Netz = Netz

Netze wie das digitale Telefonnetz (PSTN), ISDN, die Mobilfunknetze GSM und UMTS und private IP-Netzwerke sind digital und dienen hauptsächlich der Übermittlung von Bitströmen. Um die vorhandenen TK- und DV-Ressourcen effektiver ausnutzen zu können, sollte man diese unterschiedlichen Netze nach der Strategie *Netz + Netz = Netz* integrieren. Eine derartige Integration wird als *Konvergenz der Netze* bezeichnet. Insbesondere ist dabei die Integration aller digitalen Netze mit dem Internet von großer Bedeutung.

Globales IP-Netz als Netz der Netze

Ein Verbund von mehreren Netzen sollte für alle Endsysteme und insbesondere für PC-basierte Arbeitsplätze an diesen Netzen transparent sein, um offene Kommunikation zwischen allen Endsystemen an verschiedenen Netzen zu ermöglichen. Die Netzinfrastruktur von morgen ist ein globales IP-Netz als *Netz der Netze*, das Sprache und Daten gleichermaßen übertragen kann, verschiedene Netze miteinander verbindet und intelligente Dienste zur Verfügung stellt.

1.4.1   Von Singleservice-Netzen zum Multiservice-Netz

Single-service-Netze

Netze wie PSTN, ISDN, Mobilfunknetze wie GSM und UMTS sowie private IP-Netzwerke sind im Prinzip nur reine Übermittlungsnetze. Wie bereits in Abschnitt 1.1.3 gezeigt wurde, können die TK-Netze (Telekommunikationsnetze) mit den spezialisierten Servern so ergänzt werden, dass den Teilnehmern intelligente Netzdienste zur Verfügung gestellt werden können. PSTN und ISDN werden bereits mit Hilfe von speziellen Servern um intelligente Funktionen so erweitert, dass *ein intelligentes Netz* (*Intelligent Network*) entsteht (s. Abb. 1.1-5). Ohne Konvergenz der Netze können die einzelnen TK-Netze jedoch nur als *Singleservice-Netze* angesehen werden. Abbildung 1.4-1 verdeutlicht dies.

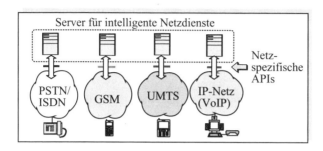

Abb. 1.4-1: Intelligente Netzdienste und Singleservice-Netze

Um intelligente Netzdienste entwickeln zu können, muss man auf ein internes und stark vom Netz abhängiges API (*Application Programming Interface*) als *Software-Schnittstelle* zugreifen. Damit ist es nicht möglich, dass intelligente Netzdienste durch Software-Häuser und andere Nicht-Netzbetreiber entwickelt werden können.

Von großer Bedeutung ist die Integration der TK-Netze mit dem Internet. Hierbei lassen sich die beiden folgenden Ansätze, die auch die Entwicklungsphasen darstellen, unterscheiden: *Integrationsarten der TK-Netze mit dem Internet*

■ Internet nur als Zubringer zu den Diensten in einzelnen TK-Netzen,

■ Internet als Zubringer zu den Diensten in einzelnen TK-Netzen und als Erbringer intelligenter Netzdienste.

Abbildung 1.4-2 illustriert, wie das Internet als Zubringer zu den intelligenten Netzdiensten in einzelnen TK-Netzen dienen kann. *Internet als Zubringer zu TK-Netzen*

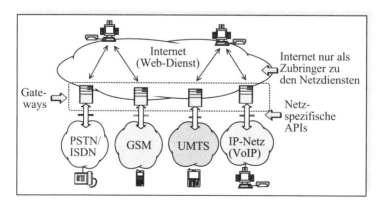

Abb. 1.4-2: Internet als Zubringer zu TK-Netzen

Bei diesem Ansatz werden zwischen dem Internet und den einzelnen TK-Netzen bestimmte Gateways installiert. Um PSTN/ISDN bzw. Mobilfunknetze (GSM, UMTS) als Zubringer zum Internet zu nutzen, müssen entsprechende Gateways zwischen ihnen und dem Internet installiert werden. Um die in Abschnitt 1.4-2 dargestellten Konzepte PINT bzw. SPIRITS zu realisieren, sind spezielle Gateways zwischen PSTN/ISDN und Internet nötig. Das Gateway zwischen dem Internet und einem privaten IP-Netzwerk mit VoIP-Unterstützung ist in der Regel ein Router mit einer VoIP-Gateway-Funktion.

Idee vom Multiservice-Netz

Da verschiedene TK-Netze konvergieren, wäre es wünschenswert, die Möglichkeit zu haben, alle TK-Netze seitens des Internet als ein heterogenes TK-Netz zu nutzen, intelligente Netzdienste auf Basis des Protokolls IP zu entwickeln und sie den Teilnehmern an allen TK-Netzen über das Internet zugänglich zu machen. Abbildung 1.4-3 illustriert diese Idee. Sie führt zu einem *Multiservice-Netz*. Wie hier ersichtlich ist, werden verschiedene TK-Netze lediglich als *Netzwerk Layer* betrachtet.

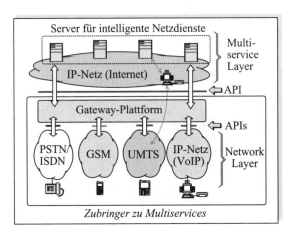

Abb. 1.4-3:   Internet als Zubringer zu TK-Netzen und als Erbringer
                intelligenter Netzdienste

Bedeutung von Gateway-Plattform

Um intelligente Netzdienste vom TK-Netz unabhängig entwickeln zu können, müssen verschiedene und netzabhängige APIs auf ein universelles API umgesetzt werden. Diese Aufgabe kann von einer *Gateway-Plattform* übernommen werden. Ihre Funktion besteht darin, den Auf- und Abbau von Verbindungen in verschiedenen TK-Netzen anzusteuern. Die Gateway-Plattform kann ein verteiltes System darstellen und auf dem Softswitch-Konzept basieren (vgl. Abb. 1.4-6).

Oberhalb der Gateway-Plattform wird ein universelles API zur Verfügung gestellt, über das die Server an privaten IP-Netzen bzw. am öffentlichen Internet auf die Funktionen verschiedener TK-Netze zugreifen können. Alle Server an privaten IP-Netzen und am Internet können als *Multiservice Layer* angesehen werden. Es ist hier auch hervorzuheben, dass mehrere Server eingesetzt werden können, um einen intelligenten Dienst zu erbringen. Insbesondere bei E-Commerce-Anwendungen wird dies mit Sicherheit der Fall sein. Ein Dienst kann auch als Basis von Web Services erbracht werden [BaRS 03].

Auf die in Abbildung 1.4-3 dargestellte Art und Weise können unterschiedliche TK-Netze als Zubringer zu Multiservices dienen, die durch verschiedene Server an privaten IP-Netzen und am öffentlichen Internet erbracht werden. Ein derartiger Ansatz führt zur Vereinfachung der Bereitstellung intelligenter Netzdienste durch verschiedene Dienstanbieter und insbesondere durch Software-Häuser, die selbst keine Netzanbieter sind. Dies hätte zusätzlich den Vorteil, dass die Dienstanbieter ihre Server an ihren privaten IP-Netzen bzw. am Internet betreiben können. Die Server können über ein offenes API mit dem Endgerät eines Teilnehmers an einem Netz wie ISDN, GSM oder UMTS kommunizieren, ohne die Protokolle dieser Zugangsnetze seitens des Multiservice Layer kennen zu müssen.

Vorteile des Multiservice-Netzes

Der in Abbildung 1.4-3 dargestellte Ansatz lässt sich mit Hilfe der Konzepte Parlay/OSA und JAIN verwirklichen, die entsprechend in den Abschnitten 1.4.4 und 1.4.5 näher erläutert werden.

1.4.2 Integration von Internet mit Intelligent Network

Bei der Integration des Internet mit dem ISDN bzw. mit dem öffentlichen digitalen Telefonnetz (PSTN) kommen unterschiedliche Konzepte in Frage. Von der IETF werden hierfür die folgenden Ansätze spezifiziert:

- PINT (*PSTN/Internet INTerworking*): Dies ist ein Konzept, nach dem das Internet als Zubringer zu den wichtigen Diensten in ISDN/PSTN dienen kann (s. RFCs 2458 und 2848).

- SPIRITS (*Service in the PSTN/IN Requesting InTernet Service*): Ein Konzept, nach dem bestimmte Ereignisse aus dem ISDN/PSTN in Servern am Internet bearbeitet werden können (s. RFCs 3136, 3298 und 3910).

PINT

Bei dieser Art der Integration nutzt man das Internet als Zubringer zu den Diensten im ISDN/PSTN. Abbildung 1.4-4 illustriert, wie diese Idee im Konzept PINT realisiert wird. Für die Integration nach PINT muss eine physikalische Kopplung zwischen Internet und ISDN/PSTN realisiert werden. Hierfür muss ein spezielles Gateway installiert werden, das man als *PINT-Gateway* bezeichnet. Es enthält einen *PINT-Server*, auf den ein *PINT-Client* zugreifen kann. Der PINT-Client ist ein Software-Modul auf dem Rechner am Internet

Idee von PINT

und kann ein Bestandteil eines Web-Browser sein. Damit können einige Besonderheiten des Web-Dienstes bei PINT in Anspruch genommen werden.

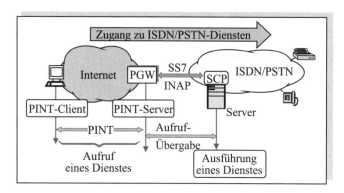

Abb. 1.4-4: Grundlegende Idee von PINT
INAP: Intelligent Network Application Part, PGW: PINT-Gateway,
SCP: Service Control Point, SS7: Signalling System No 7

PINT-Protokoll basiert auf SIP

Ein PINT-Client ermöglicht einem Internet-Benutzer, einen Dienst auf einem Server am ISDN/PSTN, den man SCP nennt, aufzurufen. Der Aufruf des Dienstes erfolgt mit Hilfe des PINT-Protokolls. Hierbei werden bestimmte Angaben an den PINT-Server auf dem Gateway übermittelt. Das PINT-Protokoll verwendet einige Nachrichten von SIP (*Session Initiation Protocol*, s. Kapitel 7). Vom Gateway wird der Aufruf des Dienstes weiter an SCP am ISDN/PSTN übergeben, wo der gewünschte Dienst erbracht wird. Für die Kommunikation zwischen PINT-Gateway und SCP wird das Protokoll INAP (*Intelligent Network Application Protocol*) verwendet.

Internet als Zubringer zu IN-Diensten

Vergleicht man Abbildung 1.1-5 und Abbildung 1.4-4, so stellt man fest, dass PINT als derartige Erweiterung eines Intelligenten Netzes angesehen werden kann, sodass ein Benutzer mit einem Rechner am Internet die Ausführung einiger Dienste im Intelligenten Netz (IN) veranlassen kann.

PINT-Dienste

Bei PINT können u.a. folgende ISDN/PSTN-Dienste in Anspruch genommen werden:

- Request to Call

  Es handelt sich hier um das Initiieren von Telefonverbindungen im ISDN/PSTN durch einen Rechner am Internet. Da mehrere Möglichkeiten der Realisierung derartiger Dienste in Frage kommen, spricht man auch von *Click-to-Dial* bzw. *Click-to-Dial-Back*.

- Request to Fax Content

  Dieser PINT-Dienst ermöglicht es, einem Rechner am Internet die Fax-Nachrichten im ISDN/PSTN zu versenden bzw. sie aus einem Fax-Server am ISDN/PSTN abzurufen. Man spricht in diesem Zusammenhang auch von *Click-to-Fax* bzw. *Click-to-Fax-Back*. Es ist hervorzuheben, dass es sich hierbei nicht um das Konzept „Fax over IP" handelt.

■ Request to Hear/Play Content

Es handelt sich hier um die PINT-Dienste, die es ermöglichen, auf einen Sprach/Audio-Server am ISDN/PSTN von einem Rechner am Internet zuzugreifen, um bestimmte Inhalte von dort über das normale Telefon bzw. über VoIP abhören zu können. Bei diesen PINT-Diensten spricht man auch von Request to *Hear-Web-Content*.

SPIRITS

SPIRITS ist ein Konzept für eine Art der Integration von Internet mit dem Intelligenten Netz (IN). Das IN kann als funktionelle Erweiterung des ISDN, des digitalen Telefonnetzes und der Mobilfunknetze GSM und UMTS angesehen werden (vgl. Abb. 1.1-5). Abbildung 1.4-5 illustriert die Integration des Internet mit dem IN nach SPIRITS. Das Hauptziel dieser Integration besteht darin, bestimmte Ereignisse, die mit den Telefonnummern von Teilnehmern im IN verbunden sind, an die Rechner am Internet zu übermitteln.   *Idee von SPIRITS*

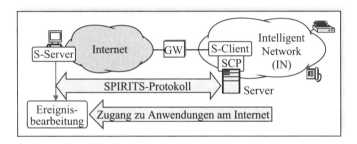

Abb. 1.4-5:   Konzept von SPIRITS
GW: Gateway, IN: Intelligent Network, S-Client: SPIRITS-Client,
S-Server: SPIRITS-Server, SCP: Service Control Point

Um das Internet mit dem IN nach SPIRITS zu integrieren, muss eine physikalische Kopplung zwischen Internet und IN mit Hilfe eines speziellen Gateway realisiert werden. Dieses Gateway stellt die Grenze zwischen einem ISP (*Internet Service Provider*) und dem Betreiber des IN dar.

SCP im IN repräsentiert einen Server, d.h. einen Erbringer eines IN-Dienstes und wird um eine Funktionskomponente erweitert, die man *SPIRITS-Client* nennt. Er hat die Aufgabe, bestimmte Ereignisse, die mit den Telefonnummern verbunden sind, einem *SPIRITS-Server* am Internet zu übermitteln. Der SPIRITS-Server ist ein Software-Modul auf dem Rechner am Internet, um die Ereignisse aus dem IN zu bearbeiten, und kann auch mit einem Web-Browser integriert werden.   *SPIRITS-Client und -Server*

Das SPIRITS-Protokoll basiert (ebenso wie das PINT-Protokoll) auf dem Protokoll SIP (s. Kapitel 7). Es ist somit sinnvoll, die beiden Konzepte PINT und SPIRITS entsprechend zu integrieren.

Im Allgemeinen könnte man SPIRITS als Konzept interpretieren, nach dem der Zugang zu den Anwendungen am Internet seitens des IN erfolgen kann. Beim SPIRITS-Einsatz kommen u.a. folgende Anwendungen in Frage:

- Internet Call Waiting (ICW)

    ICW ermöglicht es, einen Telefonanschluss so zu nutzen, dass man über ihn quasi gleichzeitig telefonieren und im Internet surfen kann. Ist der Benutzer mit dem Internet verbunden, werden die ankommenden Anrufe auf dem Bildschirm entsprechend angezeigt. Der Anruf kann dann auf eine Sprachbox umgeleitet oder über einen Rechner am Internet entgegengenommen werden, falls dieser beispielsweise über die VoIP-Funktion verfügt. In diesem Fall wird der Anruf auf ein IP-Telefon am Internet umgeleitet.

- Internet Caller-ID Delivery

    Dem mit dem Internet verbundenen Rechner kann die Identifikation (z.B. die Telefonnummer) des Rufenden übermittelt werden. Ein Benutzer am Internet kann die ankommenden Anrufe von der Caller-ID abhängig „behandeln".

- Internet Call Forwarding

    Ist der Benutzer mit dem Internet verbunden und wird ihm ein ankommender Anruf auf dem Bildschirm signalisiert, so kann er diesen Anruf entsprechend weiterleiten (umleiten), beispielsweise auf ein IP-Telefon am Internet.

- SMS-Umleitung zum Rechner am Internet

    Ein Mobilfunknetz GSM stellt im Prinzip ein Intelligentes Netz (IN) dar. Hat ein Benutzer sein Handy ausgeschaltet, kann er die auf seinem Handy ankommenden SMS-Nachrichten auf den Rechner am Internet umleiten.

- Anzeige der Lokation von Teilnehmern in Mobilfunknetzen

    In den Mobilfunknetzen wie GSM und UMTS, die sich aus einer Vielzahl von Zellen zusammensetzen, lässt sich zu jeder Zeit ermitteln, in welcher Zelle sich jeder Teilnehmer mit seinem Handy aufhält. Die Voraussetzung dafür ist, dass sein Handy nicht ausgeschaltet ist. Hat ein mobiler Teilnehmer sich in eine neue Zelle hineinbewegt, kann dies mit Hilfe von SPIRITS an den Rechner am Internet signalisiert werden. Auf dem Bildschirm dieses Rechners könnte (theoretisch!) die Bewegung jedes mobilen Teilnehmers mit einem eingeschalteten Handy verfolgt werden. Aus diesem SPIRITS-Einsatz ergeben sich sowohl Vorteile (z.B. Verfolgung von gestohlenen Autos) als auch Nachteile (z.B. Aspekte des Datenschutzes).

Diese Dienste, die mit Hilfe der Lokation von mobilen Teilnehmern in Mobilfunknetzen realisiert werden, bezeichnet man als *Location Based Services* (LBS).

1.4.3 Trend zu Next Generation Networks

Die Konvergenz der öffentlichen TK-Netze für die Sprachkommunikation und der Mobilfunknetze aller Generationen mit dem Internet und den privaten IP-Netzen (Intranets) bietet nicht nur Möglichkeiten für VoIP, sondern hierbei ergeben sich völlig neue Netzstrukturen auf Basis des Protokolls IP mit offenen Programmierschnittstellen. Damit entstehen fast uneingeschränkte Möglichkeiten, neue intelligente Dienste zu entwickeln und sie mit Hilfe von Application Servern am Internet für Teilnehmer an allen TK-Netzen zur Verfügung zu stellen. Man bezeichnet diese neuen IP-basierten Netzstrukturen als *Next Generation Networks* (*NGN*) und die durch sie erbrachten Dienste als *Next Generation*

Services (*NGS*). Die Strategien zur Migration zu NGN werden u.a. von Multi-service Switching Forum (`http://msforum.org`) entwickelt.

Ein IP-basiertes NGN kann heute nicht mehr auf einer „grünen Wiese" aufge-baut, sondern muss mit der bestehenden öffentlichen TK-Infrastruktur integ-riert werden. Abbildung 1.4-6 veranschaulicht eine Migration zu NGN, bei der die bestehenden öffentlichen TK-Netze mit dem Internet „stark" integriert wer-den. Es ist hierbei hervorzuheben, dass die Mobilfunknetze (GSM und UMTS) bereits mit den terrestrischen Sprachkommunikationsnetzen (PSTN und ISDN) über spezielle Netzübergänge integriert worden sind. *Migration zu NGN*

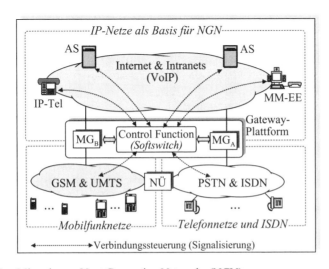

Abb. 1.4-6: Migration zu Next Generation Networks (NGN)
AS: Applikation Server, MG: Media Gateway,
MM-EE: MultiMedia-EndEinrichtung, NÜ: NetzÜbergäng

Ein NGN muss u.a. die Möglichkeit bieten, dass: *Was man von NGN erwartet*

■ jeder Benutzer am Internet bzw. an einem privaten Intranet mit allen Benut-zern an anderen Netzen per VoIP telefonieren bzw. intelligente TK-Dienste nutzen kann,

■ jeder Benutzer am Nicht-IP-Netz (wie z.B. PSTN/ISDN oder GSM) intelli-gente TK-Dienste, die durch die Application Server an IP-Netzen erbracht werden, nutzen kann. Andererseits sollte jeder Benutzer am Internet bzw. an einem Intranet den Zugang zu den Diensten im Intelligenten Netz (IN) auf Basis von PSTN/ISDN haben (vgl. Abb. 1.1-5).

Eine Besonderheit der in Abbildung 1.4-6 dargestellten Integration der IP-Netze mit den anderen TK-Netzen besteht darin, dass eine verteilte und univer-selle *Gateway-Plattform* zum Einsatz kommt. Die Kopplung verschiedener TK-Netze mit dem Internet erfolgt hier mit Hilfe von speziellen Funktions- *Gateway-Plattform* komponenten, die man *Media Gateways* (MG) nennt. MG_A stellt eine physikalische Komponente dar, mit deren Hilfe das PSTN/ISDN an das Internet angebunden wird. MG_B kann als *Access Gateway* zum Internet für Mobilfunknetze angesehen werden. Es ist offensichtlich, dass MG_A und MG_B an unterschiedlichen Stellen physikalisch untergebracht werden können. Die Gateway-Plattform kann daher ein verteiltes System darstellen.

> **Bemerkung:** Für die Integration des Internet mit PSTN/ISDN bzw. mit den Mobilfunknetzen sind in der Praxis jeweils mehrere Media Gateways notwendig. Abbildung 1.4-6 vermittelt somit nur die Idee der Integration.

Softswitch-Funktion

Die Ansteuerung von MG_A und MG_B und die Abwicklung der Signalisierung beim Auf- und Abbau von Verbindungen zwischen IP-Telefonen am Internet und Telefonen am PSTN/ISDN sowie Handys in den Mobilfunknetzen (GSM, UMTS) wird von einer Funktionskomponente übernommen, die man als *Softswitch* bezeichnet. Sie gilt als zentrale Funktionskomponente zum Aufbau von NGN und kann auch als ein verteiltes System realisiert werden. Für detaillierte Informationen über die Softswitch-Konzepte sei auf [Ohrt 03] verwiesen. Manchmal wird die gesamte Gateway-Plattform auch als *Softswitch* bezeichnet.

Softswitch-Entwicklung

Unter der Mitarbeit von Service-Providern und Herstellern von Telekommunikationskomponenten wurde das *International Softswitch Consortium* (*ISC*) gegründet, um eine einheitliche Architektur von Softswitch zu spezifizieren. Aus ISC ist inzwischen *International Packet Communications Consortium* (IPCC) entstanden, um sowohl den Softswitch als auch die Vorschläge für die Migration zu NGN zu entwickeln (`http://www.packetcomm.org`).

Struktur der Gateway-Plattform

Abbildung 1.4-7 zeigt die Struktur der Gateway-Plattform bei der Integration des Internet mit dem Intelligenten Netz (IN, *Intelligent Network*) auf Basis von ISDN. Hier wurde angenommen, dass SIP (*Session Initiation Protocol*) als Signalisierungsprotokoll für VoIP im Internet eingesetzt wird (s. Kapitel 7). Wie hier ersichtlich ist, setzt sich die Gateway-Plattform aus einem Softswitch und aus einem *Media Gateway* (MG) zusammen.

Aufgabe von MGC

MGC stellt eine Funktionskomponente dar, mit der der Auf- und Abbau von Verbindungen zwischen IP- und ISDN-Telefonen gesteuert wird. Vom MGC im Softswitch wird das MG mit Hilfe von MGCP so angesteuert, dass eine Verbindung zwischen IP-Telefon am Internet und ISDN-Telefon zustande kommt. Diese Verbindung setzt sich aus einer ISDN-Verbindung seitens des ISDN und einer RTP-Session seitens des Internet zusammen (vgl. Abb. 1.2-2).

Integration der Dienste mit SC

Die Gateway-Plattform muss es ebenfalls jedem Benutzer am Internet ermöglichen, dass er auf die TK-Dienste im IN (z.B. Routing beim Aufbau von Telefonverbindungen, vgl. Abb. 1.1-6) zugreifen kann. Andererseits sollten die TK-Dienste, die durch die Application Server (AS) am Internet erbracht werden, für die Teilnehmer am ISDN zugänglich sein. Um diese Anforderungen zu erfüllen, enthält der Softswitch die Funktionskomponente SC (*Service Control*).

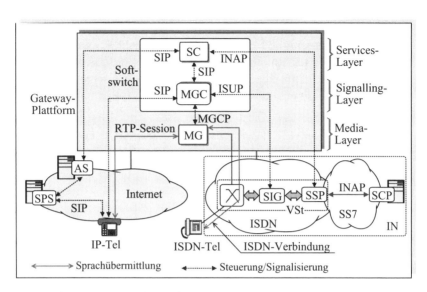

Abb. 1.4-7: Struktur der Gateway-Plattform bei der Integration der IP-Netze mit IN
AS: Application Server, INAP: Intelligent Network Application Protocol,
ISUP: ISDN User Part, MG: Media Gateway, MGC: Media Gateway Controller,
MGCP: Media Gateway Control Protocol, RTP: Real-time Transport Protocol,
RTCP: RTP Control Protocol, SC: Service Control, SIG: Signalisierung, SPS: SIP Proxy
Server, SS7: Signalling System No. 7, SCP: Service Control Point, SSP: Service Switching
Point, VSt: Vermittlungsstelle

Abbildung 1.4-7 zeigt eine vereinfachte Struktur des Softswitches nur für die
Integration von Internet und ISDN. Um möglichst alle realen Fälle zu berücksichtigen, müssen die Gateway-Plattform und insbesondere der Softswitch weitere Funktionskomponenten enthalten. Eine Referenzarchitektur als 3-Layer-
Modell für die Gateway-Plattform wurde von IPCC vorgeschlagen. Sie enthält:

- *Media-Layer* mit verschiedenen Media Gateways,

- *Signalling-Layer* mit verschiedenen Protokollen für Signalisierung, d.h. für
  Auf- und Abbau von Verbindungen zwischen dem Internet und den anderen
  Netzarten,

- *Service-Layer* mit den Komponenten für die Unterstützung des Zugangs zu
  den Diensten (z.B. Unified Messaging, Instant Conferencing), die durch die
  Integration des Internet mit anderen TK-Netzen entstehen.

Auf die Prinzipien der Integration des Internet mit anderen TK-Netzen geht
Kapitel 8 detailliert ein.

1.4.4 Konzept von Parlay/OSA

Um intelligente Netzdienste auf Basis eines TK-Netzes zu entwickeln, muss   *Ziel von*
man auf bestimmte Software-Schnittstellen, sog. APIs (*Application Program-*   *Parlay/OSA*

ming Interfaces), im Netzkern zugreifen. Da diese Schnittstellen nur für den Netzbetreiber zugänglich sind, war es bisher nicht möglich, dass die Netzdienste durch Dritte, also durch die Nicht-Netzbetreiber, konzipiert und entwickelt werden konnten. Um diesen Zustand zu verändern, wurde ein vom Netz unabhängiges API entwickelt. Es handelt sich hier um Parlay/OSA.

Entstehung von Parlay/OSA

Im Jahr 1998 wurde eine herstellerunabhängige „non-profit" Organisation, die sog. *Parlay Group*, gegründet, um ein API zu entwickeln, mit dessen Hilfe es möglich wäre, auf die Funktionen eines Netzes zuzugreifen. Damit sollten auch die Nicht-Netzbetreiber die Möglichkeit erhalten, intelligente Netzdienste zu entwickeln, ohne direkt auf die Funktionen des Kernnetzes zugreifen zu müssen. Die wichtigste Anforderung hierbei war, dass dieses API auch vom Netz unabhängig sein musste. Dies sollte den Nicht-Netzbetreibern erlauben, die Netzanwendungen zu entwickeln, die von den netzspezifischen APIs unabhängig sind. Damit sollte eine Möglichkeit geschaffen werden, universelle Netzanwendungen, die über verschiedene Netze und über das Internet zugänglich sein können, zu konzipieren.

Parallel zu den Aktivitäten der Parlay Group haben 3GPP und ETSI mit der Entwicklung eines API für die Programmierung von Netzanwendungen auf Basis von UMTS begonnen. Es wurde festgestellt, dass API der Parlay Group weitgehend den Anforderungen von 3GPP und ETSI entspricht. Dehalb wurde beschlossen, die Entwicklungen miteinander zu integrieren, um das Ziel gemeinsam schneller zu erreichen. Da API von 3GPP und ETSI bereits die Bezeichnung OSA (*Open Service Architecture*) trug, bezeichnete man das gemeinsame API der Parlay Group und von 3GPP und ETSI als *Parlay/OSA*. Später wurde die Bezeichnung OSA auf *Open Service Access* umbenannt. Parlay/OSA API wurde in der UML (*Unified Modelling Language*) spezifiziert. Für Näheres über die Parlay Group sei auf http://www.parlay.org verwiesen.

Bedeutung von Parlay/OSA

Wie aus Abbildung 1.4-8 ersichtlich ist, handelt es sich bei Parlay/OSA um eine Software-Schnittstelle, über die man seitens des Internet/Intranet auf die Funktionen aller TK-Netze zugreifen kann. Andererseits können die Teilnehmer an verschiedenen TK-Netzen die Dienste nutzen, die durch die Application Server am Internet/Intranet zur Verfügung gestellt werden.

Um eine einheitliche und vom TK-Netz unabhängige Software-Schnittstelle zu spezifizieren und damit auch das Parlay/OSA-Konzept verwirklichen zu können, wurde die Funktionskomponente *Service Capability Server* (SCS) spezifiziert. Mit ihrer Hilfe werden die Funktionen verschiedener Netze auf Parlay/OSA API abgebildet. Diese Netze sind: PSTN und ISDN, Mobilfunknetze nach GSM und UMTS und IP-Netze mit VoIP-Unterstützung.

SCS als Gateway

SCS fungiert somit als Gateway zwischen Parlay/OSA API und verschiedenen TK-Netzen. Wo SCS realisiert wird, ist offen. Es kann beispielsweise in einem Netz bzw. innerhalb einer Gateway-Plattform untergebracht werden (s. Abb. 1.4-3 und Abb. 1.4-6).

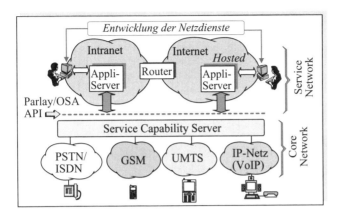

Abb. 1.4-8: Bedeutung von Parlay/OSA
Appli-Server: Application Server

Die grundlegende Idee von Parlay/OSA besteht darin, dass man verschiedene TK-Netze mit SCS als ein Core Network (Kernnetz) betrachtet. Die Dienste dieses Core Network sind über Parlay/OSA API für die Nicht-Netzanbieter zugänglich. Somit können die Nicht-Netzanbieter die Netzanwendungen entwickeln und diese auf speziellen Application Servern installieren. Ein Application Server am Internet bzw. am privaten IP-Netz (Intranet) stellt bestimmte Netzanwendungen zur Verfügung, auf die man über die verschiedenen TK-Netze (PSTN, ISDN GSM, UMTS) zugreifen kann. Solche Netzanwendungen werden auch als *New Generation Network Services* bezeichnet (vgl. Abb. 1.4-6).

Idee von Parlay/OSA

Bei der Nutzung von Parlay/OSA kann jeder seine Kreativität entfalten und beliebige Netzdienste entwickeln und sie über verschiedene Netze und das Internet zugänglich machen. Die folgenden drei Beispiele, die *Location Based Services* (LBS) darstellen, sollen das Spektrum von Möglichkeiten verdeutlichen.

Beispiele für Network Services mit Parlay/OSA

Beispiel 1: Mobilität, Lokationsangabe und Informationsabruf

Ein Teilnehmer ist mit seinem UMTS-Handy unterwegs auf einer Autobahn. Er möchte nun seine Reise abbrechen und in einer nah gelegenen Stadt übernachten. Er greift auf einen ihm bekannten Application Server am Internet zu, von dem er seine aktuelle Lokation abrufen kann. Die Lokation jedes mobilen Teilnehmers kann im UMTS mit der Genauigkeit zu einer Zelle ermittelt werden. Man kann also erfahren, in welcher Zelle ein Teilnehmer sich aktuell aufhält. Der Application Server am Internet übermittelt dem UMTS-Teilnehmer einen kleinen Ausschnitt aus der Landkarte mit der Angabe seiner Position. Er klickt die nah gelegene Stadt an und auf seinem UMTS-Handy zeigt sich das Portal dieser Stadt mit Übernachtungsmöglichkeiten, Kulturangeboten etc. Er wählt nun das ihm passende Hotel aus, reserviert dort ein Zimmer und fährt nach der Route dort hin, die ihm vom Application Server auf seinem UMTS-Handy ständig gezeigt wird. Der UMTS-Teilnehmer hat das Hotel problemlos erreicht und kann nun die Session mit dem Applikation Server am Internet beenden.

Beispiel 2: Anzeige der Position eines Autos

Ein Teilnehmer ist mit seinem Pkw unterwegs und hat sein GSM-Handy dabei. Seine Familie verfügt über einen Fernsehapparat mit einem Internet-Zugang. Der Ehegatte des Teilnehmers möchte erfahren, wo sich sein Partner gerade befindet. Er greift auf einen ihm bekannten Application Server am Internet mit dem Service „Lokation von GSM-Teilnehmern" zu und gibt nun die entsprechende Handy-Nummer an. Der Server am Internet ruft dann über Parlay/OSA vom GSM-Netz die Lokation des mobilen Teilnehmers ab, nimmt einen Ausschnitt aus der Landkarte heraus und übermittelt ihn mit der Angabe der Position des mobilen Teilnehmers an seinen Ehegatten. Er kann somit die Bewegung seines Partners auf dem Fernsehapparat verfolgen.

Beispiel 3: Nutzung von Buddy-Lists (Kumpel-Listen)

Ein Teilnehmer hat in seinem GSM-Handy eine Liste mit den Handy-Nummern von seinen Bekannten. Er will sich mit einigen von ihnen treffen, falls sie z.B. von ihm nicht mehr als x km entfernt sind. Er greift auf einen ihm bekannten Applikation Server am Internet mit dem Service „Buddy-Listen" zu und übermittelt ihm seine Liste mit den Handy-Nummern. Er gibt dem Server zusätzlich an, dass er die Sprachmitteilung „Hallo hier ist ..., Ich möchte mich gerne mit ....treffen", die nun von ihm aufgesprochen wird, an seine Bekannten aus der Liste verschicken soll, falls sie von ihm nicht mehr als x km entfernt sind. Er kann auch angeben, in welchem Zeitraum dies aktuell ist. Der Application Server am Internet überwacht die Lokation von Handy-Nummern aus der Liste und trägt dazu bei, dass der Teilnehmer sich mit seinen Bekannten treffen kann.

Logische Architektur von Parlay/OSA

Die allgemeine logische Architektur von Parlay/OSA zeigt Abbildung 1.4-9.

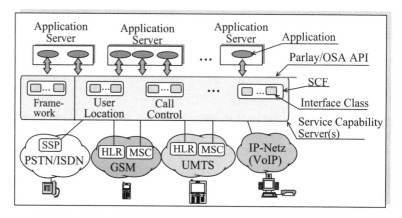

Abb. 1.4-9: Logische Architektur von Parlay/OSA
SSP: Service Switching Point, HLR: Home Location Register,
MSC: Message Switching Center

Die Hauptkomponente bei Parlay/OSA stellt der *Service Capability Server* (SCS) dar. Hierbei handelt es sich um eine Sammlung von Funktionen, um die Dienste verschiedener TK-Netze nutzen zu können. Diese können nach Bedarf erweitert werden. SCS enthält mehrere Funktionsmodule, die als SCF (*Service Capability Feature*) bezeichnet werden. Mit einem SCF wird ein spezieller netzspezifischer Dienst zur Verfügung gestellt, wie z.B.:

■ *User Location*: Lokation von mobilen Teilnehmern in GSM- und UMTS-Netzen,

- *Call Controll*: Ansteuerung von Verbindungen, Auf- und Abbau von Verbindungen etc.

- *Charging*: übergreifende Funktion, die alle Aufgaben des Gebührenprozesses umfasst. Hierzu gehört u.a. Gebührenanzeige AoC (*Advice of Charge*), Abrechnung (Billing), Pre-Paid-Möglichkeit.

Ein CSF wird als „Framework" bezeichnet und muss in jedem SCS enthalten sein. Das „Framework" kann als eine Zentrale von Parlay/OSA angesehen werden und enthält einige Management-Funktionen. Beispielsweise muss sich jeder Benutzer bei dem „Framework" authentifizieren lassen.

Eine neue Generation von verteilten Anwendungen auf Basis des Web-Dienstes stellen sog. *Web-Services* dar [BaRS 03]. Ein Web-Service kann durch eine Gruppe von verteilten Objekten, die über den Web-Dienst aufgerufen werden können, erbracht werden. Die Spezifikation von Parlay 4.0 (November 2002) ermöglicht, dass die Teilnehmer an verschiedenen Netzen, wie z.B. ISDN, GSM und UMTS, auf Web-Services zugreifen können. Um die Netzdienste auf Basis von Web-Services entwickeln zu können, wurde die Spezifikation *Parlay-X* (April 2003) veröffentlicht. Parlay-X wird auch von OMA (*Open Mobile Alliance*) unterstützt, die u.a. die Integration der Mobilfunknetze nach GSM mit dem Internet koordiniert. OMA hat u.a. die Entwicklung von WAP (*Wireless Application Protocol)* koordiniert [BaRS 03].

Parlay/OSA und Web-Services

1.4.5 Konzept von JAIN

Java ist zu einer der wichtigsten Programmiersprachen geworden, die sich hervorragend für die Entwicklung von Netzanwendungen und -diensten eignet. Sie wird immer mehr in der Telekommunikation eingesetzt. Ein ähnliches Konzept wie bei Parlay/OSA wird auch bei JAIN (*Java API for Integrated Networks*) verfolgt, das von der Firma Sun Microsystem ins Leben gerufen wurde. Abbildung 1.4-10 illustriert das Konzept JAIN.

JAIN stellte eine Sammlung von APIs dar, die auf der Programmiersprache Java basieren. Mit JAIN-Hilfe ist es möglich, intelligente TK-Anwendungen zu entwickeln, ohne auf eine interne und netzspezifische Software-Schnittstelle zugreifen zu müssen. Um JAIN mit Parlay/OSA integrieren zu können, wurde *JAIN Parlay API* spezifiziert, die als Spezifikation von Parlay-API in der Version 1.2 in der Programmiersprache Java angesehen werden kann. JAIN Parlay API basiert auf den Middleware-Technologien wie CORBA (*Common Object Request Broker Architecture*) und DCOM (*Distributed Component Object Model*).

Idee von JAIN

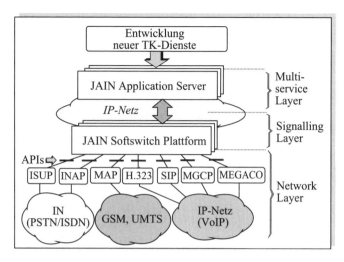

Abb. 1.4-10: Konzept von JAIN
INAP: Intelligent Network Application Part, ISUP: ISDN User Part,
MAP: Mobile Application Part, MGCP: Media Gateway Control
Protocol, Megaco: Media Gateway Control, SIP: Session Initiation Protocol

Wie aus Abbildung 1.4-10 ersichtlich ist, definiert JAIN folgende zwei Systemkomponenten:

- *JAIN Softswitch Plattform* und

- *JAIN Application Server*.

Die JAIN Softswitch Plattform stellt ein universelles Gateway dar, das verschiedene APIs seitens der einzelnen TK-Netze auf ein universelles und netzabhängiges API umsetzt. Für die Realisierung einer Softswitch Plattform, die der Gateway-Plattform aus Abbildung 1.4-6 weitgehend entspricht, ist allerdings eine komplexe Hardware-Komponente nötig.

Auf das universelle API kann ein Application Server über ein IP-Netz zugreifen, um die Dienste der TK-Netze in Anspruch zu nehmen. Es handelt sich hierbei vor allem um den Auf- und Abbau von Verbindungen in verschiedenen TK-Netzen. Die wichtigste Funktion der Softswitch Plattform besteht somit in der Abwicklung der Signalisierung (d.h. Call Control).

Architektur von JAIN Abbildung 1.4-11 zeigt eine vereinfachte Architektur von JAIN. Berücksichtigt man hierbei Abbildung 1.4-10, so stellt man fest, dass

- die JAIN Softswitch Plattform die Funktionsmodule JCC und JCAT enthält.

- der JAIN Application Server durch die Funktionsmodule JSPA und JSLEE gebildet wird.

JCC liefert ein einheitliches API für den Zugriff auf verschiedene TK-Netze und sorgt dafür, dass die Software-Entwickler für den Auf- und Abbau von

Verbindungen in verschiedenen TK-Netzen nur eine einzige Applikation schreiben müssen.

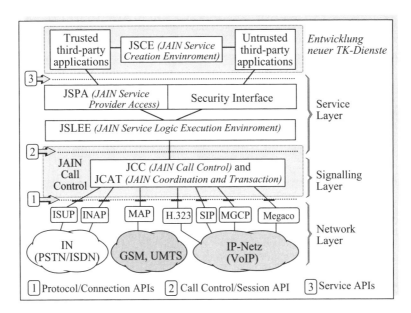

Abb. 1.4-11: Architektur von JAIN
     IN: Intelligent Network, weitere Abkürzungen wie in Abb. 1.4-10

JAIN APIs für den Zugriff auf verschiedene Netze

Um eine JAIN Softswitch Plattform zu realisieren, enthält die JAIN-Spezifikation mehrere APIs, über die man auf die einzelnen TK-Netze zugreifen kann. Diese APIs sind u.a.:

- JAIN ISUP (*ISDN User Part*) für den Zugriff auf die ISDN-Dienste (s. Kapitel 2).

- JAIN INAP (*Intelligent Network Application Part*) für den Zugriff auf die Dienste vom Intelligent Network (s. Kapitel 2).

- JAIN MAP (*Mobile Application Part*) für den Zugriff auf die Dienste in Mobilfunknetzen.

- JAIN H.323 für den Zugriff auf die VoIP-Systeme, die auf der Protokollfamilie H.323 basieren (s. Kapitel 6).

- JAIN SIP (*Session Initiation Protocol*) für den Zugriff auf die VoIP-Systeme, die das Signalisierungsprotokoll SIP verwenden. JAIN SIP wird zukünftig eine wichtige Rolle spielen. In der Zukunft soll die Sprachkommunikation im UMTS nach dem VoIP-Prinzip verlaufen und SIP soll als Signalisierungsprotokoll dienen (s. Kapitel 7).

- JAIN MGCP (*Media Gateway Control Protocol*) für den Zugriff auf die Funktionen eines Media-Gateway, bei dem MGCP verwendet wird. In der Regel stellt ein solches Media Gateway ein privates VoIP-Gateway dar (s. Abschnitt 8.2).

- JAIN Megaco (*Media Gateway Control*) für den Zugriff auf die Funktionen eines Media Gateway, bei dem MEGACO verwendet wird. Es handelt sich hier um ein Gateway zwischen einem öffentlichen TK-Netz (z.B. ISDN, Mobilfunknetz) und dem Internet (s. Abschnitt 8.3).

JAIN stellt ein Framework dar, das die Voraussetzungen für eine neue Generation von Netzdiensten schaffen soll.

1.5   VoIP-Aktivitäten bei Standardisierungsgremien, Konsortien und Foren

Die Aktivitäten, die mit der technologischen Weiterentwicklung und Standardisierung der VoIP-Dienste und -Protokolle zusammenhängen, werden von verschiedenen Standardisicrungsgremien und Industrieorganisationen als Foren bzw. Konsortien koordiniert. Insbesondere sind folgende Standardisierungsgremien hervorzuheben:

- IETF: *Internet Engineering Task Force* (`http://www.ietf.org`)
- ITU-T: *International Telecommunication Union, Telecommunication Standardization Sector* (`http://www.itu.int/ITU-T`)
- ETSI: *European Telecommunication Standards Institute* (`http://www.etsi.org`)

Die VoIP betreffenden Aktivitäten von Standardisierungsgremien, Foren und Konsortien werden hier kurz dargestellt.

1.5.1   IETF und Internet-Standards

Bedeutung von RFCs

Die IETF-Dokumente werden als sog. RFCs (*Requests for Comments*) im Internet veröffentlicht. Ein Schlüssel zur raschen Entwicklung des Internet und von verschiedenen IP-Netzen ist vor allem der offene Zugang zu den als RFCs im Internet veröffentlichten IETF-Dokumenten, die als Internet-Standard dienen. Jeder kann einen neuen Internet-Standard vorschlagen (s. RFC 2600).

Datenbank mit RFCs

Zu den RFCs zählen auch sämtliche Standards rund um das VoIP, die insbesondere verschiedene Konzepte und Protokolle festlegen. Die RFCs reichen bis ins Jahr 1969 zum Vorläufer des Internet zurück. Es sind z.Z. bereits über 4000 RFCs veröffentlicht. Alle RFCs sind auf mehreren Rechnern im Internet abgespeichert und kostenlos für alle verfügbar. Eine Datenbank mit RFCs wird vom sog. *RFC Editor* verwaltet und ist unter folgender Web-Adresse zu finden: `http://www.rfc-editor.org/rfcsearch.html`

Organisation der IETF

Der Internet-Erfolg ist teilweise der gut durchdachten Organisation der Zusammenarbeit zwischen der IETF und den anderen Institutionen zu verdanken. Welche Institutionen an der Entstehung von Internet-Standards beteiligt sind und wie sie zueinander stehen, zeigt Abbildung 1.5-1.

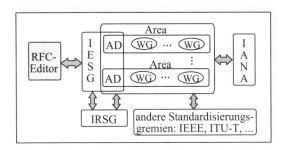

Abb. 1.5-1:   Organisation der IETF
         AD: Area Director; IANA: Internet Assigned Numbers Authority;
         IESG: Internet Engineering Steering Group; IRSG: Internet Research
         Steering Group; IRTF: Internet Research Task Force; WG: Working Group

Da die Palette von Entwicklungen um das Internet und deren Anwendungsaspekte herum sehr breit ist, werden bei der IETF bestimmte Themenbereiche definiert. Ein Themenbereich wird als *Area* bezeichnet. In jeder Area wird ein *Area Director* (AD) benannt, der die Aktivitäten innerhalb der Area koordiniert. Es gibt u.a.: *Applications Area, Internet Area, Routing Area, Security Area, Transport Area.* *Area als Themenbereich*

Für die Entwicklung von Standards zu den einzelnen Themen in jeder Area werden mehrere *Working Groups* (WGs) gebildet. Eine WG übernimmt die Verantwortung für die Entwicklung von Standards, die in der Regel ein Thema (z.B. ein Protokoll, eine Applikation) betreffen. Eine Auflistung von WGs ist unter http://www.ietf.org/html.charters/wg-dir.html zu finden.

Für die technische Verwaltung von IETF-Aktivitäten ist die *Internet Engineering Steering Group* (IESG) verantwortlich. Zur IESG gehören die Direktoren von einzelnen Areas, die sog. ADs. Der Entwurf jedes RFC, den man als *Internet-Draft* bezeichnet, wird innerhalb der IESG diskutiert. Ein Internet-Draft wird nur mit der Zustimmung der IESG als Internet-Standard, also als RFC, veröffentlicht. IESG arbeitet mit dem RFC-Editor zusammen, der für die Veröffentlichung von RFCs zuständig ist (http://www.rfc-editor.org). *IESG*

Eine besondere Rolle unter den Internet-Gremien spielt die *Internet Assigned Numbers Authority* (IANA). Sie dient als eine zentrale Stelle für die Registrierung von Internet-Adressen, -Namen, Protokollnummern und anderen Parametern, die weltweit eindeutig sein müssen. *IANA*

Working Groups mit VoIP-Aktivitäten

Die Working Groups, deren Aktivitäten in irgendeiner Form die Konzepte von VoIP betreffen, sind u.a.:

- *IP Telephony* (iptel) aus Transport Area: Diese WG hat das Protokoll TRIP (*Telephony Routing over IP*) spezifiziert und die Sprache CPL (*Call Processing Language*) entwickelt.

- *Audio/Video Transport* (avt) aus Transport Area: Dieser WG ist u.a. die Entwicklung der Protokolle RTP und RTCP zu verdanken. Sie spezifiziert u.a. auch, wie verschiedene zeitkritische Medien-Arten (Video, Audio, Streaming Media) als Payload in RTP-Dateneinheiten „untergebracht" werden können.

- *Session Initiation Protocol* (sip) aus Transport Area: Sie konzentriert sich auf die Weiterentwicklung von SIP. Es handelt sich hier vor allem um spezielle SIP-Erweiterungen.

- *Session Initiation Proposal Investigation* (sipping) aus Transport Area: Hier werden die Standards für einen breiten Einsatz von SIP entwickelt, wie z.B.: Internetworking zwischen SIP und ISDN/PSTN, SIP-Einsatz im Mobilfunknetzen.

- *SIP for Instant Messaging and Presence Leveraging* (simple) aus Application Area: Sie konzentriert sich auf den Einsatz von SIP für die Übermittlung von dringlichen Nachrichten im Internet, um u.a. das Konzept CPIM (*Common Presence and Instant Messaging*) zu unterstützen, das auch bei der WG *impp* entwickelt wird. Hierbei wird das Internet mit ISDN/PSTN und mit Mobilfunknetzen (GSM, UMTS) integriert. Die dringenden Ereignisse aus diesen Netzen werden über das Internet in den SIP-Nachrichten signalisiert. Hier kommt u.a. XML (*eXtensible Markup Language*) zum Einsatz.

- *Multiparty Multimedia Session Control* (mmusic) aus Transport Area: Hier wurde SIP spezifiziert. Hier wurden u.a. auch die Protokolle SDP (*Session Description Protocol*) und RTSP (*Real Time Streaming Protocol*) entwickelt.

- *Telephone Number Mapping* (enum) aus Transport Area: Hier wird das Konzept ENUM entwickelt, nach dem ein Benutzer mit Hilfe seiner Telefonnummer sämtliche Internet-Dienste in Anspruch nehmen kann.

- *Service in the PSTN/IN Requesting InTernet Service* (spirits) aus Transport Area: Sie hat das Konzept SPIRITS für die Integration von Internet mit Intelligent Networks (IN) und damit auch von ISDN/PSTN spezifiziert (s. Abb. 1.4-5).

- *Signalling Transport* (sigtran) aus Transport Area: Sie beschäftigt sich mit der Integration von IP-Netzen mit dem ISDN und sie hat u.a. das Protokoll STCP (*Stream Control Transmission Protocol*) spezifiziert. Sie entwickelt u.a. die Konzepte für SS7 over IP.

- *Transport Area Working Group* (tsvwg) aus Transport Area: Sie ist bei der Entwicklung von STCP beteiligt. Der Schwerpunkt von Aktivitäten dieser WG ist die Weiterentwicklung des Protokolls TCP.

- *Media Gateway Control* (megaco) aus Transport Area: Sie hat das Protokoll MEGACO entwickelt. Es handelt sich um ein Protokoll für die Steuerung von VoIP-Gateways zwischen IP-Netzen und ISDN/PSTN (s. Abschnitt 8.3).

- *Robust Header Compression* (rohc) aus Transport Area: Sie beschäftigt sich mit der Komprimierung des IP/UDP/RTP-Headers in IP-Paketen mit den Echtzeit-Medien. Dies ist bei VoIP von großer Bedeutung (s. Abschnitt 5.8).

- *Instant Messaging and Presence Protocol* (impp) aus Application Area: Sie konzentriert sich auf die Entwicklung von dringlichen Nachrichten im Internet, um u.a. intelligente Notrufsysteme zu entwickeln. Es handelt sich hier u.a. um das Konzept CPIM. Der Einsatz von SIP für die Unterstützung von CPIM entwickelt die WG *simple*.

■ *Internet Emengency Preparedness* (ieprep) aus Transport Area: Sie befasst sich mit den Lösungen für die Notfallsituationen, die im Internet z.B. als Folge eines terroristischen Angriffs oder eines Erdbebens vorkommen können. Hier werden u.a. die Anforderungen von VoIP an Notfalldienste gestellt. Hierbei spricht man von *Emergency Telecommunication Service*.

1.5.2   ITU-T und Telekommunikationsstandards

Die wichtigste Organisation auf dem Gebiet der Telekommunikation ist die ITU (*International Telecommunication Union*) mit dem Sitz in Genf. Die ITU ist eine zwischenstaatliche Organisation, die sich mit technischen und administrativen Problemen der Telekommunikation befasst. Die ITU wurde vorher als CCITT (*Comité Consultatif International Télégraphique et Téléphonique*) bezeichnet (`http://www.itu.int`).

Die Aktivitäten der ITU sind in folgende drei Sektoren aufgegliedert: *ITU-Sektoren*

■ Der Sektor ITU-D (*ITU Development*) für die Telekommunikationsentwicklung hat die Aufgabe, die Telekommunikation auf globaler Ebene und insbesondere in den Entwicklungsländern zu fördern.

■ Der Sektor ITU-R (*ITU Radiocommunication*) ist für die Nutzung des Funkfrequenzspektrums zuständig. Im ITU-R wird die Verteilung und Zuordnung von Frequenzen weltweit koordiniert.

■ Der Sektor ITU-T (*ITU Telecommunication Standardization*) ist für die technischen Aspekte der Telekommunikation sowie für Fragen der Tarifierung zuständig. Die wichtigste Aufgabe des ITU-T ist die Entwicklung und Einführung von weltweit gültigen Standards in der Telekommunikation.

Organisation des ITU-T

Abbildung 15-2 zeigt die Organisation des Standardisierungssektors ITU-T.

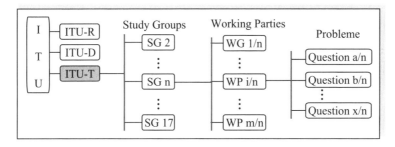

Abb. 1.5-2:   Organisation des Standardisierungssektors ITU-T
ITU-D: ITU Development, ITU-R: ITU Radiocommunication,
ITU-T: ITU Telecommunication

Organisation von ITU-T

Da das Spektrum von Problemen, die der Sektor ITU-T zu bewältigen hat, sehr breit ist, wird er auf mehrere sog. *Study Groups* aufgeteilt. Eine *Study Group* (SG) hat die Aufgabe, ein breites Teilgebiet der Telekommunikation zu betreuen. Aktuell gibt es 16 SGs. Eine Auflistung der SGs und die Links dazu findet man unter `http://www.itu.int/ITU-T/studygroups/index.html`. Jede SG setzt sich wiederum aus mehreren sog. *Working Parties* (WP) zusammen. Eine WP ist für die Entwicklung und Einführung von Standards auf einem engen Teilgebiet verantwortlich. Die Probleme, die im Bereich der Zuständigkeit einer WP zu bewältigen sind, werden als *Questions* bezeichnet.

Beschreibung von Questions

Auf der Web-Seite jeder SG ist eine Beschreibung der aktuell untersuchten Probleme (d.h. von aktuellen Questions) zu finden und diese Beschreibung kann kostenlos abgerufen werden. Auf Basis dieser allgemein zugänglichen Beschreibungen von aktuellen Questions kann man sich ein Bild über die aktuellen Probleme der Telekommunikation verschaffen. Davon kann jeder, der auf dem TK-Gebiet für die Entwicklung verantwortlich ist, sehr profitieren.

VoIP-betreffende SGs beim ITU-T

Die Standards der H-Serie wie z.B. H.323, die die multimediale Kommunikation und damit auch VoIP betreffen, werden von der SG16 entwickelt. Hier werden auch Prinzipien für die Sprachcodierung als Standards G.72x festgelegt. Die SGs und ihre WGs mit den Problemen (Questions), die mit VoIP zusammenhängen bzw. die Entwicklung von VoIP in einer Form beeinflussen können, sind u.a.:

- SG2: Operational aspects of service provision, networks and performance
    - WP1/2: Numbering, naming, addressing, routing and service provision
      Question 2/2: Routing and interworking plans for fixed and mobile networks
      Question 3/2: Management and development of voice and non-voice based telecommunication services; hier sind die IETF-Ansätze PINT und SPIRITS von Bedeutung. WG1/2 koordiniert u.a. zusammen mit der IETF die Einführung von ENUM.
    - WP2/2: Network service and assessment, and traffic engineering
      Question 8/2: Traffic engineering for SS No.7 and IP-based Signalling networks

- SG11:Signalling requirements and protocols
    - WP1/11:Application of IN
      Question 1/11:Signalling requirements for signalling support for new, value added, IP based and IN based services
      Question 3/11:Network signalling protocols to support mobility in the fixed network
    - WP 2/11: Requirements for IP and advanced Network Applications
      Question 6/11: Data and Multimedia Communications over IP-based networks

- SG12: End-to-end transmission performance of networks and terminals
    - WG3/12: QoS over IP
      Question 13/12: Multimedia QoS/performance requirements
      Question 14/12: Effects of interworking between multiple IP domains on the transmission performance of VoIP and voiceband services

- SG16:Multimedia services, systems and terminals
  - WG2/16 - Multimedia platform and interworking
    Question D/16: Interoperability of Multimedia Systems and Services
    Question F/16: QoS and End-to-End Performance in Multimedia Systems
    Question G/16: Security of Multimedia Systems and Services
    Question 2/16: Multimedia over Packet Networks using H.323 Systems
    Question 5/16: Mobility for Multimedia Systems and Services
  - WG3/16: Media coding
    Question 8/16: Encoding of speech signals at bit rates around 4 kbit/s
    Question 9/16: Variable bit rate coding of speech signals

1.5.3 ETSI und VoIP

ETSI (*European Telecommunications Standards Institute*) wurde 1987 als nichtgewinnorientierte Organisation gegründet (`http://www.etsi.org`). Das Ziel von ETSI ist die Verwirklichung eines einheitlichen europäischen Telekommunikationssektors durch die Schaffung und Unterhaltung von einheitlichen europäischen Standards. Mitglied bei ETSI können Verwaltungen, Netzbetreiber, Hersteller, Anwender oder Dienstanbieter werden.

Ziel von ETSI

Beispiele für Standards, die von ETSI geschaffen wurden, sind:

- GSM (*Global System for Mobile Communications*) als Basis für bereits existierende Mobilfunknetze,

- UMTS (*Universal Mobile Telecommunications System*) für das universelle Mobilfunknetz der Zukunft,

- OSA (*Open Service Access*) als API für die Integration der IP-Netze mit den TK-Netzen wie PSTN, ISDN, GSM und UMTS (s. Abb. 1.4-8).

Wichtige ETSI-Standards

Im Rahmen des TIPHON (*Telecommunications and Internet Protocol Harmonization over Networks*) werden die Spezifikationen entworfen, die alle wesentliche Aspekte von VoIP wie z.B. VoIP-Qualität, -Signalisierungsprotokolle, VoIP im Verbund mit PSTN/ISDN und mit den Mobilfunknetzen (GSM, UMTS) betreffen. Hierbei wird auch die Verwirklichung von ENUM (`http://www.enum.org`) vorangetrieben, um die Telefonnummern als einheitliche Adressen für alle Internet-Dienste verwenden zu können.

1.5.4 VoIP-betreffende Konsortien und Foren

Oft implementieren die Hersteller die Protokolle nicht genau nach den Standards, sondern erweitern sie um neue und herstellerspezifische Funktionen. Dies führt zur Einschränkung der Interoperabilität zwischen den Systemen verschiedener Hersteller. Neben den Standardisierungsgremien wie IETF, ITU-T und ETSI existieren verschiedene Konsortien und Foren, die versuchen, verschiedene Richtlinien zu spezifizieren, um die Interoperabilität der Systeme verschiedener Hersteller zu garantieren und damit eine breite Einführung von VoIP voranzutreiben. Die Mitglieder der Konsortien und Foren sind hauptsächlich Hersteller und viele davon gehören auch den Standardisierungsgremien an.

Rolle von
3GPP

Eine wichtige Rolle beim VoIP-Einsatz in Mobilfunknetzen hat die Organisation 3GPP (*3ʳᵈ Generation Partnership Project*), die im Dezember 1998 gegründet wurde (`http://www.3gpp.org`). Es handelt sich um einen Zusammenschluss von Unternehmen und Herstellern, die auf dem TK-Gebiet „aktiv" sind, mit dem Ziel, die technischen Spezifikationen für die sog. dritte Generation (3G) der Mobilfunknetze, also für UMTS, zu entwickeln. 3GPP arbeitet eng mit ITU-T und ETSI zusammen. Unter den Spezifikationen von 3GPP sind die Spezifikationen, die die *All-IP UMTS Architektur* betreffen, zu erwähnen. Hierzu gehört u.a. das Konzept von IMS (*IP Multimedia Subsystem,* s. Abb. 1.3-5).

Konsortien
mit VoIP-
Aktivitäten

Folgende Konsortien mit VoIP betreffenden Aktivitäten sind zu erwähnen:

- IPCC: *International Packet Communications Consortium*

  Um eine offene Architektur für die Integration des Internet und der privaten IP-Netze mit anderen TK-Netzen wie PSTN/ISDN und Mobilfunknetzen (GSM, UMTS) zu spezifizieren, wurde *International Softswitch-Consortium* (ISC) ins Leben berufen. ISC hat die Architektur von *Softswitch* definiert (s. Abb. 1.4-6). Hierbei hat sich ISC auf den Einsatz von SIP und MGCP konzentriert (s. Abb. 1.4-7). ISC wurde später von IPCC übernommen. IPCC hat u.a. das Ziel, die Konzepte für die Integration verschiedener TK-Netze beim Einsatz des Protokolls IP zu spezifizieren. Hierfür hat IPCC u.a. eine Referenzarchitektur spezifiziert, um die Migration zu NGN zu unterstützen (`http://www.packetcomm.org`).

- IMTC: *International Multimedia Teleconferencing Consortium*

  IMCT ist eine Industrieorganisation mit dem Ziel, die Interoperabilität von Systemen verschiedener Hersteller für die Unterstützung von multimedialen Konferenzen zu erreichen. Hierzu gehört insbesondere die Interoperabilität von VoIP-Produkten auf Basis der Signalisierungsprotokolle H.323 und SIP (`http://www.imtc.org`).

- ITC: *MIT Internet Telephony Consortium*

  Hier werden technische, wirtschaftliche, strategische und politische Probleme, die mit der Konvergenz der TK-Netze und dem Internet zusammenhängen, behandelt. Dies bedeutet, dass ITC auch als *Internet & Telecoms Convergence* angesehen werden kann. ITC wird vom MIT (*Massachusetts Institute of Technology*) koordiniert (`http://itel.mit.edu`).

VoIP-
betreffende
Foren

Es gibt eine Vielzahl von Foren, in denen verschiedene Aspekte von VoIP diskutiert und präsentiert werden. Hierzu gehören u.a.:

- VoIP-Forum (`http://www.voip-forum.com`)

■ Voice over IP Forum (`http://www.voice-over-ip-forum.com`)

■ Forum für Telefonie über Netzwerke (`http://www.voipforum.de`)

Wegen der Bedeutung des ITU-T-Standards H.323 und des Protokolls SIP wurden folgende Foren gegründet:

■ H.323-Forum (`http://www.h323forum.org`)

■ SIP-Forum (`http://www.sipforum.org`)

Die weiteren VoIP betreffenden Foren sind u.a.:

■ MSF: *Multiservice Switching Forum*
   Hier werden die Lösungen für die Konvergenz der Netze und für Multiservice-Netze präsentiert. Bei MSF können u.a. einige Empfehlungen für die Migration zu NGN abgerufen werden (`http://msforum.org`).

■ ECTF: *Enterprise Computer Telephony Forum*
   Es handelt sich um ein Forum aus Herstellern und Anwendern zur Förderung der CTI-Technik (*Computer Telephony Integration*). Hierzu gehört ebenso der Einsatz von VoIP (`http://www.ectf.org`).

1.6 Schlussbemerkungen

In diesem Kapitel wurde ein Überblick über das ganze Themenspektrum von VoIP – also der Sprachübermittlung über das Internet und über andere Datennetze mit dem Internet Protokoll (IP) – gegeben. Abschließend sind noch folgende Aspekte hervorzuheben:

■ Bei VoIP handelt es sich um eine Form der Datenkommunikation, die in Echtzeit verläuft. Daher lassen sich die Kommunikationsprotokolle, die für die „klassische" Datenkommunikation konzipiert wurden und keine Besonderheiten der Echtzeit berücksichtigen, für VoIP nicht übernehmen. Für VoIP müssen andere Protokolle zum Einsatz kommen. Hierzu gehört das Transportprotokoll RTP/RTCP (s. Kapitel 5) und ein Signalisierungsprotokoll für den Auf- und Abbau von Verbindungen zwischen IP-Telefonen. Die Signalisierung kann bei VoIP nach den Protokollen H.225.0 und H.245 aus dem ITU-T-Standard H.323 (s. Kapitel 6) bzw. nach dem Protokoll SIP (s. Kapitel 7) erfolgen. *RTP/RTCP, H.323, SIP*

■ Die Protokolle für VoIP wie z.B. RTP/RTCP, SIP und der Standard H.323 können auch für die Videokommunikation über das Internet und andere IP-Netze übernommen werden. Die VoIP-Prinzipien und -Protokolle stellen somit die Grundlagen für Audio- und Videokommunikation – *also Multimedia-Kommunikation* – dar. Die Integration von VoIP mit der Datenkom- *VoIP und Multimedia-Kommunikation*

munikation, die eine Art der Multimedia-Kommunikation ist, gewinnt ständig an Bedeutung.

QoS-Anforderungen

■ Bei VoIP müssen die Zeitverhältnisse im Bitstrom, der eine digitalisierte Sprache repräsentiert, an der Sende- und an der Empfangsseite identisch sein. U.a. dadurch stellt VoIP vollkommen neue Ansprüche an die IP-Netze. Diese Ansprüche werden als QoS-Anforderungen (*Quality of Service*) bezeichnet. Darauf wird in Kapitel 4 ausführlich eingegangen.

VoIP führt zu NGN

■ VoIP führt dazu, dass die Netze für die Sprachkommunikation wie das digitale Telefonnetz (PSTN), ISDN und das Mobilfunknetz GSM mit dem Internet und mit den privaten IP-Netzen, also den Intranets, integriert werden müssen. Hierzu kommt noch das universelle Mobilfunknetz UMTS. Die Integration aller TK-Netze mit dem Internet führt zur Entstehung einer konvergenten Netzstruktur mit dem Protokoll IP. In diesem Zusammenhang spricht man von *Next Generation Networks* (NGN).

Media Gateways und Softswitches

■ Um die Migration zu NGN zu erleichtern und Interoperabilität zwischen verschiedenen TK-Systemen zu verschaffen, werden universelle Gateway-Plattformen spezifiziert. Eine Gateway-Plattform, um unterschiedliche TK-Systeme zu einem NGN zu bringen, kann in Form einer verteilten Hardware- und Software-Architektur realisiert werden. Die Hauptkomponenten einer derartigen Architektur sind Media Gateways und Softswitches und sie spielen eine wichtige Rolle bei der Integration der TK-Systeme und -Netze für Sprachkommunikation mit dem Internet. Darauf wird in Kapitel 8 näher eingegangen

Internet als Erbringer intelligenter Netzdienste

■ Durch die Integration der Sprachkommunikationsnetze mit dem Internet und die Bereitstellung einer einheitlichen Software-Schnittstelle wie Parlay/OSA (s. Abschnitt 1.4.4) bzw. JAIN (s. Abschnitt 1.4.5) können intelligente Netzdienste durch die Application Server am Internet erbracht werden. Diese intelligenten Netzdienste können auch von Nicht-Netzanbietern entwickelt werden. Die zukünftigen TK-Dienste werden mit Sicherheit auf Web Services basieren.

2 Signalisierung in Telefonnetzen und ISDN

Telefonnetze und ISDN (*Integrated Services Digital Network*) dienen hauptsächlich der Sprachkommunikation und funktionieren nach dem Prinzip der *Leitungsvermittlung* (*Circuit Switching*). Dies bedeutet, dass mehrere Leitungen in Vermittlungsstellen, die als Netzknoten dienen, so durchgeschaltet werden, dass eine quasi direkte Verbindung zwischen den Telefonen von zwei Teilnehmern entsteht. Man spricht hierbei von einer *Telefonverbindung*. Die Sprachsignale zwischen den Telefonen werden wie über eine Leitung übermittelt und dadurch kann die Verzögerung der Sprachsignale im Netz als konstant angesehen werden.

Telefonnetz und ISDN als Netze mit Leitungsvermittlung

Eine Telefonverbindung muss vor dem Telefongespräch aufgebaut und nach dem Telefongespräch wieder abgebaut werden. Daher benötigt man ein weltweit festgelegtes Verfahren, nach dem dies erfolgen kann. Der Verlauf der Steuerung beim Auf- und Abbau sowie der Unterhaltung von Verbindungen bezeichnet man als *Signalisierung*. Diese Bezeichnung rührt daher, dass es sich um die Signalisierung (Anzeige) ankommender Anrufe handelt. Die Signalisierung muss nach einem weltweit einheitlichen Verfahren – einem *Signalisierungsprotokoll* – verlaufen.

Steuerung von Verbindungen als Signalisierung

Um eine Basis für die Integration von VoIP-Systemen mit Netzen für die Sprachkommunikation zu geben, erläutert dieses Kapitel in einer komprimierten Form die Prinzipien und Protokolle, nach denen der Auf- und Abbau von Verbindungen in digitalen Telefonnetzen und im ISDN verläuft. Nach der Darstellung in Abschnitt 2.1 der Signalisierung im digitalen Telefonnetz beschreibt Abschnitt 2.2 das ISDN-Konzept. Das *D-Kanal-Protokoll* von ISDN wird in Abschnitt 2.3 erläutert. Auf das *Signalisierungssystem Nr. 7* geht Abschnitt 2.4 ein. Schlussbemerkungen in Abschnitt 2.5 runden dieses Kapitel ab.

Überblick über das Kapitel

In diesem Kapitel wird u.a. gezeigt:

Ziel dieses Kapitels

- Nach welchem Prinzip erfolgt der Auf- und Abbau von Verbindungen in Netzen für die Sprachkommunikation?
- Nach welchem Konzept wird das ISDN aufgebaut?
- Wie verläuft die Signalisierung nach dem D-Kanal-Protokoll beim Auf- und Abbau einer ISDN-Verbindung?
- Welche Aufgabe hat das Signalisierungssystem Nr. 7 (SS7) und wie ist es konzipiert?
- Wie verläuft das SS7 beim Auf- und Abbau einer ISDN-Verbindung?

2.1   Signalisierung in Telefonnetzen

Signalisie-
rung und
Media
Gateway

VoIP-Systeme werden heute nicht mehr auf der „grünen Wiese" installiert, sondern müssen mit öffentlichen Telefonnetzen und ISDN integriert werden, um die Sprachkommunikation zwischen den klassischen Telefonen und den IP-Telefonen an IP-Netzen zu ermöglichen. Hierfür werden sog. *Media Gateways*, auch als *VoIP-Gateways* bzw. kurz *Gateways* bezeichnet, eingesetzt. Sie dienen als Brücken zwischen VoIP-Systemen und klassischen Sprachkommunikationsnetzen (Telefonnetz, ISDN). Ein Media Gateway muss so angesteuert werden, dass eine Telefonverbindung zwischen einem IP-Telefon z.B. am Internet und einem Telefon am Telefonnetz bzw. am ISDN entsteht (vgl. Abb. 1.4-7). Die Steuerung von Media Gateways zwischen dem Telefonnetz und einem IP-Netz muss das Prinzip berücksichtigen, nach dem die Steuerung beim Auf- und Abbau von Verbindungen in den Sprachkommunikationsnetzen verläuft, also die Signalisierung in diesen Netzen.

Teilnehmer-
signalisie-
rung im
Anschluss-
bereich

An eine digitale Teilnehmervermittlungsstelle werden in der Regel digitale Telefone über digitale Leitungen angeschlossen. Um alte analoge Telefone weiter nutzen zu können, wird eine Analog/Digital-Umwandlung in den Teilnehmervermittlungsstellen zur Verfügung gestellt. Die Signalisierung im Anschlussbereich, d.h. zwischen Telefonen und Teilnehmervermittlungsstellen verläuft nach einem weltweit festgelegten Schema. Man spricht hierbei von *Teilnehmersignalisierung*. Im ISDN verläuft diese Signalisierung nach dem sog. *D-Kanal-Protokoll* (s. Abschnitt 2.3).

SS7 im
Netzkern

In digitalen öffentlichen Telefonnetzen, die man auch PSTN (*Public Switched Telephone Network*) nennt, wird genau wie im ISDN das sog. *Signalisierungssystem Nr. 7* (*SS7, Signalling System No. 7*) als Protokollsystem für die Abwicklung der Signalisierung zwischen den Vermittlungsstellen, also im Netzkern, verwendet. SS7 wird näher in Abschnitt 2.4 dargestellt.

In digitalen Telefonnetzen unterscheidet man daher zwei verschiedene Signalisierungsbereiche:

- Teilnehmersignalisierung im Anschlussbereich und
- Signalisierung nach dem SS7 zwischen den Vermittlungsstellen.

Initiieren
eines
Anrufs

Abbildung 2.1-1 zeigt den Verlauf beim Auf- und Abbau einer Verbindung über ein digitales Telefonnetz. Hier initiiert der Teilnehmer A den Aufbau einer Verbindung durch das Abheben des Hörers seines Telefons. Dies wird der Teilnehmervermittlungsstelle (TVSt) als *Belegung* der Leitung entsprechend signalisiert. Wenn die TVSt diese Belegung akzeptiert, bestätigt sie dies durch das Anlegen des Wähltons. Teilnehmer A kann nun die Wahlziffern der Telefonnummer des Teilnehmers B angeben. Nach dem Erhalt der ersten Wahlziffer schaltet die TVSt den Wählton ab. Erst nach dem Erhalt der letzten Wahlziffer wird der Anruf über das Netz in der SS7-Nachricht IAM (*Initial Address Message*) an die TVSt des Teilnehmers B übermittelt.

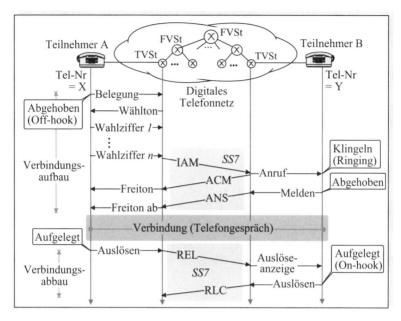

Abb. 2.1-1: Auf- und Abbau einer Verbindung über ein digitales Telefonnetz
FVSt: FernVermittlungsStelle, TVSt: TeilnehmerVermittlungsStelle,
Tel-Nr: Telefonnummer

Falls der Anschluss von Teilnehmer B frei ist, wird der ankommende Anruf seinem Telefon durch das Anlegen einer Spannung signalisiert, sodass das „Klingeln" aktiviert wird. Gleichzeitig aber wird eine SS7-Nachricht ACM (*Address Complete Message*) an die TVSt des Teilnehmers A übermittelt, um den Freiton in seinem Telefon zu erzeugen. *Anzeige eines ankommenden Anrufs*

Nachdem Teilnehmer B den Hörer abgehoben hat, wird dies durch das Schließen der Stromschleife seiner TVSt als *Melden* signalisiert. Dieses Ereignis wird der TVSt des Teilnehmers A in einer SS7-Nachricht ANS (*Answer Message*) mitgeteilt. Nach dem Eintreffen der Nachricht ANS schaltet die TVSt des Teilnehmers A den Freiton in seinem Telefon ab. Ab diesem Zeitpunkt steht eine Verbindung zwischen den beiden Telefonen zur Verfügung und die laufenden Gebühren werden erfasst. Damit kann das Telefongespräch beginnen. *Annahme eines ankommenden Anrufs*

Nach dem Telefongespräch muss die bestehende Verbindung abgebaut werden. Dies kann von jeder Seite durch das Auflegen des Hörers initiiert werden. Nachdem Teilnehmer A den Hörer aufgelegt hat, sendet sein Telefon das Signal *Auslösen* an seine TVSt. Sie signalisiert dies der TVSt des Teilnehmers B mit einer SS7-Nachricht REL (*Release*). Damit wird gleichzeitig die Gebüh- *Abbau einer Verbindung* renerfassung gestoppt. Nach dem Eintreffen der Nachricht REL bei der TVSt des Teilnehmers B wird das Signal *Auslöseanzeige* an das Telefon des Teilnehmers B übergeben. Nach dem Auflegen des Hörers durch Teilnehmer B wird das Signal *Auslösen* seinerseits an die TVSt übermittelt und sie bestätigt der TVSt des Teilnehmers A die Nachricht REL mit einer SS7-Nachricht RLC (*Release Complete*). Damit wurde der Abbau der Verbindung über das Telefonnetz abgeschlossen.

Für Näheres über den Aufbau der Telefonnetze sei auf [Sieg 02] verwiesen.

2.2 ISDN-Konzept

Was ist ISDN?

ISDN (*Integrated Services Digital Network*) kann als universelles Netz angesehen werden, in dem verschiedene TK-Dienste wie z.b. Sprach-, Daten- und Bildkommunikation realisiert werden können. ISDN ist in Folge der Digitalisierung des analogen Telefonnetzes entstanden. Wie im Telefonnetz findet auch im ISDN das Prinzip der *Leitungsvermittlung* (*Circuit Switching*) statt. Abbildung 2.2-1 illustriert das allgemeine ISDN-Konzept.

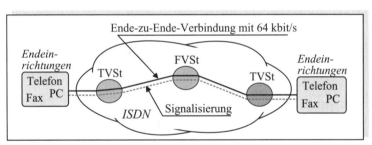

Abb. 2.2-1:   Allgemeines ISDN-Konzept
FVSt: FernVermittlungsStelle, TVSt: TeilnehmerVermittlungsStelle

ISDN-Verbindung

Im ISDN wird eine physikalische Ende-zu-Ende-Verbindung (kurz *ISDN-Verbindung* genannt) zwischen zwei Endeinrichtungen nach Bedarf aufgebaut. Auf diese Art und Weise entsteht quasi eine physikalische Leitung zwischen den kommunizierenden Endeinrichtungen.

Signalisie-rung

Während einer bestehenden ISDN-Verbindung können zusätzliche Steuerungsinformationen, in Bezug auf diese Verbindung, zwischen kommunizierenden Endeinrichtungen parallel übermittelt werden. Wie bereits erwähnt, werden diese Steuerungsinformationen als *Signalisierung* bezeichnet. Für Signalisierungszwecke wird keine eigene Verbindung zwischen den kommunizierenden Endeinrichtungen aufgebaut, sondern die Signalisierung wird in Form von entsprechend strukturierten Nachrichten nach dem Prinzip der Paketübermittlung über das ISDN „transportiert".

2.2.1 ISDN-Schnittstellen

Um das ISDN zu nutzen, muss der Benutzer zunächst einen ISDN-Anschluss installieren lassen. Es ist hierbei zwischen zwei Arten der Anschlüsse zu unterscheiden:

- *Basisanschluss* mit der Schnittstelle S_0,

- *Primärmultiplexanschluss* (PMxA) mit der Schnittstelle S_{2M}.

Das Konzept der Schnittstelle S_0 zeigt Abbildung 2.2-2a. Die Übertragung von Sprache, Daten oder Bildern erfolgt hier über sog. *B-Kanäle* als Nutzkanäle. Jeder Endeinrichtung können zwei B-Kanäle mit je 64 kbit/s bereitgestellt werden. Zusätzlich gehört zu jedem Basisanschluss ein Steuerkanal mit 16 kbit/s als *Signalisierungskanal,* der als *D-Kanal* bezeichnet wird.

Schnittstelle
S_0

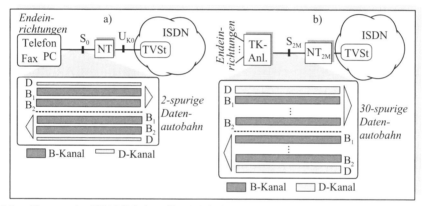

Abb. 2.2-2: Konzept der ISDN-Schnittstelle: a) Schnittstelle S_0; b) Schnittstelle S_{2M}
NT: Netzabschluss (Network Termination), TVSt: TeilnehmerVermittlungsStelle

Die Struktur der S_0-Schnittstelle lässt sich mit einer zweispurigen Autobahn vergleichen. Dabei entsprechen die Fahrspuren auf der Autobahn den B-Kanälen. Die Sicherheitsspur ist von der Funktion her mit dem D-Kanal vergleichbar.

Die Übertragung zwischen dem Netzabschluss NT und dem ISDN findet über die normale 2-Draht-Telefonleitung statt. Die digitale Übertragung über eine „alte" Telefonleitung wird als *Schnittstelle U_{K0}* festgelegt.

Schnittstelle
U_{K0}

Eine (ISDN-)TK-Anlage kann den Zugang zum ISDN entweder über mehrere ISDN-Basisanschlüsse oder über einen „dicken" ISDN-Anschluss, einen sog. *Primärmultiplexanschluss* (PMxA), haben (s. Abb. 2.2-2b). Bei einem PMxA wird die teilnehmerseitige Schnittstelle als *Schnittstelle S_{2M}* bezeichnet. Hier sind ausschließlich Punkt-zu-Punkt-Verbindungen möglich, d.h. an einem solchen Anschluss kann jeweils nur eine TK-Anlage über ein entsprechendes Kopplungselement angeschlossen werden. Diese Schnittstelle besteht im Ge-

Schnittstelle
S_{2M}

gensatz zur Schnittstelle S_0 aus 30 B-Kanälen mit je 64 kbit/s als Nutzkanäle und einem D-Kanal mit ebenfalls 64 kbit/s als Signalisierungskanal.

2.2.2 Protokollbereiche im ISDN

Vor der eigentlichen Kommunikation über das ISDN muss eine Verbindung zwischen zwei Endeinrichtungen aufgebaut und nach dem Ablauf der Kommunikation wieder abgebaut werden. Somit ist es erforderlich, die nacheinander zu durchlaufenden ISDN-Vermittlungsstellen mit Steuerinformationen so zu versorgen, dass die gewünschte Verbindung hergestellt wird. Dies ist die Aufgabe der ISDN-Signalisierung. Wie Abbildung 2.2-3 zeigt, wird die Signalisierung im ISDN ebenso wie im Telefonnetz in zwei Bereiche aufgeteilt:

■ Teilnehmersignalisierung zwischen Endeinrichtungen und Vermittlungsstellen nach dem D-Kanal-Protokoll,

■ Signalisierung zwischen den ISDN-Vermittlungsstellen nach dem Signalisierungssystem Nr. 7 (SS7).

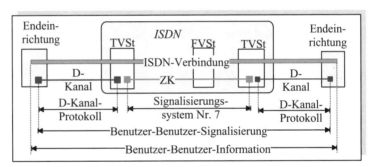

Abb. 2.2-3: Protokollbereiche im ISDN
F/TVSt: Fern/TeilnehmerVermittlungsStelle, ZK: Zentral(Signalisierungs-)Kanal

Die zentrale Aufgabe der Teilnehmersignalisierung ist die Steuerung des Auf- und Abbaus von Verbindungen zwischen den Endeinrichtungen und Teilnehmervermittlungsstellen. Diese Signalisierung wird über die D-Kanäle abgewickelt und ist für alle Dienste und alle ISDN-Anschlussarten einheitlich spezifiziert. Die Regeln, nach denen die Teilnehmersignalisierung verläuft, beschreibt das D-Kanal-Protokoll, das in den ITU-T-Dokumenten als *DSS1* (*Digital Subscriber Signalling System No. 1*) bezeichnet wird.

Durch die getrennte Übermittlung der Signalisierung im D-Kanal können bestimmte ISDN-Dienstmerkmale (z.B. Dienstwechsel) während einer bestehenden Verbindung in Anspruch genommen werden.

2.3   D-Kanal-Protokoll

Das D-Kanal-Protokoll wird entsprechend dem OSI-Referenzmodell strukturiert und durch ITU-T-Standards festgelegt. Abbildung 2.3-1 zeigt das Schichtenmodell des D-Kanal-Protokolls an der ISDN-Schnittstelle S_0.

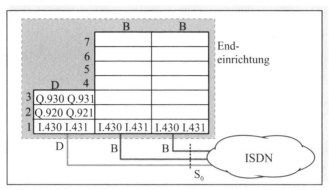

Abb. 2.3-1:   D-Kanal-Protokoll im Schichtenmodell

Die Übermittlung der Steuerung über den D-Kanal findet in den unteren drei
Schichten statt, die folgende Funktionen beinhalten:

- *Schicht 1: Bitübertragungsschicht*
  Innerhalb dieser Schicht findet die Bitübertragung sowohl in den B-Kanälen
  als auch im D-Kanal statt. Diese Schicht beschreiben die ITU-T- Standards
  I.430 und I.431.

- *Schicht 2: Sicherungsschicht*
  Diese Schicht ist für die gesicherte Übermittlung der Signalisierung und der
  eventuell im D-Kanal übertragenen paketierten Daten zuständig. Das Proto-
  koll für diese Schicht legen die ITU-T- Standards Q.920 und Q.921 fest. Die
  Sicherung der Übermittlung im D-Kanal erfolgt nach der *Prozedur LAPD*
  (*Link Access Procedure on D-Channel*), die eine HDLC-Variante darstellt.

- *Schicht 3: Vermittlungsschicht*
  Innerhalb dieser Schicht wird die eigentliche Teilnehmersignalisierung
  durch den Austausch von im ITU-T-Standard Q.931 festgelegten Nachrichten des D-Kanal-Protokolls realisiert. Dazu gehören die Funktionen zum
  Auf- und Abbau von ISDN-Verbindungen und zur Realisierung von ISDN-
  Dienstmerkmalen. Die allgemeinen Aspekte des D-Kanal-Protokolls innerhalb der Schicht 3 beschreibt der ITU-T-Standard Q.930.

Wie aus Abbildung 2.3-1 ersichtlich ist, wird die Steuerung im B-Kanal nur innerhalb der Schicht 1 bereitgestellt. Für den B-Kanal ist somit nur das Schicht-
1-Protokoll spezifiziert. Die Protokolle innerhalb der höheren Schichten in B-

Kanälen sind von der Nutzung (Daten-, Sprachübermittlung etc.) dieser Kanäle abhängig und können von vornherein nicht festgelegt werden.

2.3.1 Schicht 3 des D-Kanal-Protokolls

Die Schicht 3 des D-Kanal-Protokolls enthält sämtliche Funktionen, die für den Aufbau von ISDN-Verbindungen und die Bereitstellung der ISDN-Dienste erforderlich sind. Zu diesen Funktionen gehören u.a.:

■ Kodierung der Nachrichten entsprechend den technischen Anforderungen,

■ Behandlung des Nachrichtenaustausches nach festgelegten Prozeduren,

■ Realisierung von ISDN-Dienstmerkmalen, wie z.b. Anklopfen (*Call Waiting*), Anrufweiterschaltung bei Besetzt (*Call Forwarding on Busy*), Gerätewechsel (*Terminal Portability*) etc.

Aufbau von Schicht-3-Nachrichten

Den Aufbau von Schicht-3-Nachrichten des D-Kanal-Protokolls zeigt Abbildung 2.3-2. Jede Nachricht enthält einen Nachrichten-Header und zusätzliche Informationselemente. Der Nachrichtenkopf besteht aus dem *Protokolldiskriminator*, der Angabe *Call Reference* (CR) und dem Nachrichtentyp (*Message Type*). Die Länge der Schicht-3-Nachricht ist auf 260 Oktette begrenzt. Der Nachrichtentyp bezeichnet die verwendete Schicht-3-Nachricht (z.B. SETUP, ALERT usw.). Jede Nachricht kann bestimmte Informationselemente (*Information Elements*) enthalten.

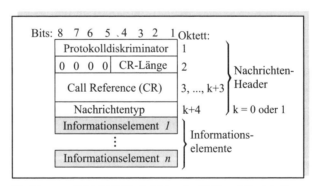

Abb.2.3-2:   Struktur von Schicht-3-Nachrichten des D-Kanal-Protokolls

Protokoll-diskriminator

Der Protokolldiskriminator ermöglicht die Unterscheidung verschiedener Versionen des D-Kanal-Protokolls, z.B.:

■ 00001000: internationales D-Kanal-Protokoll nach Q.931,

■ 01000001: ehemaliges nationales D-Kanal-Protokoll in Deutschland nach den Richtlinien 1TR6.

Innerhalb einer Endeinrichtung (z.B. im PC) können gleichzeitig mehrere Sig- *Call*
nalisierungsvorgänge über einen D-Kanal verlaufen. Deshalb muss bei jedem *Reference*
Signalisierungsvorgang darauf verwiesen werden, auf welchen B-Kanal er sich
bezieht. Hierfür werden den einzelnen Signalisierungsvorgängen an beiden Seiten des D-Kanals voneinander unabhängige *Call References* (CR) zugeordnet.
Jede Signalisierungsnachricht muss den CR-Wert enthalten, der ein oder zwei
Oktette lang sein kann.

Die *Informationselemente* (IEs) sind als Parameter von Schicht-3-Nachrichten *Informations-*
zu interpretieren. Sie werden unabhängig vom Nachrichtentyp aufgebaut und *elemente*
können in einer Nachricht in beliebiger Reihenfolge zusammengesetzt werden.
Damit wird die Bedeutung der Nachricht näher spezifiziert. In einigen Nachrichten sind bestimmte IEs vorgeschrieben (d.h. obligatorisch).

Beim Aufbau von ISDN-Verbindungen werden folgende Schicht-3-Nach- *Nachrichten*
richten verwendet (s. Abb. 2.3-3): *beim Verbin-*
dungsaufbau

■ SETUP
 wird von einer Endeinrichtung verwendet, um einer Vermittlungsstelle das
 Initiieren einer Verbindung zu signalisieren.

■ SETUP ACK (SETUP ACKnowledge)
 dient als Quittung auf SETUP und ist optional. Diese Nachricht wird von einer Vermittlungsstelle dann gesendet, falls sie die weiteren Informationen
 (z.B. weitere Ziffer der Rufnummer) zum Aufbau der Verbindung benötigt.

■ CALL PROC (CALL PROCeeding)
 wird von einer Vermittlungsstelle verwendet, um einer Endeinrichtung zu
 signalisieren, dass der ankommende Anruf bearbeitet wird. Diese Nachricht
 dient somit als Quittung auf SETUP und wird von einer Vermittlungsstelle
 gesendet, wenn sie keine weiteren Informationen mehr zum Aufbau der
 Verbindung benötigt.

■ PROGRESS
 wird von einer Vermittlungsstelle verwendet, um einer Endeinrichtung zu
 signalisieren, dass weitere Signale oder Hinweise im B-Kanal gegeben werden, wie z.B. Hörtöne oder Ansagen.

■ ALERT (ALERTing)
 wird von jeder Ziel-Endeinrichtung verwendet, um einer Quell-Endein-
 richtung zu signalisieren, dass alle Kompatibilitäts- und Berechtigungsprü-
 fungen am Ziel zu positiven Aussagen geführt haben. Dies bedeutet, dass
 der ankommende Anruf entgegengenommen werden kann.

■ CONN (CONNect)
 wird von jeder Ziel-Endeinrichtung verwendet, um einer Quell-Endein-
 richtung zu signalisieren, dass der ankommende Anruf entgegengenommen
 worden ist.

- `CONN ACK` (CONNect ACKnowledge)
  dient als Quittung auf `CONN`.

Nachrichten beim Verbindungs- abbau

Beim Abbau von ISDN-Verbindungen werden folgende Schicht-3-Nachrichten verwendet (s. Abb. 2.3-3):

- `DISC` (DISConnect)
  wird von einer Endeinrichtung verwendet, um den Abbau einer Verbindung zu signalisieren.
- `REL` (RELease)
  dient als Bestätigung der Nachricht `DISC`.
- `REL COM` (RELease COMplete)
  dient als Bestätigung der Nachricht `REL`.

Nachrichten für Dienst- merkmale

Für die Realisierung von ISDN-Dienstmerkmalen, wie z.B. Rufumleitung und Rückruf bei Besetzt, mit deren Hilfe die ISDN-Basisdienste sich komfortabler gestalten lassen, werden weitere Schicht-3-Nachrichten verwendet. Die Prinzipien, nach denen der Aufruf und die Steuerung von Dienstmerkmalen erfolgen, werden im ITU-T-Standard Q.932 festgelegt.

2.3.2 Auf- und Abbau einer ISDN-Verbindung

Das D-Kanal-Protokoll beschreibt die Signalisierung zwischen Endeinrichtungen und Teilnehmervermittlungsstellen (TVSt), also die *Teilnehmersignalisierung*. Wie im öffentlichen digitalen Telefonnetz (PSTN) wird hier auch das Signalisierungssystem Nr. 7 (SS7) zwischen ISDN-Vermittlungsstellen verwendet. Abbildung 2.3-3 zeigt den Verlauf des D-Kanal-Protokolls beim Auf- und Abbau einer ISDN-Verbindung zwischen zwei Telefonen.

Tln A initiiert eine Verbindung

Den Aufbau einer Verbindung initiiert hier das Telefon bei Teilnehmer A. Nach dem Abheben des Hörers wird eine Nachricht `SETUP` mit dem Informationselement `Bearer Capability`, der den vom ISDN geforderten Übermittlungsdienst (d.h. Leitungsvermittlung) spezifiziert, an die TVSt X übermittelt. Das Empfangen von `SETUP` in der TVSt X wird dem Telefon von Teilnehmer A mit `SETUP ACK` bestätigt und bei ihm der Wählton erzeugt.

Tln A gibt die Ziel- Rufnummer an

Die Ziel-Rufnummer wird in mehreren Nachrichten `INFO`(`INFOrmation`) an die TVSt X übermittelt, sodass man hierbei auch von *overlap sending* spricht. Wurde die Ziel-Rufnummer vollständig von der TVSt X empfangen, bestätigt sie dies dem Telefon des Teilnehmers A mit `CALL PROC`. Gleichzeitig wird der von Teilnehmer A abgehende Anruf mit einer SS7-Nachricht IAM (*Initial Address Message*) der Vermittlungsstelle von Teilnehmer B (d.h. der TVSt Y) signalisiert (vgl. Abb. 2.4-7). Falls das Telefon von Teilnehmer B nicht besetzt ist, wird ihm der ankommende Anruf mit `SETUP` über den D-Kanal weitergeleitet.

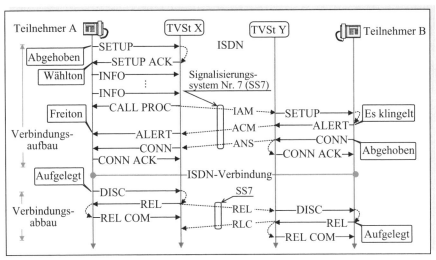

Abb.2.3-3: Auf- und Abbau einer ISDN-Verbindung zwischen zwei Telefonen
TVSt: Teilnehmervermittlungsstelle

Nach dem Eintreffen von SETUP beim Telefon von Teilnehmer B überprüft *Es klingelt* dieses, ob der ankommende Anruf entgegengenommen werden kann. Falls die *bei Tln B* Prüfung zur positiven Aussage führt, wird dies durch Klingeln dem Teilnehmer B signalisiert und der TVSt Y mit der Nachricht ALERT des D-Kanal-Protokolls angezeigt. Nach dem Empfangen von ALERT übermittelt die TVSt Y eine SS7-Nachricht ACM (*Address Complete Message*) an die TVSt X. Nach dem Eintreffen von ACM bei der TVSt X wird die Nachricht ALERT des D-Kanal-Protokolls an das Telefon von Teilnehmer A gesendet, um bei ihm den Freiton zu erzeugen.

Hat der Teilnehmer B den Hörer abgehoben, wird dies der TVSt Y mit der *Tln B hat* Nachricht CONN signalisiert. Sie bestätigt den Empfang von CONN mit CONN *abgehoben* ACK und sendet eine SS7-Nachricht ANS (*Answer Message*) an die TVSt X. Nachdem ANS bei ihr eingetroffen ist, sendet die TVSt X die Nachricht CONN des D-Kanal-Protokolls an das Telefon des Teilnehmers A, um bei ihm den Freiton zu beenden. Der Empfang der Nachricht CONN wird mit CONN ACK bestätigt. Ab diesem Zeitpunkt steht eine ISDN-Verbindung zur Verfügung, die laufenden Gebühren werden erfasst und das Telefongespräch kann beginnen.

Der Abbau einer ISDN-Verbindung kann von jedem Telefon durch das Auflegen *Abbau einer* des Hörers veranlasst werden. Damit wird der B-Kanal freigegeben und die Ge- *ISDN-* bührenerfassung beendet. In Abbildung 2.3-3 wird der Abbau der ISDN- *Verbindung* Verbindung durch das Auflegen des Hörers bei Teilnehmer A initiiert. Dies wird der TVSt X mit der Nachricht DISC (*DISConnect*) des D-Kanal-Protokolls signalisiert. Die TVSt X bestätigt den Empfang von DISC mit REL (*RELease*). Den Abbau der ISDN-Verbindung signalisiert die TVSt X der TVSt Y mit einer SS7-

Nachricht `REL`. Nach dem Eintreffen von `REL` bei der TVSt Y wird der Verbindungsabbau dem Telefon von Teilnehmer B mit `DISC` angezeigt. Das Auflegen des Hörers bei Teilnehmer B wird der TVSt Y mit der Nachricht `REL` des D-Kanal-Protokolls signalisiert. Die TVSt Y signalisiert dies der TVSt X weiter durch Absenden einer SS7-Nachricht `RLC` (*Release Complete*).

Da sichergestellt werden muss, dass der belegte B-Kanal seitens jedes Telefons und seitens jeder TVSt freigegeben ist, wird der Empfang der Nachricht `REL` des D-Kanal-Protokolls noch mit der Nachricht `REL COM` (*RELease COMplete*) bestätigt.

Wie bereits erwähnt, ist das ISDN auf Basis des digitalen Telefonnetzes entstanden. Daher stimmt der in Abbildung 2.3-3 gezeigte Verlauf des Auf- und Abbaus einer ISDN-Verbindung mit dem in Abbildung 2.1-1 gezeigten Verlauf des Auf- und Abbaus einer Verbindung über das digitale Telefonnetz überein.

Für weitere Informationen über das D-Kanal-Protokoll ist auf die Webquellen [Web 01] zu verweisen.

2.4   Signalisierungssystem Nr.7

Wo findet man das Signalisierungssystem Nr.7?

Das *Signalisierungssystem Nr.7* (*Signalling System No. 7*), kurz *SS7*, stellt ein Protokollsystem dar, nach dem die Signalisierung im Kern der digitalen öffentlichen Telefonnetze, des ISDN und der GSM-Mobilfunknetze übermittelt wird. SS7 wurde hauptsächlich in der Zeit von 1973 bis 1980 konzipiert, um die Signalisierung in digitalen Telefonnetzen zu übermitteln. Nach 1980 kamen weitere Anforderungen durch das ISDN hinzu. Insbesondere führten später die GSM-Mobilfunknetze und Intelligente Netze zu den Erweiterungen von SS7. SS7 wird in den ITU-T-Empfehlungen der Q.7xx-Serie spezifiziert.

Signalisierungskanäle und SS7

In den TK-Netzen für die Sprachkommunikation wie digitale Telefonnetze und ISDN wird die Signalisierung zwischen den Vermittlungsstellen (VSt), die als Knoten in diesen Netzen fungieren, über spezielle Kanäle, sog. *Signalisierungskanäle*, übermittelt. Die Signalisierungskanäle verlaufen parallel zu den Nutzkanälen, über die die Sprache in digitaler Form übertragen wird. Dies illustriert Abbildung 2.4-1. Insbesondere sollte hier zum Ausdruck gebracht werden, dass der Auf- und Abbau von Verbindungen, d.h. die Kopplung der Nutzkanäle im Koppelfeld, mit dem SS7 angesteuert wird.

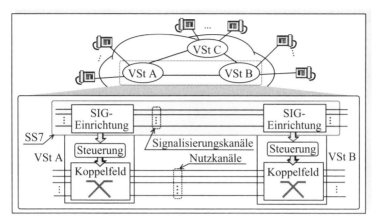

Abb. 2.4-1: Signalisierungskanäle und SS7
SIG: Signalisierung, VSt: Vermittlungsstelle

Logisch gesehen bilden die Signalisierungskanäle ein eigenständiges, völlig *Signalisie-* von den Nutzkanälen getrenntes *Signalisierungsnetz*. Die Strukturen von Nutz- *rungsnetz* kanalnetz und Signalisierungsnetz können prinzipiell voneinander unabhängig *bzw. SS7-* und damit auch unterschiedlich sein. Zur Verdeutlichung dessen zeigt Abbil- *Netz* dung 2.4-2 ein einfaches Netz. Hierbei wird ersichtlich, dass dem Nutzkanal- netz ein Signalisierungsnetz als Signalisierungsebene übergeordnet wird.

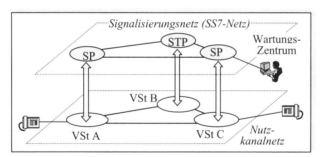

Abb. 2.4-2: Nutzkanalnetz und Signalisierungsnetz
SP: Signalling Point (Signalisierungspunkt), STP: Signalling Transfer Point (Signalisierungstransferpunkt), VSt: Vermittlungsstelle

Die Knoten im Signalisierungsnetz nennt man *Signalisierungspunkte*. Die Vermaschung der Signalisierungspunkte im Signalisierungsnetz ist oft wesent- lich geringer als die Vermaschung von Vermittlungsstellen im Nutzkanalnetz, da ein Signalisierungskanal mit 64 kbit/s im SS7-Netz in der Regel Hunderte von Nutzkanälen ansteuern kann.

Zu den wichtigsten Funktionen des Signalisierungsnetzes gehören:

■ *Link-by-Link-Signalisierung*: Abschnittsweise Übertragung der Steuerung zwischen den Vermittlungsstellen.

- *Ende-zu-Ende-Signalisierung*: Übertragung der Steuerung zwischen Quell- und Zielvermittlungsstelle für die Realisierung verschiedener Dienstmerkmale.

- *Transaktionsfähigkeit* (*Transaction Capabilities*): Austausch von Informationen zwischen beliebigen Knoten im Signalisierungsnetz für die Realisierung intelligenter TK-Dienste. Dies ist die Basis für sog. *Intelligente Netze*.

- *Überwachung und Steuerung des Signalisierungsnetzes*: Fehlerlokalisierung, Ersatzschaltung von defekten Signalisierungskanälen usw.

2.4.1 Funktionsteile von SS7

SS7 ist ein sehr komplexes Signalisierungssystem und enthält mehrere Funktionsteile, die jeweils als *Part* bezeichnet werden. Abbildung 2.4-3 zeigt diese Parts, die Zusammenhänge zwischen ihnen sowie deren Zuordnung zu den Schichten des bekannten OSI-Schichtenmodells.

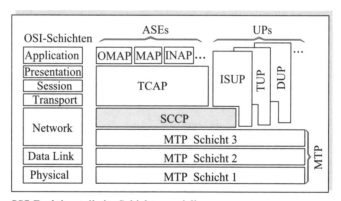

Abb. 2.4-3:   SS7-Funktionsteile im Schichtenmodell

Im SS7 sind folgende Parts, die den eigentlichen Kern vom SS7 bilden, zu unterscheiden:

- MTP (*Message Transfer Part*) für den Nachrichtentransport. Er setzt sich aus drei Modulen zusammen, die drei SS7-Schichten darstellen,

- SCCP (*Signalling Connection Control Part*) für den Auf- und Abbau von Ende-zu-Ende-Signalisierungsverbindungen (s. Abb. 2.4-6),

- TCAP (*Transaction Capabilities Application Part*) zur Unterstützung von Transaktionsfähigkeiten. TCAP nutzt die SCCP-Dienste.

Eine andere Klasse von Parts stellen sog. *User Parts* (UPs) dar. Sie können als eine Art von SS7-Anwendungen angesehen werden, die sowohl direkt auf die MTP-Funktionen zugreifen als auch die SCCP-Funktion nutzen (vgl. Abb. 2.4-4). Die UPs sind:

User Parts als SS7-Anwendungen

- ISUP (*ISDN User Part*) für die Signalisierung im ISDN,

- TUP (*Telephone User Part*) für die Signalisierung in digitalen Telefonnetzen,

- DUP (*Data User Part*) für die Signalisierung in Datennetzen.

Eine andere Klasse von SS7-Anwendungen stellen sog. ASEs (*Application Service Elements*) dar, die nur die TCAP-Dienste nutzen. Hierzu gehören:

- OMAP (*Operations & Maintenance Application Part*) für die Kontrolle und Verwaltung des SS7-Netzes,

- MAP (*Mobile Application Part*) für die Signalisierung in GSM-Mobilfunknetzen,

- INAP (*Intelligent Network Application Protocol*) für die Signalisierung in Intelligenten Netzen (IN).

Es können weitere ASEs nach Bedarf entwickelt werden.

2.4.2 Funktionelle Struktur von SS7

Abbildung 2.4-4 illustriert die „Zusammenarbeit" einzelner Parts von SS7.

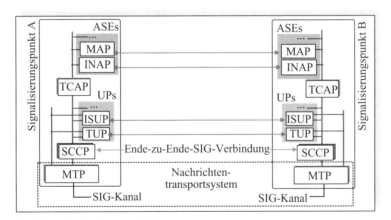

Abb. 2.4-4: Funktionelle Struktur von SS7
ASE: Application Service Element, SIG: Signalisierung, MTP: Message Transfer Part,
SCCP: Signalling Connection Control Part, TCAP: Transaction Capabilities Application Part

MTP dient als *Nachrichtentransportsystem* und sorgt für ein fehlerfreies Übertragen von SS7-Nachrichten zwischen den Vermittlungsstellen. Die Hauptfunktionen der einzelnen Schichten von MTP sind (vgl. Abb. 2.4-3):

MTP-Funktion

- Schicht 1: physikalische Bitübertragung,

- Schicht 2: gesicherte Übermittlung von SS7-Nachrichten zwischen benachbarten Knoten im SS7-Netz,

- Schicht 3: Routing von Nachrichten im SS7-Netz.

SCCP-Funktion

Während MTP hauptsächlich für die Übertragung von SS7-Nachrichten zwischen den benachbarten Knoten im SS7-Netz verantwortlich ist, sorgt SCCP für den Aufbau von logischen Ende-zu-Ende-Verbindungen, die den Austausch von SS7-Nachrichten zwischen zwei gleichen UPs entsprechend in der Quell-Vermittlungsstelle und der Ziel-Vermittlungsstelle ermöglichen. Mit SCCP-Hilfe können aber auch die TCAP-Module in Quell-Vermittlungsstelle und Ziel-Vermittlungsstelle die SS7-Nachrichten über das Netz austauschen.

TCAP-Funktion

TCAP stellt sog. *Transaktionsfähigkeiten* zur Verfügung und dient als „Verpackungs- und Versandinstanz" für die Übermittlung von beliebigen Nachrichten über das SS7-Netz. Diese Fähigkeiten sollen die TCAP-Anwendungen in die Lage versetzen, sich unabhängig von Nutzkanalverbindungen über ein SS7-Netz zu verständigen.

SS7-Nachrichten

Die Übermittlung von SS7-Nachrichten erfolgt in Form von Paketen, die mit einer Fehler- und Sequenzkontrolle versehen werden. Eine SS7-Nachricht besteht aus dem Adressen-, dem Steuerungs- und einem Informationsteil. Zur Unterscheidung von Nachrichten, zur Zuteilung zu den entsprechenden Parts und zur Übermittlung im SS7-Netz dienen die Angaben im sog. *Routing Label*.

Signalisierungsarten

Wie Abbildung 2.4-5 zeigt, sind zwei Signalisierungsarten zu unterscheiden:

- *Link-by-Link-Signalisierung*: Sie sorgt für die Übermittlung von SS7-Nachrichten zwischen benachbarten Vermittlungsstellen.

- *Ende-zu-Ende-Signalisierung*: Sie sorgt für die Übermittlung von SS7-Nachrichten zwischen Quell- und Ziel-Vermittlungsstelle.

Ende-zu-Ende-Signalisierung

Hinsichtlich der Ende-zu-Ende-Signalisierung ist Folgendes hervorzuheben:

- Sie wird in den Transit-Vermittlungsstellen nur innerhalb von MTP abgewickelt, sodass die SS7-Nachrichten dort nicht interpretiert, sondern nur weitergeleitet werden. Dies bedeutet, dass Transit-Vermittlungsstellen für die Ende-zu-Ende-Signalisierung transparent sind.

- Sie ist vom Vorhandensein des Nutzkanals zwischen zwei Endeinrichtungen unabhängig. Die Notwendigkeit, ohne den Nutzkanal zwischen zwei Vermittlungsstellen gewisse Nachrichten zu übermitteln, entsteht bei der Realisierung von bestimmten Dienstmerkmalen. Insbesondere kommt dies im ISDN und in GSM-Mobilfunknetzen vor. Ein Beispiel dafür ist das ISDN-Dienstmerkmal „Automatischer Rückruf bei Besetzt".

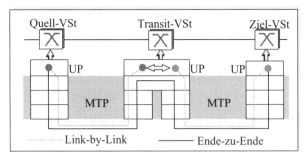

Abb. 2.4-5:   Signalisierungsarten zwischen Vermittlungsstellen
MTP: Message Transfer Part, VSt: Vermittlungsstelle,
UP: User Part (ISUP, TUP)

Für den Auf- und Abbau von Ende-zu-Ende-Verbindungen für die Signalisierung zwischen zwei TCAP-Modulen bzw. User Parts (ISUP, TUP) ist SCCP verantwortlich. Abbildung 2.4-6 illustriert die Nutzung der Ende-zu-Ende-Signalisierung für die Kommunikation zwischen SSP (*Service Switching Point*) und SCP (*Service Control Point*) nach dem Protokoll INAP im Intelligenten Netz (vgl. Abb. 1.1-5).

Abb. 2.4-6:   Ende-zu-Ende-Signalisierung

Die Funktionsmodule SSP und SCP vom Intelligenten Netz können als SS7-Anwendungen angesehen werden. Nähere Informationen über SS7 findet man z.B. in [Geor 00].

2.4.3   SS7-Verlauf beim Auf- und Abbau einer ISDN-Verbindung

Den SS7-Verlauf am Beispiel der Steuerung beim Auf- und Abbau einer ISDN-Verbindung illustriert Abbildung 2.4-7. Die Steuerung zwischen den Endeinrichtungen und den Teilnehmervermittlungsstellen (TVSt X und TVSt Y) erfolgt über den D-Kanal nach dem D-Kanal-Protokoll. Zwischen den Vermittlungsstellen werden Signalisierungsnachrichten vom ISUP (*ISDN User Part*) als Link-by-Link-Signalisierung übertragen (vgl. Abb. 2.4-5). Hier werden sowohl die ISUP-Nachrichten erläutert, die man zum Auf- und Abbau einer ISDN-Verbindung benötigt, als auch die SCCP-Nachrichten, die für den Auf- und Abbau einer parallel zur ISDN-Verbindung verlaufenden Ende-zu-Ende-Signalisierungsverbindung dienen.

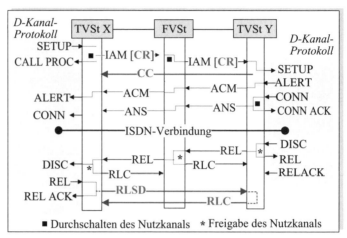

Abb. 2.4-7: SS7-Verlauf beim Auf- und Abbau einer ISDN-Verbindung
FVSt: Fernvermittlungsstelle, TVSt: Teilnehmervermittlungsstelle

Aufbau einer ISDN-Verbindung

Beim Aufbau einer ISDN-Verbindung werden folgende SS7-Nachrichten übermittelt:

■ IAM (*Initial Address Message*)
IAM ist eine ISUP-Nachricht, die beim Verbindungsaufbau als erste Nachricht zur nächsten Vermittlungsstelle gesendet wird. Sie dient zur Belegung eines Nutzkanals und enthält entweder die vollständige Rufnummer der Gegenseite oder mindestens den Teil der Rufnummer, der nötig ist, um IAM bis zur Ziel-TVSt Y übermitteln zu können. IAM enthält die Angaben aus der Nachricht SETUP des D-Kanal-Protokolls, die direkt beim Aufbau einer ISDN-Verbindung ausgewertet werden müssen (z.B. für die Kompatibilitätsprüfung). IAM überträgt auch eine SCCP-Nachricht CR (*Connect Request*), die den Aufbau einer Ende-zu-Ende-Signalisierungsverbindung beim Partner-SCCP in der TVSt Y verlangt.

■ CC (*Connection Confirmation*)
CC ist eine SCCP-Nachricht, die den Aufbau einer Ende-zu-Ende-Signalisierungsverbindung bestätigt. Nach dem Empfang von IAM wird der Aufbau der Signalisierungsverbindung in der TVSt Y abgeschlossen und sie zeigt dies der TVSt X mit CC an. CC wird in der Fernvermittlungsstelle nicht interpretiert (vgl. Abb. 2.4-5).

- ACM (*Address Complete Message*)
  ACM ist eine ISUP-Nachricht, mit der mitgeteilt wird, dass die gerufene ISDN-Endeinrichtung frei ist und der ankommende Ruf signalisiert wird.

- ANS (*Answer Message*)
  ANS teilt mit, dass die gerufene Endeinrichtung die Verbindung entgegengenommen hat. Nach dem Eintreffen von ANS bei der TVSt X beginnt die Gebührenerfassung für die ISDN-Verbindung.

Beim Abbau einer ISDN-Verbindung werden folgende SS7-Nachrichten übermittelt: *Abbau einer ISDN-Verbindung*

- REL (*Release*)
  REL ist eine ISUP-Nachricht und sie leitet den Abbau einer ISDN-Verbindung ein, sobald die lokale ISDN-Endeinrichtung dies mit DISC veranlasst.

- RLC (*Release Complete*)
  RLC ist eine ISUP-Nachricht und sie dient als Bestätigung der REL-Nachricht.

Nachdem die Nutzkanalverbindung abgebaut wurde, erfolgt der Abbau der Ende-zu-Ende-Signalisierungsverbindung mit Hilfe von folgenden SCCP-Nachrichten: *Abbau der Signalisierungsverbindung*

- RLSD (*Released*)
  Sie leitet den Abbau einer Ende-zu-Ende-Signalisierungsverbindung ein und kann von SCCP an beiden Seiten der Verbindung abgeschickt werden.

- RLC (*Release Complete*)
  Sie bestätigt den Abbau einer Ende-zu-Ende-Signalisierungsverbindung.

Für weitere Informationen über SS7 ist auf die Webquellen [Web 02] zu verweisen.

2.5 Schlussbemerkungen

Das Ziel dieses Kapitels war es, die Protokolle für die Signalisierung in digitalen Telefonnetzen und im ISDN in einer komprimierten Form darzustellen. Eine detaillierte Darstellung der Signalisierung in den Netzen für die Sprachkommunikation würde den Rahmen dieses Kapitels sprengen. Abschließend sind folgende Bemerkungen hinzufügen:

- Für die Sprachkommunikation werden in privaten Unternehmen und in öffentlichen Verwaltungen sog. *(ISDN-)TK-Anlagen* installiert, sie stellen private Vermittlungssysteme dar. Der Auf- und Abbau von ISDN-Verbindungen in ISDN-TK-Anlagen verläuft nach dem D-Kanal-Protokoll.

Migration zu IP-basierten TK-Anlagen

■ Durch die Konvergenz der Sprach- und Datennetze werden immer häufiger die klassischen TK-Anlagen durch IP-basierte TK-Anlagen ersetzt. Auf das Konzept einer IP-basierten TK-Anlage wurde in Abschnitt 1.2.4 bereits kurz eingegangen. Sollte die Signalisierung in der IP-basierten TK-Anlage nach H.225.0 und H.245 aus der H.323-Familie (s. Kapitel 6) realisiert werden, so könnte man diese Signalisierung als *Realisierung des D-Kanal-Protokolls über TCP-Verbindungen* bezeichnen. Dies bedeutet, dass der D-Kanal durch eine TCP-Verbindung ersetzt wird.

Vernetzung von ISDN-TK-Anlagen

■ Große Unternehmen werden oft auf verschiedene Standorte aufgeteilt. Das Verlangen nach der unternehmensweiten Kommunikation führt zur Entstehung privater TK-Netze auf ISDN-Basis. Sie bestehen u.a. aus einer Vernetzung von ISDN-TK-Anlagen, die an verschiedenen Standorten des Unternehmens installiert sind (s. Abschnitt 10.2.2).

Protokoll Q-SIG

■ Für die Vernetzung von ISDN-TK-Anlagen wurde ein logischer *Referenzpunkt Q* eingeführt. Der Punkt Q ist innerhalb der Schicht 3 lokalisiert und stellt eine logische Schnittstelle zwischen ISDN-TK-Anlagen dar. Die wichtigsten Hersteller von ISDN-TK-Anlagen haben die Entwicklung eines Protokolls für die Vernetzung von ISDN-TK-Anlagen vorangetrieben und dies hat zur Entstehung von *Q-SIG* (*Q-Signalling*) geführt. Q-SIG wurde durch ECMA spezifiziert. Q-SIG kann als erweitertes D-Kanal-Protokoll der Schicht 3 zwischen ISDN-TK-Anlagen angesehen werden. Während die Schichten 1 und 2 beim privaten und öffentlichen ISDN identisch sind, stellt die Schicht 3 beim Q-SIG eine Erweiterung des D-Kanal-Protokolls (DSS1) dar, um verschiedene Features zur Verfügung zu stellen. Q-SIG betreffen mehrere ECMA-Standards. Für Näheres über Q-SIG ist auf die Webquellen [Web 03] zu verweisen.

Vernetzung von IP-basierten TK-Anlagen

■ Große Unternehmen tendieren dazu, ihre Vernetzung mit ISDN-TK-Anlagen durch eine Vernetzung mit IP-basierten TK-Anlagen zu ersetzen. Dies führt im Prinzip zur Entstehung einer standortübergreifenden IP-basierten TK-Anlage. Das Protokoll Q-SIG verliert hierbei allmählich an Bedeutung. Bei VoIP nach H.323 wird die Funktion von Q-SIG weitgehend durch H.450.x übernommen (s. Abschnitt 6.6).

3 TCP/IP- und VoIP-Protokolle

Die Rechnerkommunikation verläuft nach bestimmten Regeln, die vor allem die Datenformate und deren zeitliche Reihenfolge festlegen. Diese Regeln bezeichnet man als *Kommunikationsprotokoll* (kurz *Protokoll*). Die Kommunikation im Internet wird durch mehrere Protokolle aus der Protokollfamilie TCP/IP (*Transmission Control Protocol/Internet Protocol*) geregelt. Für VoIP sind verschiedene Klassen der Protokolle nötig. Hierzu gehören die Protokolle für die Übermittlung der Sprache, Signalisierungsprotokolle für den Auf- und Abbau von Verbindungen zwischen IP-Telefonen und Protokolle für die Steuerung von VoIP-Gateways.

Protokolle für VoIP

Bei der Nutzung verschiedener Internet-Dienste, wie z.B. Web-Dienst, E-Mail, Internet-Telefonie, verwendet man auch verschiedene Adressen. Sie berücksichtigen die Struktur von DNS (*Domain Name System*) und können mit Hilfe von DNS auf entsprechende Internet-Adressen, die sog. *IP-Adressen*, abgebildet werden. Verschiedene Internet-Dienste mit Hilfe einer Telefonnummer zu adressieren, ist mit Hilfe von ENUM (*TElephone Number URI Mapping*) möglich.

Telefonnummern als Adressen für Internet-Dienste

Nach der Darstellung der wichtigsten Protokolle der Familie TCP/IP im Abschnitt 3.1 werden im Abschnitt 3.2 die Prinzipien der Kommunikation im Internet erläutert. Einer kurzen Darstellung des Protokolls IP widmet sich Abschnitt 3.3. Die Besonderheiten des Protokolls TCP und insbesondere die Interpretation von TCP-Verbindungen werden im Abschnitt 3.4 dargestellt. Auf die Funktionsweise von DNS geht Abschnitt 3.5 ein. Die Protokolle für VoIP präsentiert Abschnitt 3.6 kurz. Die Bedeutung von SCTP zeigt Abschnitt 3.7. Das ENUM-Konzept erläutert Abschnitt 3.8. Schlussbemerkungen in Abschnitt 3.9 runden dieses Kapitel ab.

Überblick über das Kapitel

In diesem Kapitel werden u.a. folgende Fragen beantwortet:

Ziel dieses Kapitels

- Wie wird die Protokollfamilie TCP/IP strukturiert?

- Nach welchen Prinzipien erfolgt die Kommunikation im Internet?

- Wie sollen TCP-Verbindungen interpretiert werden?

- Wie wird das DNS aufgebaut und genutzt?

- Welche Protokolle sind für VoIP nötig?

- Welche Bedeutung hat das neue Transportprotokoll SCTP?

- Wie kann man Telefonnummern für die Adressierung der Internet-Dienste nutzen?

3.1   Protokollfamilie TCP/IP

*IP als
Netzwerk-
protokoll*

Abbildung 3.1-1 zeigt die Struktur der Protokollfamilie TCP/IP und die Zuordnung ihrer Protokolle zu den Schichten des berühmten OSI-Schichtenmodells. Das IP wird der Schicht 3 (Netzwerkschicht) zugeordnet, weshalb man es auch *Netzwerkprotokoll* nennt. Das Protokoll TCP gehört zur Schicht 4 (Transportschicht), sodass es als *Transportprotokoll* bezeichnet wird. Die Anwendungsprotokolle (auch *Applikationen* genannt) sind den oberen Schichten zuzuordnen.

Die Protokollfamilie TCP/IP beinhaltet außer TCP und IP u.a.:

- das verbindungslose Transportprotokoll UDP (*User Datagram Protocol*),

- die „Hilfs"-Protokolle ARP und ICMP sowie

- verschiedene Anwendungsprotokolle (HTTP, DHCP,...).

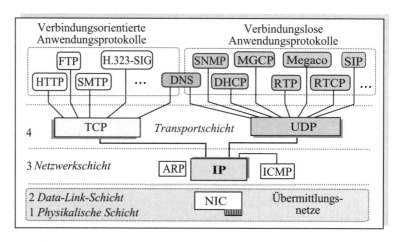

Abb. 3.1-1:   Protokolle der Protokollfamilie TCP/IP
NIC: Network Interface Controller (Adapterkarte), SIG: Signalisierung

Die wichtigste Komponente der Protokollfamilie TCP/IP ist IP. Es legt fest, wie die Daten als eigenständige, voneinander unabhängige Datenpakete (sog. *IP-Pakete*) übermittelt werden.

*„Hilfs"-
Protokolle*

Dem Protokoll IP stehen die folgenden zwei „Hilfs"-Protokolle zur Verfügung:

- ARP (*Address Resolution Protocol*)
  ARP unterstützt die Adressierung und hat die Aufgabe, für eine IP-Adresse die entsprechende physikalische Adresse des Rechners im Netzwerk (d.h. in LANs sog. *MAC-Adresse*) zu bestimmen.

■ ICMP (*Internet Control Message Protocol*)
ICMP wird für die Übertragung von Fehlermeldungen und anderen Steuerungsinformationen verwendet.

> **Bemerkung:** ICMP wird oft der Schicht 3 zugeordnet. Da die Nachrichten von ICMP in IP-Paketen übermittelt werden, könnte man ICMP nach den im Schichtenmodell geltenden Prinzipien zwar der Schicht 4 zuordnen, aber ICMP ist kein Transportprotokoll.

Die Transportprotokolle, d.h. die Protokolle der Schicht 4, sind:

Transportprotokolle

■ TCP (*Transmission Control Protocol*)
TCP ermöglicht es, virtuelle Verbindungen zwischen den kommunizierenden Rechnern auf- und abzubauen. Unter einer *virtuellen Verbindung* ist eine Vereinbarung zwischen zwei Applikationen zu verstehen, die vor der eigentlichen Kommunikation stattfindet und ihren Ablauf regelt. Somit stellt TCP ein *verbindungsorientiertes Transportprotokoll* dar. Weil es durch Fehlerkontrolle eine sichere Datenübermittlung gewährleistet, kann TCP als Sicherungsprotokoll zwischen zwei Rechnern, die nicht direkt miteinander verbunden sind, angesehen werden.

■ UDP (*User Datagram Protocol*)
Im Gegensatz zu TCP werden bei UDP die Daten verbindungslos übermittelt, d.h. ohne vorher eine virtuelle Verbindung aufzubauen. UDP gibt keine Garantie für die korrekte Übermittlung der Daten.

Seit Oktober 2000 steht ein neues verbindungsorientiertes Transportprotokoll SCTP (*Stream Control Transmission Protocol*) zur Verfügung, das im Vergleich zu TCP zusätzliche Funktionalität bietet. Der Transport von Daten erfolgt bei SCTP effizienter als bei TCP. Im Allgemeinen kann SCTP als Modifikation und Erweiterung von TCP angesehen werden. Auf SCTP wird in Abschnitt 3.7 näher eingegangen.

SCTP als neues Transportprotokoll

Anwendungsprotokolle lassen sich in drei Gruppen aufteilen:

Arten der Anwendungsprotokolle

■ verbindungsorientierte,

■ verbindungslose und

■ gemischte.

Verbindungsorientierte Anwendungsprotokolle sind diejenigen, die das Transportprotokoll TCP nutzen (vgl. Abb. 3.1-1). Die verbindungslosen Anwendungsprotokolle verwenden dagegen das Transportprotokoll UDP. Gemischte Anwendungsprotokolle werden so konzipiert, dass sie sowohl verbindungslose als auch verbindungsorientierte Kommunikation verlangen und die beiden Protokolle TCP und UDP nutzen.

Verbindungs-orientierte Anwendungs-protokolle

Zu den verbindungsorientierten Anwendungsprotokollen gehören u.a.:

- HTTP (*Hypertext Transfer Protocol*) für die Web-Anwendungen,

- FTP (*File Transfer Protocol*) für den Transfer von Dateien,

- SMTP (*Simple Mail Transfer Protocol*) für den Transfer von E-Mails,

- H.323-Signalisierung (H.323-SIG)
  Das sind die Protokolle H.225.0 und H.245, nach denen die Verbindungen zwischen zwei IP-Telefonen bei VoIP nach dem Standard H.323 auf- und abgebaut werden.

Verbindungs-lose Anwendungs protokolle

Verbindungslose Anwendungsprotokolle sind u.a.:

- DHCP (*Dynamic Host Configuration Protocol*) für die dynamische Zuordnung (d.h. nach Bedarf) von IP-Adressen zu Rechnern,

- SNMP (*Simple Network Management Protocol*) für das Netzwerk-Management,

- RTP (*Real-time Transport Protocol*) für den Transport von Audio und Video über IP-Netze,

- RTCP (*RTP Control Protocol*) für die Überwachung des Transports von Audio und Video,

- SIP (*Session Initiation Protocol*) für die Realisierung von Multimedia-Kommunikation im Internet und in privaten IP-Netzen,

- MGCP (*Media Gateway Control Protocol*) für die Ansteuerung von VoIP-Gateways,

- Megaco (*Media Gateway Control*), das der Funktion nach dem MGCP entspricht.

Gemischte Anwendungs-protokolle

Zur Klasse der gemischten Anwendungsprotokolle, die sowohl verbindungslose als auch verbindungsorientierte Kommunikation verlangen, gehört z.B. das DNS *(Domain Name System)*, das als Auskunftsdienst für IP-Adressen im Internet angesehen werden kann.

Mangels Platz können hier nicht alle wichtigen Protokolle dargestellt werden. Für ausführliche Informationen über die Protokollfamilie TCP/IP ist z.B. auf das Buch [BaHo 01] zu verweisen.

3.2   Prinzip der Kommunikation im Internet

Das Internet kann als ein Dienst für die Übermittlung von Informationen in Form von IP-Paketen (s. Abb. 3.2-3) angesehen werden. Vergleicht man diesen Dienst mit dem Briefdienst der Post, so entspricht ein IP-Paket einem Brief und die IP-Adresse einer postalischen Adresse.

3.2.1 Bildung von IP-Paketen

Bei der Nutzung des verbindungslosen Transportprotokolls UDP werden die Daten bzw. eine Nachricht eines Anwendungsprotokolls um den UDP-Header ergänzt, sodass eine UDP-Dateneinheit entsteht. Wie Abbildung 3.2-1 zeigt, wird aus jeder UDP-Dateneinheit durch das Voranstellen eines IP-Headers ein IP-Paket gebildet. Da die IP-Pakete keine Angaben zur Synchronisation enthalten, um sie auf der Leitung zu „markieren", müssen sie in Frames der Schicht 2 (Data-Link-Schicht) eingebettet werden. Diese Frames bezeichnet man als *Data-Link-Frames* (kurz *DL-Frames*). *Nutzung von UDP*

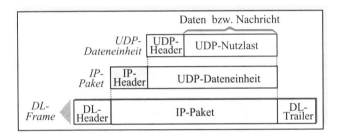

Abb. 3.2-1: Verkapselung der Nutzlast beim UDP-Einsatz

In LANs bildet die sog. MAC-Funktion (*Media Access Control*) den Kern der Data-Link-Schicht. Wird ein IP-Paket in einem LAN übermittelt, so wird es in einen MAC-Frame eingebettet. Bei der Übermittlung der IP-Pakete über eine Leitung bzw. über eine Punkt-zu-Punkt-Verbindung wird innerhalb der Schicht 2 häufig das Protokoll PPP (*Point-to-Point Protocol*) verwendet. In diesem Fall stellen die DL-Frames *PPP-Frames* dar. *MAC-Frames in LANs*

Abbildung 3.2-2 illustriert, wie die IP-Pakete aus den Daten bzw. einer langen Nachricht eines Anwendungsprotokolls bei der Nutzung des verbindungsorientierten Transportprotokolls TCP gebildet werden. *Nutzung von TCP*

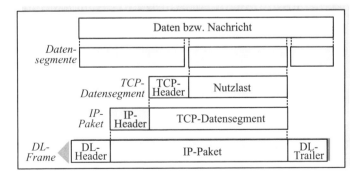

Abb. 3.2-2: Verkapselung der Nutzlast beim TCP-Einsatz

Anders als bei UDP werden die Daten bei TCP in mehrere *Datensegmente* eingeteilt. Jedes Datensegment wird um einen TCP-Header erweitert, sodass ein sog. *TCP-Datensegment* entsteht. Aus jedem TCP-Datensegment wird im nächsten Schritt ein IP-Paket gebildet. Zum Senden wird das IP-Paket in einen DL-Frame eingekapselt.

Wie aus den Abbildungen 3.2-1 und 3.2-2 ersichtlich ist, werden die IP-Pakete zum Senden in entsprechende DL-Frames der zweiten Schicht eingekapselt, die vom Übermittlungsnetz abhängig sind. Erst in einem DL-Frame kann ein IP-Paket über ein Netz zum Ziel gesendet werden.

3.2.2 Prinzip der Kommunikation im Internet

Internet als heterogenes IP-Netz

Das Internet stellt eine weltweite Kopplung von unterschiedlichen physikalischen Netzen dar, in denen das Protokoll IP verwendet wird. Daher ist das Internet ein heterogenes IP-Netz. Abbildung 2-4 illustriert das Prinzip der Kommunikation im Internet an einem Beispiel, in dem eine Folge von TCP-Datensegmenten gesendet wird. TCP im Quellrechner teilt die zu sendenden Daten nach Bedarf in kleinere Datensegmente auf. Jedes Datensegment wird als ein IP-Paket gesendet. Im Zielrechner setzt TCP die in IP-Paketen empfangenen Datensegmente wieder zusammen. Gehen einige Datensegmente bei der Übertragung verloren bzw. werden sie verfälscht, so fordert TCP vom Zielrechner ihre wiederholte Übertragung.

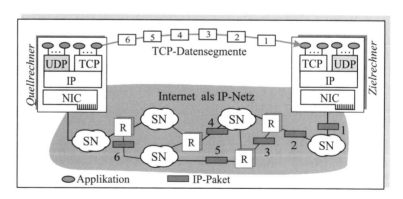

Abb. 3.2-3: Prinzip der Kommunikation im Internet
R: Router, SN: IP-Subnetz (IP-Subnetwork), NIC: Network Interface Controller

IP-Pakete wie Briefe

IP ist verbindungslos, was bedeutet, dass die IP-Pakete als sog. *Datagramme* (d.h. wie Briefe bei der Post) unabhängig voneinander zum Zielrechner gesendet werden. Die wichtigsten Angaben in IP-Paketen sind die IP-Adressen von Quell- und Zielrechner. Logisch betrachtet setzt sich das Internet als IP-Netz aus einer Vielzahl von IP-Subnetzen zusammen, die mit Hilfe von Routern miteinander vernetzt sind. Ein Router leitet jedes empfangene IP-Paket abhängig von der aktuellen Lage im Netz und unabhängig von anderen Paketen weiter. Dadurch werden die einzelnen IP-Pakete aus einer Reihenfolge in der Regel über unterschiedliche Wege zum Ziel übermittelt. In der Analogie mit dem Briefdienst der Post könnte man ein IP-Subnetz mit einem Postleitzahlengebiet vergleichen und einen Router mit einer Briefverteilungsstelle. Da die einzelnen IP-Pakete unabhängig voneinander abgeschickt werden, können sie am Ziel in einer anderen Reihenfolge ankommen, als sie abgeschickt wurden. Für die Sortierung der IP-Pakete in ihre korrekte Reihenfolge und deren Zusammensetzung zu einer Datei ist TCP verantwortlich.

Da die IP-Pakete im Netz zirkulieren können, muss die Verweilzeit der IP-Pakete im Netz kontrolliert werden. Der Quellrechner gibt als TTL-Angabe (*Time To Live*) an, wie lange das IP-Paket im Netz verweilen darf (s. Abb. 3.3-1). Weil der TTL-Wert in jedem Router um 1 verringert wird, ist er gleichbedeutend mit der maximalen Anzahl von Routern, die ein IP-Paket durchlaufen darf. Fällt der TTL-Wert auf 0, wird das IP-Paket im Router verworfen und der Quellrechner wird mit einer Meldung des Protokolls ICMP darüber informiert. *Bedeutung von Time To Live*

> **Bemerkung:** Da die einzelnen IP-Pakete aus einer Reihenfolge oft über unterschiedliche Wege zum Ziel übermittelt werden, sind dadurch auch die Übermittlungszeiten einzelner IP-Pakete unterschiedlich. Man hat in diesem Fall mit den Schwankungen der Übermittlungszeit zu tun. Diese Schwankungen werden auch als *Jitter* bezeichnet. Jitter gilt als größter Störfaktor bei VoIP-Anwendungen.

3.2.3 Interpretation von IP-Adressen

Die IP-Adresse eines Rechners kann (logisch gesehen!) einem Kommunikationspuffer zugeordnet werden, der einen Zugangsport zum Protokoll IP darstellt. Dieser Kommunikationspuffer befindet sich an der Grenze zwischen den Protokollen TCP und IP und damit an der Grenze zwischen den Schichten 3 und 4 (s. Abb. 3.1-1). Dies bringt Abbildung 3.2-4 zum Ausdruck. *IP-Adresse als postalische Adresse im Internet*

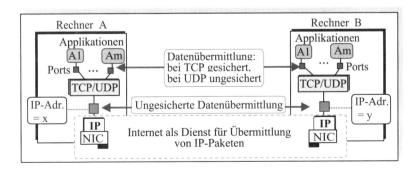

Abb. 3.2-4: IP-Adressen als postalische Adressen am IP-Netz

Wie hier ersichtlich ist, erfolgt die Kommunikation durch den Austausch von IP-Paketen zwischen zwei Kommunikationspuffern an der Grenze zwischen den Schichten 3 und 4 in den kommunizierenden Rechnern.

Notwendig-
keit von TCP

IP gibt keine Garantie für die korrekte Zustellung der Pakete an den Zielrechner und kann Verluste bzw. Verfälschungen von IP-Paketen während der Übermittlung nicht entdecken. Deshalb hat TCP die Aufgabe, Datenverluste und -verfälschungen während der Übertragung zu entdecken und gegebenenfalls eine wiederholte Übertragung zu veranlassen.

Interpreta-
tion von
Ports

Die Ports sind als individuelle Kommunikationspuffer einzelner Applikationen zu interpretieren. Die Ports für die zu sendenden Daten, d.h. die sog. *Quell-Ports*, werden den Applikationen im Quellrechner nach Bedarf (dynamisch) zugeteilt. Den Quell-Ports werden in der Regel große Nummern (für ihre Identifikation) zugeordnet.

3.2.4 Zweistufige Adressierung

physikalische
Adressen

Im Allgemeinen sind in IP-Netzen zwei Adressierungsstufen zu unterscheiden. Dies zeigt Abbildung 3.2-5. Einerseits müssen die Hardware-Komponenten (Endsysteme, Router) in jedem Subnetz eindeutig identifiziert werden. Hierfür verwendet man *„physikalische" Adressen*. Die physikalischen Adressen müssen innerhalb jedes IP-Subnetzes eindeutig sein.

IP-Adressen

Andererseits müssen die Daten in Form von IP-Paketen zwischen zwei Kommunikationspuffern in kommunizierenden Rechnern ausgetauscht werden. Hierfür nutzt man weltweit eindeutige IP-Adressen, die die folgende Form haben:

IP-Adresse = (Subnetz-ID, Host-ID), ID: Identifikation

Die *Subnetz-ID* sagt, um welches IP-Subnetz es sich handelt. Mit der Host-ID wird der Host (Rechner, Router) innerhalb dieses IP-Subnetzes identifiziert.

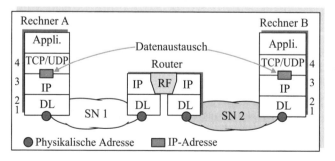

Abb. 3.2-5: Prinzip der zweistufigen Adressierung
DL: Data Link, RF: Routing-Funktion, SN: IP-Subnetz

Eine IP-Adresse kann als Identifikation eines Kommunikationspuffers an der Grenze zwischen IP und TCP/UDP angesehen werden. Wie aus Abbildung 3.2-5 ersichtlich ist, ist ein Router ein Endsystem an mehreren Subnetzen. Die Routing-Funktion wird innerhalb der Schicht 3, d.h. innerhalb der Schicht mit dem IP, angesiedelt.

Physikalische Adressen in LANs nennt man MAC-Adressen. Sie werden oft auch als *Nummern von LAN-Adapterkarten* bezeichnet.   *MAC-Adressen*

3.2.5 Regeln beim Absenden von IP-Paketen

Beim Absenden jedes IP-Pakets gilt folgendes Prinzip: Wenn der Zielrechner sich im gleichen IP-Subnetz befindet, wird das IP-Paket direkt an den Zielrechner geschickt, sonst an einen IP-Router übergeben. Ein IP-Router kann als Grenzübergang zu einem anderen IP-Subnetz angesehen werden.

Abbildung 3.2-6 illustriert die Übermittlung eines IP-Pakets an das Ziel im gleichen IP-Subnetz auf LAN-Basis, d.h. physikalische Adressen sind hier MAC-Adressen. Wie hier ersichtlich ist, wird ein IP-Paket vom Quellrechner mit der MAC-Adresse *a* direkt in einem MAC-Frame zum Zielrechner mit der MAC-Adresse *b* gesendet.   *Zielrechner im gleichen IP-Subnetz*

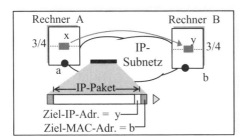

Abb. 3.2-6: Übermittlung eines IP-Paketes zum Ziel im gleichen IP-Subnetz auf LAN-Basis
a, b: MAC-Adressen; x, y: IP-Adressen

Der Quellrechner muss die MAC-Adresse im zu sendenden MAC-Frame setzen. Hierfür muss er über eine Tabelle mit den Zuordnungen *IP-Adresse => MAC-Adresse* verfügen. Diese Zuordnung ist Aufgabe des Hilfsprotokolls ARP (*Address Resolution Protocol*). ARP legt eine dynamisch organisierte Adresstabelle mit IP-Adressen und den zugehörigen MAC-Adressen an, die auch *ARP-Tabelle* bzw. *ARP-Cache* genannt wird.   *Notwendigkeit von ARP*

Wenn der Rechner A ein IP-Paket an einen Rechner im gleichen Subnetz senden muss, sucht er zuerst in der ARP-Tabelle nach der korrespondierenden MAC-Adresse. Falls kein Eintrag vorhanden ist, versucht er, mit Hilfe von ARP die gesuchte MAC-Adresse zu ermitteln. Hierfür sendet der Rechner A   *Wie funktioniert ARP?*

einen ARP-Request als MAC-Broadcast-Nachricht. In dieser Nachricht werden die restlichen Endsysteme gefragt: Wer kennt die Adresszuordnung *IP-Adresse => MAC-Adresse?*

Das Endsystem (Rechner, Router) mit der MAC-Adresse, nach der im ARP-Request gefragt wird, kennt die gesuchte Adresszuordnung immer. Falls es funktioniert, schickt es eine Antwort als *ARP-Reply* mit der gesuchten Zuordnung direkt an den Rechner A zurück. Anschließend wird dieses Paar vom ARP in der ARP-Tabelle abgelegt.

Zielrechner in einem anderen IP-Subnetz Befindet sich der Zielrechner in einem anderen Subnetz als der Quellrechner, wird das IP-Paket zur Weiterleitung an den Router übergeben. Abbildung 3.2-7 veranschaulicht die Übermittlung eines IP-Pakets über die Grenze eines IP-Subnetzes hinweg. Die beiden IP-Subnetze basieren hier auf LANs.

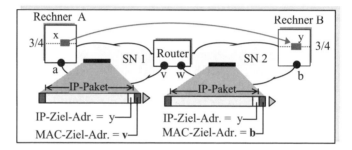

Abb. 3.2-7:   Übermittlung eines IP-Paketes zum Ziel in einem anderen IP-Subnetz
a, b, v, w: MAC-Adressen; x, y: IP-Adressen; SN: IP-Subnetz

Da der Router nur die Ziel-IP-Adresse erhält, muss er auf dieser Basis die Ziel-MAC-Adresse bestimmen, um einen MAC-Frame mit dem IP-Paket an den Zielrechner zu senden. Somit braucht der Router auch das Protokoll ARP, um die Ziel-MAC-Adresse ermitteln zu können.

3.3   Internet-Protokoll IP

Besonderheiten von IP Nach dem Protokoll IP werden Daten unabhängig voneinander in *IP-Paketen* zum Zielrechner gesendet, ohne eine vorherige Vereinbarung mit dem Zielrechner getroffen zu haben. Jedes Paket enthält die IP-Adressen des Quell- und Zielrechners. IP gibt keine Garantie für die korrekte Zustellung der Pakete an den Zielrechner. Die IP-Pakete können am Ziel in einer anderen Reihenfolge ankommen, als sie abgeschickt wurden.

IP-Header Die wichtigen IP-Funktionen sind aus der Struktur des IP-Headers ersichtlich. Wie aus Abbildung 3.3-1 hervorgeht, besteht der IP-Header aus einer Vielzahl von 32-Bit-Wörtern. Die ersten 5 dieser Wörter sind immer vorhanden, sodass die minimale Länge des IP-Headers 20 Bytes beträgt. Die weiteren 32-Bit-Wörter sind optional.

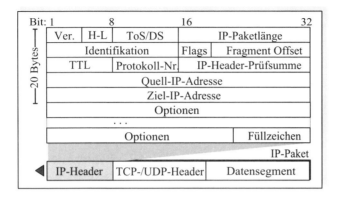

Abb. 3.3-1: Aufbau des IP-Headers
H-L: Header Length, Ver.: Version

Die einzelnen Angaben im IP-Header haben folgende Bedeutung:

Angaben im
IP-Header

■ Version (Versionsnummer, 4 Bits): die Versionsnummer des klassischen Protokolls IP ist 4.

■ Header-Länge (*Header Length*, 4 Bits) in 32-Bit-Worten.

■ ToS/DS (*Type of Service* bzw. *Differentiated Services*, 1 Byte): Diese Angabe ermöglicht es, die IP-Pakete zu differenzieren, d.h. die Art und Weise ihrer Behandlung in Routern zu spezifizieren. Sie wird für die QoS-Unterstützung (*Quality of Service*) benutzt (s. Kapitel 4).

■ IP-Paketlänge (*Total Length*, 2 Bytes): gesamte Länge des IP-Pakets in Bytes.

■ Identifikation (*Identification*, 2 Bytes) der übertragenen Daten. Diese Angabe wird bei der Fragmentierung der IP-Pakete verwendet.

■ Flags (3 Bits): Dieses Feld enthält die Flags DF (*Don't Fragment*) und MF (*More Fragments*), die bei der Fragmentierung des IP-Pakets verwendet werden. Ist das Bit DF = 1, darf dieses IP-Paket nicht fragmentiert werden. Ist das Bit MF = 1, bedeutet dies, dass dieses IP-Paket ein Teil-IP-Paket ist und dass weitere Teile noch folgen. Mit MF = 0 wird das letzte Teil-IP-Paket markiert.

■ *Fragment Offset* (Fragmentabstand, 15 Bits) wird verwendet bei der Fragmentierung des IP-Pakets. Ist MF=1, dann gibt der Fragmentabstand die relative Position des Teilpakets in Bezug auf den Datenanfang an und ermöglicht es, mehrere Teilpakete aus einem IP-Paket in der richtigen Reihenfolge zusammenzusetzen.

■ *TTL (Time to Live*, 1 Byte): die maximale Anzahl von Routern, die das IP-Paket unterwegs zum Zielrechner durchlaufen darf.

■ Protokoll-Nr. (*Protocol*, 1 Byte): Nummer des Protokolls der Schicht 4 (Transportschicht), an das der Inhalt des Pakets übergeben werden muss. Z.B. Protocol = 6 (TCP), = 17 (UDP), = 132 (SCTP).

■ IP-Header-Prüfsumme (*Checksum*, 2 Bytes), mit der der IP-Header – einschließlich Optionen – auf Übertragungsfehler hin geprüft werden kann.

■ Quell-IP-Adresse (*Source IP-Address*): IP-Adresse des Quellrechners.

■ Ziel-IP-Adresse (*Destination IP-Address*): IP-Adresse des Zielrechners.

■ Optionen (variable Länge und optional), die eine besondere Nutzung von IP ermöglichen, wie z.B. Bereitstellung von Zeitmarken, Unterstützung von Routing-Funktionen etc.

■ Füllzeichen (*Padding*, variable Länge), um die Optionen auf eine Länge von *n**32 Bits zu ergänzen.

3.4 Protokoll TCP

TCP ist das Protokoll, nach dem eine virtuelle Verbindung zwischen einem Quell- und einem Zielrechner in einem IP-Netz aufgebaut wird. Über diese Verbindung werden die Daten in Form von festgelegten Dateneinheiten (Datensegmenten) ausgetauscht (s. Abb. 3.2-2).

Aufgaben von TCP

Wichtige Aufgaben von TCP sind:

■ Abstimmung der Länge von TCP-Datensegmenten,

■ Segmentierung der zu sendenden Daten (im Quellrechner),

■ Garantie der Reihenfolge der TCP-Datensegmente,

■ Wiederherstellung von Daten im Zielrechner durch die Zusammensetzung von empfangenen TCP-Datensegmenten,

■ Aufforderung des Quellrechners zur wiederholten Übertragung von gestörten oder verloren gegangenen TCP-Datensegmenten.

Abbildung 3.4-1 zeigt den Aufbau des TCP-Headers.

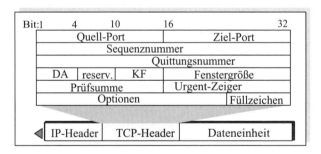

Abb. 3.4-1: Aufbau des TCP-Headers
DA: Datenabstand, KF: Kontroll-Flags, reserv.: reserviert

Angaben im TCP-Header

Die Angaben im TCP-Header haben folgende Bedeutung:

■ Quell-Port (*Source Port*, 16 Bits): Portnummer des Anwendungsprotokolls (der Applikation) im Quellrechner, das die Daten sendet.

■ Ziel-Port (*Destination Port*, 16 Bits): Portnummer des Anwendungsprotokolls im Zielrechner, an die die Daten adressiert sind.

■ Sequenznummer (*Sequence Number*) für die byteweise Nummerierung von zu sendenden Daten.

- Quittungsnummer (*Acknowledgement Number*) für die Bestätigung von empfangenen Daten.

- Datenabstand (*Data Offset*, 4 Bits): Hier wird die Länge des TCP-Headers in 32-Bit-Worten angegeben und damit die Stelle, an der die Daten beginnen.

- Kontroll-Flags (*Control Flags*, 6 Bits) legen die Bedeutung des TCP-Segments fest. Dieses Feld hat folgende Struktur: [URG, ACK, PSH, RST, SYN, FIN]. Ist das entsprechende Bit gesetzt, gilt Folgendes:

  - URG (*Urgent*): Urgent Pointer (Zeiger im Urgent-Feld) ist gültig.
  - ACK (*Acknowledgement*): Die Quittungsnummer ist gültig.
  - PSH (*Push*): Die Daten sollen sofort an die nächsthöhere Schicht übergeben werden.
  - RST (*Reset*): Die TCP-Verbindung soll zurückgesetzt werden.
  - SYN (*Synchronization*): Aufbau einer TCP-Verbindung.
  - FIN (*Finish*): Abbau einer TCP-Verbindung.

- Fenstergröße (*Window*, 16 Bits): Das Feld dient der Flusskontrolle und gibt dem Sender an, wieviel Bytes – beginnend ab der Quittungsnummer – der Empfänger (Zielrechner) in seinem Aufnahme-Puffer noch aufnehmen kann.   *Fluss-kontrolle*

- Prüfsumme (*Checksum*, 16 Bits): Sie erlaubt es, den TCP-Header, die Daten und einen Auszug aus dem IP-Header (u.a. Quell- und Ziel-IP-Adresse) auf Bitfehler zu überprüfen.

- Urgent-Zeiger (*Urgent Pointer*, 16 Bits): TCP ermöglicht es, wichtige (dringliche) und meist kurze Daten (z.B. Interrupts) den normal gesendeten Daten hinzuzufügen. Derartige Daten werden als Urgent-Daten bezeichnet. Ist der Urgent-Zeiger gültig, d.h. URG = 1, zeigt er auf das Ende der Urgent-Daten. Sie werden immer direkt nach dem TCP-Header übertragen. Erst danach folgen „normale" Daten.

- Optionen (variable Länge): TCP ermöglicht es, einige Optionen anzugeben. Als eine Option kann z.B. *Maximum Segment Size* angegeben werden.

- Füllzeichen (Padding) (variable Länge): Sie ergänzen die Optionsangaben auf die Länge von $n*32$ Bits.

Mit der Sequenznummer werden die zu sendenden Daten byteweise nummeriert. Beim Aufbau einer TCP-Verbindung generiert jedes TCP-Modul eine Anfangs-Sequenznummer. Diese Nummern werden ausgetauscht und gegenseitig bestätigt. Im Quellrechner wird die Sequenznummer jeweils um die Anzahl der bereits gesendeten Bytes erhöht. Mit der Quittungsnummer werden die empfangenen Daten byteweise bestätigt. Diese Nummer wird vom Zielrechner gesetzt, um dem Quellrechner mitzuteilen, bis zu welchem Byte die Daten korrekt empfangen wurden.   *Byteweise Nummerierung von Daten*

> **Bemerkung:** Mit TCP ist der Zielrechner nicht in der Lage, dem Quellrechner genau mitzuteilen, welche Daten fehlerhaft bzw. verloren gegangen sind. Dadurch werden bei TCP oft die korrekt empfangenen Daten umsonst wiederholt übertragen. Anders als bei TCP ist das bei SCTP nicht der Fall (s. Abschnitt 3.7).

3.4.1 Interpretation einer TCP-Verbindung

Die Kommunikation zwischen zwei Applikationen nach TCP kann mit einem Telefonat zwischen zwei Personen verglichen werden. Dies illustriert Abbildung 3.4-2. Es gibt einen aktiven Partner – den Anrufer – und einen passiven

Partner – den Angerufenen. Bevor zwei Programme miteinander kommunizieren können, müssen sie eine virtuelle TCP-Verbindung aufbauen (vgl. Abb. 3.4-3). Dies bedeutet, dass sie sich über den Verlauf der Kommunikation verständigen müssen.

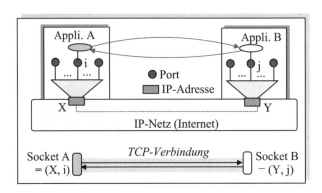

Abb. 3.4-2:   Interpretation einer TCP-Verbindung
Appli.: Applikation; i, j: Port-Nummern; X, Y: IP-Adressen

Für die Kommunikation braucht jede Applikation einen Puffer für die zu sendenden und empfangenden Daten. Diese Puffer werden als *Ports* bezeichnet.

Socket   Die Endpunkte der TCP-Verbindung repräsentieren Paare aus IP-Adresse und Port-Nummer. Sie werden *Sockets* genannt. Ein Socket identifiziert weltweit eindeutig eine Applikation. Mit ihm wird gesagt, um welche Applikation (Port-Nr.) es sich handelt und auf welchem Rechner (IP-Adresse) sie sich befindet.

TCP-Verbin-   Eine TCP-Verbindung zwischen zwei Applikationen ist vollduplex und setzt
dung als   sich aus zwei entgegengerichteten, unidirektionalen Verbindungen zusammen.
zweispurige   Sie kann als eine zweispurige virtuelle Straße angesehen werden. Jede Spur be-
Straße   ginnt am Quell-Socket und endet am Ziel-Socket.

3.4.2 Auf- und Abbau einer TCP-Verbindung

Three Way   Der Aufbau einer TCP-Verbindung erfolgt nach dem sog. *Three-Way-Hand-*
Handshake   *shake*-Verfahren. Abbildung 3.4-3 illustriert diesen Aufbau für die Kommunikation zwischen einem Browser und einem Web-Server.

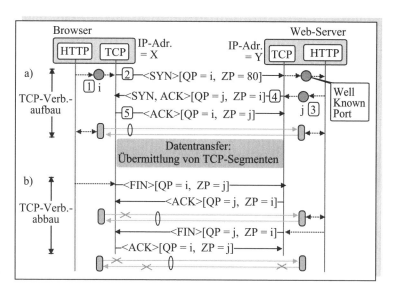

Abb. 3.4-3: TCP-Verbindung: a) Aufbau, b) Abbau
QP: Quell-Port; ZP: Ziel-Port

Jede TCP-Verbindung wird in folgenden Schritten aufgebaut:

1. Der Applikation im Quellrechner, die die TCP-Verbindung initiiert, wird ein Port als Puffer für die zu sendenden und empfangenden Daten vom Betriebssystem zugeteilt. Diesem Port wird eine große Nummer i zugewiesen. Da die Portnummer im TCP-Header 16 Bits lang ist (s. Abb. 3.4-1), kann ein Rechner theoretisch bis zu 65 536 Ports einrichten. *Einrichten eines Ports im Quellrechner*

2. Die Applikation im Quellrechner sendet ein TCP-Segment, in dem das Flag SYN gesetzt ist. Das sog. *<SYN>-Segment* enthält u.a.:

   - die frei zugeteilte Nummer des Quellports i,
   - den Zielport i.d.R. als *Well Known Port*.

   > **Bemerkung:** Die kleinen Portnummern sind weltweit eindeutig den Anwendungsprotokollen wie z.B. TELNET, FTP, HTTP zugeordnet und werden als *Well Known Ports* bezeichnet. Die Standard-Applikationen sind somit immer unter den bekannten Well Known Ports erreichbar. So ist z.B. das HTTP auf jedem Zielrechner unter der Portnummer 80 erreichbar. Ein Well Known Port kann als *Begrüßungsport* angesehen werden. *Bedeutung des Well-Known-Port*

3. Der Applikation im Zielrechner, die die ankommende TCP-Verbindung entgegennimmt, wird ebenfalls ein Port als Puffer für die zu sendenden und zu empfangenden Daten zugeordnet. Diesem Port wird eine große Nummer j zugeordnet. *Einrichten eines Ports im Zielrechner*

4. Die Applikation im Zielrechner sendet ein TCP-Segment, in dem die Flags SYN und ACK gesetzt sind, mit dem Quellport = j und Zielport = i. Man bezeichnet dieses Segment als *<SYN, ACK>-Segment*.

5. Die Applikation im Quellrechner bestätigt dies mit einem TCP-Segment, in dem das Flag ACK gesetzt ist. Mit dem Empfangen des sog. *<ACK>-Segments* im Zielrechner wird der Aufbau der TCP-Verbindung beendet.

Steht eine TCP-Verbindung zur Verfügung, erfolgt der Austausch von Daten in Form von TCP-Segmenten zwischen den beiden Rechnern.

Abbau einer TCP-Verbindung Im Normalfall kann der Abbau einer TCP-Verbindung von beiden kommunizierenden Applikationen initiiert werden. Da jede TCP-Verbindung sich aus zwei gerichteten Verbindungen zusammensetzt (vgl. Abb. 3.4-2b), werden diese quasi nacheinander abgebaut. Wie Abbildung 3.4-3 zeigt, initiiert jede TCP-Instanz den Abbau der zur Partner-Instanz gerichteten Verbindung durch das Absenden eines TCP-Segments, des sog. *<FIN>-Segments*, in dem das Flag FIN gesetzt ist. Dieses Segment wird mit dem <ACK>-Segment bestätigt. Damit wird eine gerichtete Verbindung abgebaut. Auf gleiche Art und Weise wird die in die andere Richtung verlaufende Verbindung abgebaut.

3.5 Einsatz von DNS

Ziel von DNS Bei der Nutzung der Internet-Dienste, wie z.B. Web-Dienst oder E-Mail, gibt der Benutzer nicht die IP-Adresse des Zielrechners an, sondern eine entsprechende Web-Adresse in Form einer URL (*Uniform Resource Locator*) bzw. eine E-Mail-Adresse. In diesen Adressen ist der Name des Ziel-Rechners bzw. der Ziel-Internet-Domain enthalten. Um Rechnernamen in IP-Adressen zu „übersetzen", wurde das DNS (*Domain Name System*) entwickelt. Der Vorteil von DNS ist, dass sich die Benutzer die IP-Adressen von Rechnern im Internet nicht merken müssen, sondern stattdessen deren Namen verwenden können. Die IP-Adresse eines Rechners im Internet kann beim DNS abgefragt werden.

Client/ Server-Prinzip Das DNS funktioniert eigentlich nach dem Client/Server-Prinzip. Der DNS-Client ist eine Software auf dem Rechner eines Benutzers, die DNS-Server abfragt, um Rechnernamen in IP-Adressen zu übersetzen. Der DNS-Server ist ein Programm in einem dedizierten Rechner, das auf eine Datei mit Host-Namen und ihren zugehörigen IP-Adressen zugreift, um die Anfragen des Clients zu beantworten.

Sämtliche Namen von Rechnern, die in unterschiedlichen und weltweit verteilten Name-Servern gespeichert sind, bilden den sog. *DNS-Namensraum*.

3.5.1 Aufbau des DNS-Namensraums

Bei DNS handelt es sich um eine baumförmige, weltweite Vernetzung einzelner Name-Server, die eine global verteilte DNS-Datenbank bilden. Das Prinzip der Vernetzung einzelner Name-Server und damit auch den Aufbau des verteilten DNS-Namensraums zeigt Abbildung 3.5-1.

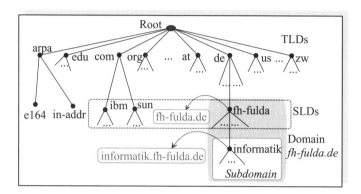

Abb. 3.5-1: Aufbau des DNS-Namensraums und der Subdomain `informatik.fh-fulda.de`
SLD: Second-Level Domain, TLD: Top-Level Domain

Jedes Datenelement in einer verteilten DNS-Datenbank ist über einen Namen indiziert. Diese Namen sind im Grunde genommen nur Pfade in einem großen Baum. Dieser Baum besitzt ganz oben eine einzige Wurzel, die man einfach „Root" nennt. Genau wie bei jedem anderen Dateisystem kann der DNS-Baum mehrere Abzweigungen haben, die als Knoten dargestellt werden. Jeder Knoten des Baumes repräsentiert eine *Domain* (*Domäne*) und stellt einen Teil der gesamten Datenbank dar, wie ein Verzeichnis in einem Dateisystem. Jede Domain kann (wie jedes Verzeichnis) in weitere Teile untergliedert werden. Diese Teile werden im DNS als *Subdomains* bezeichnet und entsprechen den Unterverzeichnissen eines Dateisystems.

Root, Domains und Subdomains

Der vollständige Domain-Name im Baum, der sog. FQDN (*Full Qualified Domain Name*), besteht aus den Namen einzelner Knoten bis zur Root. Dies bedeutet, dass der Name eines Knotens sich aus den einzelnen Namen im Pfad zusammensetzt, wobei diese einzelnen Namen durch einen Punkt voneinander getrennt werden. Z.B. setzt sich der Domain-Name `fh-fulda.de` aus den Namen `fh-fulda` und `de` zusammen.

Domain-Name als FQDN

Eines der Hauptziele beim Entwurf von DNS war die Dezentralisierung der Administration. Dieses Ziel wird durch die sog. *Delegierung* erreicht. Eine Organisation, die eine Domain administriert, teilt diese in Subdomains auf. Jede dieser Subdomains kann an andere Organisationen delegiert werden. Eine Organisation, der die Verantwortung dieser Domain übertragen wurde, muss alle

Aufteilung von Domains auf Subdomains

Daten der Subdomain pflegen. Die Daten der Subdomain können unabhängig geändert und sogar in weitere Subdomains aufgeteilt werden, die sich dann wieder weiter delegieren lassen. Die „Mutter"-Domain enthält nur Zeiger auf die Quellen mit den Daten der Subdomain, sodass Anfragen entsprechend weitergeleitet werden können.

Die Domain `fh-fulda` wird z.B. auf mehrere Subdomains aufgeteilt, u.a. an `informatik.fh-fulda.de`. Dies bedeutet, dass die Fachhochschule Fulda dem Fachbereich Informatik die Verantwortung für die Pflege aller Daten seiner Subdomain `informatik.fh-fulda.de` übergeben hat. Die Verantwortung für die Domain `fh-fulda.de` liegt bei der Fachhochschule Fulda.

DNS-Zonen und Name-Server

Ein Name-Server stellt einen dedizierten Rechner dar, in dem die Informationen (als *Resource Records, RR*) über den Domain-Namensraum gespeichert werden. Ganz allgemein enthalten Name-Server vollständige Informationen über einen Teil des Domain-Namensraums. Dieser Teil wird *Zone* genannt und man spricht davon, dass der Name-Server „die Autorität" über die Zone besitzt. Die Name-Server können auch die Autorität über mehrere Zonen besitzen. Der Unterschied zwischen einer Zone und einer Domain besteht darin, dass der Name-Server einer Zone nur solche Namen und Daten einer Domain enthält, die nicht an Subdomains delegiert wurden. Somit handelt es sich bei einer Zone nur um einen Bereich einer DNS-Domain.

3.5.2 Prinzip der Namensauflösung

Die Ermittlung der Zuordnung *Host-Name => IP-Adresse?* wird als Namensauflösung (*name resolution*) bezeichnet. Weil der DNS-Namensraum wie ein auf den Kopf gestellter Baum strukturiert ist, kann ein Name-Server eine Abfrage nach jedem beliebigen Namen im DNS-Namensraum an einen Root-Name-Server richten, der ihm daraufhin den Weg weisen wird.

Rekursive DNS-Abfrage

Abbildung 3.5-2 illustriert die Ermittlung einer Ziel-IP-Adresse. Hier möchte z.B. ein Rechner im Netz 1 in der Domain `informatik.fh-fulda.de` eine Web-Seite unter der Adresse `www.atmforum.com/xxx` abrufen.

Bei der Auflösung der IP-Adresse vom Host `www.atmforum.com` sind folgende Schritte zu unterscheiden:

1. Die Abfrage `www.atmforum.com => IP-Adresse?` wird vom Rechner *X* in der Domain `informatik.fh-fulda.de` an den lokalen Name-Server geleitet.

2. Der lokale Name-Server enthält die gesuchte Zuordnung weder in seiner Datenbank noch in seinem Cache. Kann der lokale DNS-Server die Anfrage nicht selbst direkt beantworten, befragt dieser einen Haupt-Name-Server, der für den ganzen DNS-Namensraum zuständig ist und als Root-Name-Server bezeichnet wird. Somit richtet der lokale Name-Server die Anfrage an den Root-Name-Server.

> **Bemerkung:** Im Root-Name-Server sind die Verweise auf die Name-Server von Top-Level-Domains enthalten. Es werden mehrere Name-Server, die miteinander vernetzt sind, als *Root-Name-Server* eingerichtet.

3. Der Root-Name-Server antwortet mit einem Verweis auf den Name-Server der `com`-Zone.

4. Der lokale Name-Server richtet die Anfrage an den Name-Server der `com`-Zone.

5. Der Name-Server der `com`-Zone antwortet mit einem Verweis auf den Name-Server der Domain `atmforum.com`.

6. Der lokale Name-Server richtet die Anfrage an den Name-Server in der Domain `atmfo-rum.com`.

7. Der Name-Server der Domain `atmforum.com` antwortet mit der gesuchten Zuordnung `www.atmforum.com => IP-Adresse`.

Damit ist dem Name-Server im Netz *1* die Ziel-IP-Adresse bekannt. Er übergibt diese IP-Adresse an den Quellrechner X (8) und dieser sendet im letzten Schritt (9) ein IP-Paket mit einer Abfrage an den Web-Server im Netz *2*.

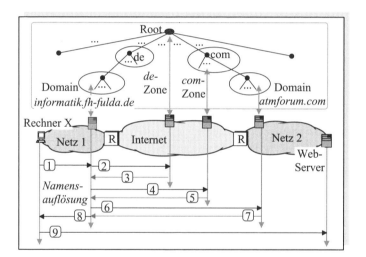

Abb. 3.5-2: Beispiel für die Auflösung einer IP-Adresse eines Host-Namens als rekursive DNS-Abfrage

Erfolgt die Abfrage einer IP-Adresse beim DNS nach dem in Abbildung 3.5-2 gezeigten Schema, so spricht man von einer *rekursiven DNS-Abfrage*.

Der lokale Name-Server kann so konfiguriert werden, dass er bei einer DNS-Abfrage dem nach einer IP-Adresse fragenden Rechner eine Liste von anderen Name-Servern zur Auswahl übergibt. Es liegt in der Verantwortung des Rechners, die einzelnen Name-Server aus der Vorschlagsliste zu kontaktieren, um die gewünschte IP-Adresse zu erhalten. In diesem Fall spricht man von einer *iterativen DNS-Abfrage*.

Iterative DNS-Abfrage

3.6   Protokolle für VoIP

Wenn man von VoIP spricht, werden oft nur der Standard H.323 von dem ITU-T und das Protokoll SIP (*Session Initiation Protocol*) von der IETF erwähnt. Für die Realisierung von VoIP benötigt man allerdings noch weitere Protokolle. Bei VoIP sind folgende Klassen der Protokolle zu unterscheiden:

▪ *Protokolle für die Sprachübermittlung*
  Da die Sprachkommunikation in Echtzeit verläuft, sind spezielle Protokolle für die Übermittlung der Sprache über IP-Netze nötig.

▪ *Signalsierungsprotokolle*
  Es handelt sich hier um Protokolle für den Auf- und Abbau von Verbindungen zwischen zwei IP-Telefonen.

▪ *Protokolle für die Steuerung von Media Gateways*
  Das sind Protokolle für die Ansteuerung von sog. *Media Gateways*. Diese Protokolle sind nötig, um die klassischen TK-Systeme und -Netze, wie z.B. das ISDN mit den IP-Netzen mit Hilfe von verschiedenen Gateways zu integrieren.

Protokolle für die Sprachübermittlung

Für die Übermittlung der Sprache in den IP-Netzen verwendet man

▪ RTP (*Real-time Transport Protocol*) und

▪ RTCP (*RTP Control Protocol*).

Nach RTP werden die Dateneinheiten, die sog. *RTP-Pakete*, aus einem Bitstrom mit der digitalisierten Sprache gebildet und in IP-Paketen transportiert. RTP ist ein Transportprotokoll nicht nur für Sprache, sondern für alle Echtzeitmedien, also auch für Video. Da RTP keine Quittungen (Bestätigungen) verwendet, kann der Empfänger dem Sender nicht mitteilen, ob überhaupt bzw. wie die Sprache in Form von IP-Paketen bei ihm ankommt. Das Protokoll RTCP gleicht diesen Nachteil aus.

RTCP wird eingesetzt, um bestimmte Informationen in Form von sog. *Berichten* (*Reports*) zwischen Empfänger und Sender zu tauschen, um sich gegenseitig darüber zu informieren, wie die Übermittlung der Sprache verläuft. RTCP wird immer parallel zu RTP eingesetzt, um u.a. die Qualität der Sprachübermittlung (sog. *Quality of Service*) zu überwachen. RTCP kann als Monitoring-Protokoll angesehen werden. Auf RTP und RTCP wird detaillierter in Kapitel 5 eingegangen.

Signalisierungsprotokolle

In den klassischen TK-Netzen (Telefonnetze, ISDN) muss vor der Übertragung von Sprache zwischen zwei Telefonen zuerst eine Verbindung aufgebaut und dann nach der Übertragung wieder abgebaut werden. Die Übermittlung der Steuerung für diese Zwecke bezeichnet man als *Signalisierung der Anrufe* (kurz *Signalisierung*). Die Regeln, nach denen eine Signalisierung verläuft, beschreibt ein *Signalisierungsprotokoll*. Ein Beispiel dafür ist das *D-Kanal-Protokoll* im ISDN (s. Abschnitt 2.3).

Ebenfalls muss in den IP-Netzen vor der Übertragung der Sprache zuerst eine Verbindung zwischen zwei IP-Telefonen aufgebaut und dann nach der Übertragung der Sprache wieder abgebaut werden. Hierfür stehen zwei konkurrierende Ansätze zur Verfügung:

- die Protokolle H.225.0 und H.245 aus dem Standard H.323 und

- das Protokoll SIP (*Session Initiation Protocol*).

Mit den beiden Ansätzen sind fast die gleichen technischen Probleme lösbar.

H.323 unter dem Titel „*Packet-based multimedia communication systems*" stellt ein sehr komplexes Rahmenwerk (Framework) dar und wird somit auch als „*Umbrella-Standard*" bezeichnet. Die wichtigsten Bestandteile von H.323 sind folgende zwei Signalisierungsprotokolle als *H.323-SIG*: *H.323 als Rahmenwerk*

- H.225.0: Call signalling protocols and media stream packetization for packet-based multimedia communication systems

- H.245: Control protocol for multimedia communication

> **Bemerkung:** Die kurze Antwort auf die Frage „Was beschreibt eigentlich H.323-SIG?" lautet: H.323-SIG beschreibt hauptsächlich, wie die ISDN-Signalisierung nach dem D-Kanal-Protokoll über TCP-Verbindungen realisiert werden kann. Bei H.323-SIG übernimmt das TCP die Rolle vom LAPD (s. Abb. 2.3-1 und Abschnitt 2.3).

Das Konzept und die Einsatzmöglichkeiten von H.323 erläutert Kapitel 6.

Mit SIP spezifiziert die IETF ein Protokoll, das die Signalisierung der Anrufe für die multimediale Kommunikation in IP-Netzen ermöglicht. SIP ist ein viel einfacheres Protokoll als H.323-SIG. Es basiert auf den gleichen Prinzipien, die man beim Protokoll HTTP (*HyperText Transfer Protocol*) nutzt. Somit kann SIP als ein Verwandter vom HTTP angesehen werden. Das Konzept und die Anwendungen von SIP werden in Kapitel 7 dargestellt. *Multimediale Kommunikation mit SIP*

Für VoIP-Anwendungen im Verbund von IP-Netzen mit dem ISDN bzw. mit einem digitalen Telefonnetz müssen spezielle Gateways eingerichtet werden (s. Abb. 8.1-1). Sie werden *Media Gateways* oder *VoIP-Gateways* genannt. Ein Media Gateway stellt eine Internetworking-Komponente zwischen einem IP-Netz und einem klassischen System bzw. Endgerät für die Sprachkommunikation dar. Ein derartiges Gateway hat u.a. die Aufgabe, bei der Sprachübermittlung in Richtung des IP-Netzes die Sprachsignale in IP-Pakete umzuwandeln und bei der Übermittlung der Sprache in die Gegenrichtung aus den empfangenen IP-Paketen mit digitaler Sprache die entsprechenden Sprachsignale zu generieren. Für die Ansteuerung von VoIP-Gateways stehen folgende Protokolle zur Verfügung: *Protokolle für Steuerung von Media Gateways*

■ MGCP (*Media Gateway Control Protocol*),

■ Megaco (*Media Gateway Control*).

Für die Sprachübermittlung in Form von IP-Paketen über ein IP-Netz müssen virtuelle Verbindungen zwischen Media Gateways auf- und abgebaut werden. Hierfür kann H.323-SIG bzw. SIP verwendet werden. MGCP und Megaco werden in Kapitel 8 ausführlich dargestellt.

3.7   Bedeutung des Protokolls SCTP

Werden IP-Netze für die Sprachübermittlung genutzt, so müssen sie mit den öffentlichen TK-Netzen (wie z.B. mit ISDN, Mobilfunknetzen GSM und UMTS) entsprechend integriert werden. Hierfür müssen z.B. die Nachrichten des Signalisierungssystems Nr. 7 (SS7) über IP-Netze transportiert werden. Diese Integration stellt besondere Anforderungen an das Transportprotokoll innerhalb der Protokollfamilie TCP/IP. TCP und UDP können diese Anforderungen nicht vollständig erfüllen. Daher wurde das neue Transportprotokoll SCTP (*Stream Control Transmission Protocol*) entwickelt und im IETF-Dokument RFC 2960 spezifiziert. SCTP ermöglicht eine gesicherte Übertragung von Nachrichten in mehreren unabhängigen sog. *SCTP-Streams*. Ein Stream kann als eine unidirektionale, virtuelle Verbindung interpretiert werden. SCTP kann als „erweiterte" Version des TCP angesehen und auch für die Übermittlung von „normalen" Daten verwendet werden. Abbildung 3.7-1 zeigt SCTP innerhalb der Protokollfamilie TCP/IP.

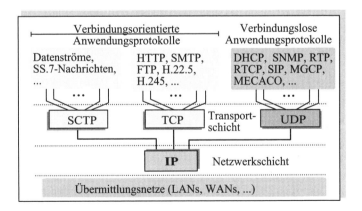

Abb. 3.7-1:   Protokollfamilie TCP/IP mit SCTP

SCTP-Besonderheiten   SCTP ist ein verbindungsorientiertes Protokoll. Das Konzept einer virtuellen SCTP-Verbindung (als *Assoziation* bezeichnet) ist jedoch allgemeiner als eine TCP-Verbindung. Eine *SCTP-Assoziation (-Association)* umfasst die gesamte

Kommunikation zwischen zwei *SCTP-Instanzen* mit möglicherweise mehreren IP-Adressen. SCTP beinhaltet Maßnahmen gegen die sog. *Denial of Service-Angriffe* (DoS-Angriffe), die zum Ziel haben, die Verfügbarkeit eines Dienstes (Systems) zu blockieren bzw. lahm zu legen.

3.7.1 SCTP versus UDP und TCP

SCTP wurde entwickelt, um einige Schwächen der beiden klassischen Transportprotokolle UDP und TCP auszugleichen.Welche Schwächen sind das?

UDP ist ein Protokoll, welches einen schnellen, verbindungslosen Dienst zur Verfügung stellt. Dadurch ist es für die Übertragung von Nachrichten geeignet, die empfindlich gegenüber Verzögerungen sind. Es bietet jedoch keinen zuverlässigen Transportdienst. Sicherung gegen Übertragungsfehler, wie das Erkennen duplizierter Nachrichten, das wiederholte Übertragen verloren gegangener Nachrichten, Reihenfolgesicherung und Ähnliches, muss durch die jeweilige UDP-Anwendung erfolgen. *Schwächen vom UDP*

TCP stellt sowohl eine Fehlersicherung als auch eine Flusssteuerung zur Verfügung, hat aber auch eine Reihe von Nachteilen. TCP ist Byte-stromorientiert, sodass die einzelnen zu sendenden Bytes nummeriert werden. TCP ist nicht effektiv bei der Übermittlung einer Folge von separaten Nachrichten. Bei TCP werden alle Nachrichten als Strom von Bytes gesehen und die einzelnen Bytes fortlaufend nummeriert. Sollte eine Nachricht während der Übertragung verfälscht werden, so ist es bei TCP nicht möglich, nur diese einzige Nachricht wiederholt zu übermitteln. Darüber hinaus macht TCP eine strikte Sicherung der Reihenfolge von Datensegmenten. Viele Anwendungen erfordern jedoch lediglich eine teilweise Sicherung der Reihenfolge von Nachrichten, z.B. nur für Signalisierungsnachrichten, die zum selben Signalisierungsprozess gehören. Durch die Sicherung der Reihenfolge bei TCP kann unnötigerweise eine Blockierung bereits angekommener Datenpakete durch fehlende Teile von Nachrichten anderer Signalisierungsprozesse oder Transaktionen auftreten, was wiederum eine unnötige Verzögerung hervorruft. *Schwächen vom TCP*

SCTP ist ein verbindungsorientiertes und nachrichtenbasiertes Protokoll, das eine gesicherte Übertragung von Nachrichten in mehreren unabhängigen SCTP-Streams bietet. Innerhalb einer sog. *SCTP-Assoziation* (s. Abb. 3.7-2), die ungefähr einer TCP-Verbindung entspricht, jedoch beispielsweise besser gegen DoS-Angriffe gesichert ist, findet eine TCP-ähnliche Flusssteuerung statt. SCTP kann sowohl Nachrichten segmentieren als auch mehrere Nachrichten in einem IP-Packet transportieren. *Was bringt SCTP?*

SCTP vereint die Vorteile von UDP und TCP

SCTP versucht die Vorteile von UDP und TCP in Bezug auf die Übermittlung von Nachrichtenströmen zu vereinen. Des Weiteren werden auch die Anforderungen der derzeitigen Signalisierungsprotokolle, wie z.B. des Signalisierungssystems Nr. 7, im SCTP berücksichtigt. SCTP erweitert einerseits den UDP-Dienst um Fehlersicherung und Multiplexing und realisiert andererseits TCP-Konzepte. Somit eignet sich das SCTP nicht nur zum Transport von Nachrichtenströmen, sondern kann sich neben UDP und TCP als ein drittes, wichtiges Transportprotokoll für den Transport unterschiedlicher Datenströme über IP-Netze etablieren.

3.7.2   SCTP-Assoziationen

SCTP-Verbindung = SCTP-Assoziation

SCTP ist ein verbindungsorientiertes Transportprotokoll, nach dem eine SCTP-Assoziation zwischen zwei SCTP-Endpunkten aufgebaut wird. Abbildung 3.7-2 illustriert eine SCTP-Assoziation. Sie ist als Vereinbarung zwischen zwei SCTP-Endpunkten in Bezug auf den Verlauf der Kommunikation zwischen ihnen zu interpretieren. Ein SCTP-Endpunkt stellt das folgende Paar dar:

SCTP-Endpunkt = (IP-Adresse, SCTP-Port-Nummer)

Ein SCTP-Endpunkt kann auch als ein *(SCTP-)Socket* betrachtet werden. Im Allgemeinen kann ein Endsystem mit SCTP mehrere IP-Adressen besitzen, d.h. es kann ein Multi-Home-IP-Endsystem sein.

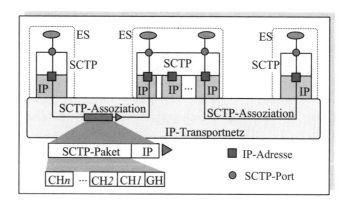

Abb. 3.7-2:   Veranschaulichung von SCTP-Assozationen (*SCTP-Assocations*)
ES: Endsystem, CH *n*: Chunk *n*, GH: Gemeinsamer Header

Was ist ein Stream?

Eine SCTP-Assoziation kann als SCTP-Verbindung angesehen werden, die sich aus einer Vielzahl von sog. *Streams* zusammensetzen kann. Ein Stream kann wiederum als eine unidirektionale, (gerichtete) virtuelle Verbindung interpretiert werden (vgl. Abb. 3.7-3).

Die Nachrichten und „normalen" Daten werden in sog. *SCTP-Paketen* trans- *Mehrere*
portiert. Die Nummer des Protokolls SCTP im IP-Header ist 132. Wie aus Ab- *Nachrichten*
bildung 3.7-2 ersichtlich ist, setzt sich ein SCTP-Paket aus einem gemeinsamen *in einem*
Header und einer Reihe von sog. *Chunks* zusammen. Ein Chunk stellt eine Art *SCTP-Paket*
Container dar und kann eine Signalisierungsnachricht, „normale" Daten bzw.
bestimmte Steuerungsangaben enthalten. In einem SCTP-Paket können somit
mehrere Nachrichten bzw. mehrere Datenblöcke aus den unterschiedlichen Da-
tenströmen transportiert werden.

Über eine SCTP-Assoziation können parallel mehrere SCTP-Streams übermit- *Mehrere*
telt werden. Dies veranschaulicht Abbildung 3.7-3. Ein Stream stellt eine Folge *Streams über*
von zusammenhängenden Nachrichten in eine Richtung, z.B. Signalisierungs- *eine SCTP-*
nachrichten für die Ansteuerung einer Verbindung bei VoIP dar. *Assoziation*

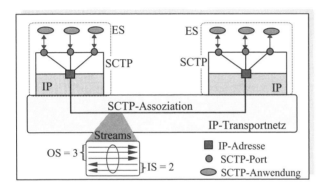

Abb. 3.7-3: Mehrere Streams innerhalb einer SCTP-Assoziation
ES: Endsystem, IS: Inbound Stream , OS: Outbound Stream

Man unterscheidet zwischen *Arten von*
Streams
■ ausgehenden Streams (*Outbound Streams*) und

■ ankommenden Streams (*Inbound Streams*).

Beim Aufbau einer Assoziation gibt die initiierende SCTP-Instanz die Anzahl
von Outbound Streams als Parameter OS (*Number of Outbound Streams*) und
die zulässige Anzahl von Inbound Streams als Parameter MIS (*Maximum of Inbound Streams*) in der von ihr initiierten Assoziation an.

Da mehrere Streams innerhalb einer SCTP-Assoziation verlaufen, müssen die
einzelnen Streams entsprechend gekennzeichnet werden. Hierfür dient der Parameter Stream Identifier. Abbildung 3.7-4 zeigt ein Beispiel für eine
Anwendung, in der über eine SCTP-Assoziation mehrere Streams verlaufen.

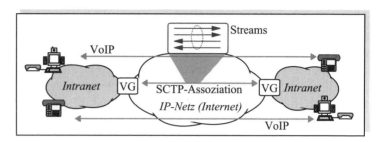

Abb. 3.7-4: Beispiel für parallele Streams; Vernetzung von TK-Anlagen über ein IP-Netz

Zwischen zwei VoIP-Gateways (VG) besteht eine SCTP-Assoziation, über die vier Streams verlaufen. Mit einem Paar von entgegengerichteten Streams wird eine VoIP-Verbindung zwischen zwei Telefonapparaten realisiert.

SCTP-Verbindung als virtuelle Autobahn
Anders als TCP-Verbindung (vgl. Abb. 3.4-2), die als *virtuelle Straße* mit zwei entgegengerichteten Spuren interpretiert werden kann, kann man sich eine SCTP-Verbindung als *virtuelle Autobahn* mit einer beliebigen Anzahl von Spuren in beiden Richtungen vorstellen.

Die Nachrichten (bzw. andere Daten) werden in sog. *DATA-Chunks* transportiert. Mit dem Parameter `Stream Identifier` im Chunk `DATA` wird markiert, zu welchem Stream die übertragene Nachricht gehört. Damit ist es möglich, in einem SCTP-Paket mehrere Chunks `DATA` mit den Nachrichten aus verschiedenen Streams zu übermitteln. Dies bezeichnet man beim SCTP als *Chunk Bundling* (*Chunk-Bündelung*).

Für weitere Informationen über SCTP ist auf die Webquellen [Web 01] und auf [Schu 04], [Wang 04] zu verweisen.

3.8 ENUM-Konzept

Telefon-nummern als Adressen von Internet-Diensten
Da die Rechner am Internet mit Hilfe von IP-Adressen und nicht mit Telefonnummern adressiert werden, müssen bei VoIP den Rechnern am IP-Netz, die auch als IP-Telefone dienen, Telefonnummern zugeordnet werden. Dies erschwert die Realisierung von VoIP-Systemen. Die Idee, Telefonnummern auch als Adressen für die Nutzung der Internet-Dienste verwendbar zu machen, lässt sich mit dem Dienst ENUM verwirklichen. ENUM ist ein Standard von der IETF (RFC 2916), dessen Einführung auch von dem ITU-T unterstützt wird (s. [Web 02]).

> **Bemerkung:** ENUM steht für TElephone Number URI Mapping. ENUM wird auch angegeben als: TElephone NUmber Mapping, Electronic NUMbering, Enhancement of NUmbering and NaMing.

ENUM ist ein Dienst, der die Telefon-Welt und das Internet zusammenbringen soll. Es definiert die Umwandlung einer Telefonnummer, die auf dem ITU-T-Standard E.164 beruht, in einen URI (*Uniform Resource Identifier*), der im weiteren *ENUM-URI* genannt wird. Der ENUM-URI verweist wiederum auf einen Resource Record im DNS, in dem die unter der jeweiligen Telefonnummer verfügbaren Internet-Dienste mit deren Adressen enthalten sind.

Da im Internet mehrere Dienste (E-Mail, Web- und VoIP Anwendungen) zur Verfügung stehen, wird für jeden Internet-Dienst ein dienstspezifischer URI definiert, z.B.: *Idee von ENUM*

- `mailto:paf@swip.de` repräsentiert eine E-Mail-Adresse,

- `sip:paf@swip.de` repräsentiert eine VoIP-Adresse beim Einsatz des Protokolls SIP.

Mit ENUM-Hilfe kann eine Telefonnummer auf mehrere dienstspezifische U-RIs abgebildet werden. Somit können einer Telefonnummer mehrere dienstspezifische URIs zugeordnet werden. Dies bedeutet, dass eine einzige Telefonnummer sowohl eine Telefonnummer am Internet, eine E-Mail-Adresse, als auch eine Web-Adresse darstellen kann, wodurch man sich nur eine einzige Nummer merken muss. *Eine Telefonnummer für alle Internet-Dienste*

Für die Konvertierung der Telefonnummer in ein URI wird – genau wie für die Konvertierung eines Rechnernamens in eine IP-Adresse – DNS verwendet (s. Abschnitt 3.5). Abbildung 3.8-1 zeigt, wie der ENUM-Dienst mit Hilfe vom DNS realisiert wird. Die IETF hat hierfür die Nutzung der Subdomain `e164.arpa` in der Domain `arpa` vorgesehen. Die Name-Server in dieser Subdomain bilden das *ENUM-DNS*. *ENUM-DNS*

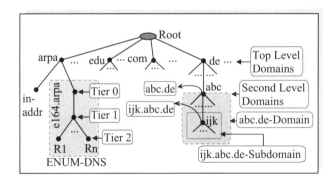

Abb. 3.8-1:   DNS-Namensraum und ENUM-DNS
             Rn: Registrar n

Einige Organisationen haben mittlerweile Subdomains für private und ENUM-ähnliche Dienste reserviert. Beispiele für diese Subdomains sind:

■ in der Domain com: e164.com, enum.com, enumworld.com

■ in der Domain org: e164.org, enum.org, enumworld.org

NAPTR RR   In den Name-Servern innerhalb von ENUM-DNS werden sog. *Naming Authority Pointer Resource Records* (NAPTR RRs) abgespeichert. Ein NAPTR RR enthält Informationen über die einer E.164-Rufnummer (d.h. der Telefonnummer) entsprechenden Internet-Dienste. Im in Abbildung 3.8-2 gezeigten Beispiel sind folgende Internet-Dienste unter der E.164-Rufnummer +49 69 825340 verfügbar:

■ VoIP nach dem Protokoll SIP; Adresse: `sip: mond@xyz.de`

■ E-Mail mit der Adresse `mailto: mond@xyz.de`

■ Web-Seite; ihre Adresse ist: `http://www.sonne@xyz.de`

■ VoIP unter der Rufnummer +49 69 825340 (z.B. nach H.323)

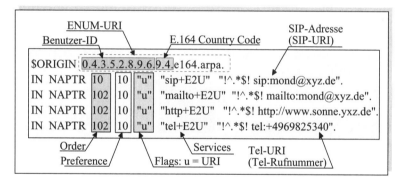

Abb. 3.8-2: Struktur eines NAPTR Resource Records
IN: Internet, E2U: E.164 to URI, NAPTR: Naming Authority Pointer,
SIP: Session Initiation Protocol, URI: Uniform Resource Identifier

Ein NAPTR Resource Record wird in einer herkömmlichen DNS-Nachricht im Feld `NAPTR Record` transportiert.

3.8.1   Bildung von ENUM-URIs aus E.164-Rufnummern

Das grundlegende ENUM-Konzept besteht in der Umwandlung von E.164-Rufnummern in DNS-Namen, die auf NAPTR Resource Records mit den Adressen der entsprechenden Internet-Dienste im ENUM-DNS verweisen. Solche DNS-Namen stellen somit *ENUM-URIs* dar. Falls der Internet-Benutzer A die Rufnummer des Internet-Benutzers B in einen ENUM-URI umwandeln möchte, um mit seiner Hilfe die beim Benutzer B verfügbaren Internet-Dienste (E-Mail, VoIP, ...) und deren Adressen abzufragen, sind folgende Schritte zu unterscheiden:

1. Der rufende Benutzer A gibt die E.164-Rufnummer des gerufenen Benutzers B in vollständiger Form inklusive Country Code ein, z.B.:
    `+49-69-82534-0`

2. Alle nichtnumerischen Teile der Rufnummer werden entfernt:
    `4969825340`

3. Zwischen allen Ziffern wird ein Punkt („.") eingefügt:
    `4.9.6.9.8.2.5.3.4.0`

4. Die Reihenfolge des entstandenen Strings wird umgekehrt:
    `0.4.3.5.2.8.9.6.9.4`

5. Am Ende des obigen Strings wird `.e164.arpa` hinzugefügt:
    `0.4.3.5.2.8.9.6.9.4.e164.arpa`

6. Der im letzten Schritt erzeugte String stellt den ENUM-URI dar, der auf einen NAPTR Resource Record mit den verfügbaren Internet-Diensten des Benutzers B und deren Adressen verweist (Abbildung 3.8-3).

3.8.2 Bestimmung des NAPTR Resource Records

Der aus einer E.164-Rufnummer abgeleitete ENUM-URI verweist im DNS auf ein NAPTR Resource Record mit den Adressen der Internet-Dienste eines Benutzers. Wie ein ENUM-URI interpretiert wird, um auf den NAPTR Resource Record in die Subdomain `e164.arpa` zu verweisen, zeigt Abbildung 3.8-3.

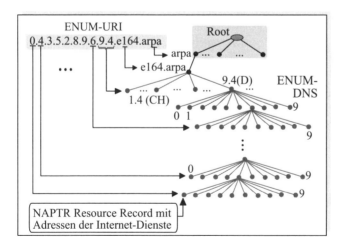

Abb. 3.8-3:   ENUM-URI verweist auf ein NAPTR Resource Record

Die Knoten in der Subdomain `e164.arpa` sind nach den Ziffern im ENUM-URI benannt. Die Subdomain `e164.arpa` wird wiederum auf eine Vielzahl von Subdomains aufgeteilt, die den möglichen Werten vom Country Code in

E.164-Rufnummern entsprechen. Jede dieser Subdomains wird weiter auf 10 Subdomains aufgeteilt, die jeweils den möglichen Werten der dritten Ziffer der E.164-Rufnummer entsprechen. Schließlich werden – auf der letzten Aufteilungsstufe – die NAPTR Resource Records den Knoten zugeordnet, in denen die den jeweiligen E.164-Rufnummern entsprechenden Internet-Dienste und deren Adressen enthalten sind.

3.8.3   Nutzung der Internet-Dienste beim ENUM-Einsatz

Der aus einer E.164-Rufnummer abgeleitete ENUM-URI weist auf einen Name-Server, der den NAPTR Resource Record mit den verfügbaren Internet-Diensten der jeweiligen E.164-Rufnummer enthält. Dieser Resource Record wird an den Internet-Benutzer übermittelt, sodass er aus den verfügbaren Internet-Diensten den gewünschten auswählen kann. Abbildung 3.8-4 illustriert die Schritte vor der Nutzung eines Internet-Dienstes beim ENUM-Einsatz.

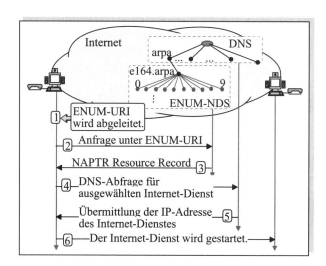

Abb. 3.8-4:   Schritte vor der Nutzung eines Internet-Dienstes beim ENUM-Einsatz

Schritte bei Nutzung eines Dienstes

Hierbei sind folgende Schritte zu unterscheiden:

1. Aus der Ziel-E.164-Rufnummer wird der ENUM-URI gebildet.

2. Die Abfrage mit ENUM-URI wird von einem Internet-Benutzer an ENUM-NDS abgeschickt.

3. ENUM-NDS bestimmt den entsprechenden NAPTR Resource Record und übermittelt ihn an den Internet-Benutzer.

4. Der Internet-Benutzer wählt aus NAPTR Resource Record einen Internet-Dienst (z.B. VoIP, E-Mail) aus und sendet die Adresse des ausgewählten

Dienstes an das herkömmliche DNS, um die IP-Adresse des Ziel-Rechners zu bestimmen.

5. DNS übermittelt die IP-Adresse des Ziel-Rechners an den Internet-Nutzer.

6. Der ausgewählte Dienst wird gestartet.

Das wichtigste Ziel von ENUM ist es, eine einheitliche Adressierung mit Hilfe von E.164-Rufnummern im Systemverbund von Telefonnetz/ISDN und Internet zu ermöglichen. Mit dem Dienst ENUM kann die volle Konvergenz von allen TK-Netzen (d.h. ISDN, Telefonnetzen und sämtlichen Mobilfunknetzen) mit dem Internet erreicht werden. Ein großes Einsatzfeld vom ENUM wird zukünftig Unified Messaging sein. Es ist auch zu erwarten, dass neue und ENUM-basierte Business-Modelle entwickelt werden. *Bedeutung von ENUM*

Die ENUM-Einführung wird sowohl von der Internet-Seite (IETF) als auch von der TK-Seite (ITU-T) vorangetrieben. Um den ENUM-Dienst weltweit einzuführen, müssen mehrere organisatorische und administrative Probleme gelöst werden (z.B. Zuteilung von E.164-Rufnummern an die Anbieter von VoIP-Diensten).

Für weitere Informationen über ENUM sei auf die Webquellen [Web 02] und auf [Wang 04] verwiesen.

3.9 Schlussbemerkungen

Das Ziel dieses Kapitels war es, die notwendigen Grundlagen der Protokollfamilie TCP/IP in kompakter Form darzustellen, die zum Verständnis von VoIP-Konzepten notwendig sind. Mangels Platz konnte die Protokollfamilie TCP/IP nicht detaillierter dargestellt werden. Für ausführliche Informationen über die Protokollfamilie TCP/IP sei [BaHo 01] empfohlen.

Abschließend ist u.a. Folgendes hervorzuheben:

▨ Zur Protokollfamilie TCP/IP gehören u.a. folgende Routing-Protokolle: *Routing-Protokolle*

 – RIP (*Routing Information Protocol*) ist das älteste Protokoll für das Routing in IP-Netzen. Es gibt zwei Generationen von RIP. Das alte Protokoll RIP-I wird bei der sog. *klassenbasierten IP-Adressierung* verwendet. In diesem Fall sind alle IP-Subnetze in einem Netzwerk nach der Anzahl von Rechnern gleich groß. Dies entspricht dem klassischen IP-Subnetting. Das neue Protokoll RIP-II wird bei der sog. *klassenlosen IP-Adressierung* verwendet. In diesem Fall können die IP-Subnetze in einem Netzwerk nach der Anzahl von Rechnern unterschiedliche Größen haben. Dies stellt eine moderne Form der Bildung von IP-Subnetzen dar.

– OSPF (*Open Shortest Path First*) wird für das Routing in IP-Netzen verwendet, in denen die WANs als Übertragungsnetze dienen.

– BGP (*Border Gateway Protocol*) wird für die Übermittlung der Routing-Information zwischen jeweils zwei *administrativen Domänen* verwendet, d.h. zwischen zwei IP-Netzen, die administrativ unterschiedlichen Organisationen bzw. Institutionen gehören (s. Abschnitt 9.2.2).

Routing bei VoIP
■ Bei VoIP innerhalb einer administrativen Domäne werden die Telefonnummern in der Regel auf einem speziellen Server (z.B. H.323 Gatekeeper, SIP-Server) als Auskunftsstelle abgespeichert. Sollte VoIP zwischen zwei administrativen Domänen realisiert werden, ist ein Routing-Protokoll nötig, das der Funktion nach dem Protokoll BGP entspricht. Ein derartiges Protokoll bei VoIP stellt TRIP (*Telephony Routing over IP*) dar. Mit Hilfe von TRIP können sich die Domänen gegenseitig mitteilen, wo man die notwendige Information über die Telefonnummern abrufen kann. Auf TRIP wird näher in Abschnitt 9.2 eingegangen.

Ressourcen-Reservierung mit RSVP
■ Für die QoS-Garantie (*Quality of Service*) bei VoIP müssen manchmal bestimmte Netz-Ressourcen (z.B. die Bandbreite von Leitungen) reserviert werden. Hierfür kann das Protokoll RSVP (*Resource reSerVation Protocol*) eingesetzt werden. Die RSVP-Nachrichten werden direkt in den IP-Paketen übermittelt. RSVP wird in Abschnitt 4.6 näher dargestellt.

Austausch von Policy-Informationen
■ Bei der Reservierung von Netz-Ressourcen müssen oft entsprechende Entscheidungen getroffen werden. Z.B. muss man überprüfen, ob eine Verbindung mit der geforderten Bandbreite aktuell realisierbar ist. Die hierfür benötigten Regeln, die man als *Policies* bezeichnet, werden in einem sog. *Policy-Server* gespeichert, nach Bedarf von ihm abgerufen und auf die Netzkomponenten entlang der Verbindung mit QoS-Garantie heruntergeladen. Für den Austausch von Policy-Informationen zwischen einem Policy-Server und den Netzkomponenten dient das Protokoll COPS (*Common Open Policy Service*), das eine Anwendung von TCP darstellt.

4 VoIP und QoS in IP-Netzen

Bei VoIP werden bestimmte Anforderungen an IP-Netze hinsichtlich der Qualität bei Übermittlung von Sprache gestellt. Diese Anforderungen werden als *QoS-Anforderungen* (*Quality of Service*) bezeichnet und betreffen vor allem die Übermittlungszeit und deren Schwankungen sowie Verluste von IP-Paketen mit Sprache. Eine besonders große Auswirkung auf die Qualität des Telefongesprächs bei VoIP hat die *Ende-zu-Ende-Verzögerung* des Sprachsignals, d.h. die Zeit, die das Sprachsignal vom Mund des Sprechers bis zum Ohr des Empfängers benötigt.

QoS-Anforderungen

Um die gestellten QoS-Anforderungen erfüllen zu können, kommen verschiedene Konzepte in Frage, wie z.B. *Differentiated Services*, mehrere Verfahren für Management von Warteschlangen mit IP-Paketen vor Leitungen (*Queue-Management*) und das Protokoll RSVP (*Resource reSerVation Protocol*). Im Allgemeinen basieren diese Konzepte auf der Differenzierung von Paketströmen in IP-Netzen. Hierbei werden den IP-Paketen mit Sprache höhere Prioritäten zugeteilt als den IP-Paketen mit Daten. So werden IP-Pakete mit Sprache im IP-Netz vorrangig „behandelt".

Konzepte für QoS-Garantie

Dieses Kapitel gibt einen Überblick über das Thema QoS bei VoIP. Nach einer Darstellung von Einflussfaktoren auf die VoIP-Qualität in Abschnitt 4.1 folgt in Abschnitt 4.2 eine Auflistung von Verfahren zur Garantie von QoS-Anforderungen. Auf die QoS-Unterstützung in lokalen Netzwerken geht Abschnitt 4.3 ein. Abschnitt 4.4 erläutert das Konzept von Differentiated Services. Verschiedene Verfahren für Queue-Management präsentiert Abschnitt 4.5. Das Protokoll RSVP wird in Abschnitt 4.6 dargestellt. Abschließende Bemerkungen in Abschnitt 4.7 runden das Kapitel ab.

Überblick über das Kapitel

In diesem Kapitel findet man u.a. die Antworten auf folgende Fragen:

Ziel dieses Kapitels

- Welche Faktoren wirken negativ auf die VoIP-Qualität?

- Welche Komponenten enthält die Ende-zu-Ende-Verzögerung des Sprachsignals?

- Welche Auswirkung für Paketverluste hat ein Jitter-Ausgleichpuffer?

- Wie kann die QoS-Unterstützung in lokalen Netzwerken und in Weitverkehrsnetzen erfolgen?

- Wie funktionieren wichtige Verfahren (CBQ, WFQ, CBWFQ, ...) für Queue-Management?

- Wie kann die Bandbreite einer virtuellen Verbindung nach dem Protokoll RSVP reserviert werden?

4.1   QoS-Anforderungen bei VoIP

VoIP als isochrone Kommunikation

Bei der Audio- und Videokommunikation über ein IP-Netz und damit auch bei VoIP wird verlangt, dass die Zeitverhältnisse im Bitstrom an der Sende- und Empfangsseite unverändert bleiben. Damit müssen die Zeitabstände zwischen den aufeinander folgenden IP-Paketen in einem Audio/Video-Bitstrom auf Sende- und Empfangsseite identisch sein. In diesem Zusammenhang spricht man von *Isochronität*. Daher stellt VoIP eine *isochrone Kommunikation* dar.

Begriff QoS

Die Anforderung an das IP-Netz, eine isochrone Kommunikation in guter Qualität zu ermöglichen, werden als *QoS-Anforderungen* bezeichnet. Unter QoS (*Quality of Service*), auch *Dienstgüte* genannt, wird die Fähigkeit eines IP-Netzes verstanden, einer Anwendung oder einer Klasse von Anwendungen eine geforderte Bandbreite einer Verbindung bzw. zusätzlich eine maximale Übermittlungzeit im Netz zu garantieren, eine möglichst geringe Anzahl von Übermittlungsfehlern und eine geringe Schwankung der Übermittlungszeit zu bieten.

4.1.1   Einflussfaktoren auf die VoIP-Qualität

Die wichtigsten QoS-Anforderungen, die VoIP an IP-Netze stellt, betreffen:

- die Bandbreite von virtuellen Verbindungen zwischen IP-Telefonen,
- die Ende-zu-Ende-Verzögerung des Sprachsignals (*Delay*),
- die Schwankung der Übermittlungszeit (*Jitter*) und
- die Paketverlustrate (*Packet Loss Rate*).

Garantie einer bestimmten Bandbreite

Bei VoIP wird die Sprache zuerst digitalisiert und dann entsprechend codiert (s. Abschnitt 5.1). Digitalisierte Sprache stellt ein kontinuierliches Signal mit einer konstanten Bitrate dar. Um ein solches Sprachsignal in guter Qualität über ein IP-Netz zu übermitteln, muss das Netz manchmal eine bestimmte Bandbreite für virtuelle Verbindung zwischen IP-Telefonen garantieren. Dafür wurden spezielle Verfahren für das Management der Warteschlangen entwickelt (s. Abschnitt 4.5).

Ende-zu-Ende-Verzögerung

Ein wichtiger Faktor, der die Qualität der Sprache bei VoIP bestimmt, ist die *Ende-zu-Ende-Verzögerung* des Sprachsignals. Darunter versteht man die Zeitspanne, die ein Sprachsignal vom Mund eines Sprechers bis zum Ohr eines Hörers benötigt. Die Hauptursache dieser Verzögerung ist die Übermittlungszeit der IP-Pakete mit Sprache über ein IP-Netz. Die Verzögerung entsteht vor allem durch die Zwischenspeicherung der IP-Pakete in den Routern, die sie auf ihren Wegen durch das Netz zu durchlaufen haben. Jeder Router benötigt Zeit, um den Header im IP-Paket zu interpretieren und die entsprechende Routing-Entscheidung zu treffen. Trifft ein Paket unterwegs auf einen überlasteten Router, muss es einige Zeit in der Warteschlange vor der Leitung verbringen und wird im Extremfall sogar ganz verworfen. Eine große Ende-zu-Ende-Verzögerung beeinträchtigt den Charakter eines Telefongesprächs stark.

Da die einzelnen IP-Pakete auf einer Verbindung zwischen IP-Telefonen in der Regel auf unterschiedlichen Wegen übermittelt werden, kann ihre Übermittlungszeit recht unterschiedlich sein. Die Schwankungen der Übermittlungszeit nennt man *Jitter*. Die Isochronität bei VoIP lässt jedoch kein Jitter zu. Um die Schwankungen auszugleichen, wird beim Empfänger ein spezieller Puffer implementiert. Man bezeichnet einen derartigen Puffer als *Jitter-Ausgleichpuffer (Playout Buffer, Dejitter Buffer)*. *Jitter*

Die Verluste von IP-Paketen mit Sprache während der Übermittlung mindern die VoIP-Qualität ebenso. Die Anzahl der Paketverluste in einer bestimmten Zeitperiode wird mit dem Parameter *Paketverlustrate* angegeben. Paketverluste können durch überlastete Router im IP-Netz oder auch durch einen „schlecht" dimensionierten Jitter-Ausgleichpuffer entstehen (s. Abb. 4.1-1). Im Gegensatz zu reinen Datenanwendungen wie Überprüfungen von Kreditkarten, bei denen der Verlust von nur einem Paket die gesamte Anwendung zum Scheitern bringen kann, ist der Verlust eines IP-Pakets bei der Sprachübertragung nicht besonders tragisch. Zu viele Paketverluste machen sich in einem Telefongespräch allerdings sehr störend als Unterbrechungen bemerkbar. *Paketverluste*

4.1.2   Ende-zu-Ende-Verzögerung

Da die Sprachkommunikation in Echtzeit verläuft, gilt die Wiedergabe eines Sprachsignals am Ziel als qualitativ schlecht, wenn sie nach einem zu großen Zeitverzug erfolgt. Für die Ende-zu-Ende-Verzögerung T_{EE} (*End-to-End Delay*) des Sprachsignals werden daher Grenzwerte gesetzt. Nach dem *ITU-T-Dokument G.114* wird die VoIP-Qualität wie folgt klassifiziert:

- T_{EE} kleiner als 150 ms: akzeptabel für alle Benutzer,
- T_{EE} zwischen 150 ms und 300 ms: akzeptabel, aber mit Einschränkungen (nicht für empfindliche Benutzer),
- T_{EE} größer als 300 ms: nicht akzeptabel.

VoIP mit T_{EE} bis zu 300 ms könnte man als akzeptabel bezeichnen. Bei der Planung eines VoIP-Systems wird eine Qualitätsklasse durch die Festlegung des maximal zulässigen Wertes von T_{EE} festgelegt. Dieser Wert kann als *Budget von T_{EE}* angenommen und darf nicht überschritten werden. Die Einflussfaktoren auf T_{EE} werden nun an einem Beispiel näher erläutert. *Budget von T_{EE}*

Beispiel 1: Abbildung 4.1-1 illustriert die Übermittlung von drei Sprachpaketen P_1, P_2 und P_3 über ein IP-Netz. Es sollen hier alle Komponenten der Ende-zu-Ende-Verzögerung T_{EE} erläutert werden. Es wird hier angenommen, dass die Sprachcodierung nach einem segment-orientierten Verfahren stattfindet (s. Abschnitt 5.1.5) und die Verzögerung im Decodierer vernachlässigbar ist. Daher wird hier der Decodierer nicht gezeigt.

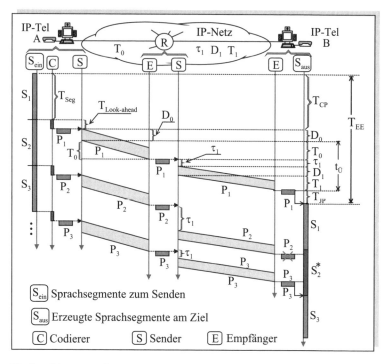

Abb. 4.1-1: Einflussfaktoren auf die Größe der Ende-zu-Ende-Verzögerung (T_{EE})
τ_1: zufällige Zwischenspeicherungszeit (Wartezeit auf das Senden)

Codierungs- und Paketie- rungszeit T_{CP}

Das hier zu sendende Sprachsignal wird fortlaufend abgetastet und in Zeitabschnitte, die sog. *Segmente*, mit der Länge von T_{Seg} (z.B. 30 ms bzw. mit 240 Abtastwerten) zerlegt. Der Codierer im IP-Telefon A muss somit die Zeit T_{Seg} abwarten, bevor er mit der Codierung und Komprimierung des Sprachsegments S_1 beginnen kann. Aus S_1 wird das Sprachpaket P_1 gebildet. Die Zeit, die ein Codierer für das Erzeugen eines Sprachpakets braucht, bezeichnet man oft als *Look-ahead Delay* ($T_{Look-ahead}$). Die Zeit $T_{CP} = T_{Seg} + T_{Look-ahead}$ stellt daher die Codierungs- und Paketierungszeit dar und kann als <u>konstant</u> angenommen werden.

Serialisie- rungsver- zögerung D_0

Beim Aussenden eines Pakets werden seine einzelnen Bits seriell gesendet. Dies bedeutet die *Serialisierung* des Pakets und die hierfür notwendige Zeit wird als *Serialisierungsverzöge- rung* (D_0) angesehen. Sie kann ermittelt werden wie folgt:

$D_0 = Paketgröße\ [Bit]\ /\ Übertragungsrate\ [Bit/s]$

Die Übertragungszeit von P_1 vom IP-Telefon A zum Router beträgt T_0.

Übermitt- lungszeit $t_{Ü}$

P_1 verbringt im Router eine zufällige Zeit τ_1 in der Warteschlange vor der Leitung zum IP-Telefon B. Die Serialisierungsverzögerung beim Senden durch den Router ist gleich D_1 und die Übertragungszeit beträgt hierbei T_1. Die gesamte Übermittlungszeit $t_{Ü}$ über das IP-Netz ist eine Zufallsvariable und kann dargestellt werden als $t_{Ü} = T_0 + \tau_1 + D_1 + T_1$

P_1 wird im IP-Telefon B über die Zeit T_{JP} im Jitter-Ausgleichpuffer (J-AP) gehalten. Diese zusätzliche Zwischenspeicherung am Ziel, sollte die Sicherheit bringen, dass jedes Sprachpaket bereits am Ziel empfangen wurde, falls es dekodiert und wiedergegeben werden muss. Aus den Sprachpaketen müssen die Sprachsegmente mit der Länge von T_{Seg} (d.h. 30 ms) synchron generiert werden, um ein analoges Sprachsignal erzeugen zu können. *Zwischenspeicherungszeit T_{JP} im J-AP*

Da die Verzögerung T_{JP} im J-AP hier zu klein ausgewählt wurde, ist während der Erzeugung des Sprachsegments S_1 das nächste Sprachpaket P_2 für die Erzeugung des Sprachsegments S_2 noch nicht eingetroffen. P_2 gilt hier als verloren gegangen. In diesem Fall muss ein künstliches Segment S_2^* (mit einem passenden Geräusch) als Ersatzsegment für S_2 erzeugt werden. Die Maßnahmen, die bei Paketverlusten getroffen werden müssen, bezeichnet man als *Error Concealment*. Den Einfluss der Zwischenspeicherungszeit im J-AP auf die Paketverluste wird im Weiteren detaillierter dargestellt (s. Abb. 4.1-5). *Folge einer zu kurzen Zwischenspeicherung im J-AP*

Um überprüfen zu können, ob das Budget von T_{EE} nicht überschritten wurde, braucht man einfache Richtlinien für die Abschätzung von T_{EE}. Abbildung 4.1-2 zeigt daher die wichtigsten Komponenten, die den Wert von T_{EE} bei der PC-PC-Kommunikation bestimmen.

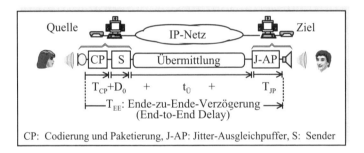

Abb. 4.1-2: Komponenten der Ende-zu-Ende-Verzögerung bei der PC-PC-Kommunikation

T_{EE} stellt die Summe der Verzögerung T_{CP} beim Codierer und Paketierer, der Serialisierungsverzögerung D_0 beim Aussenden des Pakets bei der Quelle, der Übermittlungszeit $t_{\ddot{U}}$ im IP-Netz und der Zwischenspeicherungszeit T_{JP} im Jitter-Ausgleichpuffer am Ziel dar. Da IP-Pakete mit Sprache in der Regel eine höhere Priorität als solche mit Daten besitzen, werden sie in der Warteschlange zum Senden vor die IP-Pakete mit Daten gestellt. Damit kann man die Wartezeit von IP-Paketen mit Sprache auf das Aussenden bei der Quelle außer Acht lassen. Die Verzögerung im Sender der Quelle entsteht daher nur durch die Serialisierung. *Abschätzung von T_{EE} bei PC-PC-Kommunikation*

Die Verzögerung T_{CP} beim Codierer und Paketierer wird *algorithmische Verzögerung (Algorihtmic Delay)* genannt. Sie nimmt mit der Reduzierung der Bitrate des Sprachbitstroms zu. Erzeugt ein Codierer einen Bitstrom mit niedriger Bitrate, so muss man länger warten, um ein IP-Paket mit einer „vernünftigen" Länge zu versenden. Die Verzögerung T_{CP} kann bis zu 40 ms betragen. *T_{CP} als algorithmische Verzögerung*

Beispiel 2: Bei der Migration zum VoIP-Einsatz in einem lokalen Netzwerk möchte man die maximale Ende-zu-Ende-Verzögerung (T_{EE}) von 150 ms garantieren. Die PCs verfügen hier über Vollduplex-Ethernet-Anschlüsse mit 10 Mbit/s und sollen zusätzlich als Soft-IP-Telefone dienen. Die Sprachcodierung soll nach dem ITU-T-Standard G.723.1 erfolgen. Somit wird hier bei jeder VoIP-Verbindung ein kontinuierlicher Bistrom von 5.3 kbit/s über das Netzwerk übermittelt. Wie groß darf aber die maximale Übermittlungszeit über das Netzwerk sein, um T_{EE} von 150 ms nicht zu überschreiten?

G.723.1 beschreibt das Segment-orientierte Sprachcodierungsverfahren ACELP (s. Abb. 5.1-8). Die Bitrate 5.3 kbit/s bei ACELP bedeutet, dass ein Sprachsegment mit der Länge von 20 Bytes alle 30 ms übermittelt wird. Benutzt man die in Abbildung 4.1-1 eingeführten Begriffe und Abkürzungen, ergeben sich für diesen Fall folgende Werte:

- Länge von Sprachsegmenten: $T_{Seg} = 30$ ms

- Look-ahead Delay $T_{Look-ahead} = 7.5$ ms (nach ITU-T-Empfehlung G. 114)
  Somit beträgt die Codierungs- und Paketierungszeit $T_{CP} = T_{Seg} + T_{Look-ahead} = 37.5$ ms.

- Serialisierungsverzögerung bei der Quelle $D_0 = 72 * 8$ [Bit] /10 [Mbit/s] < 0.1 ms
  Die Länge von MAC-Frame mit einem Sprachsegment beträgt min 72 Bytes; d.h. 12 Bytes MAC-Header, min. 40 Bytes IP/UDP/RTP-Header und 20 Bytes Sprachsegment.

- Zwischenspeicherungszeit im Jitter-Ausgleichpuffer $T_{JP} = 50$ ms
  Oft wird $T_{JP} = 2* T_{Seg}$ (Länge des Sprachsegments) empfohlen. Wegen kurzer Entfernungen im lokalen Netzwerk wurde hier 50 ms (also weniger als 2* T_{Seg}) angenommen.

Die maximale Übermittlungszeit über das Netzwerk sollte den Wert
150 ms – (37.5 ms + 0.1 ms + 50 ms) = 62.4 ms
nicht überschreiten. Man kann davon ausgehen, dass die Übermittlungszeiten in lokalen Netzwerken nicht größer als 62.4 ms sind.

Abschätzung von T_{EE} bei PC-Telefon-Kommunikation

Um die Sprachkommunikation zwischen IP-Telefonen und Telefonen am Telefonnetz (PSTN) bzw. am ISDN zu ermöglichen, werden die VoIP-Systeme mit PSTN und ISDN integriert. Die Ende-zu-Ende-Verzögerung T_{EE} der Sprachsignale bei einer Verbindung zwischen einem IP-Telefon und einem klassischen Telefon, also bei der *PC-Telefon-Kommunikation*, bestimmt die Qualität des Telefongesprächs. Abbildung 4.1-3 soll eine Hilfe zur Abschätzung von T_{EE} bei dieser Kommunikation geben.

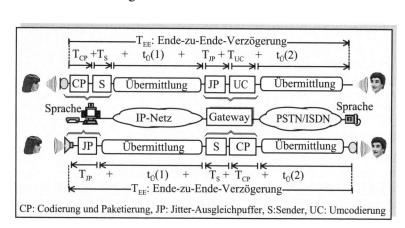

Abb. 4.1-3: Ende-zu-Ende-Verzögerung bei der PC-Telefon-Kommunikation
$t_0(1)$, $t_0(2)$: Übermittlungszeit entsprechend im IP-Netz und PSTN/ISDN

Bei der Übermittlung der Sprache vom IP-Telefon am IP-Netz zum Telefon am PSTN/ISDN werden die IP-Pakete mit Sprache im Jitter-Ausgleichpuffer im (VoIP-)Gateway über die Zeit T_{JP} zwischengespeichert. Damit wird erreicht, dass die IP-Pakete mit Sprache an den Umcodierer in regelmäßigen Zeitabständen übergeben werden können. Er erzeugt einen kontinuierlichen Bitstrom mit 64 kbit/s und kann hierbei eine kleine Verzögerung T_{UC} verursachen. Die Ende-zu-Ende-Verzögerung T_{EE} kann als Summe der Verzögerung bei VoIP, d.h. T_{CP} + T_S + $t_Ü(1)$ + T_{JP} (vgl. Abb. 4.1-2), der Verzögerung T_{UC} durch die Umcodierung und der Übermittlungszeit $t_Ü(2)$ im PSTN/ISDN dargestellt werden.

Vom IP-Telefon zum klassischen Telefon

Das PSTN/ISDN als Quelle eines digitalen Sprachsignals liefert das Sprachsignal bereits mit einer Verzögerung $t_Ü(2)$. Die Verzögerung bei VoIP kann dann nach den gleichen Prinzipien wie die Ende-zu-Ende-Verzögerung T_{EE} bei der PC-PC-Kommunikation ermittelt werden (vgl. Abb. 4.1-2).

Vom klassischen Telefon zum IP-Telefon

4.1.3 Übermittlungszeit über ein IP-Netz

Bei den bisherigen Betrachtungen wurde nur angenommen, dass die Übermittlung der IP-Pakete über ein IP-Netz mit einem Zeitaufwand verbunden ist (vgl. Abb. 4.1-2 und 4.1-3). Abbildung 4.1.4 zeigt eine Zusammenstellung der wichtigsten Komponenten dieser Übermittlungszeit.

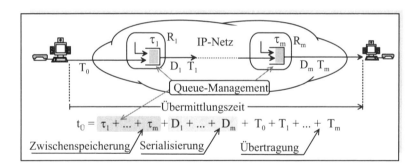

Abb. 4.1-4: Einflussfaktoren auf die Übermittlungszeit in einem IP-Netz
$R_1, ..., R_m$: Router, τ: Verzögerung durch die Zwischenspeicherung,
D: Verzögerung durch die Serialisierung (Aussenden), T: Signallaufzeit

Die Übermittlungszeit $t_Ü$ in einem IP-Netz wird bestimmt durch:

Einflussfaktoren auf die Übermittlungszeit

- *Verzögerung durch die Zwischenspeicherung*: Da über eine Leitung mehrere Paketströme übermittelt werden, müssen die IP-Pakete in Routern und Switches auf das Senden warten. Sie werden daher in Warteschlangen (Queues) eingereiht, in denen sie zufällige Zeiten verbringen.

- *Verzögerung durch die Serialisierung*: Sie stellt den Zeitaufwand dar, der für das Aussenden eines IP-Pakets nötig ist (s. Abb. 4.1-1).

■ *Signallaufzeit*: Um eine Strecke auf einer Leitung zu überbrücken, braucht jedes Signal eine bestimmte Zeit, die man als *Signallaufzeit* bezeichnet.

Somit setzt sich die Übermittlungszeit eines IP-Pakets in einem IP-Netz aus:

■ der Summe $\tau_0 + \tau_1 + ... + \tau_m$ von zufälligen Verzögerungen des IP-Pakets in den Warteschlangen vor einzelnen Leitungen,

■ der Summe $D_1 + ... + D_m$ von Serialisierungsverzögerungen beim Aussenden des IP-Pakets auf einzelne Leitungen und

■ der Summe $T_0 + T_1 + ... + T_m$ von Signallaufzeiten während der Übertragung des IP-Pakets auf einzelnen Leitungen.

Bedeutung von Queue Management

Die Verzögerung des IP-Pakets beim Warten auf das Senden kann durch die Reservierung (z.B. nach dem Protokoll RSVP, s. Abschnitt 4.6) einer entsprechenden Bandbreite innerhalb einzelner physikalischer Leitungen verringert werden. Hierbei kommen zusätzlich spezielle Mechanismen für das Management von Warteschlangen (Queue Management, s. Abschnitt 4.5) zum Einsatz.

Die Serialisierungsverzögerung ist von der Länge des IP-Pakets und der Übertragungsbitrate auf der Leitung abhängig (s. Beispiel 1 in Abschnitt 4.1.2).

Verzögerung je km

Die Signallaufzeit ist von der Entfernung abhängig und lässt sich nicht beeinflussen. Für eine grobe Abschätzung dieser Verzögerungsart wird oft der Wert von 5µs/km bzw. 1ms je 200 km angenommen.

4.1.4   Jitter-Ausgleichpuffer und Paketverluste

T_{JP} als Varianz von $t_{\ddot{U}}$

Wie bereits erwähnt wurde, stellt die Übermittlungszeit $t_{\ddot{U}}$ eine *Zufallsvariable* dar (s. Abb. 4.1-4). Die Schwankungen der Übermittlungszeit werden als *Jitter* bezeichnet. In der Mathematik wird eine Zufallsvariable durch eine sog. *Verteilungsfunktion* genau beschrieben. Abbildung 4.1-5 illustriert die Verteilungsfunktion von $t_{\ddot{U}}$.

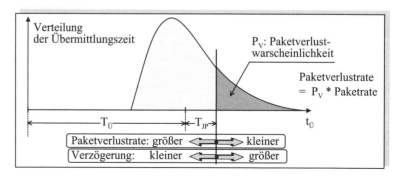

Abb. 4.1-5:   Jitter-Ausgleichpuffer und Paketverluste

Der Mittelwert $T_{\ddot{U}}$ gibt eine Aussage über die Größe der Übermittlungszeit im IP-Netz. Der Parameter T_{JP} als Varianz der Verteilung stellt die Zwischenspeicherungszeit im Jitter-Ausgleichpuffer (J-AP) dar.

Paketverlust

Durch eine Zwischenspeicherung der IP-Pakete im J-AP versucht man den Zustand zu erreichen, dass alle IP-Pakete in denselben Abständen weiter übergeben werden können, in denen sie an der Quelle abgeschickt wurden. Falls ein IP-Paket zu dem Zeitpunkt, zu dem es ausgeliefert werden soll, noch nicht eingetroffen ist, sondern erst zu einem späteren Zeitpunkt, wird es am Ziel vernichtet und gilt als verloren. Daher gibt es einen Zusammenhang zwischen der Zwischenspeicherungszeit im J-AP und Paketverlusten.

Verzögerung versus Paketverluste

Wie Abbildung 4.1-5 zeigt, stellt die Fläche unter der Verteilungsfunktion für die Werte von $t_{\ddot{U}}$, die größer als $T_{\ddot{U}} + T_{JP}$ sind, ein Maß für die *Paketverlustwahrscheinlichkeit* und damit auch für die *Paketverlustrate* dar. Mit den zunehmenden Werten von T_{JP} verringert sich die Paketverlustrate „auf Kosten" der zusätzlichen Verzögerung. Mit der Reduzierung der Werte von T_{JP} verringert sich aber die Verzögerung „auf Kosten" der Paketverluste. Daher gibt es keinen optimalen Wert von T_{JP}, sondern immer nur einen Kompromiss zwischen Verzögerung und Paketverlusten.

4.2 Verfahren zur Garantie von QoS-Anforderungen

Um die QoS-Anforderungen in IP-Netzen bei VoIP garantieren zu können, kommen unterschiedliche Ansätze in Frage. Hierzu gehört:

- *Priorisierung von MAC-Frames*

  Einsatz in lokalen Netzwerken

  Den sog. *MAC-Frames* (*Media Access Control*) mit IP-Paketen in lokalen Netzwerken werden unterschiedliche Prioritäten zugeordnet. Damit können die MAC-Frames mit Sprache vorrangig vor den MAC-Frames mit Daten im Netzwerk behandelt werden. Die Priorisierung von MAC-Frames kann nur in lokalen Netzwerken auf Basis von Ethernet-Switches zum Einsatz kommen. Auf diesen Ansatz geht Abschnitt 4.3 ein.

- *Priorisierung von IP-Paketen*

  Einsatz in Weitverkehrsnetzen

  Diese Lösung besteht darin, dass IP-Pakete mit Sprache im Vergleich zu IP-Paketen mit Daten höhere Prioritäten erhalten. Damit können IP-Pakete mit Sprache in Routern vorrangig vor IP-Paketen mit Daten behandelt werden. Weil dies eine Differenzierung der Paketströme darstellt, bezeichnet man den Ansatz als *Differentiated Services* (*Differenzierte Dienste*, kurz *DiffServ*). DiffServ werden in Abschnitt 4.4 detaillierter beschrieben.

Wofür
Queue-
Manage-
ment?

■ *Queue-Management*

Um über eine Leitung im IP-Netz mehrere Ströme von IP-Paketen mit verschiedenen Prioritäten zu übermitteln, müssen mehrere Warteschlangen (Queues) von IP-Paketen, die auf das Aussenden warten, organisiert werden. Eine Warteschlange kann als *Kommunikationspuffer* angesehen werden. Für einige Paketströme kann auch eine bestimmte Bandbreite der Leitung reserviert werden. Dies führt dazu, dass die Warteschlangen mit den wartenden IP-Paketen entsprechend organisiert und verwaltet werden müssen. Für dieses sog. *Queue-Management* wurden verschiedene Verfahren konzipiert, die in Abschnitt 4.5 dargestellt werden.

Bedeutung
von RSVP

■ *Reservierung von Ressourcen in IP-Netzen*

Bei VoIP und Videokommunikation müssen kontinuierliche Bitströme in Form von IP-Paketen über IP-Netze übermittelt werden. Dafür können bestimmte Ressourcen im IP-Netz reserviert werden. Dies kann nach dem Protokoll RSVP (*Resource reSerVation Protocol*) erfolgen. Mit RSVP kann man eine gewünschte Bandbreite für eine virtuelle Verbindung reservieren. RSVP ist zwar theoretisch ein sehr interessantes Protokoll, in der Praxis hat es jedoch keine große Akzeptanz gefunden. RSVP wird in Abschnitt 4.6 näher erläutert.

■ *Übermittlung der IP-Pakete im „Gänsemarsch"*

Situation in
klassischen
IP-Netzen

Die klassischen IP-Netze funktionieren nach dem Datagramm-Prinzip. Dies bedeutet, dass die einzelnen IP-Pakete unabhängig voneinander über das Netz transportiert werden (vgl. Abb. 3.2-3). Die Folge davon ist, dass die einzelnen IP-Pakete auf einer virtuellen Verbindung für VoIP über unterschiedliche Wege transportiert werden. Handelt es sich bei einer virtuellen Verbindung um eine weite Strecke, sind die Übermittlungszeiten einzelner IP-Pakete sehr unterschiedlich und breit gestreut. Daher sind die Jitter-Werte groß, und um sie auszugleichen, müssen die empfangenen IP-Pakete in einem Jitter-Ausgleichpuffer entsprechend lang zwischengespeichert werden. Falls die Zwischenspeicherungszeit im Jitter-Ausgleichpuffer zu kurz ist, führt sie zur Steigerung der Paketverlustrate (vgl. Abb. 4.3-1).

Übermittlung
der IP-
Pakete nach
optimaler
Route

Ein Ausweg aus dem eben geschilderten Dilemma ist dadurch möglich, dass man vor der Übermittlung der IP-Pakete auf einer virtuellen Verbindung zuerst eine optimale Route zum Ziel findet und danach alle IP-Pakete über diese optimale Route im „Gänsemarsch" übermittelt. Die Vorteile sind offensichtlich: Die Reihenfolge der IP-Pakete wird garantiert und alle IP-Pakete legen den gleichen physikalischen Weg über das Netz zurück, sodass auch die Jitter-Werte reduziert werden. Dieser Ansatz wird als MPLS (*Multi-Protocol Label Switching*) bezeichnet. MPLS wird hauptsächlich in Weitverkehrsnetzen eingesetzt. Eine fundierte Beschreibung von MPLS enthält

[BaHo 01]. Für weitere Informationen über MPLS sei auf die Webquellen [Web 04] verwiesen.

4.3   Priorisierung von MAC-Frames

In lokalen Netzwerken auf Basis der Ethernet-Technik kann die QoS-Unterstützung bei VoIP durch die Vergabe von verschiedenen Prioritäten für sog. *MAC-Frames* (*Media Access Control*) erfolgen. Ein MAC-Frame kann als Umschlag für die Übermittlung der IP-Pakete angesehen werden. Die *Priorisierung von MAC-Frames* bzw. *Layer-2-Priorisierung* wird in Abbildung 4.3-1 dargestellt.

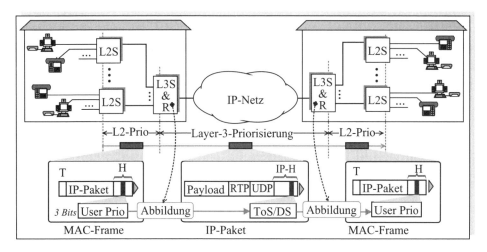

Abb. 4.3-1:   Beispiel für eine Anwendung der Priorisierung von MAC-Frames
DS: Differentiated Services, H: MAC-Header, T: MAC-Trailer, IP-H: IP-Header,
L2-Prio: Layer-2-Priorisierung, LxS: Layer-x-Switch, R: Router, ToS: Type of Service

Wie die MAC-Frames priorisiert werden können, beschreiben die Standards IEEE 802.1p und IEEE 802.1Q. Nach diesen Standards kann ein VLAN-Tag in den MAC-Header eingebettet werden. Dieser Tag wurde konzipiert, um sog. *Virtual Local Area Networks* (kurz *VLANs*) zu bilden. Im VLAN-Tag sind drei Bits als *User Priority* enthalten, die man zur Priorisierung von MAC-Frames verwenden kann. Den MAC-Frames mit Sprache wird eine höhere Priorität im Vergleich zu den MAC-Frames als denen mit Daten zugewiesen. Damit werden sie in Layer-2-Switches, d.h. in Ethernet-Switches, im lokalen Netzwerk vorrangig behandelt und ihre Übermittlungszeit reduziert. *VLAN-Tag mit Angabe der Priorität*

Sollte eine Kommunikation über ein IP-Netz erfolgen, in dem die Layer-3-Priorisierung unterstützt wird, kann die Priorität vom MAC-Frame auf die Priorität des IP-Pakets abgebildet werden. Einen derartigen Fall illustriert Abbildung 4.3-1. Die Priorität des IP-Pakets wird in seinem Header entweder im Feld ToS (*Type of Service*) oder im Feld DS (*Differentiated Services*) eingetragen. Soll ein priorisiertes und von „außen" eintreffendes IP-Paket im lokalen Netzwerk übermittelt werden, so kann seine Priorität auf die Priorität des MAC-Frame abgebildet werden. Eine derartige Abbildung von Prioritäten unterstützen Netzwerkkomponenten von namhaften Herstellern.

4.4   Differentiated Services

DiffServ als Priorisierung von IP-Paketen

Um die QoS-Anforderungen bei VoIP zu erfüllen, müssen die Ströme von IP-Paketen mit Sprache im IP-Netz mit einer höheren Priorität als IP-Pakete mit Daten behandelt werden. Dies führt zur Differenzierung der übertragenen Datenströme, sodass man von *Differentiated Services*, kurz *DiffServ (DS)*, spricht. DiffServ wird im IETF-Dokument RFC 2474 spezifiziert. Wie Abbildung 4.4-1 zeigt, wird bei DiffServ ein spezielles Feld, das sog. *DS-Feld*, definiert, um die zu übertragenden IP-Pakete entsprechend differenzieren zu können.

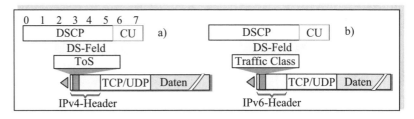

Abb. 4.4-1: Differenzierung von: a) IPv4-Paketen, b) IPv6-Paketen
ToS: Type of Service, DSCP: DiffServ Codepoint, CU: Currently Unused

Das DS-Feld kann im Header des Protokolls IP sowohl in der Version 4 (IPv4) als auch in der Version 6 (IPv6) eingekapselt werden.

DiffServ bei IPv4

Für die Realisierung von DiffServ bei IPv4 wird das ToS-Feld (*Type of Service*) im IPv4-Header genutzt. Wie in Abbildung 4.4-1a ersichtlich ist, wird dabei das ToS-Feld im IPv4-Header durch das DS-Feld ersetzt. DSCP (*DiffServ Code Point*) im DS-Feld kann als Priorität des Pakets angesehen werden.

DiffServ bei IPv6

Bei IPv6 wurde zuerst das Feld *Traffic Class* im Header vorgesehen, um die IPv6-Pakete verschiedenen Verkehrsklassen zuordnen zu können. Dieser Ansatz war mit dem DiffServ-Konzept vergleichbar. Da aber DiffServ bei IPv4 schnell breite Akzeptanz fand, wurde DiffServ auch bei IPv6 auf gleiche Art und Weise realisiert. Somit wird das Feld *Traffic Class* im IPv6-Header durch das DS-Feld ersetzt (Abb. 4.4-1b).

4.4.1 Differenzierung der IP-Pakete

Die Markierung der IP-Pakete für die Klassifizierung nach DiffServ durch das *Klassifizie-*
Setzen von DSCP-Bits im DS-Feld kann entweder durch eine Applikation im *rung der*
Quell-Rechner oder durch einen Router am Eingang zu einem Transitnetz statt- *IP-Pakete*
finden. Die Klassifizierung kann nach Quell- und Ziel-IP-Adressen oder nach
dem Transportprotokoll (TCP, UDP) bzw. nach der Nummer des Ziel-Ports
(d.h. nach der Applikation) erfolgen.

Um Ströme von IP-Paketen zu klassifizieren, dienen die ersten 6 Bits im DS-
Feld, die als *DSCP* bezeichnet werden. Die IP-Pakete mit gleichem DSCP-
Wert bilden einen Strom von IP-Paketen, der auf die gleiche Art und Weise im
Netz behandelt wird. Durch DSCP kann man einerseits den zu übertragenden
IP-Paketen theoretisch bis zu 64 verschiedene Prioritäten vergeben. Anderer-
seits stellen jedoch die bestehenden Transportnetze (wie z.B. ATM-Netze) nur
bestimmte Netzdienste zur Verfügung, weshalb in der Praxis nur wenige
Dienstklassen und damit auch Prioritätsklassen unterstützt werden.

Man muss angeben, nach welchen Netzdiensten die IP-Pakete mit gleichen *Behandlungs-*
DSCP-Werten transportiert werden sollen. Liegt beispielsweise ein IP-Paket *klassen*
mit DSCP = x zum Senden vor, so muss irgendwo abgelesen werden können,
nach welchem Dienst im Transportnetz dieses IP-Paket übermittelt werden soll.
Die Art und Weise der Behandlung der IP-Pakete in einem Transportnetz wird
wiederum durch die Dienste in diesem Netz bestimmt. Um die Behandlung der
IP-Pakete bei DiffServ zu spezifizieren, werden die *Behandlungsklassen*, sog.
Per Hop Behaviours (PHB), eingeführt. Wie Abbildung 4.4-2 zeigt, werden oft
mehrere DSCP-Werte einer Behandlungsklasse zugeordnet.

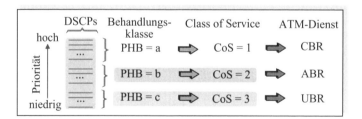

Abb. 4.4-2: Behandlungsklassen von IP-Paketen und Netzdienste
A/C/UBR: Available/Constant/Unspecified Bit Rate
ATM: Asynchronous Transfer Mode

Anhand von DSCP im IP-Paket wird entschieden, welche PHB darauf ange-
wendet werden soll. Ein PHB-Wert entspricht einer Dienstklasse CoS (*Class of
Service*) eines Übermittlungsnetzes. Wie Abbildung 4.4-2 zeigt, bestimmt ein
PHB-Wert einen Dienst in einem Übermittlungsnetz (wie z.B. ATM-Netz),
nach dem die Übermittlung der IP-Pakete erfolgen soll.

Zuordnungen
DSCP-to-
CoS

Da die PHB-Werte als Identifikationen der Netzdienste (d.h. von CoS) dienen, müssen die Router in IP-Netzen eine Tabelle mit der Zuordnung:

DSCP-Wert (e) => PHB-Wert

enthalten, um die Dienstklasse CoS zu bestimmen. Aus dieser Tabelle resultieren die Zuordnungen

DSCP-Wert (e) => CoS = x (x = 1, 2,...).

PHB bestimmt das Verhalten eines Routers beim Weiterleiten von IP-Paketen unter Berücksichtigung des DSCP-Wertes. Anhand von DSCP im IP-Paket entscheidet ein Router, welcher PHB (d.h. welcher Dienst im Übermittlungsnetz) angewandt werden soll. Jedem DSCP-Wert entspricht genau ein PHB-Wert.

4.4.2 DiffServ-Domäne und -Region

Was ist eine
DiffServ-
Domäne?

DiffServ wurden entwickelt, um die QoS-Anforderungen in Backbone- bzw. Transit-IP-Netzen zu gewährleisten. Ein IP-Netz mit DiffServ, das eine administrative Einheit darstellt, wie z.B. in einem Unternehmen bzw. bei einem Network Service Provider (NSP), wird als *DiffServ-Domäne* (bzw. *DiffServ-Domain*) bezeichnet. Abbildung 4.4-3 zeigt eine DiffServ-Domäne, über die zwei IP-Netze eines Unternehmens verbunden werden. Zwischen dem Unternehmen und dem NSP wurde ein Vertrag abgeschlossen, in dem die Art und Weise der QoS-Unterstützung in Form eines SLA (*Service Level Agreement*) festgelegt worden ist.

In jeder DiffServ-Domäne sind folgende Typen von Routern, je nach der „Stelle" in der DS-Domäne, zu unterscheiden: *Eingangs-Router* (*Ingress Router*), *Interner Router* (*Interior Router*) und *Ausgangs-Router* (*Egress Router*). Die Aufgaben eines Routers bei der QoS-Unterstützung nach DiffServ sind von seinem Typ anhängig. Dies bringt Abbildung 4.4-3 zum Ausdruck.

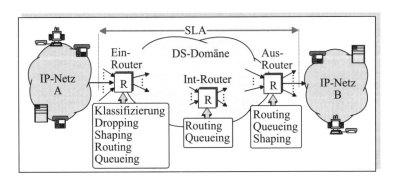

Abb. 4.4-3: DiffServ-Domäne und Funktionen von Routern (R)
Ein/Int/Aus-Router: Eingangs/Interner/Ausgangs-Router

In einem Eingangs-Router können die eintreffenden IP-Pakete zuerst klassifi- *Eingangs-*
ziert werden, sodass mehrere Klassen von IP-Paketen entstehen können. Jede *Router*
Klasse wird mit einer Angabe im DS-Feld markiert (s. Abb. 4.4-1). Für jede
Klasse von IP-Paketen wird die mittlere Anzahl der Pakete pro festgelegter
Zeiteinheit kontrolliert, sodass die durchschnittliche Datenrate geschätzt wird.
Falls diese Datenrate die vereinbarte Datenrate (Bandbreite) überschreitet, wer-
den einige IP-Pakete aus dieser Klasse am Netzeingang entweder direkt ver-
worfen (*Dropping*) bzw. kurz verzögert und danach weitergeleitet (*Shaping*).
Auf diese Art und Weise wird eine *Zulassungskontrolle* realisiert, um die für
eine Klasse von IP-Paketen vereinbarte Bandbreite nicht zu überschreiten.

In Transit-Routern findet keine Zulassungskontrolle statt. Nach dem Routing *Transit-*
werden die IP-Pakete zum Absenden gemäß ihrer Klasse in eine Warteschlange *Router*
vor einer Leitung eingereiht (*Queueing*).

In Ausgangs-Routern kann im Vergleich zu den Transit-Routern zusätzlich der *Ausgangs-*
Datenverkehr entsprechend geformt werden (*Shaping*). Beispielsweise kann *Router*
das Shaping des Datenverkehrs im Ausgangs-Router durch den Einsatz eines
Jitter-Ausgleichpuffers (s. Abb.5.6-1) dazu führen, dass die IP-Pakete in gleichen Zeitabständen abgeschickt werden.

Eine Vernetzung von mehreren DiffServ-Domänen bildet eine *DiffServ-Region*. *DiffServ-*
Dies illustriert Abbildung 4.4-4. Soll die Kommunikation über eine DiffServ- *Region*
Region erfolgen, müssen die QoS-Anforderungen gleichzeitig in mehreren
DiffServ-Domänen erfüllt werden. Somit spricht man von *Ende-zu-Ende-QoS*.

Werden Quelle und Ziel an verschiedenen DiffServ-Domänen „angeschlossen",
dann muss jeder NSP mit seinem Nachbar-NSP bestimmte technische Verein-
barungen in Form von SLA treffen, um die Art und Weise der Unterstützung
der gewünschten QoS-Anforderungen festzulegen.

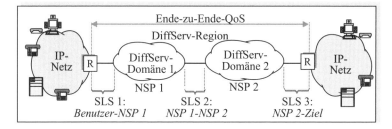

Abb. 4.4-4: Veranschaulichung einer DiffServ-Region
NSP: Network Service Provider, SLS: Service Level Specification

Falls die Kommunikation über ein IP-Teilnetz verläuft, in dem keine DiffServ
unterstützt werden, können die QoS-Anforderungen an der gesamten Ende-zu-
Ende-„Strecke" nicht erfüllt werden.

Für weitere Informationen über DiffServ ist auf [Detk 02] und die Webquellen [Web 03] zu verweisen.

4.5   Queue-Management

Was ist Queue-Mana-gement?

Die zu übertragenden IP-Pakete müssen in der Regel vor der Leitung auf das Aussenden warten. Daher müssen sie temporär gespeichert werden. Hierfür werden im Speicher entsprechende Warteschlangen (sog. *Queues*) organisiert, sodass man auch vom *Queueing* in IP-Netzen spricht. Da IP-Pakete mit Sprache oder Video in Netzknoten mit Vorrang behandelt werden müssen, sind mehrere Warteschlangen nötig, die entsprechend verwaltet werden müssen. Unter dem Begriff *Queue-Management* fasst man unterschiedliche Verfahren zusammen, die bestimmen, wie die Warteschlangen der zu sendenden IP-Pakete organisiert und wie die einzelnen Warteschlangen „bedient" werden.

> **Bemerkung:** *Queue-Management* tritt nicht nur in IP-Netzen auf, sondern auch in anderen Netzen mit Paketvermittlung. Mit Queue-Management hat man auch in Rechnerbetriebssystemen zu tun, wo die einzelnen Aufgaben (sog. Tasks) auf den Prozessor warten müssen.

Queue-Management im Multiplexer

Um mehrere Ströme von IP-Paketen über eine Leitung zu übermitteln, wird ein Multiplexer eingesetzt. Von großer Bedeutung in IP-Netzen sind sog. *statistische Multiplexer*, in denen die empfangenen IP-Pakete temporär gespeichert werden. Falls mehrere Klassen von IP-Paketen nach bestimmten Kriterien gebildet werden, müssen auch mehrere Warteschlangen organisiert werden. Wie Abbildung 4.5-1 zeigt, findet in einem Multiplexer ein entsprechendes Queue-Management statt.

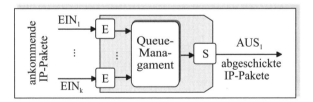

Abb. 4.5-1:   Queue-Management in einem Multiplexer
EIN: Eingangsleitung, AUS: Ausgangsleitung,
E: Empfänger, S: Sender

Im IP-Netzknoten (Switch, Router) findet Queue-Management immer vor Ausgangsleitungen statt. Dies veranschaulicht Abbildung 4.5-2.

Die in einem IP-Netzknoten empfangenen IP-Pakete werden zum Modul übergeben, wo sie zu einer Ausgangsleitung weitergeleitet werden. Dieses Modul wird im Allgemeinen als *Forwarder* bezeichnet und realisiert in einem Switch

das Switching bzw. in einem Router das Routing. Diese beiden Funktionen bestehen in der Weiterleitung von empfangenen IP-Paketen an die in ihnen enthaltenen Ziel-IP-Adressen.

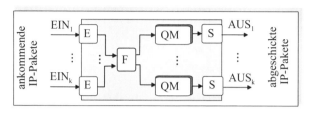

Abb. 4.5-2:   Queue-Management (QM) im IP-Netzknoten
AUS: Ausgangsleitung, E: Empfänger, EIN: Eingangsleitung,
F: Forwarding (Switching, Routing), S: Sender

Abbildung 4.5-3 zeigt die Struktur eines Queue-Management-Systems.   *Struktur des Queue-Management*

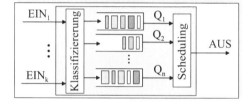

Abb. 4.5-3:   Struktur eines Queue-Management-Systems
AUS: Ausgangsleitung, EIN: Eingangsleitung, Q: Warteschlange (Queue)

Beim Queue-Management unterscheidet man folgende Funktionen: *Funktionen bei Queue-Management*

▨ *Klassifizierung*: Die zu sendenden IP-Pakete werden durch den Klassifizierer nach bestimmten Kriterien klassifiziert. Als Kriterium kann z.B. der
Ziel-Port (d.h. die Anwendung) und/oder die Ziel-IP-Adresse verwendet
werden.

▨ *Queueing*: Die einer bestimmten Klasse zugeordneten IP-Pakete werden in
die dieser Klasse zugeordnete Warteschlange eingereiht.

▨ *Scheduling*: Hierbei handelt es sich um die Regel, nach der die IP-Pakete
aus den einzelnen Queues zum Senden übergeben werden. Das Scheduling
ist der eigentliche Kern des Queue-Management.

Es werden u.a. folgende Verfahren bei Queue-Management verwendet: *Queue-Management-Verfahren*

▨ FIFO (*First In First Out*): Hierbei handelt es sich um die einfachste Lösung,
bei der die empfangenen IP-Pakete nicht klassifiziert werden. Sie werden in
der Reihenfolge gesendet, in der sie empfangen wurden. FIFO hat bei VoIP
keine Bedeutung.

- PQ (*Priority Queueing*): Nach PQ werden die empfangenen IP-Pakete zuerst klassifiziert und daraufhin werden bestimmte Prioritäten den einzelnen Klassen zugeordnet.
- CQ (*Custom Queueing*): Dieses Verfahren ermöglicht, mehrere Warteschlangen so zu organisieren, dass sie zyklisch nach einer festgelegten Reihenfolge geleert werden.
- CBQ (*Class Based Queueing*): Die ankommenden IP-Pakete werden verschiedenen Klassen zugeordnet.
- FQ (*Fair Queueing*): Dieses Verfahren garantiert, dass die einzelnen IP-Pakete aus mehreren Paketströmen in der gleichen Reihenfolge bedient werden, in der sie eingetroffen sind. Alle Paketströme werden gleich behandelt.
- WFQ (*Weighted Fair Queueing*): Im Vergleich zu FQ werden die einzelnen Paketströme bei diesem Verfahren nicht gleich behandelt.
- CBWFQ (*Class-based Weighted Fair Queueing*): Dies ist eine Erweiterung des WFQ-Verfahrens.

Durch den Einsatz von verschiedenen Queue-Management-Verfahren ist es möglich, QoS-Anforderungen besser zu erfüllen. Auf die wichtigsten Verfahren wird nun näher eingegangen.

4.5.1   Priority Queueing

Beim *Priority Queueing* (PQ) werden mehrere Warteschlangen (Queues) vor einer Ausgangsleitung gebildet, die als Kommunikationspuffer angesehen werden können. Abbildung 4.5-4 illustriert das Prinzip von PQ am Beispiel eines Multiplexers. Hier werden mehrere Ströme von (IP-)Paketen über eine Ausgangsleitung übermittelt. Die empfangenen IP-Pakete werden zuerst im Klassifizierer nach bestimmten Kriterien klassifiziert und dann in der Reihenfolge, in der sie empfangen wurden, zum Senden in eine Warteschlange eingereiht.

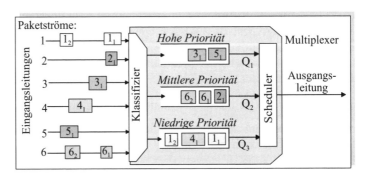

Abb. 4.5-4:   Priority Queueing in einem Multiplexer
Q: Warteschlange (Queue) nach dem FIFO-Prinzip

Bei PQ werden in der Regel drei Warteschlangen Q_1, Q_2 und Q_3 organisiert, die in einer Hierarchie zueinander stehen, nach der sie bedient werden. Diese Warteschlangen werden nach dem FIFO-Prinzip „bedient". Dabei werden folgende Prioritätsstufen gebildet:

- hohe Priorität (High Priority),
- mittlere Priorität (Medium Priority),
- niedrige Priorität (Low Priority).

Die Aufgabe des Schedulers besteht darin, die in den Warteschlangen „wartenden" Pakete zum Senden zu übergeben. Die Warteschlange Q_1 hat die höchste Priorität und wird zuerst bedient. Ist Q_1 leer, so wird Q_2 mit mittlerer Priorität bedient, falls sie nicht leer ist. Sind beide Q_1 und Q_2 leer, dann kann Q_3 mit niedriger Priorität bedient werden.

Ein wesentlicher Vorteil von PQ ist das Aufteilen des Datenverkehrs in bestimmte Klassen, um zu garantieren, dass die IP-Pakete mit Sprache früher als IP-Pakete mit Daten weitergeleitet werden. Falls viele IP-Pakete mit höheren Prioritäten ankommen, müssen IP-Pakete mit niedrigerer Priorität lange auf das Absenden warten. Ist die Leitung mit Paketen höherer Priorität ausgelastet, kann dies dazu führen, dass die Pakete aus den Warteschlangen mit geringeren Prioritäten nie gesendet werden. Dies ist der Nachteil von PQ.

4.5.2 Custom Queueing

Nach *Custom Queueing* (CQ) werden mehrere Warteschlangen vor einer Ausgangsleitung organisiert, von denen jede nach dem FIFO-Prinzip funktioniert. CQ wird hauptsächlich in den IP-Netzen verwendet, die Systemkomponenten der Firma Cisco einsetzen. Für das gleiche Queue-Management-Konzept verwendet man auf den Gebieten Netzwerke und Rechnersysteme auch die Begriffe CBQ (*Class-based Queueing*) und WRR (*Weighted Round Robin*).

Abbildung 4.5-5 illustriert CQ am Beispiel eines Multiplexers. Hier werden die empfangenen IP-Pakete zuerst im Klassifizierer nach bestimmten Kriterien klassifiziert und zum Senden in eine Warteschlange eingereiht. Bei CQ werden mehrere Warteschlangen organisiert, die von einem Scheduler zyklisch und nacheinander abgearbeitet werden. Man bezeichnet ein derartiges Scheduling-Prinzip als *Round Robin*.

Jeder Warteschlange Q_i, $i = 1, ..., n$, wird eine Gewichtung (*Weight*) W_i zugeordnet, die oft den Teil der Bandbreite der Leitung repräsentiert, der dieser Warteschlange garantiert werden soll. Die Gewichtung W_i kann entweder in die Anzahl BC_i (*Byte-Count*) von Bytes bzw. in die Anzahl P_i von Paketen umgerechnet werden, die der Scheduler in jeder Runde (in jedem Zyklus) aus der Warteschlange Q_i, zum Senden übergeben soll.

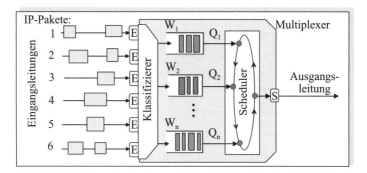

Abb. 4.5-5: Einsatz von Custom Queueing in einem Multiplexer
E: Empfänger, S: Sender, Q: Warteschlange (Queue), W_i: Gewichtung von Q_i

Bei CQ springt der Scheduler von einer Warteschlange zur anderen und übergibt aus der Warteschlange Q_i eine entsprechende Anzahl von Paketen zum Senden, die aus der Gewichtung W_i abgeleitet wird. In Überlastsituationen stellt CQ sicher, dass jede Warteschlange nur den vereinbarten Anteil von der Bandbreite der Leitung erhält.

Beispiel 1: Über eine Leitung mit der Bandbreite B werden drei verschiedene Ströme von IP-Paketen übertragen. Diesen Paketströmen sollen folgende Teile der Bandbreite B der Leitung zugeteilt werden:
- 0.5B dem Paketstrom 1,
- 0.25B dem Paketstrom 2 und
- 0.25B dem Paketstrom 3.

Es wird angenommen, dass die Länge der IP-Pakete in allen Paketströmen konstant und identisch ist. Die Zuteilung der Bandbreite zu den einzelnen Paketströmen soll nach CQ realisiert werden. Hierfür wird der Warteschlange Q_i (i = 1, 2, 3) eine Gewichtung W_i zugeordnet, die dem Teil der Bandbreite der Leitung entspricht, die für Q_i garantiert werden soll. Wie Abbildung 4.5-6 zeigt, werden die Werte W_1 = 0.5, W_2 = 0.25 und W_3 = 0.25 den Warteschlangen Q_1, Q_2 und Q_3 zugeordnet.

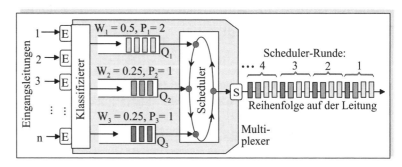

Abb. 4.5-6: CQ für Aufteilung der Bandbreite B auf drei Teile: 0.5B, 0.25B und 0.25B
Die Länge der Pakete ist konstant.
E: Empfänger, S: Sender, Q: Warteschlange (Queue), W_i: Gewichtung von Q_i

Für den Scheduler müssen die Zahlen P_1, P_2 und P_3 angegeben werden, d.h. die Anzahl von Paketen, die er in jeder Runde aus Q_1, Q_2 und Q_3 zum Senden übergeben muss. Da die Länge der Pakete in allen Paketströmen konstant und gleich ist, können die Zahlen P_1, P_2 und P_3 wie folgt errechnet werden:

Dividiere die Gewichtung (d.h. den Teil der Bandbreite der Leitung) durch die kleinste Gewichtung. Danach sollen (nach Bedarf) die einzelnen Resultate zu ganzen Zahlen aufgerundet werden. Für die einzelnen Warteschlangen ergeben sich nun folgende Zahlen:

- Q_1: 0.5/0.25 = 2   = P_1
- Q_2: 0.25/0.25 = 1   = P_2
- Q_3: 0.25/0.25 = 1   = P_3

In jeder Runde des Schedulers sollen somit 2 Pakete aus Q_1, 1 Paket aus Q_2 und 1 Paket aus Q_3 zum Senden übergeben werden.

Beispiel 2: Es wird angenommen, dass die Bandbreite B einer Leitung wie im Beispiel 1 aufgeteilt werden soll, und dass die Länge der IP-Pakete in allen Paketströmen variabel ist. Die mittlere Länge der IP-Pakete beträgt: 500 Bytes im Paketstrom 1, 300 Bytes im Paketstrom 2 und 100 Bytes im Paketstrom 3. Die Zuteilung der Bandbreite zu den einzelnen Paketströmen soll nach CQ realisiert werden.

Wie Abbildung 4.5-7 zeigt, werden folgende Werte $W_1 = 0.5$, $W_2 = 0.25$ und $W_3 = 0.25$ entsprechend Q_1, Q_2 und Q_3 zugeordnet (vgl. Abb. 4.5-6). Für den Scheduler müssen noch die Zahlen P_1, P_2 und P_3 angegeben werden, d.h. die Anzahl der Pakete, die er aus den einzelnen Warteschlangen in jeder Runde zum Senden übergeben soll. Die Berechnung der Angaben P_1, P_2 und P_3 erfolgt in den folgenden Schritten:

1.   Berechne das Verhältnis der maximalen mittleren Paketlänge zu den mittleren Paketlängen in den einzelnen Paketströmen:
    - Paketstrom 1: 500/500 = 1
    - Paketstrom 2: 500/300 = 1.65
    - Paketstrom 3: 500/100 = 5

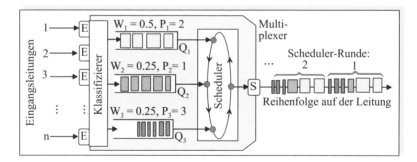

Abb. 4.5-7: CQ für Aufteilung der Bandbreite B auf drei Teile: 0.5B, 0.25B und 0.25B
Die mittlere Länge der Pakete einzelner Paketströme ist nicht gleich.
E: Empfänger, S: Sender, Q: Warteschlange (Queue), W_i: Gewichtung von Q_i

2.   Multipliziere das im Schritt 1 errechnete Verhältnis mit dem Anteil der Bandbreite, den man den einzelnen Paketströmen zuteilen möchte:
    - Paketstrom 1: 0.50 * 1   = 0.50
    - Paketstrom 2: 0.25 * 1.65   = 0.4175
    - Paketstrom 3: 0.25 * 5   = 1.25

3. Die im Schritt 2 errechneten Werte werden normalisiert. Sie werden nun durch den kleinsten Wert dividiert. Danach werden die Ergebnisse zu ganzen Zahlen aufgerundet.
   - Paketstrom 1: 0.5/0.4175   = 1.19   => 2 (P_1)
   - Paketstrom 2: 0.4175/0.4175 = 1   => 1 (P_2)
   - Paketstrom 3: 1.25/0.4175   = 2.99   => 3 (P_3)

Die im Schritt 3 errechneten Werte P_1, P_2 und P_3 ergeben die Anzahl der Pakete, die aus den einzelnen Warteschlangen in jeder Scheduler-Runde zum Senden übergeben werden sollen. Es werden 2 Pakete aus Q_1, 1 Paket aus Q_2 und 3 Pakete aus Q_3 in jeder Scheduler-Runde zum Senden übergeben (Abb. 4.5-7).

> **Bemerkung**: In einigen Routern muss die Anzahl von Bytes angegeben werden, die in jeder Scheduler-Runde aus den einzelnen Warteschlangen zum Senden übergeben werden soll.

CQ und Aufteilung der Bandbreite

Bei CQ werden die zu sendenden Pakete zuerst klassifiziert, und für jede Klasse von Paketen wird eine Warteschlange organisiert. Jeder Klasse kann hierbei eine bestimmte Bandbreite einer Leitung garantiert werden. Somit eignet sich CQ gut für Anwendungen, bei denen die Bandbreite einer Leitung auf mehrere Ströme von Paketen aufgeteilt werden soll. Eine bestimmte Bandbreite einer Leitung kann einer Klasse von Paketen aber nur (genau!) dann garantiert werden, wenn die Länge der Pakete aller Klassen konstant und gleich ist (vgl. Abb. 4.5-6). Ist die Länge der Pakete der einzelnen Klassen variabel, so kann die Bandbreite der Leitung nur dann aufgeteilt werden, falls die mittlere Länge der Pakete jeder Klasse bekannt ist. Die Aufteilung der Bandbreite erfolgt (statistisch gesehen) nur nach dem Mittelwert (vgl. Abb. 4.5-7).

4.5.3   Fair Queueing

Fair Queueing (FQ) ermöglicht es, in IP-Netzen einige Ressourcen (wie z.B. die Bandbreite von Leitungen) zwischen mehreren Klassen von Anforderungen gerecht (fair) aufzuteilen. Bei FQ werden mehrere Warteschlangen vor den gewünschten Ressourcen gebildet. FQ wird oft in IP-Netzen verwendet. Abbildung 4.5-8 illustriert den Einsatz von FQ in einem Multiplexer.

Hier soll jeder Strom von ankommenden IP-Paketen gerecht behandelt werden. Für jeden Paketstrom wird eine separate Warteschlange organisiert. Die Bandbreite der Ausgangsleitung stellt die Ressource dar, die zwischen den einzelnen Paketströmen gerecht aufgeteilt werden soll.

Die empfangenen IP-Pakete werden durch den Klassifizierer aufgrund der Nummer der Eingangsleitung, auf der sie empfangen wurden, in der dieser Eingangsleitung zugeordneten Warteschlange eingereiht. Eine Warteschlange repräsentiert einen Kommunikationspuffer, in der die IP-Pakete temporär gespeichert werden.

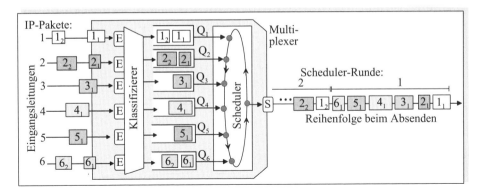

Abb. 4.5-8: Einsatz von Fair Queueing in einem Multiplexer
E: Empfänger, Q: Warteschlange (Queue), S: Sender

Bei FQ funktioniert der Scheduler nach dem sog. *Round-Robin-Prinzip*. Dabei werden die Warteschlangen in jeder Scheduler-Runde zyklisch und nacheinander so abgearbeitet, dass aus jeder Warteschlange, falls sie nicht leer ist, ein IP-Paket zum Sender übergeben wird.

Scheduler bei FQ

> **Bemerkung**: Den einzelnen Warteschlangen können unterschiedliche Gewichtungen zugeordnet werden. Dies führt dazu, dass aus einer Warteschlange in jeder Scheduler-Runde mehrere IP-Pakete zum Sender übergeben werden können. Dieses Prinzip bezeichnet man als *Weighted Fair Queueing* (WFQ).

Falls n Warteschlangen Q_1, ..., Q_n vor einer Leitung mit der Bandbreite B aktiv (d.h. dauerhaft nicht leer) sind, ist bei FQ Folgendes hervorzuheben:

Aufteilung der Bandbreite bei FQ

- Hätten alle IP-Pakete in allen Warteschlangen eine konstante und gleiche Länge, stände die Bandbreite B/n jeder Warteschlange und damit auch jedem Paketstrom zur Verfügung. Somit wird die Bandbreite (aber nur!) in diesem Fall auf alle Paketströme gleich aufgeteilt.

- Falls die IP-Pakete in der Warteschlange Q_i, i = 1, ...n, die mittlere Länge L_i haben, steht der Warteschlange Q_i statistisch gesehen im Mittel die Bandbreite $B*L_i/(L_1+ ...+ L_n)$ zur Verfügung. Dieser Fall kommt in der Praxis oft vor.

Werden die IP-Pakete entsprechend differenziert, z.B. bestimmte Service-Klassen gebildet, so spricht man in diesem Fall von *Class-based Fair Queueing* (*Class-based FQ*). Abbildung 4.5-9 illustriert das Prinzip von Class-based FQ.

Class-based FQ

Die empfangenen IP-Pakete werden hier zuerst nach von vornherein festgelegten Kriterien klassifiziert, sodass sog. *Service-Klassen* entstehen. Beispielsweise können die IP-Pakete mit Sprache eine Service-Klasse bilden. Eine andere Service-Klasse bilden beispielsweise die IP-Pakete von E-Mail-Anwendungen etc. Für jede Service-Klasse wird eine separate Warteschlange organisiert. Class-based FQ soll ermöglichen, die Bandbreite der Ausgangsleitung zwischen den einzelnen Service-Klassen gerecht aufzuteilen.

Scheduler bei Class-based FQ

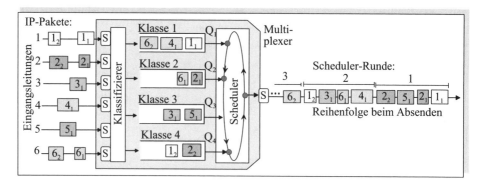

Abb. 4.5-9:   Einsatz von Class-based Fair Queueing in einem Multiplexer
Abkürzungen wie in Abb. 4.5-8

Bei Class-based FQ (Abb. 4.5-9) funktioniert der Scheduler nach dem gleichen Verfahren wie bei FQ (Abb. 4.5-8). Der Unterschied besteht darin, dass die Service-Klassen bei Class-based FQ aus den empfangenen IP-Paketen gebildet werden und für jede Service-Klasse eine Warteschlange organisiert wird. Die Anzahl der Warteschlangen bei Class-based FQ ist kleiner als bei FQ.

Aufteilung der Band-breite bei Class-based FQ

Bezüglich der Aufteilung der Bandbreite gelten bei Class-based FQ die gleichen Verhältnisse wie bei FQ. Falls K Service-Klassen gebildet werden und ihre Warteschlangen dauerhaft nicht leer sind, gilt bei Class-based FQ Folgendes:

- Falls alle IP-Pakete jeder Service-Klasse eine konstante und gleiche Länge haben, steht die Bandbreite B/K jeder Service-Klasse zur Verfügung.

- Falls die IP-Pakete der Service-Klasse k (k= 1, ..., K) die mittlere Länge L_k haben, so steht der Service-Klasse k statistisch gesehen im Mittel die Bandbreite $B*L_k/(L_1+ ...+ L_K)$ zur Verfügung.

4.5.4   Weighted Fair Queueing

Weighted Fair Queueing (WFQ) stellt eine Variante von Fair Queueing (FQ) dar, bei der mehrere Warteschlangen gebildet werden und jeder von ihnen eine Gewichtung (Weight) zugeordnet wird (s. Abbildung 4.5-10). Die empfangenen IP-Pakete werden zuerst klassifiziert, sodass mehrere Paketströme (auch als *Flow* bezeichnet) gebildet werden. Beispielsweise können alle IP-Pakete einer Applikation, einer Quell-IP-Adresse bzw. alle IP-Pakete der gleichen Priorität einen Paketstrom darstellen. Für jeden Paketstrom wird eine Warteschlange eingerichtet. Jeder Warteschlange wird eine Gewichtung zugeordnet, die den Anteil der Bandbreite B der Leitung darstellt, der für diese Warteschlange verfügbar sein soll.

Scheduler bei WFQ

Der Funktionsweise des Schedulers liegt bei WFQ ein theoretisches Modell zugrunde, nach dem die Variable FT (sog. *Finish Time*) für die einzelnen IP-Pakete in allen Warteschlangen berechnet wird. Die FT-Werte bestimmen die

Reihenfolge, in der die einzelnen Pakete aus allen Warteschlangen zum Sender übergeben werden sollen.

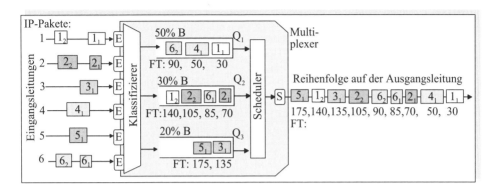

Abb. 4.5-10: Einsatz von Weighted Fair Queueing in einem Multiplexer
B: Bandbreite der Ausgangsleitung, E: Empfänger, FT: Finish Time, Q: Queue, S: Sender

Den `Finish Time` Wert $FT_i(k, t)$ des Pakets k aus der Warteschlange Q_i zur Zeit t berechnet man nach der Formel:

Berechnung der FT-Werte

$$FT_i(k, t) = \max\{FT_i(k-1, t), R(t)\} + P_i(k)/G_i$$

wobei: $P_i(k)$: die Länge des Pakets k in der Warteschlange Q_i,

G_i: die Gewichtung der Warteschlange Q_i; Anteil der Bandbreite, der dieser Warteschlage zur Verfügung stehen sollte,

$R(t)$: die sog. *Rundenzahl* zur Zeit t, die aus dem zugrundeliegenden theoretischen Modell errechnet wird.

Die so berechneten FT-Werte stellen die Zeitpunkte dar, zu denen die einzelnen Pakete theoretisch „abgearbeitet" werden sollen. Sie bestimmen also die Reihenfolge der IP-Pakete auf der Leitung. Dies bringt Abbildung 4.5-10 zum Ausdruck. Hier ist auch zu sehen, dass der Scheduler in einem Schritt mehrere IP-Pakete (wobei ihre Anzahl variabel sein kann) aus einer Warteschlange zum Sender übergeben kann.

> **Bemerkung**: Das Modell, das dem WFQ-Konzept zugrunde liegt, ist ein theoretisches Scheduler-System, das sog. *Generalized Processor Sharing* (GPS) System.

Seit der Veröffentlichung im Jahr 1989 wurde WFQ weiterentwickelt und weitere Varianten sind entstanden. Hierzu gehört z.B. *Adaptive WFQ (AWFQ)*. AWFQ bietet die Möglichkeit, die Gewichtungen der Warteschlangen einzelner Paketströme dynamisch nach Bedarf zu ändern. Damit kann die Zuteilung der Bandbreite zu den einzelnen Paketströmen dynamisch an die aktuellen Anforderungen angepasst werden.

Adaptive WFQ

4.5.5   Class-based Weighted Fair Queueing

Class-based Weighted Fair Queueing (CBWFQ) stellt eine Variante von WFQ dar. Bei CBWFQ handelt es sich um das Management von Warteschlangen für IP-Pakete, die durch die Angabe im IP-Header (im ToS- bzw. im DS-Feld) entsprechend differenziert werden. Dadurch entstehen Klassen von Paketen (*Class-based*). Für jede Klasse von Paketen wird eine Warteschlange eingerichtet und ihr wird ein bestimmter Anteil der Bandbreite der Leitung zur Verfügung gestellt. Hierbei kann die Länge der Pakete variabel sein. Der Scheduler bei CBWFQ funktioniert nach dem gleichen Prinzip wie bei WFQ, sodass die Finish-Time-Werte für die Pakete berechnet werden.

Konzept von CBWFQ

Wie bei WFQ werden auch bei CBWFQ mehrere Warteschlangen gebildet und jeder von ihnen wird eine Gewichtung zugeordnet. CBWFQ kommt oft zum Einsatz, wenn ein Strom von IP-Paketen, in dem mehrere Klassen von IP-Paketen enthalten sind, über eine Leitung gesendet wird und jeder Klasse ein bestimmter Anteil der Bandbreite der Leitung zur Verfügung stehen soll. Abbildung 4.5-11 illustriert das Prinzip von CBWFQ.

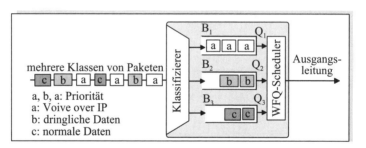

Abb. 4.5-11: Prinzip von Class-based Weighted Fair Queueing
Bi: Anteil der Bandbreite der Ausgangsleitung, Q: Warteschlange (Queue)

Die zu sendenden IP-Pakete wurden hier bereits durch die Angabe der Wichtigkeit im DS-Feld differenziert. Somit sind im ankommenden Strom von Paketen mehrere Klassen von Paketen enthalten. Eine Klasse hat hierbei eine bestimmte Wichtigkeit. Für jede Klasse von IP-Paketen wird eine Warteschlange eingerichtet. Jeder Warteschlange wird dann eine Gewichtung zugeordnet, die den Teil der Bandbreite B der Leitung darstellt, der für diese Warteschlange verfügbar sein soll. Der Scheduler funktioniert hier nach dem gleichen Prinzip wie bei WFQ (s. Abb. 4.5-10). Dies bedeutet, dass die Variable FT für die einzelnen IP-Pakete in allen Warteschlangen berechnet werden muss. Die FT-Werte bestimmen dann die Reihenfolge, in der die einzelnen Pakete aus allen Warteschlangen zum Senden übergeben werden.

Es stellt sich hierbei die Frage: Nach welchen Prinzipien kann die Bandbreite der Ausgangsleitung auf die einzelnen Klassen von IP-Paketen gerecht aufgeteilt werden? Die verfügbare Bandbreite sollte im Allgemeinen aus der Wichtigkeit der Klasse von Paketen abgeleitet werden. *Zuordnung der Bandbreite einer Klasse von IP-Paketen*

Falls die Warteschlangen Q_1, ..., Q_n, die den Paketklassen 1,..., n entsprechen, eingerichtet werden und die Ausgangsleitung die Bandbreite B hat, kann eine gerechte Aufteilung der Bandbreite folgendermaßen erfolgen:

$$B_i = B * G_i, i = 1, ..., n$$

wobei: $G_i = X_i / (X_1 + ... + X_n)$: Gewichtung der Warteschlange Q_i
   $X_i = 1 + Prec (i)$
   Prec (i): Precedence-Wert (Wichtigkeit) der Klasse i im ToS-Feld

Stehen die Precedence-Werte für die einzelnen Klassen von Paketen fest, so können die Gewichtungen G_1, ..., G_n der Warteschlangen Q_1, ..., Q_n bestimmt werden. G_n gibt an, welcher Anteil der Bandbreite B für Q_i verfügbar sein soll.

Beispiel: Garantie der Bandbreite für VoIP

Über eine Leitung mit einer Bandbreite von 56 kbit/s sollen vier Ströme der IP-Pakete übermittelt werden. Es werden hierbei zwei Klassen von IP-Paketen gebildet: Daten und VoIP. Jedem VoIP-Paketstrom sollte eine Bandbreite von mindestens 24 kbit/s zugeteilt werden. Die ankommenden IP-Pakete sind nicht differenziert und enthalten die Angabe „Preference = 0". Der Klassifizierer bei CBWFQ muss in den Paketen mit VoIP einen entsprechenden Preference-Wert setzen. Der benötigte Preference-Wert kann auf Basis der bereits dargestellten Formel für B_i bestimmt werden. Wie Abbildung 4.5-12 zeigt, muss der Preference-Wert 5 in allen Paketen mit VoIP gesetzt werden.

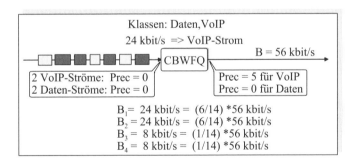

Abb. 4.5-12: Beispiel für die Garantie der Bandbreite für VoIP

Der Preference-Wert in allen Paketen mit Daten bleibt weiterhin gleich 0. Im CBWFQ-System werden vier Warteschlangen Q_1, Q_2, Q_3, Q_4 mit den Gewichtungen 6/14, 6/14, 1/14 und 1/14 eingerichtet. In diesem Fall steht jedem Strom von Paketen mit VoIP die Bandbreite von 24 kbit/s zur Verfügung. Die restliche Bandbreite von 8 kbit/s wird auf zwei Datenströme gleichmäßig aufgeteilt.

4.6   Einsatz von RSVP

RSVP (*Resource reSerVation Protocol*) ist ein Protokoll, nach dem die Ressourcen in IP-Netzen reserviert werden können, um eine von der Anwendung geforderte QoS (*Quality of Service*) zu garantieren. Eine Reservierung mit RSVP bezieht sich immer nur auf eine unidirektionale virtuelle Ende-zu-Ende-Verbindung. Für eine Vollduplex-Verbindung mit QoS-Garantie sind zwei Reservierungen erforderlich, d.h. eine für jede Kommunikationsrichtung. RSVP kann sowohl für die Reservierung bei Punkt-zu-Punkt- als auch bei Punkt-zu-Mehrpunkt-Verbindungen eingesetzt werden. RSVP wird in mehreren IETF-Dokumenten spezifiziert. Diese Dokumente sind zugänglich unter der Adresse: `http://www.ietf.org/html.charters/rsvp-charter.html`.

Token-Bucket-Modell als RSVP-Grundlage

Die gesamte *Zwischenspeicherungszeit* auf einer virtuellen Verbindung (s. Abb. 4.1-4) kann durch die Reservierung einer entsprechenden Bandbreite von einzelnen Leitungen unterwegs verringert werden. Eine solche Reservierung kann mit RSVP vorgenommen werden. Die gesamte Zwischenspeicherungszeit auf einer unidirektionalen virtuellen Verbindung kann dadurch kontrolliert werden, indem die zu dieser Verbindung gehörigen IP-Pakete in den einzelnen Routern unterwegs nach einer von vornherein festgelegten Regel gesendet werden. Diese Regel basiert auf dem sog. *Token-Bucket-Modell* (kurz *TB-Modell*) und liegt dem Scheduler bei RSVP zugrunde. Abbildung 4.6-1 illustriert den Einsatz des TB-Modells im Scheduler vor einer Leitung in einem IP-Netzknoten. Nach diesem Modell kontrolliert der Scheduler bei RSVP die gesamte Zwischenspeicherungszeit auf einer unidirektionalen, virtuellen Verbindung, um z.B. eine geforderte Bandbreite zu garantieren.

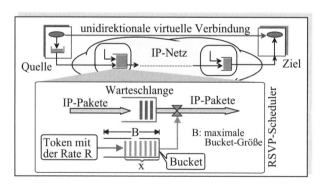

Abb. 4.6-1:   Paket-Scheduler nach dem Token-Bucket-Modell

Parameter des TB-Modells

Das TB-Modell beschreiben die Parameter:

- R: Token-Rate [Bytes/s] und
- B: maximale Bucket-Größe [Bytes].

Der Parameter R stellt die vom Netz unterstützte (garantierte) Datenrate einer virtuellen Verbindung dar und kann daher als *garantierte Bandbreite* für diese Verbindung angesehen werden. Ein Token stellt eine Dateneinheit dar. Bei RSVP wird angenommen: *Token = Byte*.

Das TB-Modell beschreibt das Verhalten beim Senden der IP-Pakete auf einer unidirektionalen, virtuellen Verbindung. Der Behälter (Bucket) wird mit der Rate von R Bytes pro Sekunde gefüllt. Die Variable x beschreibt den aktuellen Zustand von Bucket in Bytes und besagt, wie viele Bytes man zu jeder Zeit senden darf. Somit darf ein IP-Paket nur dann gesendet werden, wenn Bucket genügend Bytes enthält. Die Funktionsweise des Schedulers beim Senden eines IP-Pakets mit der Länge von a Bytes lässt sich wie folgt beschreiben: *Funktionsweise des Schedulers*

- Falls a < x ist, wird das IP-Paket gesendet und der Inhalt von Bucket um a reduziert, d.h. x-a => x.

- Falls x < a bzw. x = 0 ist, muss das IP-Paket so lange warten, bis der Zustand x den Wert a erreicht hat. Erst dann wird das IP-Paket gesendet und der Inhalt von Bucket um a reduziert.

Nach dem TB-Modell dürften nicht mehr als R*T + B [Bytes] während eines Zeitintervalls T auf der virtuellen Verbindung gesendet werden. Somit gibt der Parameter B an, um wie viel Bytes die mittlere Datenmenge zusätzlich gemäß der garantierten Datenrate R bei einem unregelmäßigen (burstartigen) Datenverkehr überschritten werden darf.

Um bestimmte Netzressourcen wie z.B. Bandbreite von Leitungen reservieren zu können, definiert RSVP mehrere Nachrichten. Jede Nachricht enthält einen Header und eine Anzahl von festgelegten Objekten als Parameter. Die einzelnen RSVP-Nachrichten unterscheiden sich voneinander durch die Zusammensetzung von Objekten und durch die Inhalte dieser Objekte. Für Näheres sei auf [BaHo 01], [DuYa 99] verwiesen.

Abbildung 4.6-2 illustriert den Aufbau einer unidirektionalen virtuellen Punkt-zu-Punkt-Verbindung mit einer garantierten Bandbreite. Die Quelle initiiert hier eine Verbindung zum ausgewählten Ziel durch das Absenden der RSVP-Nachricht `Path`, in der angegeben wird, welche Bandbreite diese Verbindung haben soll. Die Nachricht `Path` wird nach den herkömmlichen Routing-Prinzipien über das IP-Netz übermittelt. Jeder Router unterwegs analysiert `Path` und kann eventuell über einen externen Policy-Server überprüfen, ob diese Reservierung zulässig ist. *Verbindung mit garantierter Bandbreite*

Vor dem Absenden der Nachricht `Path` trägt jeder Absender (Quelle, Router) seine IP-Adresse als Objekt `RSVP Hop` in der Nachricht `Path` ein. Hat `Path` das Ziel erreicht, enthält sie somit die zu diesem Zeitpunkt optimale Route von der Quelle zum Ziel. Diese `Path`-Route, als Folge von IP-Adressen von ihren Absendern (in Abb. 4.6-2: Quelle, R_1, R_2 und R_3), wird den Verlauf der virtuel- *Ermittlung optimaler Router mit `Path`* len Verbindung bestimmen. Sie wird beim Ziel in die RSVP-Nachricht `Resv` (Reservierung) kopiert, die das Ziel als Antwort auf `Path` zur Quelle zurücksendet.

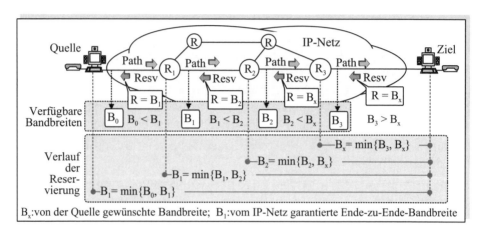

B_x: von der Quelle gewünschte Bandbreite; B_1: vom IP-Netz garantierte Ende-zu-Ende-Bandbreite

Abb. 4.6-2:   Aufbau einer Punkt-zu-Punkt-Verbindung mit garantierter Bandbreite

Reservierung der Bandbreite mit `Resv`

Die eigentliche Reservierung der gewünschten Bandbreite B_x beginnt durch das Absenden der Nachricht `Resv` vom Ziel an die Quelle. Da `Resv` die `Path`-Route in sich enthält, wird sie auf der gleichen Route wie `Path`, jedoch in umgekehrter Richtung, übermittelt. Der Router R_i auf der `Resv`-Route (in Abb. 4.6-2: R_3, R_2, R_1 und Quelle) überprüft, ob er die in `Resv` gewünschte Bandbreite auf der Leitung, über die `Resv` empfangen wurde, garantieren kann. Die Bandbreite wird als Parameter R (*Token Rate*, s. Abb. 4.6-1) angegeben. Beim Router R_i kommen zwei Möglichkeiten in Frage:

1. Die verfügbare Bandbreite B_i ist *größer* als R in `Resv`
    In diesem Fall reserviert R_i die Bandbreite R und leitet danach den Parameter R ohne Veränderungen weiter.

2. Die verfügbare Bandbreite B_i ist *kleiner* als R in `Resv`
    In diesem Fall wird nur die Bandbreite B_i vom Router R_i garantiert. R_i ersetzt den Wert des Parameters R in der empfangenen Nachricht `Resv` durch den Wert B_i und leitet `Resv` mit R = B_i weiter.

Ende-zu-Ende-Bandbreite

Hat die Quelle die Nachricht `Resv` empfangen, so verfügt sie über die *Ende-zu-Ende-Bandbreite*, die auf der unidirektionalen virtuellen Verbindung, die nach der `Path`-Route verläuft, von allen Routern unterwegs garantiert wird. Diese Bandbreite stellt den kleinsten Wert aus den verfügbaren Bandbreiten in einzelnen Leitungen auf der `Path`-Route und aus der gewünschten Bandbreite B_x dar. In Abb. 4.6-2 wird die Ende-zu-Ende-Bandbreite durch den kleinsten Wert aus B_0, B_1, B_2, B_3 und B_x bestimmt.

Da sich die optimale Route im IP-Netz ändern kann, wird der in Abb. 4.6-2 dargestellte Vorgang (d.h. das Absenden von `Path`- und `Resv`-Nachrichten) in bestimmten Zeitabständen periodisch wiederholt. Dies dient dem Zweck, den Verlauf der Route zu optimieren und die Reservierung der Bandbreite aufzufrischen.

Optimierung der Route

Für Näheres über RSVP seien die Webquellen [Web 04] empfohlen.

4.7 Schlussbemerkungen

Das Thema „Quality of Service in IP-Netzen" ist sehr breit und komplex. In diesem Kapitel wurden nur die Aspekte angesprochen, die auf die Qualität von VoIP eine Auswirkung haben. Für weitere und tiefgreifende Informationen über Quality of Service sei auf [Armi 00], [Black 00], [Detk 02] und [JhHa 02] verwiesen.

QoS in IP-Netzen – ein breites Thema

Abschließend ist Folgendes hervorzuheben:

■ Die QoS-Unterstützung in IP-Netzen hat an Bedeutung enorm gewonnen, seit man versucht, die IP-Netze für Audio- und Videokommunikation zu verwenden, also für die Kommunikation, die in Echtzeit verläuft. VoIP stellt eine derartige Kommunikation dar. Die in diesem Kapitel dargestellten Methoden für die QoS-Unterstützung können auch bei der Videokommunikation über IP-Netze angewandt werden.

QoS und Videokommunikation

■ Eine Störquelle bei der Sprachkommunikation in klassischen Telefonnetzen sind Echoeffekte. Ein *Echo* ist der Klang der Stimme eines Sprechers, die über seinen Telefonhörer an sein Ohr zurückkommt. Oft werden Echos durch eine falsche Impedanzanpassung zwischen analogen Telefonapparaten und dem Übertragungsmedium auf dem Teilnehmeranschluss verursacht. Eine falsche Anpassung kommt besonders bei der Umsetzung von einer Vierdrahtleitung auf eine Zweidrahtleitung vor. Bei der Integration eines VoIP-Systems mit dem Telefonnetz wird ein VoIP-Gateway eingesetzt. Die herkömmliche Telefontechnik (Verkabelung, Vermittlungen etc.) jenseits eines VoIP-Gateway stellt eine Art des Teilnehmeranschlusses dar. Somit können Echos im VoIP-System bei der Kopplung mit klassischen Telefonanlagen ein Telefongespräch stören. Diese Störungen können sich schon dann bemerkbar machen, wenn die Verzögerung des Sprachsignals mehr als 30 ms beträgt.

Echoeffekte bei der Sprachkommunikation

■ Die übertragenen IP-Pakete müssen in der Regel in Netzknoten (Router und Switches) vor Leitungen auf das Absenden warten. Da die Ströme der IP-Pakete durch die Zuordnung von verschiedenen Prioritäten differenziert werden, müssen hierfür mehrere Warteschlangen (Queues) organisiert und entsprechend verwaltet werden. Hierbei entsteht ein zusätzliches Problem,

Weitere Verfahren für Queue-Management

weil bestimmte Bandbreiten auf den Leitungen für die Übertragung der IP-Pakete mit Sprache garantiert werden müssen. Für die Lösung dieses Problems wurden verschiedene Verfahren für Queue-Management entwickelt. Dieses Kapitel erläutert nur kurz die wichtigsten von ihnen. Hier ist zusätzlich noch das Verfahren LLQ (*Low Latency Queueing*) zu erwähnen. LLQ kommt oft in Netzwerkkomponenten der Firma Cisco vor und stellt eine Kombination von PQ und WFQ dar. Hervorzuheben sind hierbei auch neue Varianten von WFQ, wie z.B.:

- *Self-Clocking WFQ* (SCWFQ), bei dem die Berechnung der Variable `Finish Time` im Vergleich zu WFQ vereinfacht wurde.

- *Worst-Case Fair WFQ* (WF^{2}Q), bei dem nur die Worst-Case-Werte für die Berechnung von `Finish Time` angenommen werden.

- *Worst-Case Fair WFQ+* (WF^{2}Q+), bei dem die Berechnung von `Finish Time` im Vergleich zu WF^{2}Q vereinfacht wurde.

Bedeutung
von COPS

■ Um die QoS-Anforderungen in einem IP-Netz zu erfüllen, müssen bestimmte Ressourcen in diesem IP-Netz reserviert werden. Hierfür kann das Protokoll RSVP (s. Abschnitt 4.6) verwendet werden. Es muss auch überprüft werden können, ob eine Reservierung von Ressourcen überhaupt erlaubt ist. Hierbei muss eine zentrale Stelle im Netz durch die Netzwerkkomponente, die eine Reservierung durchführen soll, abgefragt werden. Eine derartige Abfrage muss auch nach einem festgelegtem Protokoll erfolgen. Hierfür kann das Protokoll COPS (*Common Open Policy Service*) eingesetzt werden (s. RFC 2748).

5 Sprachcodierung und Echtzeit-kommunikation mit RTP/RTCP

Unter *Echtzeitkommunikation* versteht man die Übermittlung von Echtzeitmedien wie Audio/Sprache und Video. Hier ist die Fehlerkontrolle mit Hilfe von Quittungen, wie dies bei der Datenkommunikation der Fall ist, nicht möglich. Weil sich damit die für die Datenkommunikation konzipierten Protokolle nicht einsetzen lassen, wurde speziell für die Übermittlung von Audio und Video über IP-Netze ein eigenes Protokoll entwickelt: RTP (*Real-time Transport Protocol*).

Echtzeit-kommunikation mit RTP

Für die Überwachung der Echtzeitkommunikation ist ein zusätzliches Kontrollprotokoll nötig. Hierfür verwendet man RTCP (*RTP Control Protocol*), das die parallele Übertragung von Kontroll- und Statusinformationen zwischen den Teilnehmern einer RTP-Session ermöglicht. Der Empfänger von Echtzeitmedien sendet beispielsweise periodisch RTCP-Pakete zum Sender, die als Berichte angesehen werden können, in denen die Information über den aktuellen Zustand des Empfängers selbst und über die aktuelle Qualität der Übertragung an den Sender geliefert wird.

Überwachung der Kommunikation mit RTCP

Die Sprache als analoges Signal muss für die Übermittlung über IP-Netze zuerst in eine digitale Form umgewandelt werden. Diesen Vorgang bezeichnet man als *Sprachcodierung*. Dafür stehen mehrere Verfahren zur Verfügung, die in Abschnitt 5.1 kurz erläutert werden. Abschnitt 5.2 geht kurz auf Aspekte der Sprachübermittlung über IP-Netze ein. Die Funktionen von RTP beschreibt Abschnitt 5.3. Dem Einsatz von Translator und Mixer widmet sich Abschnitt 5.4. Das Konzept von RTCP wird in Abschnitt 5.5 präsentiert. Abschnitt 5.6 zeigt, wie RTCP zur Abschätzung relevanter Parameter verwendet werden kann. Das Konzept und die Nutzung von *Secure RTP* beschreibt Abschnitt 5.7. Auf die Kompression des langen RTP/UDP/IP-Headers geht Abschnitt 5.8 ein.

Überblick über das Kapitel

In diesem Kapitel wird versucht, u.a. folgende Fragen zu beantworten:

Ziel dieses Kapitels

- Welche Verfahren der Sprachcodierung für VoIP gibt es?
- Welche Probleme entstehen bei der Sprachübermittlung über IP- Netze?
- Wie wird die Sprache mit RTP-Hilfe übermittelt?
- Wie kann die Sprachübermittlung über IP-Netze überwacht werden?
- Wie können die QoS-Parameter bei VoIP abgeschätzt werden?
- Wie funktioniert und was ermöglicht Secure RTP?
- Wie kann der lange RTP/UDP/IP-Header komprimiert werden?

5.1   Sprachcodierung bei VoIP

Digitale
Sprach-
übermittlung

Der Mensch erzeugt Sprache in Form einer akustischen Welle. Beim Telefonieren wird diese akustische Welle vom Mikrophon des Telefons aufgenommen und in ein elektrisches Sprachsignal umgewandelt. Zunächst liegt die Sprache also immer als analoges Signal zum Senden vor. Damit die Sprache aber in digitaler Form übermittelt werden kann, muss sie auf der Sendeseite in einen entsprechenden Bitstrom umgewandelt werden. Dieser Vorgang wird als *Digitalisierung der Sprache* bezeichnet und die Übermittlung der Sprache in digitaler Form als *digitale Sprachübermittlung*. Auf der Empfangsseite wiederum muss die empfangene Sprache aus der digitalen Form in ihre Ursprungsform, d.h. in das analoge Signal zurückgewandelt werden. Abbildung 5.1-1 illustriert das Prinzip der digitalen Sprachübermittlung.

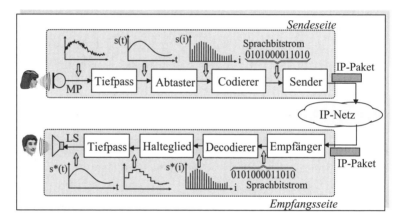

Abb. 5.1-1: Grundlegendes Prinzip der Sprachübermittlung über ein IP-Netz
MP: Mikrophon, LS: Lautsprecher

Umwandlung
der Sprache
zu einem
Bitstrom

Die Digitalisierung der Sprache erfolgt in mehreren Schritten. Das im Mikrophon erzeugte analoge Sprachsignal wird zuerst in einem Tiefpassfilter geglättet. Damit werden aus dem analogen Sprachsignal die Geräusche beseitigt, die die hohen Frequenzen beinhalten. Das geglättete analoge Sprachsignal – als kontinuierliche Funktion $s(t)$ der Zeit t – wird nun in hinreichend kleinen Abständen regelmäßig in einem Abtaster abgetastet. Dadurch entsteht eine Folge der Abtastwerte $s(i)$, $i = 0, 1, 2, ...$ die im nächsten Schritt im Codierer zu einer Bitfolge umgewandelt wird. Im Codierer werden somit die Abtastwerte gemessen, quantisiert (d. h. entsprechend gerundet) und durch binäre Codeworte dargestellt. So entsteht aus einem analogen Sprachsignal eine Folge binärer Codewörter, also de facto ein *Sprachbitstrom*. Aus diesem Sprachbitstrom werden nun im Sender die IP-Pakete gebildet und über ein IP-Netz dem Empfänger übermittelt.

Im Empfänger muss nun das ursprüngliche analoge Sprachsignal aus den emp- *Zurück-*
fangenen IP-Paketen zurückgewonnen werden. Aus jedem IP-Paket wird das *gewinnung*
enthaltene Segment des Sprachbitstroms „herausgenommen" und an den Deco- *der Sprache*
dierer übergeben. Im Decodierer wird jedes im Sprachbitstrom enthaltene Co- *aus den*
dewort in einen analogen Spannungswert umgewandelt. Die so erzeugten *IP-Paketen*
Spannungswerte *s*(i)*, i =0, 1, 2, ...* stellen eine Nachbildung der Abtastwerte
s(i) aus der Sendeseite dar. Jeder Spannungswert *s*(i)* wird im sog. *Halteglied*
bis zum nächsten Spannungswert gehalten. Dadurch erzeugt das Halteglied eine „Treppenkurve", die bereits die erste Nachbildung des analogen Sprachsignals darstellt. Diese Treppenkurve wird anschließend mit Hilfe eines Tiefpass-
filters geglättet, sodass die scharfen Kanten in dieser Treppenkurve „abgeschnitten" werden. Aus der Treppenkurve erzeugt das Tiefpassfilter eine Nachbildung *s*(t)* des ursprünglichen analogen Sprachsignals *s(t)*.

Wie bereits in Abbildung 5.1-1 dargestellt, wird die Amplitude des analogen *Abtastung*
Sprachsignals im Sender in gleichen Zeitabständen (periodisch) abgetastet. *des analogen*
Hierbei stellt sich die Frage, mit welcher Häufigkeit dies geschehen soll, damit *Sprach-*
das ursprüngliche analoge Sprachsignal später ohne Informationsverluste aus *signals*
den Abtastwerten zurückgewonnen werden kann. Die Antwort darauf gibt das
sog. *Abtasttheorem nach Shannon*. Demnach muss die Abtasthäufigkeit F_A größer sein als das Doppelte der im analogen Signal enthaltenen höchsten Fre-
quenz. Es wird angenommen, dass das Spektrum der analogen Sprachsignale
im Frequenzbereich zwischen 300 und 3400 Hz liegt. F_A muss somit größer als
6800 sein. Für das Sprachsignal wurde eine Abtasthäufigkeit von 8000-mal pro
Sekunde international festgelegt.

> **Bemerkung:** Die Sprache stellt eine Form von Audio dar. Unter dem Begriff *Au-* *Sprache als*
> *dio* versteht man jede Medienart (Sprache, Musik, Geräusche, ...), die der Mensch *eine Form*
> über das Ohr wahrnehmen kann. Im Allgemeinen ist das Spektrum eines analogen *von Audio*
> Audiosignals breiter als das Spektrum des Sprachsignals. Beispielsweise sind in
> der Musik höhere Töne enthalten als in der Sprache. Ein Audiosignal muss somit
> bei der Digitalisierung mit viel größerer Häufigkeit als 8000-mal pro Sekunde ab-
> getastet werden.

Für die Codierung der Sprache bei VoIP gibt es unterschiedliche Verfahren. Im *Arten*
Allgemeinen ist eine Sprachcodierung entweder *der Sprach-*
codierung

■ *Abtastwert-orientiert (sample-based)* oder

■ *Segment-orientiert (frame-based)*.

Wird ein analoges Sprachsignal zuerst in der Regel 8000-mal je Sekunde abge- *Abtastwert-*
tastet und werden dann die einzelnen Abtastwerte (*samples*) codiert, handelt es *orientierte*
sich um eine *Abtastwert-orientierte Sprachcodierung*, die auch als *Signalform-* *Sprach-*
Codierung oder *Signalform-Approximation* bezeichnet wird. Die Sprachcodie- *codierung*
rungsverfahren wie PCM (*Pulse Code Modulation*) bzw. ADPCP (*Adaptive*

Difference PCM) sind Abtastwert-orientiert (s. Abb. 5.1-2). Sie erzeugen Bitströme mit einer Bitrate, die in der Regel größer als 16 kbit/s ist.

Segment-orientierte Sprach-codierung

Eine andere Art der Sprachcodierung basiert darauf, dass ein Sprachsignal aufgezeichnet und in Zeitsegmente von der Länge 10 ... 30 ms aufgeteilt wird. Man spricht hierbei von *Sprachsegmenten*. Ein Sprachsegment von 10 ms entspricht beispielsweise 80 Abtastwerten, ein Sprachsegment von 20 ms 160 Abtastwerten usw. Jedes Sprachsegment wird im Sender analysiert, um die Parameter einer Schaltung im Empfänger zur Sprachsynthese auf optimale Weise zu bestimmen. Diese Parameter werden codiert und an den Empfänger übermittelt. Der Empfänger wird somit in die Lage versetzt, ein Sprachsegment synthetisch zu erzeugen (s. Abb. 5.1-7). Man bezeichnet eine derartige Codierungsart als *Segment-orientiert*. Diesem Ansatz liegt eine Nachbildung der Erzeugung der menschlichen Sprache mit Hilfe eines linearen Filters – als *LPC-Filterung* (*Linear Predictive Coding*) bezeichnet – zugrunde (s. Abb. 5.1-5).

Die Sprachcodierungsverfahren, die beispielsweise das Konzept LPC (*Linear Predictive Coding*) bzw. CELP (*Code-Excited Linear Prediction*) nutzen, sind segment-orientiert. Sie erzeugen Bitströme mit einer Bitrate, die kleiner als 16 kbit/s ist.

5.1.1 Abtastwert-orientierte Sprachcodierung

Bedeutung der Quantisierung

Um eine Abtastwert-orientierte Sprachcodierung zu verwenden, wird zuerst das analoge Sprachsignal 8000-mal pro Sekunde abgetastet. Daraus entsteht eine Folge der Abtastwerte $s(i)$, $i= 0, 1, 2, ...$, die in der Amplitude kontinuierlich sind. Bei der Abtastwert-orientierten Sprachcodierung werden die einzelnen Abtastwerte entsprechend codiert. Hierfür müssen die in der Amplitude kontinuierlichen Abtastwerte zu den diskreten Werten gerundet, also *quantisiert* werden. Man spricht hierbei von *Quantisierung,* und wie aus Abbildung 5.1-2 ersichtlich ist, liegt sie der Abtastwert-orientierten Sprachcodierung zugrunde. Bei der Quantisierung entstehen die *Quantisierungsfehler*, die man auch als *Quantisierungsgeräusche* bezeichnet (s. Abb. 5.1-3).

PCM-Codierer

Die einfachste Form der Abtastwert-orientierten Sprachcodierung stellt das PCM-Verfahren (*Pulse Code Modulation)* dar. Es ist das populärste und am häufigsten eingesetzte Sprachcodierungsverfahren und wird z.B. in den ISDN-Telefonapparaten verwendet. Bei PCM wird zuerst jeder Abtastwert $s(i)$, der in der Amplitude kontinuierlich ist, an der Sendeseite im Codierer quantisiert und somit in einen diskreten Abtastwert umgewandelt. Danach wird jeder diskrete Abtastwert mit einem Codewort von 8 Bits codiert. Da 8000 Abtastwerte pro Sekunde jeweils mit 8 Bits repräsentiert werden, entsteht auf diese Art und Weise ein Bitstrom von 8000 [1/s] * 8[bit] = 64 kbit/s. Wie Abbildung 5.1-2a zeigt, besteht ein PCM-Codierer eigentlich aus einem Quantisierer.

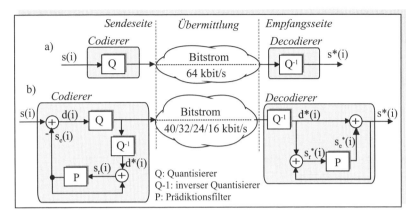

Abb. 5.1-2: Sprachübermittlung bei der Abtastwert-orientierten Sprachcodierung:
a) Prinzip von PCM (*Pulse Code Modulation*)
b) Prinzip von DPCM (*Differential PCM*)

Auf Empfangsseite muss eine zur Quantisierung umgekehrte Operation durch- *PCM-*
geführt werden. Aus dem empfangenen Bitstrom müssen die einzelnen 8-Bit- *Decodierer*
Codewörter in die diskreten Werte umgesetzt werden, die eine Nachbildung
s*(i) der Abtastwerte *s(i)* darstellen. Die hierfür notwendige Schaltung bezeichnet man oft als *inversen Quantisierer*. Ein PCM-Decodierer besteht eigentlich aus einem inversen Quantisierer.

Das PCM-Verfahren wird im ITU-T-Standard G.711 spezifiziert. Um die *PCM*
Quantisierungsfehler zu reduzieren, wird bei PCM eine sog. *nichtlineare Quan-* *in G.711*
tisierung verwendet. In Abschnitt 5.1.3 wird darauf noch detaillierter eingegangen.

Die Sprachsignale weisen stochastische (statistische) Abhängigkeiten auf. Da- *DPCM-*
durch kann man anhand einer grundsätzlichen Analyse des Sprachsignals seine *Prinzip*
zukünftigen Amplitudenwerte mit bestimmter Wahrscheinlichkeit voraussagen
(prädiktieren). Eine Folge der Abtastwerte eines analogen Sprachsignals zeichnet sich insbesondere dadurch aus, dass die benachbarten Abtastwerte relativ
stark voneinander stochastisch abhängig sind. Somit kann der Abtastwert *s(i)*
aus den Vorgängerwerten *s(i-1), s(i-2), ...* vorausgesagt (approximiert) werden.
Diese Idee liegt dem DPCM-Prinzip (*Differential PCM*) zugrunde (s. Abb. 5.1-
2b).

Ein Schätzwert $s_e(i)$ (e: estimation) des Abtastwertes *s(i)* kann als lineare Prä- *Einsatz eines*
diktion aufgrund seiner Vorgängerwerte wie folgt dargestellt werden: *linearen*
Prädiktions-
$$s_e(i) = a_1 s_r(i\text{-}1) + a_2 s_r(i\text{-}2) + ... + a_N s_r(i\text{-}K)$$ *filters*

Hierbei kann $s_r(k)$ als rekonstruierter Wert von *s(k)* angesehen werden. Die
Schaltung zur Berechnung von $s_e(i)$ stellt einen linearen Prädiktionsfilter dar,
der mit den Parametern $a_1, a_2, ..., a_N$ beschrieben wird. Diese Parameter können

mit Hilfe eines iterativen Verfahrens errechnet werden. In der Regel ist K nicht größer als 10.

DPCM-Vorteil gegenüber PCM

Anders als bei PCM wird bei DPCM eine Reduktion der Bitrate dadurch erreicht, dass nicht der Abtastwert $s(i)$ codiert und übertragen wird, sondern die Differenz $d(i) = s(i) - s_e(i)$ zwischen dem Abtastwert $s(i)$ und seiner Prädiktion $s_e(i)$. Da der Wertebereich dieser Differenzen erheblich kleiner als der Wert des Sprachsignals ist, genügt es, bei DPCM ein kürzeres Codewort zu übertragen als bei PCM, um die gleiche Qualität der Codierung zu erreichen. Dadurch reduziert sich die Bitrate bei DPCM gegenüber PCM.

DPCM-Decodierer

Der DPCM-Decodierer an der Empfangsseite enthält den gleichen Prädiktionsfilter wie der Codierer an der Sendeseite. Seine Parameter werden aus dem rekonstruierten Signal $s_r^*(i) = d^*(i) + s^*(i)$ abgeleitet. Um den Abtastwert $s(i)$ des Sprachsignals beim Empfänger zu rekonstruieren, wird seine Prädiktion $s_e^*(i)$ im Decodierer berechnet und zur empfangenen Differenz $d^*(i)$ addiert, d. h. $s^*(i) = d^*(i) + s_e^*(i)$.

Falls die übertragenen Differenzen fehlerfrei quantisiert und übertragen werden, d. h. $d^*(i) = d(i)$, und die Prädiktionswerte an der Empfangs- und an der Sendeseite identisch sind, d. h. $s_e^*(i) = s_e(i)$, dann stimmt der zurückgewonnene Abtastwert $s^*(i) = d^*(i) + s_e^*(i)$ mit $s(i) = d(i) + s_e(i)$ vollkommen überein. Dies ist jedoch der ideale Fall. In realen Situationen stellt $s_e^*(i)$ nur eine Approximation von $s(i)$ dar.

ADPCM als Sonderform von DPCM

Wenn die Parameter des Prädiktionsfilters im Codierer und Decodierer konstant sind, handelt es sich um ein reines DPCM-Verfahren. Die stochastischen Eigenschaften eines Sprachsignals sind leider nicht über eine lange Zeitperiode konstant, sondern ändern sich im Laufe der Zeit. Somit müssen die Parameter des Prädiktionsfilters ständig an die „aktuellen" Eigenschaften eines Sprachsignals angepasst werden. Dies führt zu einer Form von DPCM, die man als *Adaptive DPCM* bzw. kurz als *ADPCM* bezeichnet.

Die ADPCM-Codierer zerlegen das Sprachsignal in kleinere Zeitabschnitte, die sog. Segmente, von 10 bis 20 ms. Innerhalb der einzelnen Segmente werden die Eigenschaften des Sprachsignals als konstant angenommen. Die einmal zu Beginn des Segments berechneten Prädiktionskoeffizienten bleiben innerhalb des Segments unverändert.

ADPCM in G.726/G.727

Das ADPCM-Verfahren wird in den ITU-T-Standards G.726 und G.727 spezifiziert. Für die Codierung von Differenzen $d(i)$ kann ein Codewort mit einer Länge von 5, 4, 3 bzw. 2 Bits verwendet werden. Beim Codewort mit einer Länge von 5 Bits entsteht ein Bitstrom mit 8000 [1/s] * 5[bit] = 40 kbit/s. Dementsprechend ergeben sich bei Codewörtern mit einer Länge von 4, 3 oder 2 Bits die Bitströme von 32, 24 oder 16 kbit/s.

5.1.2 Prinzipien der Quantisierung

Bei der Abtastwert-orientierten Sprachcodierung werden die in der Amplitude kontinuierlichen Werte zu diskreten Werten quantisiert (gerundet). Im Allgemeinen wird zwischen zwei Methoden unterschieden:

Arten der Quantisierung

- *Quantisierung mit regelmäßigen Quantisierungsstufen*, die man auch als *lineare Quantisierung* bezeichnet.

- *Quantisierung mit unregelmäßigen Quantisierungsstufen*, die man auch als *nichtlineare Quantisierung* bezeichnet. Diese Art der Quantisierung wird beispielsweise bei PCM und DPCM verwendet.

Abbildung 5.1-3 zeigt die Digitalisierung eines analogen Signals bei der Quantisierung mit regelmäßigen Quantisierungsstufen. Hierbei wird der Bereich der zulässigen Amplitudenwertem, d. h. der Bereich <-4, 4>, durch die regelmäßig verteilten Quantisierungsstufen -4, -3, ..., 3, 4 gleichmäßig aufgeteilt.

Quantisierung mit regelmäßigen Quantisierungsstufen

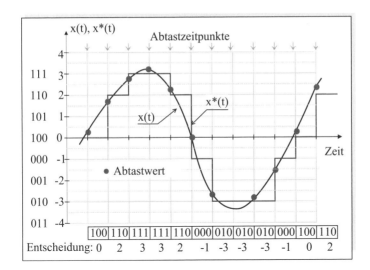

Abb. 5.1-3: Digitalisierung eines analogen Signals bei linearer Quantisierung

Den Abstand zwischen zwei benachbarten Quantisierungsstufen bezeichnet man als *Quantisierungsintervall*. Die Quantisierungsstufen stellen die zulässigen diskreten Werte dar. Jedem diskreten Wert wird ein Codewort von 3 Bits zugeordnet. Das erste Bit verweist darauf, ob die Amplitude positiv oder negativ ist. Man nennt dieses Bit üblicherweise *Vorzeichen*. Die negativen Werte haben somit das Vorzeichen 0 und die positiven 1. Durch das Vorzeichen wird der Amplitudenbereich auf einen Bereich mit positiven und auf einen Bereich mit negativen Werten aufgeteilt. Mit den zwei Bits werden die einzelnen Werte in jedem dieser Bereiche codiert.

Rundungs-
fehler als
Quantisie-
rungsfehler

Die Quantisierung eines in der Amplitude kontinuierlichen Signals kann man sich so vorstellen, als ob dieses Signal mit einer Treppenkurve approximiert wäre. Die Unterschiede zwischen den in der Amplitude kontinuierlichen Abtastwerten und den diskreten Werten nach der Quantisierung stellen die *Rundungsfehler* dar und werden als *Quantisierungsfehler* interpretiert. Diese Fehler bestimmen die Qualität der digitalisierten Sprache und sind bei der Wiedergabe eines zurückgewonnenen analogen Sprachsignals als *Quantisierungsgeräusch* hörbar. Das Hauptproblem bei der Digitalisierung der Sprache besteht in der Minimierung des Quantisierungsgeräusches. Deswegen verwendet man beim PCM-Verfahren eine sehr komplexe Quantisierung mit einer unregelmäßigen Verteilung von Quantisierungsstufen (s. Abb. 5.1-4).

Warum nicht-
lineare
Quantisie-
rung?

Ein natürlicher Weg, das Quantisierungsgeräusch zu reduzieren, besteht darin, dass man die Anzahl von Quantisierungsstufen vergrößert. Um eine größere Anzahl von Quantisierungsstufen zu codieren, braucht man wiederum mehr Bits im Codewort, sodass ein Bitstrom mit einer größeren Bitrate entsteht. Eine bessere Alternative, das Quantisierungsgeräusch zu reduzieren, besteht darin, dass man die Quantisierungsstufen unregelmäßig verteilt. Dies bedeutet eine nichtlineare Quantisierung, sie liegt dem PCM-Verfahren zugrunde.

Wann lineare
Quantisie-
rung?

Eine lineare Quantisierung einzusetzen, ist nur dann sinnvoll, wenn alle Amplitudenwerte eines Signals im ganzen Bereich möglichst mit der gleichen Wahrscheinlichkeit vorkommen, d. h. die Wahrscheinlichkeitsverteilung der Amplitude konstant ist.

Nichtlineare
Quantisie-
rung bei
PCM

Das Quantisierungsgeräusch ist de facto ein Störsignal der digitalisierten Sprache. Die Qualität der digitalisierten Sprache bestimmt nicht alleine die Größe des Quantisierungsgeräusches, sondern das Verhältnis der Leistung des Nutzsignals zu Leistung des Störsignals, also die Stärke des Nutzsignals im Vergleich zum Quantisierungsgeräusch. Man bezeichnet dieses Verhältnis als *Signal/Geräusch-Abstand*. Die Vergrößerung dieses Abstandes führt zur Qualitätsverbesserung der digitalisierten Sprache. Der Signal/Geräusch-Abstand kann dadurch vergrößert werden, dass man bei den kleinen Amplitudenwerten auch kleine Quantisierungsstufen einsetzt. Diese nichtlineare Quantisierung wird beim PCM-Verfahren verwendet.

5.1.3 Nichtlineare Quantisierung bei PCM

Besonderheit
der Sprach-
signale

Bei Sprachsignalen kommen nicht alle Amplitudenwerte mit der gleichen Häufigkeit vor, sondern kleine Amplituden häufiger als große. Die Verteilung der Amplitude von Sprachsignalen ist somit nicht regelmäßig. Beim Einsatz einer linearen Quantisierung ist deshalb mit großen Quantisierungsgeräuschen zu rechnen. Zusätzlich tritt hierbei noch das Phänomen auf, dass die Empfindlichkeit des menschlichen Gehörs proportional zum Logarithmus der Lautstärke ist.

Um die Quantisierungsgeräusche zu minimieren, ist es aus den eben genannten Gründen sinnvoll, bei den Sprachsignalen eine nichtlineare Quantisierung einzusetzen und die Quantisierungsintervalle einer logarithmischen Aufteilung anzugleichen. Hierfür verwendet man die sog. *Kompandierung* der Sprachsignale. Dadurch werden die kleinen Amplitudenwerte vergrößert (verstärkt) und die großen verkleinert (gedämpft). Eine Kompandierung kann somit als nichtlineare Verstärkung eines Signals angesehen werden. Eine derartige nichtlineare Verstärkung wird mit einem Kompander (d. h. *Kompr*essor und Exp*ander*) durchgeführt. Die Funktionsweise eines Kompanders beschreibt die sog. *Kompandierungskennlinie*.

Kompandierung

Nach dem ITU-T-Standard G.711 wird für PCM die in Abbildung 5.1-4 dargestellte Kompandierungskennlinie verwendet.

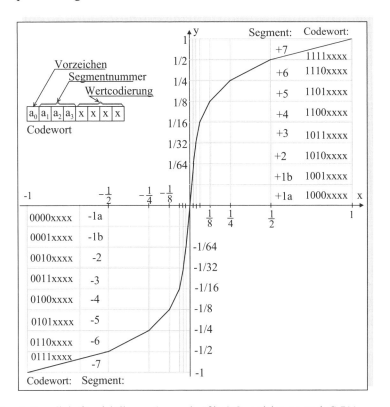

Abb. 5.1-4: A-Kennlinie für nichtlineare (unregelmäßige) Quantisierung nach G.711

Das Eingangssignal des Kompanders ist das analoge Sprachsignal $s(t)$, $y(t)$ sei das Ausgangssignal des Kompanders. Um die Kompandierungskennlinie zu beschreiben, werden die normierten Werte $x = s(t)/S_{max}$ und $y = y(t)/Y_{max}$ eingeführt. Hierbei bezeichnet S_{max} und Y_{max} die maximale Amplitude entsprechend s(t) und y(t). Die in Abbildung 5.1-4 gezeigte Kompandierungskennlinie wird wie folgt beschrieben:

$$y = \begin{cases} \dfrac{1 + \ln Ax}{1 + \ln A}, & \text{falls } 1/A \le x \le 1 \\[2mm] \dfrac{Ax}{1 + \ln A}, & \text{falls } -1/A \le x \le 1/A \\[2mm] -\dfrac{1 + \ln A|x|}{1 + \ln A}, & \text{falls } -1 \le x \le -1/A \end{cases}$$

A-Kennlinie
(A-Law)

Diese Kompandierungskennlinie enthält einen konstanten Parameter $A = 87.56$. Aus diesem Grund spricht man auch von *A-Kompandierungskennlinie* (auch kurz *A-Kennlinie*) bzw. von *A-Law*.

Die Kennlinie wird auf mehrere Segmente aufgeteilt (s. Abb. 5.1-4). In jedem Segment wird sie als lineares Teilstück dargestellt. In den ersten Segmenten im positiven und im negativen x-Bereich, d. h. in 1a und 1b sowie in -1a und -1b, ist die Kennlinie eine Gerade mit der gleichen Steigung. Deswegen werden manchmal die Segmente 1a und 1b sowie -1a und -1b jeweils als ein Segment gezählt. Man spricht oft von einer *13-Segment-Kennlinie*.

Quantisie-rung und Codierung

Jedem Abtastwert eines Sprachsignals wird ein Codewort mit 8 Bits a_0, a_1, ..., a_7 durch den PCM-Codierer zugeordnet (s. Abb. 5.1-4). Das erste Bit a_0 gibt das Vorzeichen der abgetasteten Amplitude an und die nächsten drei Bits a_1, a_2, a_3 definieren die Nummer des Segments der Kompandierungskennlinie entsprechend im positiven und negativen Amplitudenbereich. Mit den letzten vier Bits a_4, a_5, a_6, a_7 wird die Quantisierungsstufe innerhalb des Segments angegeben. Diese vier Bits ermöglichen somit die Codierung von jeweils 16 Quantisierungsstufen innerhalb jedes Segments. Insgesamt ergeben sich also 256 Quantisierungsstufen. Die 16 Quantisierungsstufen innerhalb jedes Segments sind gleichmäßig verteilt. Also handelt es sich hierbei um eine lineare Quantisierung innerhalb jedes Segments.

Codierung an der Sende-seite

Um einem Abtastwert $s(i)$ eines Sprachsignals $s(t)$ ein Codewort zuordnen zu können, wird zuerst der Abtastwert $s(i)$ normiert: $x = s(i)/S_{max}$. Danach wird der ihm entsprechende Wert y nach der Kennlinie (s. Abb. 5.1-4) berechnet und einem Segment der Kennlinie zugeordnet. Damit werden das Vorzeichen und die Segmentnummer, d. h. die ersten vier Bits a_0, a_1, a_2, a_3, im Codewort bestimmt. Danach wird der Wert y einer Quantisierungsstufe innerhalb des Segments zugeordnet. Dadurch werden die letzten vier Bits a_4, a_5, a_6, a_7 festgelegt.

Bei der Sprachcodierung nach PCM gemäß G.711 werden zwar die Quantisierungsstufen innerhalb jedes Segments regelmäßig verteilt, aber durch die Kompandierung werden die kleinen Amplitudenwerte vergrößert und die großen verkleinert. Dies führt im Endeffekt zu einer nichtlinearen Quantisierung.

Der PCM-Decodierer muss jedem 8-Bit-Codewort einen normierten Abtastwert zuordnen. Hierfür werden zunächst die ersten vier Bits a_0, a_1, a_2, a_3 im Codewort interpretiert, um das Segment der Kompandierungskennlinie auszuwählen. Danach wird die Quantisierungsstufe im Segment aus den letzten vier Bits a_4, a_5, a_6, a_7 bestimmt. Dadurch kann jetzt der quantisierte Wert y^* ermittelt werden. *Decodierung an der Empfangsseite*

Jeder Quantisierungsstufe auf der y-Achse nach der Kompandierungskennlinie entspricht eindeutig eine Quantisierungsstufe auf der x-Achse. Für jeden Wert y kann somit der ihm entsprechende Wert x^* bestimmt werden. Da x^* den normierten Abtastwert des Sprachsignals $s(t)$ darstellt, multipliziert der Decodierer alle Werte x^* mit dem Wert S_{max} (S_{max} = maximale Amplitude), um die Abtastwerte des Sprachsignals zu bestimmen. Wie Abbildung 5.1-1 zeigt, werden diese Abtastwerte an ein Halteglied übergeben, um den zeitlichen Verlauf des analogen Sprachsignals mit einer Treppen-Kurve zu approximieren.

Die A-Kompandierungskennlinie wird überwiegend in Europa eingesetzt. In Amerika und in Japan wird eine andere Kennlinie verwendet, die den Parameter μ enthält. Aus diesem Grunde wird sie als *μ-Kompandierungskennlinie* (bzw. *μ-Kennlinie)* oder *μ-Law* bezeichnet. *μ-Kennlinie (μ-Law)*

Im Gegensatz zur A-Kennlinie, die mit 13 Segmenten beschrieben wird, enthält die μ-Kennlinie 15 Segmente. Weil sich die beiden Kennlinien in der Codierung geringfügig unterscheiden, sind sie nicht kompatibel. Um dennoch digitale Sprachverbindungen zwischen Europa und Amerika zu ermöglichen, muss eine Signalumsetzung erfolgen. Die hierfür notwendige Umcodierung zwischen A- und μ-Kennlinien wird im ITU-T-Standard G.711 definiert. *A-Law und μ-Law sind inkompatibel*

5.1.4 Nachbildung der Spracherzeugung

Die Basis für die segment-orientierte Sprachcodierung stellt eine Nachbildung des Vokaltraktes beim Menschen dar, in dem die Sprache erzeugt wird. Da die Eigenschaften der menschlichen Sprache in kleinen Zeitintervallen von ca. 10 bis 30 ms unverändert bleiben, kann eine Sprachaufnahme in einem kleinen Zeitintervall mit Hilfe einiger konstanter Parameter, die den Vokaltrakt beschreiben, dargestellt werden. Um eine Sprachaufnahme von beispielsweise 20 ms zu übertragen, genügt es, die Werte nur einiger Parameter zu übertragen. Dadurch lässt sich die Menge der zu übertragenden Bits enorm reduzieren. *Basis für Segment-orientierte Sprach-codierung*

Abbildung 5.1-5a illustriert die Erzeugung der menschlichen Sprache. Der für die Erzeugung von Sprachsignalen zuständige Vokaltrakt des Menschen kann mit Hilfe eines akustischen Ersatzmodells nachgebildet werden. Dieses Modell wird auch als *LPC-Vocoder* (*Linear Predictive Coding*) bzw. kurz als *Vocoder* bezeichnet. *Modell des Vokaltraktes*

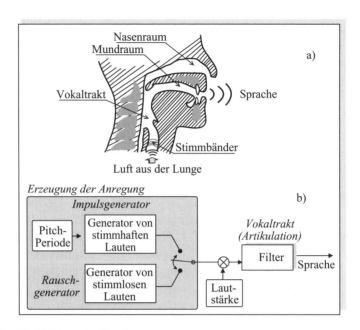

Abb. 5.1-5: Nachbildung der Spracherzeugung:
a) Prinzip der Spracherzeugung, b) Modell der Spracherzeugung

Sprach-erzeugung

Dem Vocoder liegt die Tatsache zugrunde, dass der Mensch beim Sprechen entweder einen stimmhaften oder einen stimmlosen Laut erzeugt. Um die menschliche Sprache nachzubilden, benötigt man einen Impulsgenerator, um die stimmhaften Laute nachzubilden, und einen Rauschgenerator für die Nachbildung von stimmlosen Lauten. Der Impulsgenerator wird mit der Periode der Vibration von Stimmbändern angesteuert. Die Lautformung (Artikulation) im Vokaltrakt lässt sich mit einem linearen Filter nachbilden.

Beschreibung der Sprach-erzeugung

Die Erzeugung der Sprache kann so beschrieben werden:

■ stimmhaft/stimmlos als Parameter V/UV (*Voiced/Unvoiced*),

■ die Periode T der Vibration von Stimmbändern. Man bezeichnet diese Periode auch als *Pitch-Periode* (*Pitch Period*),

■ die Lautstärke als Parameter G (*Gain*),

■ die Artikulation mit Hilfe eines linearen Filters mit Parametern $a_1, ..., a_K$.

LPC-Vocoder

Aus dem in Abbildung 5.1-5b dargestellten Modell der Spracherzeugung entsteht der LPC-Vocoder (s. Abb. 5.1-6), der eine Sprachaufnahme innerhalb eines kurzen Intervalls (z.B. von 20 ms) mit Hilfe einiger Parameter beschreibt. Mit einem LPC-Vocoder ist es möglich, eine Folge $s(1), ..., s(N)$ von Abtastwerten eines analogen Sprachsignals durch den folgenden Vektor $A = (a_1, ..., a_K, V/UV, G, T)$ von Parametern, die den menschlichen Vokaltrakt beschreiben, zu ersetzen. Oft wird der LPC-Filter mit 10 Parametern (d. h. $K = 10$) verwendet, sodass man auch LPC-10 schreibt.

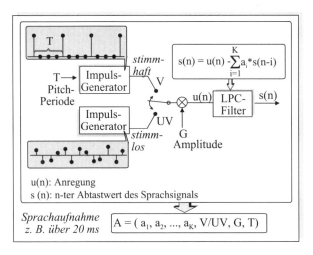

Abb. 5.1-6: LPC-Vocoder als Modell der Spracherzeugung
LPC: Linear Predictive Coding

Wie Abbildung 5.1-6 zeigt, wird der n-te Abtastwert *s(n)* des Sprachsignals aus der Anregung *u(n)* und aus den letzten Abtastwerten *s(n-1), ..., s(n-K)* ermittelt. Dies bedeutet, dass eine lineare Kombination der letzten *K* Abtastwerte mit den Koeffizienten $a_1, ..., a_K$ ermöglicht, den neuen Abtastwert s(n) abzuschätzen. Es handelt sich hier um eine lineare Prädiktion (*Linear Prediction*). *Einsatz der linearen Prädiktion*

Mit dem Vektor A wird in der Regel eine Sprachaufnahme von ca. 10 – 30 ms repräsentiert. Da das analoge Sprachsignal 8000-mal pro Sekunde abgetastet wird, kann eine Sprachaufnahme z.B. von 20 ms als Folge der Abtastwerte *s(1), s(2), ..., s(160)* dargestellt werden. Verwendet man aber den LPC-10-Filter (K = 10), so müssen nur 13 Parameter – statt der 160 Abtastwerte – codiert und übertragen werden. Dies ist der größte Vorteil der LPC-Technik. *Vorteil der LPC-Technik*

Beispiel: Sprachcodierung mit 2.4 bzw. mit 4.8 kbit/s

Beim Einsatz eines Filters LPC-10 müssen beispielsweise nur 13 Parameter als Vektor $A = (a_1, ..., a_{10}, V/UV, G, T)$ codiert und übertragen werden. Man verwendet nur 48 Bits, um diese 13 Parameter zu codieren. Aus diesen 48 Bits wird ein Frame gebildet, der eine Sprachaufnahme mit Hilfe von 13 Parametern beschreibt. Soll jeder von diesen Frames eine Sprachaufnahme je:

- von 20 ms beschreiben, müssen 50 Frames je Sekunde übermittelt werden. Dies entspricht der Bitrate von 50 [1/s]*48[Bit] = 2.4 kbit/s.

- von 10 ms beschreiben, müssen 100 Frames je Sekunde übermittelt werden. Dies erzeugt die Bitrate von 100 [1/s]*48[Bit] = 4.8 kbit/s.

5.1.5   Segment-orientierte Sprachcodierung

Prinzip:
Analysis-by-
Synthesis
(AbS)

Die Segment-orientierte Sprachcodierung ist für VoIP-Anwendungen von sehr großer Bedeutung. Die Verfahren, die darauf basieren, funktionieren nach dem Prinzip *Analysis-by-Synthesis (Analyse-durch-Synthese)*, kurz *AbS* (s. Abb. 5.1-7). Mit diesem Sprachcodierungsverfahren werden derzeit die höchsten Komprimierungsgewinne bei gleichzeitig hoher Sprachqualität erzielt.

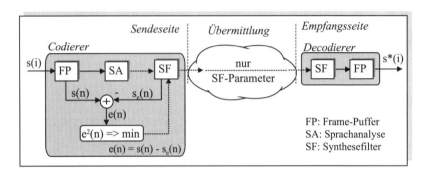

Abb. 5.1-7:   Sprachübermittlung bei der Segment-orientierten Sprachcodierung nach dem Analysis-by-Synthesis-Prinzip

Sprach-
analyse
auf der Sen-
deseite

Beim Codierungsverfahren nach dem AbS-Prinzip wird das Sprachsignal in die Zeitabschnitte, die sog. *Segmente,* von 10 bis 20 ms zerlegt. Innerhalb der einzelnen Segmente werden die Eigenschaften des Sprachsignals als konstant angenommen. Ein Segment von 20 ms eines Sprachsignals wird durch seine 160 Abtastwerte *s(i)* dargestellt, die im Frame-Puffer abgespeichert werden. Es wird eine Analyse jedes Segments des Sprachsignals durchgeführt, indem die Parameter eines LPC-Filters berechnet werden (s. Abb. 5.1-6), um den menschlichen Vokaltrakt zur Spracherzeugung zu beschreiben. Man bezeichnet diese Sprachanalyse als *LPC-Analyse.*

Sprach-
synthese
auf der
Sendeseite

Die bei der Sprachanalyse ermittelten Parameter des menschlichen Vokaltraktes dienen als Eingangsparameter für die Sprachsynthese beim Empfänger. Die Aufgabe der Sprachanalyse besteht darin, die Parameter für die Sprachsynthese auf optimale Weise zu ermitteln. Sie werden so berechnet, dass die Fehler $e(i)$ = $s(i) - s_e(i)$, $i = 1, 2, ...$ zwischen den Abtastwerten und ihren Approximationen reduziert werden. Mit Hilfe einer Prozedur zur Fehlerminimierung, d. h. $e^2(i) => min$, werden die Parameter für die Sprachsynthese im Codierer auf der Sendeseite berechnet, codiert und zum Empfänger übertragen.

Parametri-
sche
Verfahren

Bei den Segment-orientierten Sprachcodierungsverfahren werden somit nur die Parameter übertragen, die man benötigt, um auf der Empfangsseite ein Sprachsegment (z. B. von 20 ms) synthetisch zu erzeugen. Aus diesem Grund nennt man derartige Sprachcodierungsverfahren oft *parametrische Verfahren.*

Ein Sprachcodierer nach dem AbS-Prinzip wandelt ein Sprachsegment in eine Anzahl von Parametern für die Sprachsynthese um, die als Ersatz für das Sprachsignal zum Empfänger übertragen werden. Auf der Empfangsseite erfolgt die Sprachsynthese nach dem gleichem Prinzip, d. h. mit dem gleichen Synthesefilter, wie im Codierer. Der Decodierer auf der Empfangsseite erzeugt somit ein synthetisches Sprachsignal. *Sprach-synthese auf der Empfangs-seite*

5.1.6 VoIP-relevante Sprachcodierungsverfahren

Es gibt mehrere Sprachcodierungsverfahren, die bei VoIP verwendet werden. Abbildung 5.1-8 zeigt eine Gegenüberstellung dieser Verfahren in Abhängigkeit von der Qualität und der Bitrate. Wie bereits in Abschnitt 5.1.1 erwähnt, unterscheidet man zwischen Abtastwert-orientierten und Segment-orientierten Sprachcodierungsverfahren. Die Abtastwert-orientierten Codierungsverfahren erzeugen einerseits die Bitströme mit den Bitraten, die größer als 16 kbit/s sind, und garantieren andererseits eine sehr gute Sprachqualität. Die Segment-orientierten Codierungsverfahren erzeugen die Bitströme mit den geringeren Bitraten als 16 kbit/s. Die Sprachqualität wird bei diesen Verfahren mit zunehmender Reduzierung der Bitrate immer geringer, sodass sie von gut bis schlecht reicht.

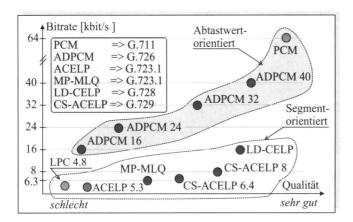

Abb. 5.1-8: Gegenüberstellung von für VoIP-relevanten Sprachcodierungsverfahren
ADPCM: Adaptive Differential PCM, CELP: Code-Excited Linear-Prediction,
ACELP: Algebraic-Code-Excited Linear-Prediction, LD-CELP: Low-Delay CELP,
LPC: Linear Predictive Coding, MP-MLQ: Multipulse Maximum Likelihood Quantization,
PCM: Pulse Code Modulation

Die in Abbildung 5.1-8 aufgelisteten Sprachcodierungsverfahren lassen sich wie folgt kurz charakterisieren:

- PCM (*Pulse Code Modulation*)
  Das PCM-Verfahren realisiert eine Abtastwert-orientierte Sprachcodierung und wurde bereits kurz in Abschnitt 5.1.1 präsentiert (s. Abb. 5.1-2a). Das PCM-Verfahren spezifiziert der ITU-T-Standard G.711. Bei PCM wird das analoge Sprachsignal 8000-mal pro Sekunde abgetastet und nach dem in Abschnitt 5.1.3 dargestellten Prinzip quantisiert. Jedem quantisierten Abtastwert wird ein Codewort von 8 Bits zugeordnet. Dadurch entsteht ein Bitstrom von 8000*8 [Bit] = 64 kbit/s.

- ADPCM (*Adaptive Differential PCM*)
  Das ADPCM-Verfahren realisiert ebenso wie PCM eine Abtastwert-orientierte Sprachcodierung, die bereits kurz in Abschnitt 5.1.1 präsentiert wurde (s. Abb. 5.1-2b). ADPCM wird in den Standards G.726 und G.727 spezifiziert. Bei ADPCM werden die Differenzen zwischen den Abtastwerten und ihren Schätzungen mit Hilfe eines adaptiven Prädiktionsfilters berechnet, quantisiert und codiert. Da diese Differenzen in der Regel kleiner als Abtastwerte sind, können sie mit den Codewörtern nur mit einer Länge von 5, 4, 3 und 2 Bits codiert werden, sodass entsprechend die Bitströme mit 40, 32, 24 und 16 kbit/s entstehen.

- LPC (*Linear Predictive Coding*)
  Hierbei handelt es sich um ein Segment-orientiertes Sprachcodierungsverfahren, bei dem die Erzeugung der menschlichen Sprache mit Hilfe eines linearen LPC-Filters nachgebildet wird (s. Abb. 5.1-6). Dadurch lassen sich große Komprimierungsgewinne erzielen und die Bitraten 4.8 bzw. 2.4 kbit/s erreichen. Das LPC-Verfahren liegt allen Segment-orientierten Sprachcodierungsverfahren zugrunde.

- CELP (*Code-Excited Linear-Prediction*) und seine Varianten
  CELP ist ein Segment-orientiertes Codierungsverfahren, das nach dem in Abbildung 5.1-7 gezeigten AbS-Prinzip funktioniert. Bei CELP werden die Parameter des LPC-Filters aus den Referenzsprachsegmenten im Voraus berechnet und im sog. *Codebuch (Codebook)* als Vektoren abgespeichert. Bei der Codierung eines Sprachsegments wird im Codebuch nach dem „passenden" Vektor gesucht. Dieser Vektor wird weiter so modifiziert, dass das Sprachsegment möglichst genau durch ein synthetisches Sprachsignal nachgebildet werden kann. Dem Decodierer wird der modifizierte Vektor übermittelt, der daraufhin ein synthetisches Sprachsignal erzeugt.

  Zu diesen CELP-basierenden Verfahren gehören:

  - ACELP (*Algebraic CELP*) mit 5.3 kbit/s aus G.723.1
  - LD-CELP (*Low-Delay CELP*) mit 16 kbit/s aus G.728,
  - CS-ACELP (*Conjugate-Structure ACELP*): mit 8 kbit/s und normaler Komplexität aus G.729, mit 8 kbit/s und reduzierter Komplexität aus G.729 Annex A; mit 8 kbit/s und reduzierter Komplexität sowie mit Si-

lence Compression aus G.729 Annex AB; CS-ACELP mit 6.4 kbit/s aus
G.729 Annex D.

> **Bemerkung:** Bei *Silence Compression* werden stille Sprachabschnitte entdeckt
> und einfach unter der Angabe der Länge codiert.

■ MP-MLQ (*Multipulse Maximum Likehood Quantization*)
MP-MLQ mit 6.3 kbit/s wird im G.723.1 spezifiziert und ist ein Segment-
orientiertes Codierungsverfahren, das auf dem in Abbildung 5.1-7 dargestellten AbS-Prinzip basiert.

5.1.7 Sprachqualität nach MOS-Skala

Die Qualität der Sprachkommunikation bei VoIP wird durch die Laufzeit (Delay) der IP-Pakete über das Netz, die Laufzeitunterschiede (Jitter) und die Verluste von IP-Paketen im Netz beeinflusst. Diese Quality-of-Service-Parameter
sind relativ leicht zu messen, sagen aber leider nichts über die eigentliche
Sprachqualität aus. Sie zeigen nicht an, ob ein Telefongespräch noch verständ-
lich ist oder nicht. Die Sprachqualität ist natürlich ein subjektives Kriterium.
Für die Aussage über Sprachqualität sind folgende Aspekte wichtig: *Sprach-
qualitäts-
kriterien*

■ Verständlichkeit der Sprache,

■ Akzeptanz der Lautstärke sowie

■ Akzeptanz der Laufzeitschwankungen und Echos.

Als ein objektives Kriterium, mit dem die eben erwähnten Aspekte zum Ausdruck gebracht werden, dient MOS (*Mean Opinion Score*).

Die MOS-Werte werden durch einen standardisierten Testaufbau ermittelt, in
dem vielen repräsentativ ausgewählten Versuchspersonen Sprachproben vorge-
spielt werden und der Höreindruck ermittelt wird. Dadurch entsteht eine allgemeingültige Aussage über die Sprachqualität. Tabelle 5.1-1 stellt die MOS-
Skala dar. *Sprach-
qualität und
MOS-Werte*

MOS-Wert	Bedeutung
5 = excellent	keinerlei Anstrengung zum Verständnis der Sprache notwendig; totale Entspannung möglich
4 = good	keine Anstrengung notwendig, Aufmerksamkeit nötig
3 = fair	leichte, moderate Anstrengung nötig
2 = poor	merkbare, deutliche Anstrengung nötig
1 = bad	trotz Anstrengung keine Verständigung

Tab. 5.1-1:   MOS-Skala

Typische
MOS-Werte

Die analoge Sprachübertragung kommt hierbei auf einen MOS-Wert von 3.5 bis 4.0. Die Sprachübertragung über das ISDN erzielt mit 4.5 die besten Werte. Hochwertige VoIP-Implementierungen bieten eine Sprachqualität zwischen 3.8 und 4.4 je nach verwendeter Sprachcodierung. Damit bieten VoIP-Systeme mindestens die Qualität eines herkömmlichen analogen Telefonnetzes. Tabelle 5.1-2 zeigt die MOS-Werte von VoIP-relevanten Sprachcodierungsverfahren.

Verfahren	Bitrate [kbit/s]	MOS-Wert
PCM	64	4.3 - 4.5
ADPCM	16/24/32/40	3.4/3.6/3.9/4.2
CS-ACELP	8/6.4	4.0/3.8
LD-CELP	16	4.0 - 4.1
ACELP	5.3	3.5
MP-MLQ	6.3	3.7

Tab. 5.1-2:   MOS-Werte von Verfahren zur Sprachcodierung
Abkürzungen wie in Abbildung 5.1-8

Standard
PESQ

Es entstand Bedarf nach automatisierten Verfahren für die Ermittlung von MOS-Werten in VoIP-Systemen. Hierfür hat die ITU-T den Standard P.862, kurz PESQ (*Perceptual Evaluation of Speech Quality*), definiert. Dieser Standard stellt ein automatisches Analyseverfahren zur Bewertung der Sprachqualität in VoIP-Systemen dar.

5.2   Protokolle für Sprachübermittlung

Echtzeit-
kommunika-
tion mit RTP

Die Übermittlung von Sprache, Audio und Video über ein IP-Netz verläuft in Echtzeit. In diesem Fall ist der Einsatz der Protokolle für die Datenkommunikation nicht mehr möglich, bei denen man die Quittungen verwendet, um eventuell eine wiederholte Übermittlung von mit Fehlern empfangenen Daten zu veranlassen. Speziell für die Übermittlung von Sprache, Audio und Video über IP-Netze wurde RTP (*Real-time Transport Protocol*) bei der IETF entwickelt. RTP wurde ursprünglich im Januar 1996 im RFC 1889 spezifiziert. Im Juli 2003 wurde RFC 1889 durch RFC 3550 abgelöst.

Bedeutung
von RTCP

Für die Überwachung der Echtzeit-Kommunikation nach RTP ist ein zusätzliches Kontrollprotokoll nötig. Hierfür verwendet man RTCP (*RTP Control Protocol*), das die parallele Übertragung von Kontroll- und Statusinformationen zwischen den Endpunkten einer RTP-Session ermöglicht. RFC 3550, in dem RTP beschrieben wird, spezifiziert auch RTCP. Der Empfänger von Audio/Video sendet beispielsweise periodisch RTCP-Pakete zum Sender, die als Berichte (Reports) angesehen werden können und in denen die Informationen über den aktuellen Zustand des Empfängers selbst und über die aktuelle Qualität der Audio/Video-Übertragung an den Sender geliefert werden.

Die multimediale Kommunikation über ein IP-Netz ist nur dann sinnvoll, wenn die Echtzeitmedien wie Audio und Video in ausreichender Qualität empfangen werden. Es müssen somit bestimmte Netzparameter abgeschätzt werden, die eine Aussage über die Qualität der Kommunikation liefern können. Man spricht in diesem Zusammenhang von *Quality of Service* (QoS) und bezeichnet diese Parameter als *QoS-Parameter*. Sie können mit RTCP-Hilfe fortlaufend während der Kommunikation bewertet werden.

Bewertung von QoS-Parametern

5.2.1 Bedeutung einer RTP-Session

Wie bereits erwähnt, wird Sprache über ein IP-Netz mit Hilfe des Protokolls RTP übermittelt. Haben sich zwei IP-Telefone hinsichtlich der Regeln, nach denen die Sprache mit RTP-Hilfe übermittelt werden soll, verständigt, so kann dies interpretiert werden, als ob eine *RTP-Session* bzw. *RTP-Sitzung* zwischen ihnen aufgebaut wäre. Den Verlauf einer derartigen Verständigung bezeichnet man als *Aufbau (Einrichtung) einer RTP-Session*. Eine RTP-Session kann auch als *logischer Übermittlungskanal* für VoIP angesehen werden.

Interpretation einer RTP-Session

Wie Abbildung 5.2-1 illustriert, muss eine RTP-Session zuerst aufgebaut werden. Danach findet die Sprachübermittlung statt. Nach dem Ablauf der Kommunikation muss die bestehende RTP-Session wieder abgebaut werden, um die vorher reservierten Netzressourcen freizugeben.

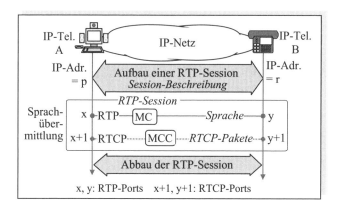

Abb. 5.2-1: Phasen bei der Sprachkommunikation über ein IP-Netz
MC: Media Channel, MCC: Media Control Channel,
RTP: Real-time Transport Protocol, RTCP: RTP Control Protocol

Notwendig-
keit eines
Signalisie-
rungs-
protokolls

RTP dient bei VoIP als reines Transportprotokoll für die Sprachübermittlung und stellt keine Mechanismen zum Aufbau einer RTP-Session bereit. Deshalb ist ein zusätzliches Protokoll nötig, nach dem sich die kommunizierenden IP-Telefone auf die Prinzipien der Sprachkommunikation über ein IP-Netz verständigen können. Ein derartiges Protokoll wird als *Signalisierungsprotokoll* bezeichnet. Bevor eine Sprachkommunikation zustande kommt, müssen sich die IP-Telefone mit Hilfe eines Signalisierungsprotokolls u. a. auf das gemeinsame Prinzip der Sprachcodierung – also auf das gleiche Sprachformat – verständigen. Dies ist die Voraussetzung, um die Kompatibilität zwischen ihnen zu erreichen. Für den Auf- und Abbau von RTP-Sessions bei VoIP verwendet man die folgenden Signalisierungsprotokolle:

- ■ H.225.0 und H.245 aus dem Framework H323. Diese Protokolle stellen *H.323-SIG*(nalisierung) dar und werden in Kapitel 6 detailliert erläutert.

- ■ SIP (*Session Initiation Protocol*) von der IETF, das im RFC 3261 spezifiziert wird. Auf das Konzept und den Einsatz von SIP geht Kapitel 7 ein.

SDP für
Beschreibung
von RTP-
Sessions

Ein IP-Telefon, das eine RTP-Session für die Sprachkommunikation initiiert, muss in der Lage sein, dem anderen IP-Telefon durch die Übermittlung unterschiedlicher Angaben die RTP-Session näher zu beschreiben. Die Regeln, nach denen ein System eine RTP-Session beschreiben kann, definiert das Protokoll SDP (*Session Description Protocol*), das im RFC 2327 festgelegt wird.

Das Protokoll H.245 aus der H.323-SIG enthält bereits die Regeln für die Beschreibung von RTP-Sessions. Aus diesem Grund ist H.245 ein sehr komplexes Protokoll. Beim Signalisierungsprotokoll SIP wird SDP für die Beschreibung von RTP-Sessions verwendet, die in einer SIP-Nachricht als sog. *Body* übermittelt werden (s. Abb. 7.3.3).

MC als RTP-
Kanal

Wie Abbildung 5.2-1 zeigt, enthält eine RTP-Session zwei logische Kanäle, nämlich MC (*Media Channel*) zur Übermittlung eines Echtzeitmediums (z. B. Sprache) als *RTP-Kanal* und MCC (*Media Control Channel*) als *RTCP-Kanal* zur Kontrolle der Echtzeitkommunikation. Über MC werden die in den IP-Paketen eingekapselten RTP-Pakete mit der Sprache übermittelt (s. Abb. 5.3-1).

MCC als
RTCP-
Kontroll-
kanal

Die Aufgabe von RTCP besteht in der Überwachung der Sprachübermittlung über den MC. Parallel zum MC wird somit ein MCC als *RTCP-Kontrollkanal* eingerichtet, in dem die Informationen über den Verlauf der Kommunikation in Form von sog. *RTCP-Paketen* ausgetauscht werden.

Typischerweise hat RTP keine festgelegte Port-Nummer. Die für RTP empfohlene Ziel-Port-Nummer ist 5004. Sie wird allerdings kaum verwendet. Stattdessen wird die Port-Nummer beim Aufbau der RTP-Session ausgehandelt, d.h. sie ist dynamisch. In der Regel wird für RTP eine gerade Nummer zugeteilt. Zusätzlich gilt: *RTCP-Port-Nr = RTP-Port-Nr + 1*.

5.2.2   RTP/RTCP und TCP/UDP/IP

Abbildung 5.2-2 illustriert die Einordnung der VoIP-Protokolle innerhalb der Protokollfamilie TCP/UDP/IP. Wie hier ersichtlich ist, stellt RTP einerseits ein Transportprotokoll für die Echtzeitmedien wie Audio/Sprache und Video dar und andererseits kann es als eine Anwendungsart oberhalb des verbindungslosen Protokolls UDP angesehen werden. Für die Überwachung der QoS-Parameter sowie für die zusätzliche Steuerung zwischen Sender und Empfänger wird parallel RTCP verwendet, das als integraler Bestandteil von RTP angesehen werden kann. Das RTP dient bei VoIP als Protokoll für die Übermittlung der Sprache.

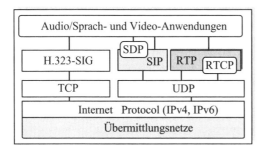

Abb. 5.2-2:   RTP und RTCP als Anwendungen oberhalb von UDP
IP: Internet Protocol, SIG: SIGnalisierung, SIP: Session Initiation Protocol,
TCP: Transmission Control Protocol, UDP: User Datagram Protocol

Hier ist hervorzuheben, dass das Signalisierungsprotokoll SIP das unzuverlässige Transportprotokoll UDP nutzt. Wie in Kapitel 7 gezeigt wird, garantiert SIP selbst eine zuverlässige Übermittlung von Nachrichten. SDP für die Beschreibung von RTP-Sessions kann als SIP-Ergänzung angesehen werden. *SIP über UDP*

Die H.323-SIG(nalisierung) dagegen nutzt das zuverlässige Transportprotokoll TCP. Man kann sich die H.323-SIG als eine Realisierung des D-Kanalprotokolls von ISDN über TCP-Verbindungen (s. Abschnitt 6.2) vorstellen. *H.323-SIG über TCP*

5.3   Konzept und Funktionen von RTP

Die wichtigsten Besonderheiten von RTP sind: *Besonderheiten von RTP*

■ *Übermittlung von Echtzeitmedien in RTP-Paketen*
   Die Echtzeitmedien (Audio, Sprache und Video) werden durch RTP als eine zusammenhängende Folge von RTP-Paketen über eine RTP-Session (RTP-Sitzung) übermittelt. Eine RTP-Session kann auch als ein logischer Übermittlungskanal interpretiert werden.

■ *Garantie der Reihenfolge von RTP-Paketen*
RTP nummeriert die übertragenen Pakete mit Echtzeitmedien, sodass ihre richtige Reihenfolge am Ziel wiederhergestellt werden kann, falls sie durch den Transport über das IP-Netz verändert war.

■ *Garantie der Isochronität*
RTP vergibt den übertragenen Paketen mit den Echtzeitmedien einen Zeitstempel, sodass die gleichen Zeitabstände am Ziel wiederhergestellt werden können, wie sie zwischen den Paketen mit den Echtzeitmedien beim Absenden waren. Damit wird die Isochronität bei der Echtzeitkommunikation garantiert (s. Abschnitt 5.6.1).

■ *Transport unterschiedlicher Formate von Echtzeitmedien*
Die RTP-Anwendungen sind u. a. VoIP, Videokonferenzen und multimediale Kommunikation. RTP übermittelt hierbei unterschiedliche Formate von Audio, Sprache und Video, die durch sog. *Profiles* genau bezeichnet sind. Diese Profiles wurden zuerst im Januar 1996 im RFC 1890 spezifiziert. Im Juli 2003 wurde RFC 1890 durch RFC 3551 abgelöst.

■ *Translator- und Mixer-Einsatz*
Beim RTP kann ein Translator eingesetzt werden. Er empfängt die RTP-Pakete mit einem Echtzeitmedium in einem Format, übersetzt das Mediumformat in ein anderes und schickt die RTP-Pakete mit dem Echtzeitmedium im neuen Format weiter (s. Abb. 5.4-1). Beim RTP kann auch ein Mixer zum Einsatz kommen. Ein Mixer stellt eine Komponente dar, die von verschiedenen Quellen die Echtzeitbitströme empfängt und aus ihnen einen gemischten Bitstrom bildet (s. Abb. 5.4-3).

5.3.1 Aufbau von RTP-Paketen

Ein Echtzeitmedium wird nach RTP als eine Folge von RTP-Paketen übermittelt, die mit dem vorangestellten UDP-Header in den IP-Paketen transportiert werden. Jedes RTP-Paket enthält einen *RTP-Header* und einen *Payload-Teil* (s. Abb. 5.3-1). Die wesentlichen Angaben im RTP-Header sind:

Angaben im RTP-Header

■ PT: Payload Type (*Payload-Typ, Nutzlasttyp*), 8 Bits
Hier wird angegeben, um welches Format es sich beim transportierten Medium als Nutzlast handelt, d. h. nach welchem Verfahren dieses Medium codiert wurde. Im Verlauf einer RTP-Session kann eine dynamische Änderung des Formats erfolgen. Die möglichen Codierungsarten verschiedener Echtzeitmedien werden im RFC 3551 festgelegt (s. Tab. 5.3-1).

■ Timestamp (*Zeitstempel*), 32 Bits
Der Zeitstempel dient dazu, den Zeitpunkt der Generierung von Payload zu markieren. Der Wert des Zeitstempels ist vom Payload-Typ abhängig. Der Anfangswert wird auch hier von einem Zufallsgenerator ausgewählt. Der

Zeitstempel ist nötig, um die Schwankungen der Übertragungszeit (sog. *Jitter*) von RTP-Paketen beim Empfänger ausgleichen zu können.

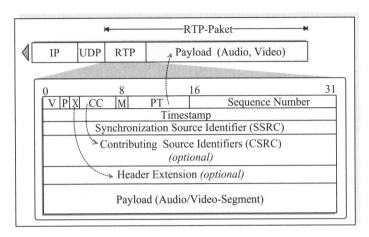

Abb. 5.3-1: RTP-Paket im IP-Paket und die Angaben im RTP-Header

- Sequence Number (*Sequenznummer*), 16 Bits
  Jedes RTP-Paket wird mit einer Sequenznummer versehen, die es dem Empfänger erlaubt, den Verlust von Paketen festzustellen bzw. die richtige Reihenfolge der Pakete wiederherzustellen, falls sie in einer falschen Reihenfolge angekommen sind. Der Anfangswert der Sequenznummer wird zufällig ausgewählt, um eine unbefugte Entschlüsselung zu erschweren.

  > **Bemerkung:** Es gibt mehrere theoretische Verfahren, nach denen man mittels des Zeitstempels und der Sequenznummer die Jitter-Werte (d. h. die Schwankungen der Verzögerungen von RTP-Paketen während der Übertragung über ein IP-Netz) abschätzen kann. Die Abschätzung des maximalen Wertes vom Jitter ist nötig, um die Zeitpunkte zu bestimmen, zu denen die RTP-Pakete an eine Anwendung am Ziel übergeben werden sollen (s. Abschnitt 5.6.2).

- SSRC (*Synchronization Source Identifier*)
  Alle RTP-Pakete einer Quelle sind Teil des gleichen Raums von Sequenznummern und besitzen das gleiche Prinzip der Vergabe des Zeitstempels (Timing). Beispiele von Quellen sind ein Mikrophon, ein Mixer oder eine Kamera. Der Empfänger gruppiert die ankommenden Pakete zwecks der Wiedergabe nach Quellen. Zur Identifikation der Quelle dient SSRC. Zwei verschiedene Quellen müssen unterschiedliche SSRCs haben, um zu gewährleisten, dass der Empfänger die Bitströme aus verschiedenen Quellen unterscheiden kann (s. Abb. 5.4-3). Die Sequenznummer und der Zeitstempel gelten jeweils für einen Bitstrom mit dem gleichen SSRC-Wert.

- CSRC (*Contributing Source Identifiers*)
  CSRC ist optional und wird verwendet, falls Payload nicht direkt vom „Ori-

ginal"-Sender kommt, sondern von einem Zwischensystem (sog. *Mixer*) empfangen, verändert und von ihm weiter gesendet wurde. CSRC ist eine Liste von „Original"-Quellen der Bitströme, aus denen sich Payload zusammensetzt. CSRC wird von einem Mixer festgelegt (vgl. Abb. 5.4-3).

Die weiteren Angaben im RTP-Header sind:

- V: Version, 2 Bits
  Hier wird die verwendete RTP-Version angegeben. Derzeit gilt die im RFC 1889 (Januar 1996) spezifizierte Version 2.

- P: Padding, 1 Bit
  Falls P = 1 ist, enthält ein RTP-Paket am Ende zusätzliche Füllung (Padding), die nicht zur Nutzlast gehört. Das letzte Padding-Byte gibt an, wie viele Padding-Bytes ignoriert werden müssen. Die Notwendigkeit, einige Padding-Bytes übertragen zu müssen, entsteht, falls ein Verschlüsselungsverfahren eingesetzt wird, das Blöcke einer bestimmten Länge voraussetzt.

- X: eXtension, 1 Bit
  Falls X = 1 ist, ist eine Header Extension vorhanden.

- CC: CSRS Count, 4 Bits
  Anzahl von im Feld CSRC enthaltenen Quell-Identifikatoren.

- M: Marker, 1 Bit
  Die Marker-Bedeutung wird durch die transportierte Nutzlast (Profile) bestimmt.

- Header Extension
  Dieses Feld ist optional und von variabler Länge. Mit Hilfe dieses Feldes kann RTP so erweitert werden, dass es an eine neue Klasse von Anwendungen angepasst werden kann. Die detaillierte Struktur dieses Feldes ist von der übertragenen Nutzlast abhängig.

Größe des RTP/UDP/IP -Headers

Ein IP-Paket mit Audio bzw. Video enthält zuerst einen RTP-Header (mind. 12 Bytes), dann einen UDP-Header (8 Bytes) und innerhalb der Netzwerkschicht noch den IP-Header (mind. 20 Bytes) (s. Abb. 5.3-1). Somit ist der gesamte RTP/UDP/IP-Header mindestens 40 Bytes groß, und deshalb ist oft eine Kompression dieses Headers notwendig (s. Abschnitt 5.8).

5.3.2 Payload-Typen

Echtzeit- medien als Payload

Als *Payload* wird das im RTP-Paket transportierte Segment eines Echtzeitmediums bezeichnet. Beim RTP unterscheidet man zwischen folgenden Arten von Medien: Sprache/Audio, Video und Audio mit Video gemischt (*interleaved*). Im RFC 3551, der RFC 1890 abgelöst hat, befindet sich eine Liste mit festgelegten Nummern für die Angabe von Payload-Typen (PT). Die PT-Nummern dienen zur Identifikation der einzelnen Audio- und Video-Formate. Der Nummernraum in dieser Liste ist nicht komplett belegt, sodass die weiteren Nummern an neue Audio- bzw. Video-Formate vergeben werden können.

Statische bzw. dynamische PT-Nummern

Den bereits „klassischen" Audio- bzw. Video-Formaten sind feste Nummern zugeordnet. Man spricht hierbei von *statischen Payload-Typen*. Weiteren Payload-Typen werden die Nummern aus dem Bereich von 96 bis 127 dynamisch zugeteilt, sodass man von *dynamischen PT-Nummern* spricht. Diese Payload-

Typen werden mit „dyn" gekennzeichnet. Neben der einfachen Erweiterung der vorhandenen PT-Nummern bieten die dynamischen PT-Nummern die Möglichkeit, auch gemischte (*interleaved*) Audio- und Video-Formate, die z. B. gleichzeitig Audio und Video repräsentieren, zu unterstützen. Abbildung 5.3-2 illustriert die Übermittlung eines gemischten Audio- und Video-Bitstroms. Die Payload-Struktur wird hier im zusätzlichen *Payload-Header* (PH) definiert.

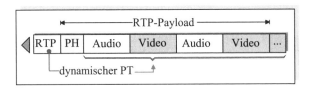

Abb. 5.3-2:   RTP- Paket mit dynamischem Payload

Um bei der Verwendung von dynamischen PT-Nummern die Kompatibilität zwischen Sender und Empfänger zu gewährleisten, wird das verwendete Format z. B. mit Hilfe des Protokolls SDP (*Session Description Protocol*) vereinbart. Wie bereits erwähnt (s. Abschnitt 5.2.1 und Abb. 5.2-1), wird SDP verwendet, um die RTP-Sessions zu beschreiben.   *SDP-Einsatz*

Eine Auflistung von PT-Nummern wichtiger Sprachcodierungsverfahren enthält Tabelle 5.3-1. Wie bereits in Abschnitt 5.1 erläutert, ist eine Sprachcodierung entweder Abtastwert- oder Segment-orientiert.   *Payload-Nummern von Sprach-codierungs-verfahren*

PT -Nr.	Codierungsname	Codierungsart	Bitrate in kbit/s
0	PCM µ-Law	Abtastwert-orientiert	64
4	G723	Segment-orientiert	5.3/6.3
8	PCM A-Law	Abtastwert-orientiert	64
12	QCELP	Segment-orientiert	4.7/6.8
15	G728	Segment-orientiert	16
18	G729	Segment-orientiert	8
dyn	G726-32	Abtastwert-orientiert	32
dyn	G726-16	Abtastwert-orientiert	16

Tab. 5.3-1:   Einige Sprachcodierungsverfahren und ihre PT-Nummern
LPC: Linear Predictive Coding, PCM: Pulse Code Modulation,
QCELP: QualComm Code-Excited Linear Prediction

5.4   Translator und Mixer

Um das Format eines Mediums in ein anderes Format umsetzen zu können, spezifiziert RTP die *Translator-Funktion*. Um mehrere transportierte Bitströme (Medien) zu einem Bitstrom zusammenzuführen (zu mischen), wird die *Mixer-Funktion* definiert. Diese beiden Funktionen werden nun genauer behandelt.

5.4.1   Translator-Einsatz

Funktion des Translators

Ein Translator ist ein Zwischensystem, das die RTP-Pakete in einem Format empfängt, sie in ein anderes übersetzt und sie weiterschickt (s. Abb. 5.4-1). Wie hier ersichtlich ist, wird dabei die Identifikation der Quelle, d. h. der Parameter SSRC im RTP-Header, nicht geändert. Die Sendeseite im Translator ist somit eine Vertretung einer Quelle.

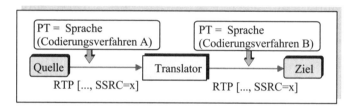

Abb. 5.4-1:   Funktion des Translators
PT: Payload Type, SSRC: Synchronization SouRCe Identifier

Ein Translator kann eingesetzt werden, um Payload in ein neues Format umzuwandeln, z.B. durch die Umcodierung von Audio-Daten in ein anderes Format. Hierbei ist allerdings nur ein Bitstrom betroffen.

Einsatz des Translators

Beispiel: Abbildung 5.4-2 illustriert den Einsatz des Translators in einem VoIP-Server.

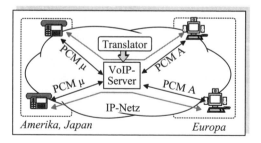

Abb. 5.4-2:   Beispiel für den Einsatz eines Translators

Hier konvertiert der Translator die nach dem Codierungsverfahren PCM A-Law erzeugten Bitströme in die Bitströme des Codierungsverfahrens PCM µ-Law und umgekehrt. Das Verfahren PCM A-Law, d. h. PCM nach der A-Kompandierungskennlinie, wird überwiegend in Europa eingesetzt. In Amerika und in Japan verwendet man das Verfahren PCM μ-Law, d. h. PCM nach der μ-Kompandierungskennlinie (s. Abschnitt 5.1.3).

Der Aufbau von VoIP-Verbindungen zwischen IP-Telefonen – falls sie verschiedene Sprachformate verwenden – kann hierbei über einen speziellen VoIP-Server erfolgen. Er kann feststellen, ob die beteiligten IP-Telefone entweder die gleiche Sprachcodierung unterstützen, oder ob die Kommunikation nur durch die Umsetzung des Sprachformats zustande kommen kann.

Die Translatoren können eingesetzt werden, um die Vertraulichkeit der Sprachkommunikation über ein öffentliches IP-Netz (z. B. Internet) zwischen zwei Standorten eines Unternehmens zu garantieren. Hierfür kann das primäre Sprachformat vor der Übertragung an der Grenze zum öffentlichen IP-Netz gezielt in ein sekundäres Sprachformat, das z. B. ein „privates" Sprachformat ist, umgewandelt werden. Somit ist die über das IP-Netz übertragene Sprache für „Fremde" unbrauchbar. Am Ziel muss das sekundäre Sprachformat wiederum in das primäre Sprachformat umgewandelt werden. *Vertraulichkeit bei der Sprachkommunikation*

5.4.2 Mixer-Einsatz

In einigen Fällen kann es sinnvoll sein, die Audio/Video-Bitströme von mehreren Quellen zu kombinieren und als einen gemischten Audio/Video-Bitstrom weiterzuleiten. Diese Aufgabe wird von einem sog. *Mixer* übernommen. Abbildung 5.4-3 veranschaulicht die Mixer-Funktion. Hier werden die ursprünglichen RTP-Pakete vom Mixer nicht weitergeleitet, sondern es wird ein neues RTP-Paket mit dem gemischten Bitstrom erzeugt. *Aufgabe eines Mixers*

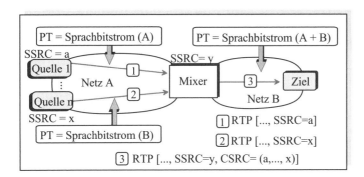

Abb. 5.4-3: Veranschaulichung der Mixer-Funktion
PT: Payload Type, CSRC: Contributing SouRCe Identifiers,
SSRC: Synchronization SouRCe Identifier

Da der Mixer selbst eine neue Quelle eines gemischten Bitstroms darstellt, trägt er sich selbst als Quelle (*Synchronization Source)* im RTP-Header jedes RTP-

Pakets ein. Um dem Ziel dennoch mitzuteilen, von welchen Quellen die einzelnen ursprünglichen Bitströme stammen, verwendet der Mixer hierfür CSRC im RTP-Header (s. Abb. 5.3-1), in dem er eine Liste von Identifikationen (SSRCs) von ursprünglichen Quellen angibt. Damit kann das Ziel erkennen, welche Quellen die einzelnen Bitströme generiert haben. Die Sendeseite im Mixer stellt somit eine Vertretung von auf der CSRC-Liste eingetragenen Quellen dar.

Multiplexen logischer RTP-Kanäle

Beispiel: Angenommen, es werden zwei Standorte eines Unternehmens über ein IP-Weitverkehrsnetz (IP-WAN) miteinander verbunden. Wie Abbildung 5.4-4 zeigt, wird das VoIP-Konzept mit Hilfe einer IP-PBX (*Private Branch Exchange*) an beiden Standorten realisiert. Jede IP-PBX enthält seitens des IP-WAN die Mixer-Funktion. Dadurch werden mehrere Sprachbitströme zu einem gemischten Bitstrom, der über das IP-WAN übermittelt werden soll, zusammengesetzt. Auf diese Art und Weise können mehrere Sprachverbindungen über das IP-WAN über nur einen logischen RTP-Kanal (RTP-Session) übermittelt werden (vgl. Abb. 5.2-1). Somit fungiert hier der Mixer als *Multiplexer logischer RTP-Kanäle*.

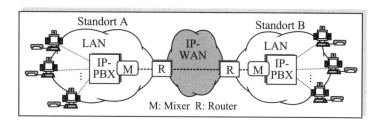

Abb. 5.4-4:   Einsatz von Mixern bei VoIP

Ein Mixer kann auch Zeitanpassungen innerhalb der einzelnen Echtzeit-Bitströme vornehmen. Beispielsweise kann er das Mischen von Audio-Bitströmen, die zur gleichen Zeit aufgenommen wurden, durchführen. Es ist sinnvoll, einen Mixer bei Video-Konferenzen einzusetzen – insbesondere dann, wenn die Teilnehmer so gruppiert sind, dass die einzelnen Gruppen sich an verschiedenen Standorten befinden.

Mixer-Einsatz bei Video-Konferenzen

Beispiel: Man stelle sich das Management-Meeting eines Konzerns vor, bei dem sich zwei Gruppen von Teilnehmern an zwei Standorten aufhalten (s. Abb. 5.4-4). In einer Konferenz mit beispielsweise 6 Teilnehmern an einem Standort, bei der jeder 0,5 Mbit/s an Video erzeugt, muss jeder auch die Videos der anderen Beteiligten am anderen Standort erhalten. Somit muss der Video-Bitstrom von 3 Mbit/s über ein IP-WAN übertragen werden. Wird an jedem Standort ein Mixer eingesetzt, so lässt sich die Bitrate vom Video-Bitstrom, den man über das IP-WAN zwischen den Standorten transportieren muss, sehr stark verringern.

5.5   Protokoll RTCP

Zur Bestimmung Übertragungsqualität bei Audio- und Video-Kommunikation wird das Protokoll RTCP verwendet. RTCP dient zur periodischen Übertragung von Kontroll- und Statusinformationen zwischen den beteiligten Endeinrichtungen einer RTP-Session. RTCP wurde ursprünglich im RFC 1889, d. h. im gleichen RFC wie RTP, spezifiziert. RFC 1889 wurde im Juli 2003 durch RFC 3550 ersetzt.

5.5.1 Funktion von RTCP

RTP wird mit RTCP so ergänzt, dass Informationen über den Verlauf der Kommunikation zwischen Sender und Empfänger, insbesondere über die Qualität der Übertragung, ausgetauscht werden können. Zusätzlich ermöglicht RTCP, die Quellen von Bitströmen eindeutig zu identifizieren. Damit können mehrere Quellen (z. B. Audio- und Video-Quelle) dem Teilnehmer einer Audio- und Video-Kommunikation zugeordnet werden. RTCP ermöglicht es, die Informationen über die Teilnehmer (als sog. *Metadaten*) zu transportieren.

Die wichtigsten Aufgaben von RTCP sind:

- *Überwachung der Übertragungsqualität*
  Hierfür werden zwischen Sender und Empfänger laufend Informationen über die Qualität der Übertragung von Echtzeitmedien ausgetauscht. Dies ermöglicht beispielsweise dem Sender, den von ihm generierten Bitstrom an die Netzbedingungen anzupassen (z. B. durch Reduktion der Datenrate bei geringer Qualität der Übertragung) und Fehler einzugrenzen. Für die Realisierung dieser Funktion werden die RTCP-Pakete *Sender Reports* und *Receiver Reports* zwischen Sender und Empfänger periodisch ausgetauscht. *(Sender und Receiver Reports)*

- *Identifikation der Quelle*
  Hierfür ermöglicht RTCP, eine eindeutige Identifikation der Quelle von Echtzeitmedien, d.h. einen sog. kanonischen Namen CNAME (*Canonical Name*), zu übertragen. Im Gegensatz zur Identifikation über SSRC (*Synchronization Source*) beim RTP, die im Mixer geändert werden kann, bleibt der CNAME immer fest. Für die Realisierung dieser Funktion sendet die Quelle das RTCP-Paket *Source Description (SDES)*. *(Source Description (SDES))*

- *Unterstützung der Mehrpunkt-Kommunikation*
  Diese Funktion eignet sich besonders für die Überwachung von Konferenzen mit mehreren Teilnehmern, die sowohl Sender als auch Empfänger sein können. Dies lässt sich beispielsweise dazu verwenden, die Namen der Teilnehmer einer Konferenz anzuzeigen. Mit RTCP werden hierfür periodisch Statusinformationen ausgetauscht, um die Teilnehmer untereinander über neu hinzukommende und ausscheidende Teilnehmer zu informieren. Z.B. kann die Anzahl der Teilnehmer oder deren Namen angezeigt werden. Dies ist dann nützlich, wenn Teilnehmer ohne vorherige An- oder Abmeldung einer Konferenz beitreten bzw. sie verlassen.

5.5.2 Typen der RTCP-Pakete

Beim RTCP werden folgende RTCP-Pakete als Nachrichten verwendet:

- Sender Report (SR),
- Receiver Report (RR),
- Source Description (SDES),
- Abmeldung (BYE),
- Applikationsspezifisches Paket (APP).

SR-Einsatz Die wichtigsten RTCP-Pakete sind hierbei SR und RR, da diese zur Überwachung der Kommunikationsqualität benötigt werden. Das RTCP-Paket SR enthält einen Zeitstempel gemäß dem *Network Time Protocol* (NTP) und beschreibt die Qualität der Übermittlung von Echtzeitmedien aus Sicht eines Senders (s. Abb. 5.5-2). Um beispielsweise die Überlast beim Empfänger zu vermeiden, kann dem Empfänger die Sende-Datenrate mit Hilfe des RTCP-Pakets SR mitgeteilt werden. Damit kann sich der Empfänger im Voraus auf die ankommende Datenmenge einstellen.

RR-Einsatz Die Qualität der Kommunikation wird vor allem mit Hilfe von Empfänger-Reports überwacht. Ein Empfänger-Report beschreibt die Qualität der Übermittlung von Echtzeitmedien (z. B. geschätzte Paketverlust-, Jitter-Werte) aus Sicht eines Empfängers (s. Abb. 5.5-4).

SDES-Einsatz Die RTCP-Pakete SDES ermöglichen es, die Quellen mit textuellen Namen zu identifizieren. Diese Kennzeichnung der Quelle wird vom Empfänger dazu verwendet, mehrere Bitströme einer Quelle (z. B. Audio und Video), die in getrennten RTP-Sessions übertragen werden, wieder zusammenzuführen.

BYE-Einsatz Das RTCP-Paket BYE dient dazu, das Ende der Teilnahme an einer Kommunikation (z. B. das Verlassen einer Konferenz) anzuzeigen.

Da die RTCP-Pakete SDES, BYE und APP für VoIP keine Funktion haben, werden sie im Weiteren außer Acht gelassen.

5.5.3 Struktur der RTCP-Pakete

RTCP-Pakete beginnen immer mit einem Header und werden dann je nach Pakettyp um spezielle Anteile ergänzt. Das Ende eines RTCP-Pakets liegt immer an einer 32-Bit-Grenze. Durch Hinzufügen von Füll-Bytes (sog. *Padding*) und durch die Angabe der Länge im Header können mehrere RTCP-Pakete in einem IP-Paket (sog. *Compound Packet*) übermittelt werden, ohne dass einzelne RTCP-Pakete explizit von anderen abgetrennt werden müssen (s. Abb. 5.5-1).

Jedes RTCP-Paket aus einem IP-Paket kann unabhängig von anderen bearbeitet werden. Die Unterscheidung der Pakete wird anhand der Pakettyp-Angabe (Feld PT im Header, s. Abb. 5.5-2 und -4) vorgenommen.

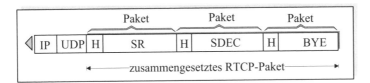

Abb. 5.5-1: Mehrere RTCP-Pakete innerhalb eines IP-Pakets
H: Header, SR: Sender Report, SDES: Source Description

Die Reihenfolge der RTCP-Pakete in einem IP-Paket kann im Prinzip beliebig sein. Empfohlen wird aber die folgende Vorgehensweise: Das erste RTCP-Paket innerhalb eines IP-Pakets sollte immer ein Sender oder Receiver Report sein (unter Umständen gefolgt von einem weiteren Receiver Report, falls ein Paket für die Anzahl der benötigten Berichte nicht ausreicht). Ebenfalls obligatorisch ist ein RCTP-Paket SDES. Andere RTCP-Pakete (z. B. APP) können dann in beliebiger Folge und auch mehrmals angereiht werden. Falls ein RTCP-Paket BYE übertragen wird, sollte es am Ende stehen.

Reihenfolge der RTCP-Pakete in einem IP-Paket

5.5.4 Sender Report (SR)

Das RTCP-Paket SR wird periodisch von jedem Sender gesendet, um dem Empfänger die Informationen über die Qualität der Übertragung von Echtzeitmedien mitzuteilen. Abbildung 5.5-2 zeigt die Angaben im SR. Ein SR-Paket enthält:

- *RTCP-Header,* der etwa dem RTP-Header entspricht,

- *Sender Information*, die einen Überblick über die Sendeaktivität des Senders gibt,

- eventuell mehrere *Report Blocks*, in denen die Statistiken über die Empfangsqualität von RTP-Paketen einzelner Empfänger übermittelt werden (s. Abb. 5.5-3).

Neben den technischen Informationen wie Version, Padding, Angabe der Länge und Zähler enthält der Header des RTCP-Pakets die eindeutige Identifikation SSRC (*Synchronization Source*) der Quelle, die diesen Report erzeugt hat.

Hat die Quelle seit dem letzten Absenden eines Sender bzw. Receiver Reports auch einige RTP-Pakete mit einem Echtzeitbitstrom gesendet, so folgt nach dem Header der Block *Sender-Information*. Er enthält den Zeitstempel mit der realen Uhrzeit, zu der der Report versandt wurde, und einen äquivalenten Zeitstempel in der von RTP für diesen Echtzeitbitstrom verwendeten Einheit. Au-

Sender-Informations-Block

ßerdem wird die Anzahl der seit Beginn der Kommunikation gesendeten Pakete bzw. Bytes angegeben.

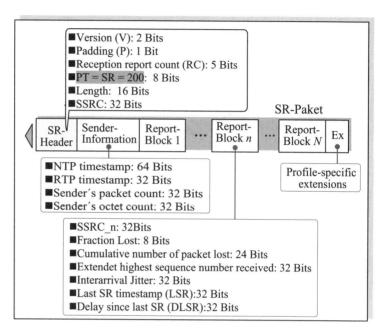

Abb. 5.5-2:   Angaben im RTCP-Paket *Sender Report* (SR)

*Report
Blocks*

Nach dem SR-Header können mehrere sog. *Report Blocks* folgen. Jeder externen Quelle eines Echtzeitmediums, von der dieser Sender seit dem letzten Versand eines Sender Reports RTP-Pakete empfangen hat, wird ein Report Block zugeordnet. Wie Abbildung 5.5-3 illustriert, ist dies beispielsweise der Fall, wenn der Sender ein Mixer ist. Die Angaben in einem Report Block beziehen sich nur auf eine Quelle. Ein Sender Report kann bis zu 31 Report Blocks enthalten.

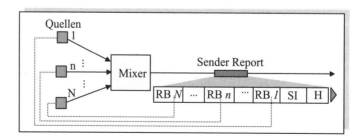

Abb. 5.5-3:   Sender Report mit mehreren Report Blocks (RB)
H: Header, SI: Sender Informationen

Ein Report Block enthält zu jeder (durch ihre SSRC identifizierten) Bitstrom-quelle den Prozentsatz und die Anzahl der nicht empfangenen RTP-Pakete, die höchste bereits empfangene Sequenznummer, die Varianz des Zeitintervalls zwischen dem Eintreffen von zwei RTP-Paketen, den Zeitstempel des letzten empfangenen Sender Reports sowie das seitdem verstrichene Zeitintervall. Weitere anwendungsspezifische Felder können in sog. *Profile Specifications* definiert werden.

Angaben im SR-Header

Die einzelnen Felder im SR-Header haben die folgende Bedeutung:

- *Version (V)* (2 Bits)
  Dieses Feld beinhaltet die Version des Protokolls RTP. Für RTCP nimmt man dieselbe Versionsnummer wie für das RTP. In diesem Fall steht hier also 2.

- *Padding (P)* (1 Bit)
  Wenn dieses Bit auf 1 gesetzt ist, enthält das Paket am Ende zusätzliche Padding (Füll) Bytes, welche aber nicht zu den Kontrollinformationen gehören.

- *Reception report count (RC)*, 5 Bits
  Hier wird die Anzahl der Report Blocks angegeben, die im RTCP-Paket enthalten sind.

- *Packet type (PT)*, 8 Bits
  Dieses Feld enthält die Angabe PT = 200 als Identifikation für ein RTCP-Paket SR.

- *Length*, 16 Bits
  Die Länge des RTCP-Pakets in 32-Bit-Worten (inklusive Header und evtl. Padding).

- SSRC (*Synchronization Source*), 32 Bits
  Dieses Feld enthält den Identifikator der Quelle dieses RTCP-Pakets.

Sender-Informationen

Der Block *Sender-Informationen* enthält verschiedene Zeitstempel und Zähler. Die einzelnen Felder haben folgende Bedeutung:

- NTP timestamp, 64 Bits
  Hier wird die aktuelle Zeit eingetragen.

- RTP timestamp, 32 Bits
  Dieser Zeitstempel korrespondiert mit dem NTP-Eintrag, jedoch in denselben Einheiten, die auch in den RTP-Paketen benutzt werden.

- Sender's packet count, 32 Bits
  Hier wird die Anzahl der bis jetzt gesendeten RTP-Pakete angegeben. Ändert sich die Identifikation SSRC, so wird dieser Zähler auf 0 gesetzt.

- Sender's octet count, 32 Bits
  Dieses Feld enthält die Anzahl der bis jetzt gesendeten Bytes in RTP-Paketen (ohne Header und Padding). Auch hier wird der Zähler auf 0 gesetzt, wenn sich SSRC ändert.

Sender-Informationen in Sender Reports

Angaben in Report Blocks

*Sender
Report von
einem Mixer*

Die einzelnen Felder im *Report Block* in Sender Reports (s. Abb. 5.5-2 und -3) bzw. auch in Receiver Reports (s. Abb. 5.5-4) haben folgende Bedeutung :

- *SSRC-n*, 32 Bits
  Die Identifikation der Datenquelle, die diesem Report Block zuzuordnen ist.

- *Fraction Lost*, 8 Bits
  Dieses Feld enthält die Verlustquote von RTP-Paketen seit dem letzten RTCP-Paket mit SR.

- *Cumulative number of packets lost*, 24 Bits
  Die Zahl aller verlorenen RTP-Pakete seit Beginn der RTP-Session.

- *Extended highest sequence number received*, 32 Bits
  Die niederwertigen 16 Bits dieses Feldes enthalten die höchstwertige Sequenznummer aller empfangenen RTP-Pakete der jeweiligen Quelle (der SSRC). Die höherwertigen 16 Bits dieses Feldes enthalten die Anzahl der empfangenen Sequenznummern der Quelle.

*Abschätzung
von Jitter*

- *Interarrival Jitter*, 32 Bits
  In diesem Feld wird das Ergebnis einer Berechnung eingetragen, welche eine Schätzung von Jitter (d. h. eine Aussage über die Zeiträume) zwischen den benachbarten RTP-Paketen darstellt.

*Round-Trip
Delay*

- *Last SR timestamp (LSR)*, 32 Bits
  Der Zeitstempel aus dem letzten empfangenen Sender Report. Diese Angabe wird verwendet, um die Größe von Round-Trip Delay abzuschätzen (s. Abb. 5.6-3).

- *Delay since last SR(DLSR)*, 32 Bits
  Die Verzögerung in 1/65536 Sekunden zwischen dem Empfangen des letzten Sender Reports und dem Senden des Report Blocks. Diese Angabe dient zur Abschätzung der Größe von Round-Trip Delay (s. Abb. 5.6-3).

5.5.5   Receiver Report (RR)

Wozu RR?

Das RTCP-Paket RR wird ebenso wie das Paket SR periodisch gesendet. Der Empfänger teilt damit dem Sender Informationen über die Qualität der Übertragung von Echtzeitmedien mit. Abbildung 5.5-4 zeigt die Angaben im Receiver Report.

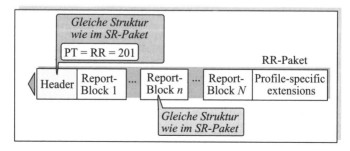

Abb. 5.5-4: RTCP-Paket *Receiver Report* (RR)

Vergleicht man die Abbildungen 5.5-2 und -4, so ist ersichtlich, dass die RTCP-Pakete SR und RR fast die gleiche Struktur haben. Der Unterschied besteht nur darin, dass SR im Vergleich zu RR *Sender Information* enthält. Die einzelnen Angaben im Header und im Report Block in SR und RR haben die gleiche Bedeutung. Ein RR kann auch mehrere Report Blocks enthalten.

Gleicher Aufbau von SR und RR

5.6 Abschätzung von QoS-Parametern

Die Audio- und Videokommunikation stellt im Vergleich zur Datenkommunikation völlig neue Ansprüche an IP-Netze, die man als *QoS-Anforderungen* (*Quality of Service*) bezeichnet. Sie betreffen vor allem

Was betreffen QoS-Anforderungen?

- ▦ die Übermittlungszeit und

- ▦ die Schwankungen der Übermittlungszeit (sog. Jitter) sowie

- ▦ die Verfälschung und Verluste von RTP-Paketen während der Übermittlung.

Die Audio- und Videokommunikation bezeichnet man als *isochrone Kommunikation*. Die *Isochronität* bezieht sich hierbei darauf, dass die Zeitverhältnisse im Bitstrom an der Sende- und Empfangsseite identisch sein müssen. Bei der Sprachkommunikation über IP-Netze müssen somit die Zeitabstände zwischen den aufeinander folgenden IP-Paketen aus einem Bitstrom auf Sende- und Empfangsseite identisch sein.

Bedeutung der Isochronität

5.6.1 Garantie der Isochronität

Die Isochronität bei der Audio- und Videokommunikation über ein IP-Netz geht dadurch verloren, dass die einzelnen IP-Pakete über verschiedene Wege über das IP-Netz zwischen Sender und Empfänger übertragen werden. Als Folge dessen schwanken ihre Übertragungszeiten. Die Schwankungen der Übertragungszeit der einzelnen Pakete aus einem Bitstrom nennt man üblicherweise *Jitter*. Um die Isochronität der Audio/Sprach- und Videokommunikation zu garantieren, muss Jitter im Empfänger entsprechend ausgeglichen werden. Hierfür verwendet man in der Regel einen speziellen Puffer, der als *Jitter-Ausgleichpuffer* bzw. als *Playout Buffer* bezeichnet wird.

Verlust der Isochronität durch Jitter

Abbildung 5.6-1 veranschaulicht, wie die Isochronität mit Hilfe eines Jitter-Ausgleichpuffers im Empfänger erreicht werden kann. Wie hier ersichtlich ist, sendet der Sender die RTP-Pakete in einer konstanten Größe in regelmäßigen Zeitabständen ab. Die einzelnen IP-Pakete mit den RTP-Paketen werden während der Übermittlung über das IP-Netz über verschiedene Routen transportiert,

Jitter-Ausgleich

sodass ihre Übermittlungszeiten auch unterschiedlich sind. Die Ankunftszeit-punkte der IP-Pakete beim Empfänger sind dadurch nicht regelmäßig.

Bedeutung des Jitter-Ausgleich-puffers

Die einzelnen RTP-Pakete müssen aber in regelmäßigen Zeitabständen an eine Applikation übergeben werden. Um dies zu erreichen, müssen die RTP-Pakete für die Dauer des maximalen Jitter-Wertes, mit dem man rechnen kann, im Jitter-Ausgleichpuffer zwischengespeichert werden. Dadurch kann man sicher sein, dass jedes RTP-Paket bereits empfangen wurde, falls es an die Applikation übergeben werden muss.

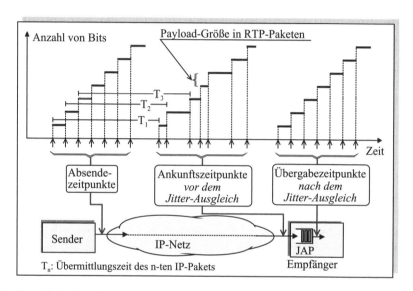

Abb. 5.6-1:   Garantie der Isochronität mit Hilfe eines Jitter-Ausgleichpuffers (JAP) im Empfänger

Bemerkung: Abbildung 5.6-1 illustriert das Isochronitätsproblem bei der Über-mittlung einer Folge von RTP-Paketen mit konstanter Länge. Dadurch konnte man hier Jitter deutlicher zum Ausdruck bringen. Sollte eine Folge von RTP-Paketen mit variabler Länge übermittelt werden, so werden die Zeitpunkte der Übergabe von RTP-Paketen an eine Applikation auf Basis des in ihnen enthaltenen Zeitstem-pels (d. h. des Absendezeitpunktes) bestimmt.

Um die Isochronität der Audio- und Videokommunikation garantieren zu kön-nen, stellt RTCP die hierfür notwendigen Funktionen zu Verfügung. Insbeson-dere ist es mit RTCP-Hilfe möglich, sowohl die Jitter-Werte als auch die Über-mittlungszeiten von RTP-Paketen über ein IP-Netz abzuschätzen.

5.6.2 Abschätzung von Jitter

Mit Hilfe der in den RTCP-Paketen SR und RR übertragenen Angaben lassen sich Schwankungen der Übermittlungszeit über ein IP-Netz, die als *Jitter* bezeichnet werden, abschätzen. Abbildung 5.6-2 illustriert die Idee, die der Abschätzung von Jitter zugrunde liegt.

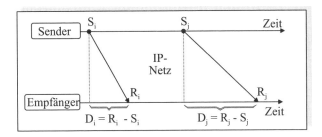

Abb. 5.6-2:   Annahmen zur Abschätzung von Jitter

Für die Jitter-Abschätzung werden folgende Annahmen gemacht:

- ▓ S_i = Zeitstempel des i-ten RTP-Pakets, d.h. der Zeitpunkt, zu dem das RTP-Paket vom Sender abgeschickt wurde.

- ▓ R_i = Zeitpunkt, zu dem das i-te RTP-Paket vom Empfänger empfangen wurde.

Die Verzögerung des i-ten RTP-Pakets im IP-Netz beträgt

$D_i = R_i - S_i$

Man bezeichnet mit $J(j, i)$ den Unterschied zwischen der Übermittlungszeit des i-ten RTP-Pakets und der Übermittlungszeit des j-ten RTP-Pakets. Es gilt

$$J(j, i) = D_j - D_i = (R_j - S_j) - (R_i - S_i) = (R_j - R_i) - (S_j - S_i)$$

Die Jitter-Werte lassen sich nach dem Empfangen von einzelnen RTP-Paketen rekursiv wie folgt errechnen:

$$J_1 = 0, J_2 = J(2, 1), J_i = J_{i-1} + (|J(i, i-1)| - J_{i-1})/16, i = 3, 4, ...$$

Formel für die Jitter-Abschätzung

Der Wert J_i stellt die Abschätzung von Jitter nach dem Empfang des i-ten RTP-Pakets dar.

Die Abschätzung von Jitter wird dem Kommunikationspartner in den RTCP-Paketen SR und RR übermittelt (vgl. Abb. 5.5-2 und 5.5-4). Der Jitter-Wert ist eine der wichtigsten Informationen bei der Überwachung der isochronen Kommunikation über IP-Netze. Wie bereits erwähnt wurde (s. Abb. 5.6-1), verwendet man die Abschätzung von Jitter dazu, um die Größe des Jitter-Ausgleichpuffers im Empfänger zu bestimmen. Wie Abb. 5.6-1 zeigt, wird der Jitter-Ausgleichpuffer eingesetzt, um die Segmente mit Echtzeit-Medien (Au-

Bestimmen der Größe des Jitter-Ausgleichpuffers

dio/Sprache, Video) zu den richtigen Zeitpunkten an eine Applikation übergeben zu können.

5.6.3 Abschätzung des Round-Trip Delay

Was ist Round-Trip Delay?

Die in den RTCP-Paketen SR und RR übertragenen Angaben ermöglichen, die Größe des *Round-Trip Delay* (d. h. Hin-und-Zurück-Verzögerung) von RTP-Paketen während der Übermittlung über ein IP-Netz abzuschätzen. Abbildung 5.6-3 illustriert die hierfür benötigten Annahmen.

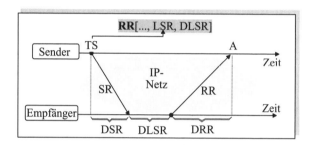

Abb. 5.6-3:   Annahmen zur Abschätzung von Round-Trip Delay
DLSR: Delay since Last SR (Angabe im RR), DRR: Delay von RR, DSR: Delay von SR, LSR: Last SR (Angabe im RR), TS: Zeitstempel (TimeStamp) im Sender Report (SR)

Der Wert von Round-Trip Delay (RTD) kann wie folgt errechnet werden:

RTD = DSR + DRR = A − LSR − DLSR

Hierbei bedeutet:

■ A: Zeit, zu der das RTCP-Paket RR empfangen wurde.

■ LSR: Last SR im RR. Zeitstempel aus dem letzten empfangenen Paket SR. Das ist der Zeitpunkt, zu dem das Paket SR abgeschickt wurde.

■ DLSR: Delay since Last SR im RR. Das ist der Zeitabstand zwischen dem Empfangen des letzten Pakets SR und dem Absenden des Pakets RR.

Die Hälfte von Round-Trip Delay kann als ein Maß für die Übermittlungszeit in einer Richtung über das IP-Netz angenommen werden.

5.7   Secure Real-time Transport Protocol (SRTP)

SRTP als Erweiterung von RTP

Auf VoIP-Systeme können verschiedene „Angriffe" vorgenommen werden. Beispielsweise können einige Gespräche abgehört bzw. einige Systemkomponenten lahmgelegt werden. Um die Sicherheitsrisiken bei der Nutzung des Protokolls RTP zu verhindern, wurde ein Konzept entwickelt, das eine Erweiterung von RTP darstellt und als SRTP (*Secure Real-time Transport Protocol*) bezeichnet wird. SRTP wurde im IETF-Dokument RFC 3711 spezifiziert.

Beim Einsatz von SRTP können die über IP-Netze transportierten Echtzeitmedien verschlüsselt werden. Es besteht auch die Möglichkeit, zu überprüfen, ob die empfangenen RTP-Pakete vom wahren Absender stammen. SRTP setzt ein sog. *Key Management Protocol* voraus, mit dessen Hilfe die kommunizierenden Endeinrichtungen die einzusetzenden Sicherheitsverfahren und bestimmte Parameter untereinander aushandeln und sich gegenseitig in die Lage versetzen, dass jede Endeinrichtung einen gemeinsamen und geheimen Schlüssel, den sog. *Master Key*, selbst generieren kann. Der Master Key dient nur als „Schlüsselmaterial". Jede Endeinrichtung generiert später mit Hilfe des Master Keys die weiteren Schlüssel, sog. *Session Keys*, die man zur Verschlüsselung und Authentifizierung übertragener RTP- und RTCP-Pakete verwendet. Dem SRTP liegt AES (*Advanced Encryption Standard*) zugrunde.

Key Management Protocol: Wozu?

5.7.1 Sicherheitsfunktionen von SRTP

SRTP bietet bestimmte Sicherheitsfunktionen, um RTP-Pakete vertraulich zu übertragen und unterschiedliche „Angriffe" auf sie zu unterbinden. Mit SRTP lassen sich folgende Sicherheitsfunktionen realisieren:

Sicherheitsfunktionen

- ■ *Vertraulichkeit durch die Verschlüsselung*
  Mit SRTP wird die Vertraulichkeit während der Sprachübertragung erreicht, indem der Inhalt der RTP-Pakete vor der Übertragung verschlüsselt wird. Damit kann die Sprache unterwegs durch einen Unbefugten nicht „abgehört" werden.

- ■ *Authentifizierung des Absenders*
  Die Identität des Absenders bei der Kommunikation über IP-Netze kann natürlich anhand der Quell-IP-Adresse in IP-Paketen geprüft werden. Die Quell-IP-Adresse kann aber leicht durch einen Unbefugten unterwegs vorgetäuscht werden. Bei dieser Fälschungsart spricht man von *Identitäts-Spoofing*. Mit SRTP ist es möglich festzustellen, ob die RTP-Pakete vom wahren Absender stammen.

- ■ *Überprüfung der Integrität*
  Nachdem ein RTP-Paket von einem Unbefugten empfangen wurde, kann er dieses Paket in einer veränderten Form an das Ziel weiterleiten. Damit können die RTP-Pakete ohne Wissen des Absenders und des Empfängers unterwegs gezielt verändert werden. Mit SRTP können die RTP-Pakete vor unberechtigten Änderungen während der Übertragung geschützt werden. Dadurch wird sichergestellt, dass die empfangenen RTP-Pakete exakt mit den gesendeten übereinstimmen.

- *Anti-Replay-Schutz (Replay-Verhinderung)*
  Die von einem Unbefugten unterwegs gelesenen RTP-Pakete können unterschiedlich missbraucht werden. Sie können beispielsweise verwendet werden, um eine neue Session einzurichten und illegal auf die Informationen in einer Ziel-Endeinrichtung zuzugreifen. Mit dem Anti-Replay-Schutz kann verhindert werden, dass man mit Hilfe der aus einem RTP-Paket unterwegs illegal abgelesenen Angaben auf die Informationen in einer Ziel-Endeinrichtung zugreifen kann.

Sicherheit bei RTCP

Die Sprachübermittlung nach RTP wird mit Hilfe des Protokolls RTCP überwacht. Die RTCP-Pakete werden auf die gleiche Art und Weise wie RTP-Pakete gesichert.

5.7.2 Key Management Protokoll und SRTP

Key Management Protokoll (KMP): Wozu?

Um SRTP einzusetzen, müssen die kommunizierenden Endeinrichtungen zuerst untereinander einige Informationen austauschen, um gemeinsame und sicherheitsrelevante Parameter festzulegen sowie sich gegenseitig in die Lage zu versetzen, dass jede Endeinrichtung für sich selbst die notwendigen und geheimen Schlüssel generieren kann. Dafür ist ein spezielles *Key Management Protokoll* (*KMP*) nötig.

MIKEY als KMP

Ein Beispiel für ein KMP ist IKE (*Internet Key Exchange*), das man beim Sicherheitsprotokoll IPsec verwendet (s. [BaHo 01]). IKE erfüllt jedoch die besonderen Anforderungen der Echtzeit-Kommunikation nicht. Daher liegt bei der IETF bereits ein neues KMP mit dem Namen *MIKEY* (*Multimedia Internet KEYing*) als RFC 3830 vor, das speziell für das Schlüsselmanagement bei der Multimedia-Kommunikation über IP-Netze konzipiert wurde. MIKEY wird beim SRTP-Einsatz als KMP dienen. Für Näheres über MIKEY sei verwiesen auf http://www.ietf.org/html.charters/msec-charter.html

Bedeutung des kryptografischen Kontexts

Die kommunizierenden Endeinrichtungen verwenden KMP, um einige Parameter für den SRTP-Einsatz zu vereinbaren und bestimmtes „Schlüsselmaterial" untereinander auszutauschen. Damit erreicht man den Zustand, dass jede Endeinrichtung die notwendigen geheimen Schlüssel für sich selbst generieren kann. Ein geheimer Schlüssel darf nie übertragen werden. Die vereinbarten Parameter und generierten Schlüssel für eine RTP-Session stellen den sog. *kryptografischen Kontext* dar, der in jeder Endeinrichtung für die Dauer der RTP-Session abgespeichert und mit einer Identifikation der RTP-Session entsprechend verknüpft werden muss.

Master Key als Schlüsselmaterial

Um beim MIKEY-Einsatz den kryptografischen Kontext für eine RTP-Session in zwei kommunizierenden Endeinrichtungen erzeugen zu können, müssen nur zwei Nachrichten gesendet werden. Hierbei fungiert eine Endeinrichtung als Initiator der „kryptografischen Verhandlungen" und die andere als Responder.

Abbildung 5.7-1 zeigt den MIKEY-Verlauf zwischen zwei IP-Telefonen im sog. *Diffie-Hellman-Modus*.

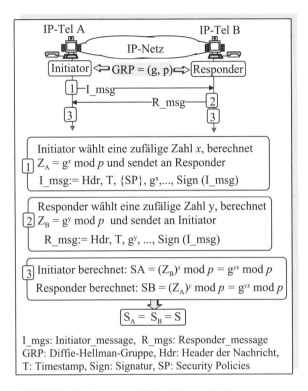

Abb. 5.7-1:   MIKEY-Verlauf im sog. Diffie-Hellman-Modus

Hier soll gezeigt werden, welches „Schlüsselmaterial" ausgetauscht wird und wie die beiden IP-Telefone sich jeweils den gleichen und geheimen Schlüssel erzeugen können. Bei SRTP dient dieser Schlüssel nur als „Schlüsselmaterial" und wird als *Master Key* bezeichnet.

Wie erzeugt man geheimes Schlüssel-material?

Die beiden IP-Telefone „müssen nur wissen", welche Diffie-Hellman-Gruppe (kurz *DH-Gruppe*) benutzt wird. Mit der DH-Gruppe wird eine große Primzahl p (z. B. mit einer Länge von 1024 Bits) und ein Generator g festgelegt. Jedes Sicherheitsprotokoll nutzt eine bestimmte DH-Gruppe. Initiator und Responder kennen somit die Parameter g und p der DH-Gruppe.

> **Bemerkung:** Primzahlen sind Zahlen, die nur durch 1 und durch sich selber ohne Rest dividierbar sind. Primzahlen sind z. B.: 2, 3, 5, 7, 11, 13, ... Für alle ganzen Zahlen i = 1, 2, 3, ..., p-1 muss eine Zahl x existieren, sodass
>
> $g^x \bmod p = i$
>
> Das Ergebnis der mathematischen Operation
>
> a mod b (a Modulo b)

ist der Rest nach der Division a/b; z.B. 7 mod 3 = 1 (7/3 = 2 und der Rest = 1).

Wie Abbildung 5.7-1 zeigt, sind folgende drei Schritte beim MIKEY-Verlauf im sog. Diffie-Hellman-Modus zu unterscheiden:

1. Der Initiator wählt eine große ganze Zufallszahl x, die geheim gehalten werden muss, berechnet $Z_A = g^x \bmod p$ und teilt dem Responder den Wert g^x mit.

2. Der Responder wählt ebenso eine große ganze Zufallszahl y, die geheim gehalten werden muss, berechnet $Z_B = g^y \bmod p$ und teilt dem Initiator den Wert g^y mit.

> **Bemerkung:** Da der Modulo-Wert p durch die DH-Gruppe festgelegt wird, braucht der Initiator den Wert $g^y \bmod p$ an den Responder nicht zu übermitteln, sondern nur g^x. Genauso muss der Responder nur g^y an den Initiator übermitteln.

3. Der Initiator berechnet:

$$S_A = (Z_B)^x \bmod p = (g^y \bmod p)^x \bmod p$$

$$= (g^y)^x \bmod p = g^{yx} \bmod p$$

Der Responder berechnet:

$$S_B = (Z_A)^y \bmod p = (g^x \bmod p)^y \bmod p$$

$$= (g^x)^y \bmod p = g^{xy} \bmod p$$

Somit ist

$$S = S_A = S_B = g^{xy} \bmod p$$

das geheime Schlüsselmaterial, das Initiator und Responder verwenden können. Dieses Schlüsselmaterial kann bei SRTP als sog. *Master Key* dienen und wird dazu verwendet, die sog. *Session Keys* zu erzeugen (s. Abb. 5.7-5).

5.7.3   Gesicherte Kommunikation nach SRTP

Wie bereits im Abschnitt 5.2.1 gezeigt wurde (s. Abb. 5.2-1), muss zuerst eine RTP-Session zwischen Endeinrichtungen aufgebaut werden, um ein Echtzeit-medium wie z. B. Sprache in RTP-Paketen zwischen ihnen zu übermitteln. Hierfür benötigt man ein Signalisierungsprotokoll, wie z. B. SIP bzw. H.323-Signalisierung.

Abbildung 5.7-2 zeigt, welche Phasen bei einer Sprachübermittlung nach SRTP und bei Einsatz von MIKEY zu unterscheiden sind.

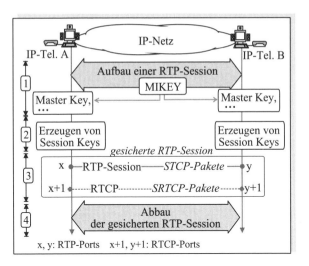

Abb. 5.7-2:   Schritte bei gesicherter Sprachübermittlung nach SRTP
und beim MIKEY-Einsatz als Key Management Protocol

Die einzelnen Phasen bei gesicherter Sprachkommunikation sind:

1. *Aufbau einer ungesicherten RTP-Session*
Der Aufbau einer RTP-Session kann nach dem Signalisierungsprotokoll
SIP bzw. nach den Protokollen H.225.0 und H.245 aus der Familie H.323
erfolgen (s. Abschnitt 6.1.4). Dient MIKEY als Key Management Protokoll, lassen sich seine Nachrichten einfach in die Nachrichten der Signalisierungsprotokolle einbetten.

   Beispiel: Sollte SIP eingesetzt werden und initiiert das IP-Tel A eine RTP-Session, wird die
   MIKEY-Nachricht I_msg vom IP-Tel A zum Tel B im SIP-Request INVITE übermittelt.
   Die MIKEY-Nachricht R_msg vom IP-Tel B zum Tel B kann die SIP-Antwort 200 OK ent-
   halten (vgl. Abb. 5.7-1).

2. *Erzeugen von Session Keys nach SRTP*
Der Ablauf eines Signalisierungsprotokolls in der Phase 1 hat zum Aufbau
einer ungesicherten RTP-Session geführt. Nach dem MIKEY-Ablauf ver-
fügen die beiden IP-Telefone bereits über ein gemeinsames und geheimes
Schlüsselmaterial, das man als *Master Key* bezeichnet. Nach den in SRTP
festgelegten Regeln erzeugen nun die beiden IP-Telefone die notwendigen
Schlüssel, um die Übermittlung der Sprache zu sichern. Bei SRTP verwen-
det man hierfür verschiedene Arten von sog. *Session Keys* (s. Abb. 5.7-5).
Ein Session Key wird z.B. für die Verschlüsselung von Payload in RTP-
Paketen und der andere für die Authentifizierung des Absenders genutzt.

3. *Kommunikation über eine gesicherte RTP-Session*
Haben die kommunizierenden IP-Telefone die vereinbarten Session Keys
bereits erzeugt, können sie die zu übermittelnden RTP- und RTCP-Pakete
entsprechend sichern. Dabei werden die Pakete um die SRTP-Angaben er-

*Phasen bei
gesicherter
Sprachkom-
munikation*

weitert (s. Abb. 5.7-4) und es entstehen sog. *SRTP- und SRTCP-Pakete*. Eine gesicherte RTP-Session kann man sich als eine „normale" RTP-Session vorstellen, über die zwischen den kommunizierenden IP-Telefonen SRTP- und SRTCP-Pakete übermittelt werden.

4. *Abbau der gesicherten RTP-Session*
   Ist die Kommunikation zu Ende, muss die gesicherte RTP-Session abgebaut werden. Dies verläuft nach dem Protokoll SIP bzw. nach den Protokollen H.225.0 und H.245 genau so wie der Abbau jeder „ungesicherten" RTP-Session.

5.7.4   Prinzip der Integritätsprüfung und Authentifizierung

Einsatz einer Hash-operation HMAC

SRTP ermöglicht, die Integrität der empfangenen RTP-Pakete zu überprüfen, d. h. ob sie unterwegs verändert wurden. Hierfür wird jedem zu übertragenden RTP-Paket eine kryptografische Prüfsumme (eine Art der Signatur) hinzugefügt. Diese Prüfsumme wird nach einer Hashoperation HMAC (*Hashing for Message Authentication*) aus dem RTP-Paket beim Einsatz eines gemeinsamen geheimen Schlüssels S_A für die Authentifizierung errechnet (s. Abb. 5.7-5). Bei SRTP wird ein derartiger Schlüssel S_A als *Session Authentication Key* bezeichnet. Nur der Absender und der Empfänger verfügen über den geheimen Schlüssel S_A zur Berechnung dieser Prüfsumme. Auf diese Art und Weise kann jedes zu übertragende RTP-Paket signiert werden.

Von großer Bedeutung ist die Überprüfung, ob die empfangenen RTP-Pakete vom „wahren" Absender stammen. Eine derartige Überprüfung bezeichnet man als *Authentifizierung des Absenders*. Sie ist mit SRTP möglich und kann auch mit Hilfe einer speziellen Hashfunktion durchgeführt werden.

Mit Hilfe dieser Hashfunktion sind auch die gleichzeitige Prüfung der Integrität und die Authentifizierung möglich. In diesem Fall wird der Hashwert jeweils aus dem zu übertragenden RTP-Paket und aus dem geheimen Schlüssel S_A berechnet, der nur den beiden kommunizierenden Partnern (*theoretisch!*) bekannt ist.

Abbildung 5.7-3 zeigt das Prinzip der gleichzeitigen Authentifizierung und Überprüfung der Integrität nach SRTP bei Übermittlung eines RTP-Pakets. Die beiden Kommunikationspartner verwenden die gleiche Hashfunktion HMAC und nutzen den geheimen Schlüssel S_A, der nur ihnen bekannt ist. Hier handelt es sich um eine Hashfunktion, die vom Schlüssel abhängig ist und den MAC (*Message Authentication Code*) darstellt. Der Absender berechnet zuerst den Hashwert Y = HMAC(X, S_A) aus dem zu übertragenden RTP-Paket X und aus dem geheimen Schlüssel S_A. Dann übermittelt er den Hashwert Y am Ende des RTP-Pakets, d. h. nach X, als deren Prüfsumme. Die beiden Teile X und Y bilden somit ein SRTP-Paket (s. Abb. 5.7-4).

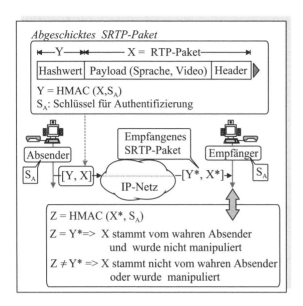

Abb. 5.7-3: Prinzip der Integritätsprüfung und Authentifizierung nach SRTP

Dem Empfänger ist S_A bekannt, sodass er den Hashwert Z = $HMAC(X*, S_A)$ aus dem empfangenen RTP-Paket $X*$ und aus S_A berechnet. Um zu überprüfen, ob das empfangene RTP-Paket vom „wahren" Absender stammt und ob es unterwegs manipuliert wurde, vergleicht er den empfangenen Hashwert $Y*$ mit dem von ihm berechneten Hashwert Z.

Zwei Möglichkeiten kommen nun in Frage:

Kriterium bei der Überprüfung

- Ist Z gleich $Y*$, stammt das empfangene RTP-Paket vom wahren Absender und wurde unterwegs nicht manipuliert. In diesem Fall ist X gleich $X*$.

- Falls Z nicht gleich $Y*$ ist, stammt das empfangene RTP-Paket X nicht vom wahren Absender oder es wurde unterwegs manipuliert. In diesem Fall ist X nicht gleich $X*$.

Nach dem gleichen Prinzip werden auch die RTCP-Pakete kontrolliert.

Als Hashoperation HMAC bei SRTP soll die in RFC 2104 definierte HMAC-SHA1 (*HMAC Secure Hash Algorithm*) verwendet werden. Eine wichtige Besonderheit jeder Hashoperation ist, dass sie einen Datenblock beliebiger Länge auf einen Hashwert immer fester Länge komprimiert. Der Hashwert von HMAC-SHA1 ist 160 Bits lang, was zu einer hohen Sicherheit führt.

Einsatz von HMAC-SHA1

5.7.5   SRTP- und SRTCP-Pakete

Die Sicherung der zu übermittelnden RTP- und RTCP-Pakete führt dazu, dass sie um bestimmte sicherheitsrelevante Angaben ergänzt werden müssen. Auf diese Art und Weise entstehen sog. *SRTP- und SRTCP-Pakete*. Abbildung 5.7-4 zeigt ihre Struktur.

Angaben im RTP-Paket

Ein RTP-Paket wird um folgende Angaben ergänzt:

▪ MKI (*Master Key Identifier*)
SRTP setzt voraus, dass ein Key Management Protocol wie z. B. MIKEY eingesetzt wird, mit dessen Hilfe die kommunizierenden Partner ein bzw. mehrere sog. *Master Keys* erzeugen können (vgl. Abb. 5.7-1). MKI besagt, welcher Master Key, falls mehrere in Frage kommen, für die Sicherung des betreffenden RTP-Pakets verwendet wurde.

▪ Authentication tag
In diesem Feld, das zwar optional ist, aber empfohlen wird, ist der Wert der vereinbarten Hashfunktion HMAC enthalten. Damit ist die gleichzeitige Prüfung der Integrität und die Authentifizierung nach dem in Abbildung 5.7-3 gezeigten Prinzip möglich.

Die Länge von Feldern MKI und Authentication tag ist konfigurierbar.

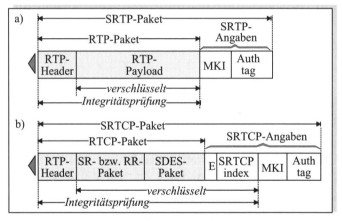

Abb. 5.7-4:   Struktur: a) des SRTP- Pakets, b) des SRTCP-Pakets
E: Encrypted, MKI: Master Key Identifier, Auth tag: Authentication tag

Angaben im RTCP-Paket

Ein RTCP-Paket wird genau wie ein RTP-Paket um MKI und um ein Authentication tag ergänzt. Zusätzlich enthält ein RTCP-Paket folgende zwei Angaben:

▪ E-flag (1 Bit, *E: Encrypted*):
Mit diesem Bit wird angegeben, ob das RTCP-Paket verschlüsselt ist. Falls E = 1, ist das RTCP-Paket verschlüsselt, sonst nicht.

▪ SRTCP index (31 Bits):
Mit dieser Angabe werden die RTCP-Pakete fortlaufend nummeriert nach Modulo 2^{31}. Diese Angabe soll den Anti-Replay-Schutz bei den RTCP-Paketen ermöglichen (s. Abschnitt 5.7.6).

5.7.6 Session Keys bei SRTP

Um die zu übertragenden RTP- und RTCP-Pakete zu sichern, werden mehrere Schlüssel verwendet. Man bezeichnet sie als *Session Keys*. Um kontinuierliche Bitströme wie z. B. Sprache zu sichern, muss die Verschlüsselung in Echtzeit durchgeführt werden. Hierfür kommt nur ein sog. *Stromverschlüsselungsverfahren* (*Stream Encryption*) in Frage (vgl. Abb. 5.7-6). Ein derartiges Verschlüsselungsverfahren ist einfach zu implementieren, sodass es sogar in mobilen IP-Telefonen eingesetzt werden kann.

Stromverschlüsselungsverfahren

Für Mobilfunknetze nach dem GSM-Standard wurde der Verschlüsselungsstandard A5 entwickelt, der ebenfalls auf einem Stromverschlüsselungsverfahren basiert. Es wurden spezielle Angriffe auf die Sprachübertragung beim A5-Einsatz veröffentlicht, die man als *Time-Memory-Tradeoff-Angriffe* (kurz *TMT-Angriffe*) bezeichnet. Die erste Variante des TMT-Angriffs aus der Veröffentlichung von Golic im Jahr 1997 wurde von Biryukow und Shamir Ende 1999 noch vereinfacht. Die Nachricht, dass man die A5-Verschlüsselung selbst auf einem einfachen PC in Echtzeit entschlüsseln könnte, war sensationell.

Time-Memory-Tradeoff Angriffe

Im Allgemeinen benötigt ein Angreifer bei einem TMT-Angriff umso weniger Zeit für die eigentliche Entschlüsselung, je mehr Speicherplatz ihm in seinem Rechner zur Verfügung steht. Für einen TMT-Angriff werden die „denkbaren" Schlüsselströme nach bestimmten Kriterien im Voraus erzeugt und in einer Datenbank für eventuelle Angriffe abgespeichert. Bei einer großen Festplattenkapazität ist der Angriff sogar in Echtzeit möglich.

Da bei SRTP ein Stromverschlüsselungsverfahren verwendet wird, muss man mit TMT-Angriffen rechnen. Um sie möglichst unwirksam zu machen, nutzt man bei SRTP den sog. *Salting Key*.

Bei SRTP wird vorausgesetzt, dass ein Key Management Protocol, wie z. B. MIKEY, verwendet wird (vgl. Abb. 5.7-1). Nach dem Ablauf dieses Protokolls sind die beiden kommunizierenden Endeinrichtungen in der Lage, jede für sich *Master Key* und *Master Salt* selbst zu generieren. Zusätzlich können die Endeinrichtungen vereinbaren, ob der Master Key während einer RTP-Session gewechselt werden soll. Ist dies der Fall, dann wird vereinbart, wie häufig der Schlüsselwechsel stattfinden soll, was als Parameter `Key Derivation Rate` angegeben wird. Dieser Parameter hat den Wert 0, falls der Schlüssel für die Dauer einer RTP-Session unverändert bleibt.

Arten von Session Keys

Wie Abbildung 5.7-5 zeigt, werden bei SRTP folgende Session Keys erzeugt:

- Session Encryption Key zur Ver- bzw. Entschlüsselung,
- Session Authentication Key, um `Authentication tag` zu berechnen,
- Session Salting Key zur Verschlüsselung von SSRC (s. Abb. 5.3-1) und Packet Index bei der Berechnung des Stromschlüssels (Stream Key).

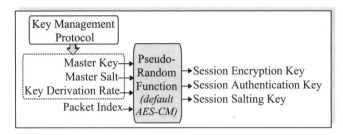

Abb. 5.7-5: Generieren von Session Keys

*Generieren
von Session
Keys*

Die Session Keys werden durch einen Zufallsgenerator, der durch eine *Pseudo-Random Funktion* (PRF) spezifiziert wird, getrennt für RTP bzw. RTCP generiert. Als PRF wurde vorgeschlagen, standardmäßig den Algorithmus AES-CM (*Advanced Encryption Standard Counter Mode*) zu verwenden.

`Packet Index` *für Anti-Replay-Schutz*

Um Anti-Replay-Schutz zu ermöglichen, berechnet man für jedes Paket den Parameter `Packet Index`. Er stellt eigentlich die laufende Nummer des RTP- bzw. des RTCP-Pakets während einer RTP-Session dar. Für die Angabe der Sequenznummer eines RTP-Pakets steht in seinem Header das Feld `Sequence Number` mit der Länge 16 Bits zur Verfügung (s. Abb. 5.3-1). So werden die zu sendenden RTP-Pakete nach Modulo 2^{16} fortlaufend nummeriert. Der Index `i` eines RTP-Pakets wird somit wie folgt bestimmt:

$$i = ROC * 2^{16} + SEC$$

`SEC` stellt `Sequence Number` aus dem RTP-Header in dezimaler Form dar. `ROC` (*RollOver Counter*) gibt hierbei an, wie oft `SEC` seit Beginn der RTP-Session von 2^{16} auf 0 zurückgesetzt wurde, d.h. wie oft die Nummerierung nach Modulo 2^{16} von 0 angefangen wurde.

*Wie man
Anti-Replay-Schutz
realisieren
kann*

Da der Index eines RTP-Pakets seine laufende Nummer während einer RTP-Session darstellt, kann er verwendet werden, um den Anti-Replay-Schutz zu realisieren. Ist der Index des letzten empfangenen RTP-Pakets z.B. gleich x, so erwartet man normalerweise, dass das nächste ankommende RTP-Paket die Nummer x+1 hat. Es können eventuell einige darauf folgende Pakete unterwegs verloren gehen. Man kann beispielsweise annehmen, dass nicht mehr als Δ benachbarte RTP-Pakete als ein zusammenhängender Block (Burst) verloren gehen. Somit erwartet man von dem wahren Absender das nächste RTP-Paket nur mit einem Index aus dem Bereich <x+1, ..., x+Δ>.

Man kann somit den Anti-Replay-Schutz wie folgt realisieren: Nach dem letzten empfangenen RTP-Paket mit dem Index x werden nur diese empfangenen RTP-Pakete nicht verworfen, deren Index zum Bereich <x+1, ..., x+Δ> gehört. Jedes empfangene RTP-Paket, dessen Index außerhalb dieses Bereichs ist, wird als fremdes RTP-Paket, d. h. als nicht vom wahren Absender stammendes betrachtet und muss verworfen werden.

5.7.7 Vorbereitung eines RTP-Pakets zum Senden

Vor dem Absenden eines RTP-Pakets wird zunächst sein Payload verschlüsselt und dann der Wert `Authentication tag` berechnet (vgl. Abb. 5.7-4). Abbildung 5.7-6 illustriert diese Schritte.

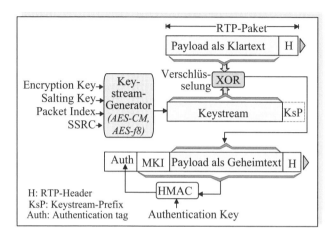

Abb. 5.7-6: Vorbereitung eines RTP-Pakets zum Senden
KsP: Keystream-Prefix, XOR: eXclusive OR

Bei SRTP wird ein Stromverschlüsselungsverfahren verwendet, sodass man einen pseudozufälligen *Keystream* (*Schlüsselstrom*) für die Verschlüsselung benötigt. Dieser Keystream wird durch einen Keystream-Generator, d. h. durch einen Zufallsfolgengenerator, für jedes Paket erzeugt. Bei der Generierung von Keystream verwendet man als Parameter `Session Encryption Key`, `Session Salting Key`, `Packet Index` und `SSRC` (s. Abb. 5.3-1). Dem erzeugten Keystream wird ein Keystream-Präfix vorangestellt. Das `Authentication tag` kann eventuell auch aus diesem Präfix berechnet werden.

Man benötigt einen Keystream

Der Keystream-Generator funktioniert standardmäßig nach dem Algorithmus AES-CM bzw. nach dem Algorithmus AES-f8, der für die Verschlüsselung bei UMTS (*Universal Mobile Telecommunications System*) entwickelt wurde. Der auf diese Art und Weise generierte Keystream kann eine Länge bis zu 2^{23} Bits haben. Somit könnte die Länge des Payload mit Audio bzw. Video in einem RTP-Paket ebenfalls so lang sein. Dies ist jedoch in der Praxis nicht der Fall.

AES-CM als Keystream-Generator

Für die Verschlüsselung wird Payload vom RTP-Paket als „Klartext" durch die Operation `XOR` bitweise mit dem Keystream verknüpft. Damit wird der Payload vom RTP-Paket in einen „Geheimtext" umgewandelt.

Bevor das RTP-Paket übertragen wird, kann eventuell noch das Feld MKI angehängt werden. Danach wird der Hashwert `Authentication tag` aus dem Paket berechnet und am Ende hinzugefügt. Auf diese Art und Weise entsteht

HMAC-Berechnung

ein SRTP-Paket, das über ein IP-Netz sicher übermittelt werden kann. Die Berechnung von `Authentication tag` erfolgt nach der Hashfunktion HMAC, genauer gesagt HMAC-SHA1. Hierbei kommt auch der Authentication Key zum Einsatz.

Die Vorbereitung eines RTCP-Pakets zum Senden verläuft nach dem gleichen Prinzip wie die eines RTP-Pakets (s. Abb. 5.7-6).

5.7.8   Bearbeitung eines empfangenen RTP-Pakets

Authentifizierung und Überprüfung der Integrität

Abbildung 5.7-7 veranschaulicht die Bearbeitung eines empfangenen RTP-Pakets. Zuerst findet eine Authentifizierung des Absenders und eine Überprüfung der Integrität des Pakets mit Hilfe von `Authentication tag` statt (vgl. Abb. 5.7-3). Hierfür wird aus dem Paket, ausgenommen `Authentication tag`, der Hashwert `Auth*` nach der Hashfunktion HMAC (genau HMAC-SHA1) berechnet und mit dem Wert `Auth` im empfangenen Paket verglichen. Ist `Auth` = `Auth*`, stammt das empfangene RTP-Paket vom wahren Absender und wurde unterwegs nicht manipuliert. Ansonsten stammt das RTP-Paket nicht vom wahren Absender bzw. es wurde unterwegs manipuliert. In diesem Fall muss es verworfen werden.

Entschlüsselung

Stammt das empfangene RTP-Paket vom wahren Absender und wurde unterwegs nicht manipuliert, wird es zuerst entschlüsselt. Die Entschlüsselung erfolgt nach dem gleichen Prinzip wie die Verschlüsselung auf der Sendeseite (vgl. Abb. 5.7-6). Falls im empfangenen Paket der `MKI` enthalten ist, wird der richtige Master Key anhand der hier angegebenen Master-Key-Identifikation ausgewählt. Danach werden die notwendigen Session Keys erzeugt (vgl. Abb. 5.7-5) und ein Keystream mit Hilfe des gleichen Keystream-Generators wie auf der Sendeseite generiert. Das im empfangenen RTP-Paket enthaltene Payload wird durch die Operation `XOR` mit dem für dieses Paket erzeugten Keystream verknüpft. Als Folge dieser `XOR`-Verknüpfung gewinnt man das Original-RTP-Payload zurück.

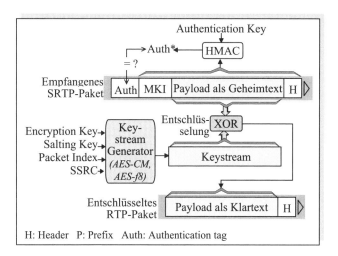

Abb. 5.7-7: Bearbeitung eines empfangenen RTP-Pakets
XOR: eXclusive OR

Auf die in Abbildung 5.7-7 gezeigte Art und Weise verläuft auch die Bearbeitung eines empfangenen RTCP-Pakets.

Beweis für die Entschlüsselung: Es stellt sich nun die Frage, ob das in Abbildung 5.7-7 entschlüsselte Payload als Klartext mit dem in Abbildung 5.7-6 verschlüsselten Payload übereinstimmt. Bezeichnet man das nicht verschlüsselte Payload als A und den Streamkey als Ks, so kann das verschlüsselte Payload B dargestellt werden als

Nutzung einer Eigenschaft von XOR

B = A ⊕ Ks   (⊕ = XOR-Operation)

Kam während der Übermittlung kein Bitfehler zustande, ist das im empfangenen RTP-Paket enthaltene Payload ebenfalls gleich B.

Da bei der XOR-Operation gilt: (x ⊕ b) ⊕ b = a, kann die Entschlüsselung wie folgt formal dargestellt werden:

B ⊕ Ks = (A ⊕ Ks) ⊕ KS = A

Dies begründet, dass das entschlüsselte Payload mit dem Original-Payload übereinstimmt.

5.7.9 Schritte bei der Bearbeitung eines RTP-Pakets

Bisher wurden die Schritte vor dem Senden und nach dem Empfangen eines RTP-Pakets nur unabhängig voneinander erläutert. Abbildung 5.7-8 zeigt nun alle Schritte an der Sende- und Empfangsseite im Zusammenhang.

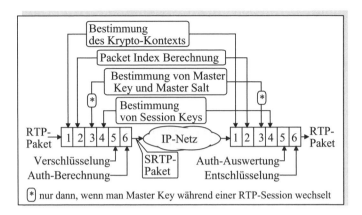

Abb. 5.7-8: Bearbeitung eines RTP-Pakets an der Sende- und Empfangsseite

Liegt ein RTP-Paket zum Senden vor, sind im Allgemeinen folgende Schritte vor dem Senden zu unterscheiden:

1. *Bestimmung des Krypto-Kontexts*
   Mit Hilfe eines Key Management Protocol haben die beiden kommunizierenden Endeinrichtungen bestimmte Verfahren und Parameter vereinbart (s. Abb. 5.7-2). Danach hat jede Endeinrichtung für sich selbst einen bzw. mehrere Master Keys und eventuell auch Master Salt erzeugt. Die vereinbarten Parameter sowie Master Key und Master Salt stellen für jede Endeinrichtung einen *kryptografischen Kontext* (*Cryptographic Context*, kurz *Krypto-Kontext*) dar. Diesem Krypto-Kontext wird eine Identifikation `context_id` zugeordnet, die man wie folgt definiert:

   `context_id = <SSRC, Ziel-IP-Adresse, Ziel-RTP-Port-Nr>`

   `SSRC` ist im RTP-Header enthalten und stellt eine Identifikation der Quelle dar (s. Abb. 5.3-1). `context_id` kann auch als Identifikation einer RTP-Session angesehen werden und dient auch als Verweis auf einen Speicherplatz, wo der Krypto-Kontext für die RTP-Session abgespeichert wurde. Mit `context_id` wird somit der Krypto-Kontext bestimmt.

2. *Packet-Index-Berechnung*
   Kennt man den Krypto-Kontext, kann der Index des zu sendenden RTP-Pakets bestimmt werden. Der Index des RTP-Pakets wird nicht übermittelt. Die Empfangsseite ist in der Lage, den Index selbst zu berechnen. Im Gegensatz zu RTP wird der Index jedes RTCP-Pakets übertragen (vgl. Abb. 5.7-4). Der Index eines RTP- bzw. eines RTCP-Pakets stellt seine laufende Nummer während einer RTP-Session dar.

3. *Bestimmung von Master Key und Master Salt*
   Im nächsten Schritt werden Master Key und Master Salt bestimmt. Dies ge-

schieht nur dann, wenn der Master Key während einer RTP-Session gewechselt wird.

4. *Bestimmung von Sesssion Keys*
Sind Packet Index, Master Key und Master Salt bekannt, können die benötigten Session Keys erzeugt werden (vgl. Abb. 5.7-5).

5. *Verschlüsselung*
Wurden Session Keys erzeugt, wird das Payload im zu sendenden RTP-Paket nach dem in Abbildung 5.7-6 gezeigten Prinzip verschlüsselt.

6. *Auth-Berechnung*
Nach der Verschlüsselung wird der HMAC-Wert berechnet und im Feld `Authentication tag` eingetragen. Danach kann das RTP-Paket über ein IP-Netz übermittelt werden.

Auf der Empfangsseite verläuft die Bearbeitung eines empfangenen RTP-Pakets in folgenden Schritten:

■ *Schritte 1, 2, 3 und 4:* Sie laufen genauso ab wie die entsprechenden Schritte vor dem Senden.

■ *Schritt 5:* Auth-Auswertung
Auf der Empfangsseite wird zuerst eine Auswertung von `Authentication tag` gemacht (vgl. Abb. 5.7-7) und eine Authentifizierung des Absenders sowie eine Überprüfung der Integrität des Pakets durchgeführt.

■ *Schritt 6:* Entschlüsselung
Stammt das empfangene RTP-Paket vom wahren Absender und wurde unterwegs nicht manipuliert, wird dieses Paket entschlüsselt.

Bei der Bearbeitung eines RTCP-Pakets lassen sich auch die in Abbildung 5.7-8 dargestellten Schritte unterscheiden.

5.8 Kompression des RTP/UDP/IP-Headers

Wie bereits im Abschnitt 5.1 gezeigt wurde, verwendet man sehr komplexe Verfahren für die Sprachcodierung, um niedrigere Bitraten zu erreichen und damit die notwendige Bandbreite zu reduzieren. Eine Sprachaufnahme von 20 ms kann z.B. als Sprachsegment mit einer Länge von 20 Bytes dargestellt werden. Um dieses 20-Byte-Sprachsegment über ein IP-Netz zu übermitteln, wird ihm ein RTP/UDP/IP-Header mit der Länge von mindestens 40 Bytes vorangestellt. Damit ist der Overhead länger als das Sprachsegment und muss manchmal selbst komprimiert werden. Hierfür stehen die beiden Protokolle CRTP (*Compressed RTP*, s. RFC 2508) und ROHC (*Robust Header Compression*, s. RFC 3095) zur Verfügung.

Kompressions-protokolle CRTP und ROHC

Grund-
legende Idee
der Kompri-
mierung

Die Komprimierung ist möglich, weil in den Headern der Protokolle RTP, UDP und IP mehrere Angaben während der Kommunikation unverändert bleiben, d.h. sie sind *statisch*. Diese Angaben müssen nur einmal übermittelt werden. Es gibt im RTP/UDP/IP-Header zusätzlich noch Angaben, die sich nur selten ändern. Beim Einsatz von CRTP kann beispielsweise der RTP/UDP/IP-Header mit der Länge von 40 Bytes sogar bis auf 2 Bytes reduziert werden.

5.8.1 Bedeutung von CRTP und ROHC

CRTP und ROHC werden eingesetzt, um den RTP/UDP/IP-Header bei der Multimedia-Kommmunikation über langsame Übermittlungskanäle zu reduzieren. Solche Situationen kommen bei VoIP-Anwendungen über Funkkanäle in zellularen Netzen oft vor. ROHC wurde insbesondere mit dem Ziel entwickelt, effektive Multimedia-Kommunikation zwischen mobilen Teilnehmern und den Basisstationen in Mobilfunknetzen der sog. vierten Generation zu ermöglichen. Abbildung 5.8-1 illustriert die Bedeutung von ROHC.

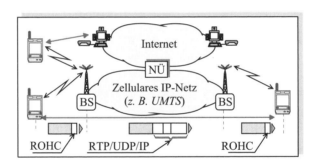

Abb. 5.8-1: Die Bedeutung von ROHC bei der mobilen Multimedia-Kommunikation
BS: BasisStation, NÜ: Netz-Übergang

Ein Kompressionsprotokoll wie ROHC bzw. CRTP ist kein Ende-zu-Ende-Protokoll, sondern ein Protokoll zwischen einem Kompressor auf der Sendeseite und einem Dekompressor auf der Empfangsseite und kann nur abschnittsweise auf den langsamen Übertragungsstrecken eingesetzt werden. Abbildung 5.8-1 soll dies noch einmal zum Ausdruck bringen.

Kompression
und Dekom-
pression im
Schichten-
modell

Die Protokolle CRTP und ROHC können im Schichtenmodell zusammen mit dem Protokoll IP der dritten Schicht zugeordnet werden. Wie Abbildung 5.8-2 zeigt, stellt CRTP bzw. ROHC eine Ergänzung zur dritten Schicht dar. Wie hier ebenfalls ersichtlich ist, wird der lange RTP/UDP/IP-Header durch einen kurzen CRTP/ROHC-Header ersetzt. Da ein Link-Level-Modul oft als Adapterkarte hardwaremäßig realisiert wird, kann ein Kompressor/Dekompressor nach CRTP bzw. nach ROHC als Kartentreiber implementiert werden.

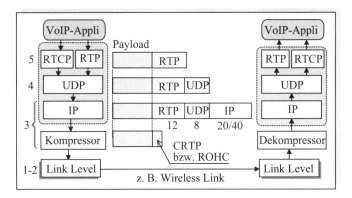

Abb.5.8-2: Kompression und Dekompression im Schichtenmodell
Appli: Applikation

Beim RTP-Einsatz verwendet man auch das Protokoll RTCP als Monitoring-Protokoll, um Berichte (Reports) über den Verlauf der Kommunikation zwischen Sender und Empfänger zu übermitteln. Die Protokolle CRTP und ROHC müssen zusätzlich garantieren, dass auch der gesamte RTCP/UDP/IP-Header (d. h mit RTCP) in Sonderfällen übermittelt wird. Dies wird z. B. bei CRTP mit Hilfe eines sog. FULL_HEADER erreicht (vgl. Abb. 5.8-7).

5.8.2 Konzept der Kompression des RTP/UDP/IP-Headers

Abbildung 5.8-3 zeigt den RTP/UDP/IP-Header mit einer entsprechenden Klassifizierung seines Kontexts. Im RTP-Header wurden hier nur die Felder gezeigt, die immer vorkommen (s. Abb. 5.3-1). In diesem Fall hat der RTP-Header die Länge von nur 12 Bytes.

Der Inhalt des RTP/UDP/IP-Headers als *Kontext* (Context) kann wie folgt klassifiziert werden:

Arten von Angaben im RTP/UDP/IP-Header

- *Statischer Kontext*: Das sind die Angaben (z. B. IP-Adressen im IP-Header, Port-Nummern im UDP-Header), die während eines Kommunikationsvorgangs immer konstant sind.

- *Ableitbarer Kontext:* Es handelt sich um die Angaben, die aus den anderen Angaben abgeleitet werden können (z. B. Packet-Length im IP-Header).

- *Selten veränderlicher Kontext:* Das sind die Angaben (z. B. ToS im IP-Header), die in einer Serie von Paketen konstant sind.

- *Dynamischer Kontext*: Diese Angaben (z. B. Identification im IP-Header, Sequence Number im RTP-Header) ändern sich von Paket zu Paket.

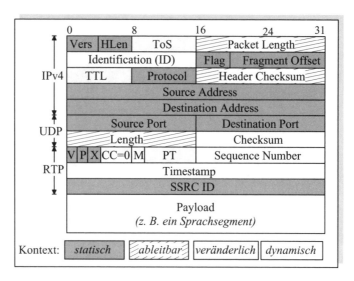

Abb. 5.8-3:   Klassifizierung von Kontext im RTP/UDP/IP-Header

Konzept der
Kompression

Das grundlegende Konzept der Kompression des RTP/UDP/IP-Headers ist: Der statische und ableitbare Kontext im RTP/UDP/IP-Header muss nicht ständig gesendet werden, und beim veränderlichen Kontext sollte man nur die Änderungen übermitteln.

Dynamischer
Kontext

Zum dynamischen Kontext gehören folgende Angaben: RTP Marker Bit (M), RTP Sequence Number, RTP Timestamp, Identification im IP-Paket und UDP Checksum. Diese Angaben bzw. ihre Veränderungen müssen immer übermittelt werden. Die optionalen Angaben im RTP-Header sind CSRC und Header Extension (vgl. Abb. 5.3-1). Somit müssen CRTP und ROHC garantieren, dass auch diese optionalen RTP-Angaben übermittelt werden.

Statischer
Kontext
als Session-
Kontext

Bei der Kompression des RTP/UDP/IP-Headers wird zuerst der vollständige Header vom Kompressor zum Dekompressor übermittelt. Beim Dekompressor wird der vollständige RTP/UDP/IP-Header als Referenzheader abgespeichert. Der statische Kontext und andere Informationen, um den veränderlichen Kontext zu rekonstruieren, bezeichnet man als *Session-Kontext*. Der Referenzheader ist ein Teil des Session-Kontexts. Abbildung 5.8-4 illustriert die Bedeutung von Session-Kontext beim Einsatz von CRTP.

Bedeutung
von CID

Die Pakete vom Kompressor zum Dekompressor enthalten hier nur den CRTP-Header, in dem die eventuellen Veränderungen im RTP/UDP/IP-Header und der Parameter CID (*Context Identifier*) übermittelt werden. CID gibt an, um welchen Session-Kontext es sich handelt. Damit dient CID beim Dekompressor als Verweis auf den entsprechenden Speicherplatz beim Empfänger.

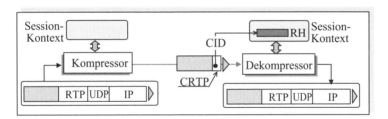

Abb. 5.8-4: Bedeutung von Session-Kontext beim Dekompressor am Beispiel von CRTP
RH: Referenz-RTP/UDP/IP-Header

5.8.3 Kompression und Decompression nach CRTP

Bei CRTP übermittelt der Kompressor dem Dekompressor

- ▨ entweder einen vollständigen RTP/UDP/IP-Header, dem ein CRTP-Header, der sog. FULL_HEADER, vorangestellt wird,

- ▨ oder nur einen kurzen CRTP-Header, in dem nur Änderungen des dynamischen Kontexts übermittelt werden.

Die Änderungen des dynamischen Kontexts werden durch die Differenzen erster und zweiter Ordnung dargestellt. Es sei x_i eine Angabe (z. B. RTP Timestamp bzw. Identifikation im IP-Paket) aus dem dynamischen Kontext im Paket, das als i-tes Paket vom Kompressor abgeschickt wurde. Die Differenz erster Ordnung ist *(Differenzen von dynamischen Angaben)*

$$\Delta x_i = x_i - x_{i-1} \text{ für } i = 1, 2, \dots$$

Die Differenz zweiter Ordnung wird berechnet als

$$\Delta^2 x_i = \Delta x_i - \Delta x_{i-1} \text{ für } i = 2, 3, \dots$$

Es ist zu bemerken, dass die Differenzen erster Ordnung von Angaben wie RTP Timestamp, RTP Sequence Number und Identification im IP-Header in der Regel konstant sind. Somit gilt $\Delta^2 x_i = 0$, d.h. die Differenzen zweiter Ordnung sind gleich 0. Diese Tatsache liegt dem Protokoll CRTP zugrunde.

Den Verlauf von CRTP illustriert Abbildung 5.8-5. Hier wird zum Ausdruck gebracht, wie die Angabe x aus dem dynamischen Kontext vom Dekompressor rekonstruiert werden kann. Zu Beginn sendet der Kompressor den vollständigen RTP/UDP/IP-Header als FULL_HEADER (H_0), der beim Dekompressor als Referenz abgespeichert wird. Das nächste Paket als erstes Paket, das man zum Dekompressor übermittelt, enthält nur einen CRTP-Header mit der Differenz Δx_1 statt mit dem Wert x_1. Der Dekompressor speichert Δx_1 als Session-Kontext und berechnet den Wert x_1 aus x_0 und Δx_1 wie folgt: $x_1 = x_0 + \Delta x_1$. Damit rekonstruiert der Dekompressor den RTP/UDP/IP-Header (H_1) des ersten Pakets. *(Verlauf von CRTP ohne Aktualisierung von Session-Kontext)*

Das zweite Paket, das dem Dekompressor übermittelt wird, enthält ebenso nur einen CRTP-Header. Da es sich hier um eine Angabe handelt, bei der $\Delta^2 x_2 = 0$, d.h. $\Delta x_2 = \Delta x_1$, braucht die Differenz Δx_2 nicht übermittelt zu werden, weil Δx_1 dem Dekompressor bereits vorliegt. Er berechnet den Wert x_2 aus den bereits als Session-Kontext vorhandenen Werten x_1 und Δx_1 wie folgt: $x_2 = x_1 + \Delta x_2 = x_0 + \Delta x_1$. Damit wurde der Header H_2 rekonstruiert.

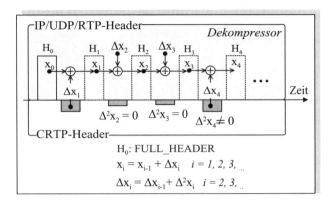

Abb. 5.8-5:   Verlauf der Kompression und Dekompression der „dynamischen" Angabe x nach CRTP ohne Aktualisierung des Session-Kontexts beim Dekompressor

Auf diese Art und Weise kann der Dekompressor die „dynamische" Angabe x selbst berechnen und so ermitteln, wie lange ihre Differenz der zweiten Ordnung gleich 0 ist, d.h. wie lange $\Delta^2 x_i = 0$ gilt. Ist beim Kompressor $\Delta^2 x_i$ nicht gleich 0, d.h. Δx_i stimmt mit Δx_{i-1} nicht überein, muss er an den Dekompressor den Wert Δx_i übermitteln. In der Abbildung betrifft dies Δx_4.

Verlauf von CRTP mit Aktualisierung von Session-Kontext

Falls sich eine statische Angabe verändert hat bzw. ein Paket verloren gegangen ist, muss der Session-Kontext beim Dekompressor aktualisiert werden. Wie Abbildung 5.8-6 zeigt, sendet hierfür der Kompressor den vollständigen RTP/UDP/IP-Header als FULL_HEADER (H_0). Damit wird der Session-Kontext beim Dekompressor aktualisiert (aufgefrischt). Danach verläuft die Übermittlung von Header-Angaben nach den bereits geschilderten Prinzipien.

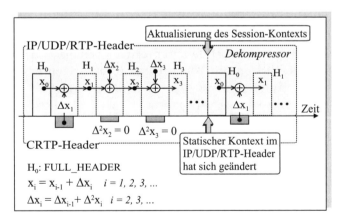

Abb. 5.8-6:   Verlauf der Kompression und Dekompression der „dynamischen" Angabe x nach CRTP mit der Aktualisierung des Session-Kontexts beim Dekompressor

Während einer RTP-Session verwendet man parallel zum Protokoll RTP das Monitoring-Protokoll RTCP (vgl. Abb. 5.8-2). Da der RTCP-Header nicht komprimiert wird, müssen somit die vollständigen RTCP-Pakete übermittelt werden. Hierfür definiert CRTP den FULL_HEADER. Abbildung 5.8-7 illustriert dessen Nutzung. *Nutzung von FULL_HEADER*

FULL_HEADER verwendet man:

- um das erste und vollständige RTP-Paket auf einer RTP-Session zu übermitteln bzw. falls der Kontext beim Dekompresssor z.B. nach einem Paketverlust aktualisiert werden muss (vgl. Abb. 5.8-5 und -6),
- um alle RTCP-Pakete zu übermitteln.

Man unterscheidet zwischen einem FULL_HEADER mit 8-Bit-CID und einem mit 16-Bit-CID. Im Feld Seq wird die laufende Nummer von FULL_HEADER eingetragen (s. Abb. 5.8-9). Das Feld Generation wird nur in einem Sonderfall bei IPv6 verwendet.

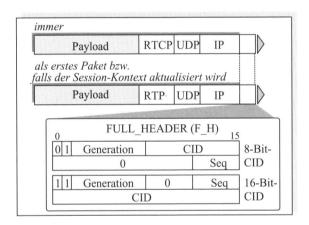

Abb. 5.8-7: Nutzung von FULL_HEADER
CID: Context Identification, Seq: Sequence

Für die Übermittlung der Veränderungen des dynamischen Kontexts in Form von Differenzen erster Ordnung (s. Abb. 5.8-5) definiert CRTP das Paket COMPRESSED_RTP. Abbildung 5.8-8 zeigt die Struktur dieses Pakets. *COMPRESSED_RTP*

Eine besondere Rolle spielen hier die vier Bits MSTI, die als sog. *Flags* dienen und folgende Bedeutung haben: M = RTP Marker Bit, S = RTP Sequence Number, T = RTP Timestamp und I = Identifikation im IPv4-Paket. Wird ein Flag auf 1 gesetzt, signalisiert dies, dass sich die entsprechende Angabe so verändert, dass sich ihre Differenz erster Ordnung ebenfalls verändert hat. Damit ist ihre Differenz zweiter Ordnung nicht gleich 0. In diesem Fall wird die Differenz erster Ordnung in COMPRESSED_RTP übermittelt. Das auf 1 gesetzte *Bedeutung von Flags MSTI*

Flag zeigt an, dass die Differenz erster Ordnung der ihm entsprechenden „dynamischen" Angabe im COMPRESSED_RTP enthalten ist.

Falls die Differenzen erster Ordnung von allen dynamischen Angaben im RTP/UDP/IP-Header konstant sind, d. h. MSTI = 0000 und UDP-Checksum nicht übermittelt wird, ist der Header im COMPRESSED_RTP nur 2 Bytes lang. In diesem Fall wird also der RTP/UDP/IP-Header auf nur 2 Bytes komprimiert.

Bedeutung
von Link
Sequence

Link Sequence gibt die laufende Nummer von COMPRESSED_RTP an. Damit kann der Dekompressor feststellen, ob ein COMPRESSED_RTP verloren gegangen ist. Ist dies der Fall, sendet er ein CRTP-Paket CONTEXT_STATE an den Kompressor, um eine wiederholte Übermittlung des verloren gegangenen Pakets COMPRESSED_RTP zu veranlassen (s. Abb. 5.8-9).

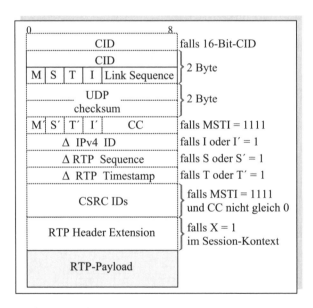

Abb. 5.8-8:   Struktur des Pakets COMPRESSED_RTP
CC: CSRC Count (aus RTP-Header), CID: Context Idenetifier,
X: 1-Bit-Angabe im RTP-Header (s. Abb. 5.3-1)

Nutzung von
COMPRES-
SED_UDP

Falls sich der statische Kontext nur im RTP-Header geändert hat und der statische Kontext im IP-Header unverändert geblieben ist, braucht nur der RTP-Header übermittelt zu werden. Hierfür wird das Paket COMPRESSED_UDP bei CRTP definiert.

Beispiel: Auswirkung der Paketverluste und langer Signallaufzeit

Falls eine multimediale Kommunikation über eine Übertragungsstrecke mit häufigen Paketverlusten und mit langer Signallaufzeit stattfindet, d. h. der sog. Round-Trip Delay (RTD) ist groß (s. Abb. 5.6-3), dann hat CRTP einige „Schwächen". Abbildung 5.8-9 soll dies verdeutlichen.

Nach dem Absenden von FULL_HEADER mit Seq = 0 übermittelt der Kompressor eine Folge von Paketen COMPRESSED_RTP. Hierbei ist aber das Paket mit LS = 2 verloren gegangen. Erst nach dem Empfangen von COMPRESSED_RTP mit LS = 3 stellt der Dekompressor dies fest. Deshalb übermittelt er nun ein Paket CONTEXT_STATE an den Kompressor, um eine wiederholte Übertragung der verlorenen Inhalte zu veranlassen. Inzwischen hat der Kompressor aber weitere Pakete COMPRESSED_RTP abgeschickt. Nach dem Empfangen von CONTEXT_STATE übermittelt der Kompressor an den Dekompressor nicht COMPRESSED_RTP mit LS = 2 wiederholt, sondern den entsprechenden RTP/UDP/IP-Header inkl. RTP-Payload vollständig im FULL_HEADER mit Seq = 1. Nach dem Empfang dieses FULL_HEADER wird der Session-Kontext beim Dekompressor aktualisiert. Die weiteren Pakete mit LS von 3 bis 9, die der Kompressor bereits vor dem Empfangen von CONTEXT_STATE abgeschickt hat, müssen erneut übermittelt werden.

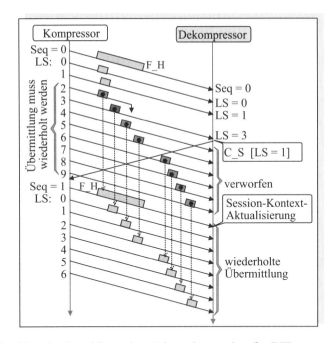

Abb. 5.8-9: Negative Auswirkung eines Paketverlusts und großer RTD
C_S: CONTEXT_STATE, F_H: FULL_HEADER, LS: Link Sequence, Seq: Sequence

Dieses Beispiel sollte verdeutlichen, dass CRTP nicht effektiv ist, falls die RTP-Pakete über eine Übertragungsstrecke übermittelt werden, auf der die Paketverluste oft vorkommen und der Round-Trip Delay relativ groß ist. Mit derartigen unerwünschten Effekten muss beispielsweise bei VoIP-Anwendungen über Satellitenverbindungen bzw. über Funkkanäle in Mobilfunknetzen gerechnet werden.

Enhanced
CRTP
In RFC 3545 wurde bereits eine modifizierte Version von CRTP als *Enhanced CRTP* (E-CRTP) spezifiziert, um die Effizienz von CRTP in solchen Situationen, die Abbildung 5.8-9 zeigt, zu verbessern. Eine wichtige „Neuerung" bei E-CRTP im Vergleich zum CRTP besteht darin, dass die E-CRTP-Pakete eine Prüfsumme zur Entdeckung von Übertragungsfehlern enthalten können.

5.8.4 Besonderheiten von ROHC

Wie bereits gezeigt wurde, funktioniert CRTP auf den Übertragungsstrecken mit relativ häufigen Paketverlusten und mit großem Round-Trip Delay nicht besonders effektiv. Aus diesem Grunde wurde das Protokoll ROHC (*Robust Header Compression*) entwickelt und im IETF-Dokument RFC 3095 spezifiziert. Abbildung 5.8-1 zeigt einen typischen ROHC-Einsatz. Die grundlegenden Prinzipien der Kompression des RTP/UDP/IP-Headers, die bereits bei CRTP erläutert wurden, verwendet man auch bei ROHC.

Es sind u. a. folgende Besonderheiten von ROHC zu nennen:

- Wie CRTP ist ROHC ein Protokoll zwischen einem Kompressor und einem Dekompressor. Jede von diesen Funktionskomponenten wird als ein Automat dargestellt und kann sich in einem von drei Zuständen befinden.

- ROHC definiert drei Betriebsarten: Unidirectional (U-)Mode, Bidirectional Optimistic (O-)Mode und Bidirectional Reliable (R-)Mode. Im O- und R-Mode wird vorausgesetzt, dass ein entsprechender Rückkanal vorhanden ist, um positive bzw. negative Quittungen vom Dekompressor zum Kompressor übermitteln zu können. Der ROHC-Ablauf beginnt immer im U-Mode. Erst wenn der Dekompressor über den vollständigen Session-Kontext verfügt (s. Abb. 5.8-4), kann vom U-Mode auf O- bzw. R-Mode gewechselt werden.

- ROHC definiert unterschiedliche Pakete, die auch von der Betriebsart abhängig sind, in denen der vollständige RTP/UDP/IP-Header und die Differenzen von dynamischen Angaben übermittelt werden. Wie bei CRTP enthalten alle ROHC-Pakete auch CID als Verweis auf einen Session-Kontext (s. Abb. 5.8-4). Alle ROHC-Pakete enthalten jedoch eine Prüfsumme 8-Bit-CRC (*Cyclic Redundancy Check*), was einen wesentlichen Unterschied zum CRTP darstellt. Mit Hilfe von CRC kann der Dekompressor selbst feststellen, ob ein empfangenes Paket fehlerfrei ist.

Eine bessere Effizienz auf den Übertragungsstrecken mit relativ häufigen Paketverlusten und mit großem Round-Trip Delay wird bei ROHC im Vergleich zum CRTP insbesondere dadurch erreicht, dass einerseits die Prüfsumme CRC übermittelt und andererseits eine stärkere Rückkopplung vom Dekompressor zum Kompressor im O- und R-Mode genutzt wird.

5.9 Schlussbemerkungen

Abschließend sind folgende Aspekte hervorzuheben:

- *RTP und RTCP als Protokolle für die Echtzeitkommunikation*
  RTP wurde aufgrund der Anforderungen an die Übertragung von Echtzeit-medien über IP-Netze entworfen. RTP stellt einen Transportdienst für Medien mit Echtzeitcharakteristika wie Audio/Sprache und Video zur Verfügung. Mit RTCP-Hilfe wird ein Mechanismus bereitgestellt, mit dem sich Sender und Empfänger während einer RTP-Session die Berichte über die Qualität der Kommunikation austauschen können.

- *RFC 1889 durch RFC 3550 abgelöst*
  RTP wurde ursprünglich im Januar 1996 als RFC 1889 spezifiziert. Im Juli 2003 wurde RFC 1889 durch RFC 3550 abgelöst. RTCP als integraler Bestandteil von RTP wird in den gleichen RFCs 1889 bzw. 3550 spezifiziert. Bei RFC 3550 wurden im Vergleich zu RFC 1889 keine Veränderungen in der Struktur von RTP- und RTCP-Paketen eingeführt. Die größten Änderungen betreffen die Regeln, die vorgeben, wann die RTCP-Pakete gesendet werden sollen. Alle Änderungen im Vergleich zu RFC 1889 werden in Appendix B von RFC 3550 aufgelistet.

- *RTP als ein Protokoll-Framework*
  RTP kann als ein Protokoll-Framework angesehen werden, das für neue Multimedia-Anwendungsklassen (sog. *RTP Profile*) und neue Payload-Typen offen ist (s. Tab. 5.3-1). RTP Profiles wurden ursprünglich in Januar 1996 als RFC 1890 spezifiziert. In Juli 2003 wurde RFC 1890 durch RFC 3551 abgelöst. In RFC 3551 wird u.a. dargestellt, wie die Sprachbitströme nach dem neuen Sprachcodierungsverfahren (wie z. B. ITU-T-Standards G.726, G.728 und G.729) in RTP-Paketen eingebettet werden. In RFC 3551 wird zusätzlich dargestellt, wie die neuen Video-Formate in RTP-Paketen übermittelt werden.

  Neue RTP Profile in RFC 3551

- *Kein Multiplexen innerhalb einer RTP-Session*
  RTP definiert keine Funktionen, um mehrere Echtzeitbitströme verschiedener Quellen über eine RTP-Session nach dem Multiplexerprinzip zu übermitteln. Verschiedene Bitströme (wie z. B. Sprache, Video) müssen über getrennte RTP-Sessions (-Kanäle) übertragen werden. In einigen Fällen kann der Mixer als Ersatz für Multiplexing von RTP-Sessions dienen (s. Abb. 5.4-4).

  Kein Multiplexen

Extended
Reports

■ *RTCP-Erweiterung in RFC 3611*

Seit der Entwicklung von RTCP hat sich herausgestellt, dass keine Möglichkeit besteht, in den ursprünglich definierten RTCP-Paketen (SR, RR, SDES) bestimmte Informationen (Parameter, Statistiken etc.) zwischen Sender und Empfänger auszutauschen, die man z. B. in VoIP-Systemen benötigt. Um diesem Bedarf entgegenzukommen, wurde in RFC 3611 (November 2003) ein neues RTCP-Paket – sog. *Extended Report* (XR) – definiert. Im Paket XR können mehrere neue *Report Blocks* enthalten sein. Hier ist u. a. *VoIP Metrics Report Block* für die Übermittlung verschiedener QoS-Parameter in VoIP-Systemen zu erwähnen.

Problem mit
RTP bei VoIP

■ *RTP-Effizienz beim VoIP-Einsatz*

Bei der Übertragung von Sprache mit einer niedrigen Bitrate wie z. B. von 64 kbit/s dürfen die IP-Pakete nicht zu lang sein, sonst wäre eine Verzögerung bei der Bildung der IP-Pakete an der Quelle zu groß. Bei Sprachsegmenten beispielsweise von 40 Bytes in RTP-Paketen ergibt dies einen RTP/UDP/IP-Header mindestens von 40 Bytes, also über 100%, bei Sprachsegmenten von 160 Byte immer noch 25%. Da ein Bitfehler im Header in der Regel dazu führt, dass das betroffene Paket verworfen werden muss, steigt bei einem langen Header das Risiko, dass ein empfangenes RTP-Paket verworfen werden muss (Paketverlust). Bei der Übertragung über Leitungen, auf denen die Bitfehlerrate relativ groß ist, führt somit ein langer Header zu Paketverlusten. Die Paketverluste führen wiederum dazu, dass das Kompressionsprotokoll CRTP bzw. auch ROHC keine große Effizienz hat (s. Abb. 5.8-9).

6 VoIP nach dem Standard H.323

H.323 ist ein ITU-T-Standard und stellt ein *Rahmenwerk* (*Framework*) dar, in dem festgelegt wird, wie die weiteren Standards H.225.0 und H.245 sowie spezielle Protokolle der TCP/IP-Protokollfamilie wie RTP und RTCP für die Übermittlung von Echtzeitmedien (Audio, Video) in IP-Netzen einzusetzen sind. Um Echtzeitmedien in IP-Netzen zu übermitteln, sind unterschiedliche Arten von virtuellen Verbindungen nötig. H.225.0 und H.245 als *H.323-Signalisierung* beschreiben die Regeln, nach denen diese Verbindungen eingerichtet werden können. Für die Kontrolle einer Gruppe von Endeinrichtungen ist in VoIP-Systemen nach H.323 ein sog. *Gatekeeper* verantwortlich.

H.323 als Rahmenwerk

In VoIP-Systemen nach H.323, außer der Sprachübermittlung mit Hilfe der Protokolle RTP und RTCP, können verschiedene ergänzende Dienste als sog. *Supplementary Services* nach den Standards H.450.x (x = 1, ..., 12) realisiert werden. Die Unterstützung der Mobilität von Benutzern in Form von *Roaming* kann nach dem ITU-T-Standard H.510 erfolgen.

Bedeutung von H.450.x und H.510

Dieses Kapitel erläutert die Prinzipien von VoIP nach H.323. Nach der Darstellung von Komponenten der VoIP-Systeme in Abschnitt 6.1 folgt in Abschnitt 6.2 die Beschreibung der H.323-Signalisierung. Den Verlauf der Steuerung zwischen Endeinrichtungen und Gatekeeper beschreibt Abschnitt 6.3. Signalisierung nach H.225.0 und H.245 präsentieren die Abschnitte 6.4 und 6.5. Auf Supplementary Services bei VoIP nach H.323 geht Abschnitt 6.6 ein. Wie die Mobilität von Teilnehmern unterstützt werden kann, zeigt Abschnitt 6.7. Schlussbemerkungen in Abschnitt 6.8 runden dieses Kapitel ab.

Überblick über das Kapitel

In diesem Kapitel werden u.a. folgende Fragen beantwortet:

Ziel dieses Kapitels

- Welche Systemkomponenten und Protokolle sind für die Realisierung von VoIP-Systemen nach H.323 erforderlich?

- Welche Konzepte liegen der H.323-Signalisierung zugrunde, welche Protokolle werden eingesetzt und wie verlaufen sie?

- Wie werden die logischen RTP- und RTCP-Kanäle eingerichtet?

- Was haben die VoIP-Systeme mit dem ISDN gemeinsam, wie passen sie zusammen und wie können sie integriert werden?

- Welche Bedeutung hat ein Gatekeeper und wie wird er eingesetzt?

- Welche Supplementary Services in VoIP-Systemen nach H.323 können zur Verfügung gestellt werden?

- Welche Möglichkeiten bestehen, die Mobilität von Teilnehmern zu unterstützen, und wie können sie realisiert werden?

6.1   Systemkomponenten nach H.323

Was beschreibt H.323?

H.323 beschreibt vor allem die Architektur und die Funktionen von einzelnen Systemkomponenten für die Übermittlung von Audio und Video in IP-Netzen und regelt u.a. wie und wann die Protokolle H.225.0 und H.245, die als *H.323-Signalisierung* (*H.323-SIG*) dienen, angewandt werden. Die Endgeräte (End-systeme) werden *H.323-Terminals* (kurz *Terminals*) genannt.

Zone und Gatekeeper

Eine wichtige Funktion bei H.323 übernimmt der sog. *Gatekeeper*. Er ist für die Kontrolle einer Gruppe von Terminals sowie für die Unterstützung von QoS (*Quality of Service*) verantwortlich. Eine Gruppe von Terminals, die von einem Gatekeeper kontrolliert wird, bildet eine *H.323-Zone* (kurz *Zone*) als quasi H.323-Subnetz. Abbildung 6.1-1 illustriert eine solche Zone.

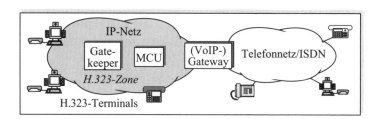

Abb. 6.1-1:   Veranschaulichung einer H.323-Zone
MCU: Multipoint Control Unit

Aufgabe des Gatekeeper

Für die Adressierung von Terminals können Telefonnummern bzw. E-Mail-Adressen verwendet werden. Eine wichtige Aufgabe des Gatekeepers besteht in der Verwaltung einer Tabelle mit den Zuordnungen von Telefonnummern bzw. von E-Mail-Adressen zu den IP-Adressen von Terminals innerhalb einer Zone. Da die Sprach- und Videokommunikation zur Belegung der Bandbreite von Leitungen führt, dürfen nicht alle Terminals beliebig viel von der Bandbreite „verbrauchen". Die Überprüfung der Berechtigung, welches Terminal wie viel Bandbreite verbrauchen darf, obliegt dem Gatekeeper. Jedes Terminal muss daher beim Gatekeeper seiner Zone registriert werden. Zusätzlich muss der Ga-tekeeper die Belegung der Bandbreite der „Amtsleitung" und damit alle nach außen (z.B. zum Internet) abgehenden Verbindungen kontrollieren.

Redundante Gatekeepers

Um die Betriebssicherheit zu garantieren, sollen mehrere Gatekeepers in einer Zone redundant eingesetzt werden. Sie bilden zusammen einen logischen Gate-keeper. Man spricht hierbei von einer *Gatekeeper-Wolke*.

Gatekeeper ist optional

In kleinen Netzwerken kann das H.323-Konzept auch ohne Gatekeeper reali-siert werden. In diesem Fall muss jedes Terminal eine Tabelle mit den Zuord-nungen von Telefonnummern zu den IP-Adressen aller seiner Kommunika-tionspartner selbst verwalten.

H.323 unterstützt auch Multipoint-Konferenzen. Durch den Einsatz einer MCU *Unterstüt-* (*Multipoint Control Unit*) wird der Auf- und Abbau von Punkt-zu-Mehrpunkt- *zung von* Verbindungen sowie die Datenübermittlung bei der Realisierung von Konfe- *Konferenzen* renzen gesteuert. Eine MCU enthält einen *Multipoint Controller* (MC) für die Signalisierung und einen bzw. mehrere *Multipoint Processors* (MPs) zur Behandlung (Mixen, Switching) von übermittelten Echtzeitmedien.

Die Integration einer Zone mit einem anderen Netz für die Sprachkommunika- *(VoIP-)* tion (z.B. Telefonnetz, ISDN) kann mit Hilfe eines entsprechenden *Gateway* *Gateway* erfolgen, das man auch als *VoIP-Gateway* bezeichnet. Beispielsweise können über ein Gateway Verbindungen zu ISDN-Telefonen aufgebaut werden. Die Konzepte von Gateways werden in Kapitel 8 näher dargestellt.

6.1.1   H.323-Domains

Innerhalb eines großen Netzes einer administrativen Einheit (z.B. eines Unter- *Domain als* nehmens, einer Institution), in dem verschiedene Standorte vernetzt werden, ist *Vernetzung* es sinnvoll, an jedem Standort eine H.323-Zone einzurichten. Das gesamte *mehrerer* Netz würde somit mehrere H.323-Zonen enthalten. Wie Abbildung 6.1-2a *Zonen* zeigt, werden dann mehrere H.323-Zonen in einer *H.323-Domain* zu einer administrativen Einheit vernetzt.

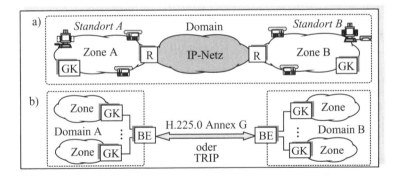

Abb. 6.1-2:   Administrative H.323-Domains
a) Struktur einer Domain, b) Vernetzung von mehreren Domains
BE: Border Element, GK: Gatekeeper, R: Router, TRIP: Telephony Routing over IP

Um die Kommunikation zwischen verschiedenen administrativen Einheiten, *Vernetzung* die auch verschiedene Domains bilden, zu ermöglichen, wird das sog. *Border* *von Domains* *Element* (BE) definiert. BE ist ein Funktionsmodul, das in der Regel mit einem Gatekeeper integriert wird. Die Hauptaufgabe von BE besteht vor allem im Austausch von Adressen (Telefonnummern) zwischen den H.323-Domains und von entsprechenden Informationen für die Autorisierung.

Die Übertragung der Steuerung zum Auf- und Abbau von Verbindungen für Audio- und Videokommunikation zwischen verschiedenen Domains beschreibt der Annex G zum Standard H.225.0. Das Protokoll RAS (*Registration, Admission and Status*) zwischen den Terminals und dem Gatekeeper enthält auch entsprechende Nachrichten (z.B. *Location Request*) für die Unterstützung der Multimedia-Kommunikation zwischen verschiedenen Domains (s. Abb. 6.3-4).

H.323-Domain entspricht einem Autonomen System

Das Konzept von H.323-Zonen und -Domains entspricht vollkommen dem Konzept von Subnetzen und Domains bei IP-Routing-Protokollen. Eine H.323-Zone entspricht somit einem Subnetz. Eine H.323-Domain lässt sich mit einem Autonomen System vergleichen. BE bei H.323 entspricht einem Border-Gateway. Als Routing-Protokoll zwischen zwei Border-Gateways wird BGP-4 (*Border Gateway Protocol*) eingesetzt (s. Abschnitt 9.2-4).

Bedeutung von TRIP

In Anlehnung an BGP-4 wurde das Protokoll TRIP (*Telephony Routing over IP*) für den Austausch von Anrufzielen bei VoIP zwischen verschiedenen Administrativen Domains entwickelt. Auf TRIP geht Abschnitt 9.2 näher ein.

6.1.2   Protokollfamilie TCP/IP und H.323

Abbildung 6.1-3 zeigt die Protokollarchitektur für die multimediale Kommunikation nach H.323. Die Audio- und Videokommunikation setzt Verbindungen mit einer bestimmten Bandbreite voraus, sodass hier die QoS-Garantie von großer Bedeutung ist. Für die QoS-Unterstützung bei H.323 kann RSVP (*Ressource reSerVation Protocol*) eingesetzt werden (s. Abschnitt 4.6). Zu dem Aufgabenbereich von H.323 gehören folgende Funktionen:

Steuerung zwischen Terminals und Gatekeeper

- ■ *RAS-Control* (*Registration, Admission and Status*)
  Es handelt sich hier um die Steuerung, die zwischen Terminals und Gatekeeper abläuft. Der Gatekeeper stellt quasi eine Zentrale innerhalb einer H.323-Zone dar. Ein Terminal kann nur dann eine Verbindung initiieren, wenn es beim Gatekeeper bereits registriert ist. Beim Verbindungsaufbau muss jedes Terminal jede neue Verbindung beim Gatekeeper anmelden, falls keine sog. *pre-granted Admission,* also eine „Vorausbewilligung" vorliegt. Damit wird auch die benötigte Bandbreite beim Gatekeeper angemeldet und kann z.B. mit Hilfe von RSVP reserviert werden.

Auf- und Abbau der H.245-Steuerungskanäle

- ■ *Call Control* (*Anrufsignalisierung*) nach H.225.0
  Es handelt sich hier um die Prinzipien, nach denen ein Steuerungskanal für das Protokoll H.245, d.h. *H.245-Steuerungskanal*, zwischen zwei Terminals auf- und abgebaut wird. Der H.245-Steuerungskanal entspricht weitgehend dem D-Kanal bei ISDN. Die Anrufsignalisierung wird im Standard H.225.0 spezifiziert. Die hierfür notwendigen H.225.0-Nachrichten werden vom Standard Q.931 (D-Kanal-Protokoll im ISDN) übernommen. Für die Über-

mittlung von H.225.0-Nachrichten wird das zuverlässige Protokoll TCP verwendet (vgl. Abb. 6.4-1).

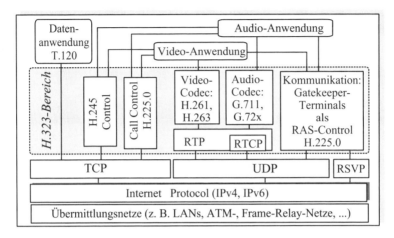

Abb. 6.1-3: Protokollfamilie TCP/IP und H.323-Komponenten
RAS: Registration, Admission, Status, RTP: Real-time Transport Protocol,
RTCP: RTP Control Protocol, RSVP: Ressource reSerVation Protocol

■ *H.245 Control*
Es handelt sich hier um die Steuerung beim Auf- und Abbau logischer Kanäle für die Audio- und Video-Übermittlung. Diese logischen Kanäle stellen die RTP-Sitzungen (*Real-time Transport Protocol*) dar und entsprechen weitgehend den B-Kanälen im ISDN. Die Steuerung beim Auf- und Abbau logischer Kanäle wird zwischen jeweils zwei Terminals über den H.245-Steuerungskanal ausgetauscht. Für die Übermittlung von H.245-Nachrichten wird das Protokoll TCP verwendet (vgl. Abb. 6.5-1). *(margin: Auf- und Abbau von RTP-Sitzungen)*

■ *Übermittlung von Echtzeitmedien (Audio/Sprache, Video)*
Die Übermittlung von Audio und Video erfolgt über RTP-Sessions (s. Abb. 5.2-1). Als Transportprotokoll wird das verbindungslose UDP verwendet. Um die Übermittlung von Echtzeitmedien zu kontrollieren, wird beim RTP ein zusätzliches Hilfsprotokoll RTCP (*RTP Control Protocol*) eingesetzt. RTP und RTCP wurden bereits in den Abschnitten 5.3 und 5.5 dargestellt. *(margin: Echtzeitkommunikation)*

■ *Unterstützung von Datenanwendungen nach T.120*
Der ITU-T-Standard T.120 beschreibt die Prinzipien der Datenkommunikation bei den PC-basierten Videokonferenzen und ist integrierbar in H.323. Parallel zur Sprach- und Videokommunikation kann zwischen jeweils zwei Terminals auch die Datenkommunikation nach T.120 stattfinden.

6.1.3 Sprach- und Videocodierung in H.323-Systemen

Begriff:
Codec

Ein Funktionsmodul, das die Funktionen eines Codierers und Decodierers der Audio/Sprach- bzw. Videosignale in sich integriert, wird bei H.323 als *Codec* bezeichnet. Werden Audio-, Sprach- bzw. Videosignale codiert und decodiert, spricht man entsprechend vom *Audio-, Sprach-* bzw. vom *Video-Codec*.

Audio-
Codecs

Beim H.323-Einsatz kann die Sprache nach verschiedenen Verfahren codiert werden. Die Prinzipien und Verfahren der Sprachcodierung wurden bereits in Abschnitt 5.1 dargestellt. Von besonderer Bedeutung sind bei VoIP nach H.323 die Audio-Codecs gemäß den ITU-T-Standards G.711 und G.72x (x = 3, 6, 8, 9). Der Typ des Audio-Codec bei VoIP definiert das Format der übertragenen Sprache und wird als *Payload-Typ* im RTP-Header angegeben (s. Abschnitt 5.3.3). Näheres über die Prinzipien und Verfahren der Sprachcodierung finden Sie in Abschnitt 5.1.6.

Für H.323-Terminals ist ein Audio-Codec gemäß G.711 als Minimalkonfiguration vorgesehen. Weitere Audio-Codecs sind optional und können zusätzlich implementiert sein.

Video-
Codecs

Bei der Videokommunikation nach H.323 kommen ebenso unterschiedliche Codierungsverfahren in Frage. Hier werden u.a. die Video-Codecs nach den ITU-T-Standards H.261 und H.263 verwendet. Sofern die Videokommunikation unterstützt wird, ist das Video-Codec nach H.261 mit dem Bildformat QCIF (*Quarter Common Intermediate Format*) vorgeschrieben. Auch hier sind weitere Codecs (z.B. H.263 mit allen Bildformaten) möglich.

In der Regel werden die Audio- und Video-Codecs auf Audio/Video-Adapterkarten untergebracht. Die Video- und Audio-Signale werden durch eine am PC angeschlossene analoge Videokamera und durch ein externes Mikrofon entsprechend zum Audio- und Video-Codec übertragen und dort schließlich codiert. Bei der Ausgabe wird der Audiobitstrom decodiert und als analoges Signal zum Lautsprecher übergeben. Dementsprechend wird der decodierte Videobitstrom zum Bildschirm übergeben.

Aushandeln
des Codec-
Typs

Da Sender und Empfänger (abhängig von der jeweiligen Implementierung) ggf. über unterschiedliche Audio- und Video-Codecs verfügen können, müssen sie sich vor dem Aufbau einer Verbindung über den zu verwendenden Codec-Typ und damit auf das Audio- und Videocodierungsverfahren einigen. Der Codec-Typ wird beim Aufbau einer RTP-Session zwischen Quell- und Ziel-Terminal ausgehandelt. Diesen Vorgang bezeichnet man als *Capability Exchange* (s. Abschnitt 6.5.2) und dieser entspricht der Kompatibilitätsprüfung beim Verbindungsaufbau im ISDN.

6.1.4   Arten von Kanälen bei der Multimedia-Kommunikation

Um Echtzeitmedien in IP-Netzen zu übertragen, sind unterschiedliche Arten von virtuellen Kanälen bzw. Verbindungen nötig. Diese Kanäle illustriert Abbildung 6.1-4.

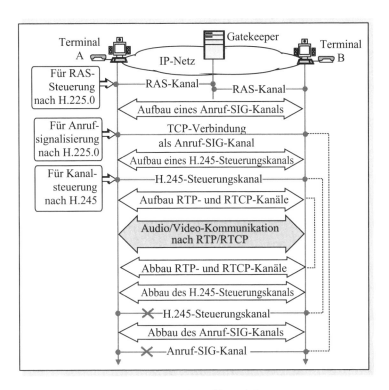

Abb. 6.1-4:   Arten von Kanälen bei der Audio/Video-Übermittlung
RAS: Registration, Admission and Status, SIG: SIGnalisierung

Jedes Terminal einer H.323-Zone (vgl. Abbildung 6.1-1) muss bei einem Gatekeeper registriert sein (sog. *Registration*), bevor es eine Verbindung initiiert. Zwischen Terminal und Gatekeeper wird somit eine „Beziehung" für die Übermittlung der RAS-Steuerung aufgebaut, die als *RAS-Kanal* bezeichnet wird. Beispielsweise wird eine neue Verbindung und damit die für sie benötigte Bandbreite vom Quellrechner beim Gatekeeper über den RAS-Kanal angemeldet (sog. *Admission*). *RAS-Kanal zwischen Terminal und Gatekeeper*

Um eine Verbindung für die Übermittlung von Echtzeitmedien aufbauen zu können, ist ein Kanal für die Übermittlung von Signalisierungsnachrichten notwendig (wie z.B. der D-Kanal im ISDN). Ein solcher Kanal kann als *Anrufsignalisierungskanal* (kurz *Anruf-SIG-Kanal*) angesehen werden. Als Anruf-SIG-Kanal dient eine TCP-Verbindung zwischen H.225.0-Signalisierungsinstanzen *TCP-Verbindung als Anruf-SIG-Kanal* in kommunizierenden Rechnern. Ein Anruf-SIG-Kanal kann auch als *Meta-Signalisierungskanal* interpretiert werden.

Nutzung des H.245-Steuerungskanals

Über einen Anruf-SIG-Kanal werden die Nachrichten nach H.225.0 übertragen, um einen *H.245-Steuerungskanal* zwischen zwei Terminals einzurichten. Über den H.245-Steuerungskanal werden dann die H.245-Nachrichten übermittelt, um entsprechende logische Kanäle für die Audio-, Video- bzw. Datenübermittlung auf- und abzubauen.

Voraussetzung für bidirektionale Kommunikation

Da die Übermittlung von Audio und Video mit Hilfe des Protokolls RTP erfolgt, spricht man von einem *RTP-Kanal*, der einer RTP-Session entspricht (s. Abb. 5.2-1). Ein RTP-Kanal kann als *Nutzlastkanal* angesehen werden und entspricht dem B-Kanal im ISDN. Über einen RTP-Kanal kann die Übermittlung von Audio bzw. Video nur in einer Richtung stattfinden. Der RTP-Kanal ist somit *unidirektional (halbduplex)*. Für eine bidirektionale (vollduplex) Audiokommunikation müssen zwei unidirektionale RTP-Kanäle eingerichtet werden, die einen *bidirektionalen RTP-Kanal* bilden (s. Abb. 6.5-5).

Bedeutung des RTCP-Kanals

Parallel zur Übermittlung von Audio bzw. Video muss ein bidirektionaler Kanal zur Kontrolle dieser Übermittlung eingerichtet werden. Man spricht hierbei vom *RTCP-Kanal*. Zwischen zwei Terminals müssen somit mehrere logische Kanäle aufgebaut werden (vgl. Abbildung 6.5 -5).

Wechsel der Codierung

Über einen H.245-Steuerungskanal werden ebenfalls die Kompatibilitätsangaben zwischen zwei Terminals ausgetauscht, um die einzusetzenden Audiobzw. Video-Codecs, d.h. die Audio- und Videoformate zu bestimmen und auszuwählen. Mit Hilfe des H.245-Steuerungskanals ist es z.B. möglich, während einer bestehenden Sprachverbindung in beiden Terminals das Prinzip der Sprachcodierung zu wechseln. Diese Möglichkeit entspricht dem ISDN-Dienstmerkmal „Dienstwechsel während einer bestehenden Verbindung".

Abbau der Kanäle

Nach dem Ablauf einer Audio- bzw. Video-Kommunikation müssen die entsprechenden Kanäle abgebaut werden. Zuerst werden die logischen RTP- und RTCP-Kanäle abgebaut, danach der H.245-Steuerungskanal. Zum Schluss wird der Anruf-SIG-Kanal, d.h. die noch bestehende TCP-Verbindung, abgebaut.

6.2   Signalisierung nach H.323

H.225.0 und H.245 als H.323-SIG

Die Übermittlung von entsprechenden Nachrichten, um logische RTP-Kanäle für die Audio- und Videokommunikation auf- und abbauen zu können, bezeichnet man als *Signalisierung*. Wie bereits in Abschnitt 6.1 dargestellt wurde, können die Protokolle H.225.0 und H.245 als *H.323-Signalisierungsprotokolle* angesehen werden. Wie in Abbildung 6.1-4 gezeigt wurde, wird zunächst eine TCP-Verbindung aufgebaut, die als Anruf-SIG-Kanal dient, um die H.225.0-Nachrichten zu übermitteln. Nach dem Protokoll H.225.0 wird dann ein *H.245-*

Steuerungskanal aufgebaut, über den die H.245-Nachrichten übermittelt werden, um die logischen RTP- und RTCP-Kanäle aufzubauen.

Um die vor der Audio/Video-Übermittlung notwendigen Schritte zu reduzieren, wurde die sog. *Fast Connect Procedure* bereits bei H.323 Version 2 (1998) eingeführt. Mit ihr können einige H.245-Nachrichten in den H.225.0-Nachrichten übermittelt werden. Damit können logische RTP- und RTCP-Kanäle eingerichtet werden, ohne vorher einen H.245-Steuerungskanal aufbauen zu müssen.

Bedeutung der Fast Connect Procedure

6.2.1   Schritte vor der Audio/Video-Übermittlung

Die Schritte, die vor der Audio/Video-Übermittlung über ein IP-Netz zwischen zwei Terminals A und B notwendig sind, illustriert Abbildung 6.2-1. Hier wurde angenommen, dass die Terminals bereits beim Gatekeeper registriert sind.

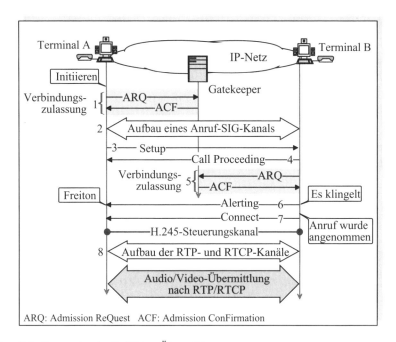

Abb. 6.2-1:   Schritte vor der Audio/Video-Übermittlung

Folgende Schritte sind zu unterscheiden:

1. Jede abgehende Verbindung, falls keine *pre-granted Admission* vorliegt, muss vom Gatekeeper zugelassen werden (sog. *Admission*), um den Verbrauch der Bandbreite zu kontrollieren. Hier wird die benötigte Bandbreite für die Übermittlung in die Richtung zum Terminal B beim Gatekeeper in ARQ (*Admission ReQuest*) angemeldet und von ihm in ACF (*Admissi-*

Zulassung abgehender Verbindung

on ConFirmation) bestätigt bzw. eine niedrigere Bandbreite angeboten oder abgewiesen. Die Kommunikation zwischen Terminal und Gatekeeper erfolgt mit Hilfe des Protokolls UDP (s. Abb. 6.1-3).

Aufbau eines Anruf-SIG-Kanals

2. Wie aus Abbildung 6.1-3 ersichtlich ist, wird für die Übertragung der Signalisierung nach H.225.0 das zuverlässige Transportprotokoll TCP eingesetzt. Zwischen den Terminals A und B wird eine TCP-Verbindung aufgebaut, die als Anruf-SIG-Kanal (*Call Signalling Channel*) dient.

3. Das Terminal A initiiert den Aufbau des H.245-Steuerungskanals mit der H.225.0-Nachricht `Setup`.

4. Die Nachricht `Setup` wird vom Terminal B mit `Call Proceeding` bestätigt.

Zulassung ankommender Verbindungen

5. Um den Verbrauch der Bandbreite im IP-Netz zu kontrollieren, muss das „angerufene" Terminal beim Gatekeeper anfragen, ob der ankommende Anruf angenommen werden darf. Somit muss auch die ankommende Verbindung vom Gatekeeper zugelassen werden. Hierfür sendet das Terminal B zum Gatekeeper `ARQ`, und dieser bestätigt die Zulassung der Verbindung mit `ACF`. Bei der Zulassung kann das Terminal A auch beim Gatekeeper abfragen, welche IP-Adresse das Terminal B hat (s. Abschnitt 6.3.3).

Prüfung der Kompatibilität

6. Falls die ankommende Verbindung vom Gatekeeper zugelassen wurde, prüft das Terminal B, ob die beiden Terminals kompatibel sind. Hierbei wird geprüft, ob die Kommunikation zustande kommen kann, d.h. ob die beiden Terminals ein gleiches Audio- bzw. Video-Format unterstützen. Ist das der Fall, bestätigt dies das Terminal B mit der H.225.0-Nachricht `Alerting`. Der ankommende Anruf wird beim Terminal B z.B. durch das Klingeln signalisiert.

7. Der Anruf wurde angenommen. Dies bestätigt das Terminal B mit der H.225.0-Nachricht `Connect`. Damit wurde ein H.245-Steuerungskanal aufgebaut und muss nun im Terminal A entsprechend angezeigt werden.

8. Mit der Signalisierung nach H.245 werden die entsprechenden logischen RTP- und RTCP-Kanäle für die Übermittlung von Echtzeitmedien aufgebaut (vgl. Abb. 6.5-5). Diese Kanäle werden als *Medienkanäle* bezeichnet.

H.225.0 als D-Kanal-Protokoll über TCP

Bemerkung: Die Schritte 3, 4, 6 und 7 in Abbildung 6.2-1 entsprechen vollkommen dem Verlauf des D-Kanal-Protokolls beim Aufbau einer ISDN-Verbindung (s. Abb. 2.3-3). Somit könnte das Protokoll H.225.0 als D-Kanal-Protokoll über TCP-Verbindungen angesehen werden. Genauer gesagt als Schicht 3 des D-Kanal-Protokolls über TCP-Verbindungen. Die Schicht 2 des D-Kanal-Protokolls (s. Abb. 2.3-1), die u.a. zuverlässige Übermittlung von Schicht-3-Nachrichten garantiert, wird bei H.225.0 durch das zuverlässige Transportprotokoll TCP ersetzt.

6.2.2 Schritte nach der Audio/Video- Übermittlung

Nach der Übermittlung von Audio und Video müssen entsprechende Steuerungs- und Medienkanäle abgebaut werden. Wie Abbildung 6.2-2 zeigt, sind folgende Schritte nach der Audio/Video-Übertragung zu unterscheiden:

1. Nach der Audio/Video-Übermittlung müssen zuerst die Medienkanäle, d.h. die RTP- und RTCP-Kanäle, abgebaut werden. Dies erfolgt mit Hilfe von H.245-Nachrichten `CloseLogicalChannel` und `CloseLogical Chan-nelAck`. Näheres dazu enthält Abschnitt 6.5.5. *Abbau der Medien-kanäle*

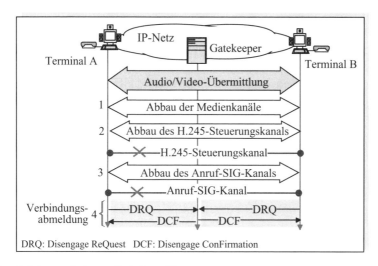

Abb. 6.2-2: Schritte nach der Audio/Video-Übertragung

2. Erst nach dem Abbau der Medienkanäle kann der H.245-Steuerungskanal abgebaut werden. Hierfür verwendet man die H.225.0-Nachricht `Release Complete`. Weitere Informationen über den Abbau des H.245-Steuerungskanals enthält Abschnitt 6.4 (vgl. Abb. 6.4-2, 6.4-3 und 6.4-4). *Abbau des H.245-Steuerungs-kanals*

3. Nach dem Abbau des H.245-Steuerungskanals erfolgt der Abbau des Anruf-SIG-Kanals (d.h. des H.225.0-Kanals). Da der Anruf-SIG-Kanal eine TCP-Verbindung darstellt, wird er wie jede andere TCP-Verbindung abgebaut. *Abbau des Anruf-SIG-Kanals*

4. Wurden alle Medien- und Steuerungskanäle abgebaut, so müssen die beiden Terminals A und B dies ihren Gatekeepern anmelden. Damit wird die abgebaute Audio- bzw. Videoverbindung beim Gatekeeper abgemeldet und die reservierte Bandbreite wieder freigegeben. Hierfür wird von jedem Terminal die Nachricht `DRQ` gesendet. Der Gatekeeper quittiert sie mit `ACF`, was mit Hilfe des Protokolls UDP erfolgt. *Abmeldung der Verbin-dung*

6.2.3 Fast Connect Prozedur

Wie bereits in Abbildung 6.1-4 dargestellt wurde, müssen mehrere Arten von logischen Kanälen für Audio- bzw. Videokommunikation eingerichtet werden. Ein Anruf-SIG-Kanal ist notwendig, um eine Kommunikation nach H.225.0 zu initiieren. Um die Anzahl der Schritte vor der Audio/Video-Übermittlung zu reduzieren, könnte man den Anruf-SIG-Kanal so nutzen, dass die Medienkanäle (d.h. RTP- und RTCP-Kanäle) auch über diesen Kanal aufgebaut werden. Damit könnte man auf den Aufbau des H.245-Steuerungskanals verzichten.

Idee der Fast Connect Prozedur Es entsteht hierbei aber noch ein Problem. Der H.245-Steuerungskanal sollte die ganze Zeit während der Kommunikation verfügbar sein, damit die kommunizierenden Terminals parallel zur Übermittlung der Echtzeitmedien bestimmte Steuerungen austauschen können. Um dies auch ohne den H.245-Steuerungskanal zu garantieren, könnte man einige H.245-Nachrichten in die H.225.0-Nachrichten einkapseln und sie über den Anruf-SIG-Kanal übermitteln.

Schritte beim FCP-Einsatz Der eben geschilderten Idee liegt die sog. *Fast Connect Prozedur* (*FCP*) zugrunde. Abbildung 6.2-3 illustriert ihren Einsatz (vgl. auch Abb. 6.2-4).

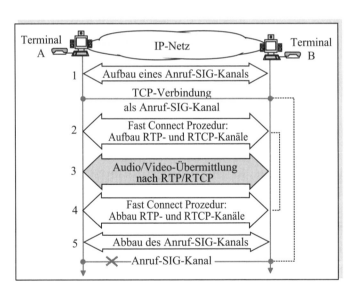

Abb. 6.2-3: Phasen bei der Audio/Video-Übermittlung mit der Fast Connect Prozedur (FCP)

Hierbei sind die folgenden Schritte zu unterscheiden:

1. *Aufbau eines Anrufsignalisierungskanals (Anruf-SIG-Kanals)*
   Als Anruf-SIG-Kanal dient eine TCP-Verbindung, über die die H.225-Nachrichten übermittelt werden.

2. *Aufbau der RTP- und RTCP-Kanäle nach der FCP*

Hierfür werden die H.225.0-Nachrichten um entsprechende Elemente des Protokolls H.245 erweitert und über den Anruf-SIG-Kanal übermittelt.

3. *Audio/Video-Übermittlung mit Hilfe der Protokolle RTP und RTCP*
Falls einige Steuerungsangaben nach dem Protokoll H.245 zwischen den kommunizierenden Terminals ausgetauscht werden müssen, werden die entsprechenden H.245-Nachrichten in die H.225.0-Nachrichten eingekapselt und dann übermittelt. Dies bezeichnet man als *H.245-Tunneling*.

4. *Abbau der RTP- und RTCP-Kanäle nach der FCP*
Wie im Schritt 2 werden hierfür die H.225.0-Nachrichten um entsprechende Elemente des Protokolls H.245 erweitert und über den Anruf-SIG-Kanal übermittelt.

5. *Abbau des Anruf-SIG-Kanals*
Dies stellt den Abbau einer TCP-Verbindung dar.

Durch den FCP-Einsatz reduziert sich die für den Aufbau der Medienkanäle benötigte Zeit. FCP wird bereits ab der H.323v2 (1998) unterstützt. Abbildung 6.2-4 illustriert den FCP-Ablauf.

Ablauf der Fast Connect Prozedur

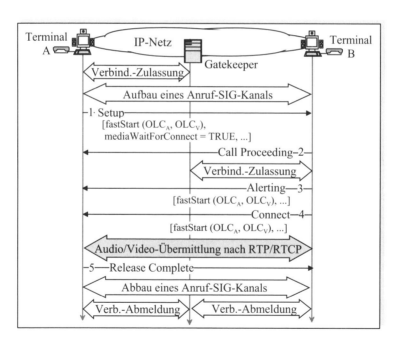

Abb. 6.2-4: Ablauf der Fast Connect Prozedur (FCP)
OLC: Open Logical Channel, OLC$_A$: OLC für Audio, OLC$_V$: OLC für Video

Hierbei wurde vorausgesetzt, dass die Terminals A und B bereits beim Gatekeeper registriert sind. Nach der Zulassung der durch das Terminal A initiierten

Verbindung vom Gatekeeper und nach dem Aufbau eines Anruf-SIG-Kanals, der eine TCP-Verbindung darstellt, sind folgende Schritte zu unterscheiden:

1. Das Terminal A sendet eine H.225.0-Nachricht `Setup`, in der die FCP als Angabe `fastStart` angezeigt wird. Mit `mediaWaitForConnect = TRUE` wird darauf hingewiesen, dass die Übermittlung von Audio bzw. Video erst nach der Nachricht `Connect` beginnen darf. Im Element `fastStart` wird mit OLC_A und OLC_V angegeben, welche logischen Medienkanäle (d.h. RTP- und RTCP Kanäle) entsprechend für Audio bzw. Video eingerichtet werden sollen. In OLC_A und OLC_V werden die Portnummern der RTP- und RTCP-Kanäle beim Terminal A angegeben (vgl. Abb. 6.5-5).

2. Das angerufene Terminal B antwortet mit der H.225.0-Nachricht `Call Proceeding` und meldet die ankommende Verbindung beim Gatekeeper an, die dann von ihm zugelassen wird.

3. Die beiden Terminals sind kompatibel, sodass der ankommende Anruf angenommen werden kann. Dies bestätigt das Terminal B mit `Alerting`. Hier bestätigt das Terminal B mit OLC_A und OLC_V im Element `fastStart` auch, dass die RTP- und RTCP-Kanäle eingerichtet wurden. Zusätzlich teilt Terminal B ihre Portnummern in OLC_A und OLC_V mit. Die Medienkanäle stehen also bereits zur Verfügung. Aufgrund der Angabe `mediaWaitForConnect = TRUE` in `Setup` kann die Übermittlung von Medien erst nach dem Eintreffen der Nachricht `Connect` beim Terminal A beginnen. Dies ist die Voraussetzung, um mit der Signalisierung im ISDN konform zu sein (z.B. bei der Integration von VoIP mit ISDN).

4. Terminal B hat den Anruf angenommen und bestätigt dies mit `Connect`. Diese Nachricht übermittelt noch einmal das Element `fastStart` mit OLC_A und OLC_V. Nach dem Empfang von `Connect` beginnt Terminal A die Übermittlung von Audio und Video nach RTP und RTCP.

5. Abbau logischer RTP- und RTCP-Kanäle und Initiieren des Abbaus des Anruf-SIG-Kanals: Dies erfolgt durch das Absenden der H.225.0-Nachricht `Release Complete`. Danach wird noch der Anruf-SIG-Kanal, d.h. eine TCP-Verbindung, abgebaut und die abgebaute Audio- bzw. Videoverbindung von beiden Terminals beim Gatekeeper abgemeldet.

6.3   Realisierung von RAS-Funktionen

Endsystem
=
Endpunkt

Der Gatekeeper einer Zone ist dafür zuständig, sämtliche Endsysteme oder *Endpunkte* (wie Terminals, Gateways) seiner Zone zu verwalten. Die Kommunikation zwischen Endpunkten und Gatekeeper erfolgt nach einem Protokoll, das man RAS (*Registration, Admission and Status*) nennt. Für RAS definiert

H.225.0 unterschiedliche Nachrichten, die zwischen Endpunkten und Gatekeeper mit Hilfe des verbindungslosen Protokolls UDP übermittelt werden (vgl. Abb. 6.1-3). In diesem Zusammenhang spricht man von einem *verbindungslosen RAS-Kanal* zwischen Endpunkt und Gatekeeper.

Das Protokoll RAS umfasst u.a. folgende Funktionen:

RAS-Funktionen

■ Gatekeeper-Entdeckung (*Gatekeeper Discovery*),

■ Registrierung und Deregistrierung beim Gatekeeper,

■ Zulassung von Verbindungen (*Admission*), Änderung und Freigabe der reservierten Bandbreite,

■ Abfrage der IP-Adresse eines Endpunktes (*Location*).

Die Kommunikation zwischen Endpunkten und Gatekeeper verläuft nach H.225.0. Hierfür definiert H.225.0 bestimmte RAS-Nachrichten. Unter ihnen lassen sich die folgenden drei Typen unterscheiden:

H.225.0-Nachrichten für RAS

■ Request(RQ) als Anforderung,

■ Confirm(CF) als positive Bestätigung und

■ Reject(RJ) als Ablehnung.

Die RAS-Nachrichten werden mit Hilfe von ASN.1 (*Abstract Syntax Notation No. 1,* s. [Gora 98]) spezifiziert. ASN.1 dient als Sprache für die Beschreibung von Nachrichten der Protokolle in den Telekommunikationssystemen.

6.3.1   Gatekeeper-Entdeckung

Innerhalb einer Zone können mehrere Gatekeeper eingesetzt werden, um die Ausfallsicherheit zu erhöhen. Jeder Endpunkt einer Zone wird von einem Gatekeeper dieser Zone verwaltet. Somit muss jeder neue Endpunkt bei einem Gatekeeper registriert werden. Hierfür muss zuerst ermittelt werden, welcher Gatekeeper für die Verwaltung des neuen Endpunktes zuständig ist. Jeder neue Endpunkt muss somit seinen Gatekeeper entdecken (auffinden). Abbildung 6.3-1 illustriert die Gatekeeper-Entdeckung.

Endpunkt muss beim Gatekeeper registriert werden

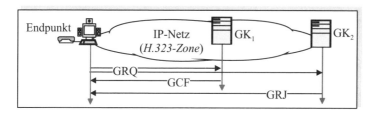

Abb. 6.3-1:   Entdeckung des zuständigen Gatekeeper (GK)

*Gatekeeper-
Entdeckung*

Um den Gatekeeper zu entdecken, sendet ein Endpunkt eine Multicast-Nachricht `GatekeeperRequest(GRQ)`, in welcher er nach der IP-Adresse des Gatekeepers fragt. Das IP-Paket mit `GRQ` enthält die Multicast-Adresse 224.0.1.41 als IP-Zieladresse und die Nummer 1718 des Zielports als Well-Know-Port-Number für die Gatekeeper-Entdeckung. Ein oder mehrere Gatekeeper können mit einer Nachricht `GatekeeperConfirmation (GCF)` antworten, in der sie dem Endpunkt ihre Bereitschaft signalisieren, als dessen Gatekeeper zu fungieren. Das IP-Paket mit `GCF` enthält die IP-Adresse des Gatekeepers und die Port-Nummer des RAS-Kanals als Parameter `rasAddress`. Somit verfügt der neue Endpunkt über die notwendigen Angaben für die Registrierung. In `GCF` kann der Gatekeeper als Angabe `alternateGatekeeper` eine Liste von alternativen Gatekeepern übermitteln, die das Terminal im Falle eines Ausfalls in Anspruch nehmen kann.

Der Gatekeeper, der für den Endpunkt nicht zuständig ist, antwortet mit `GatekeeperReject (GRJ)`. Falls mehrere Gatekeeper auf die Anfrage antworten, steht es dem Endpunkt frei, für welchen er sich entscheidet.

*Gatekeeper-
Entdeckung
in der Praxis*

Bemerkung: Da IP-Multicast auf ein Subnetz beschränkt ist, wird das Auffinden des zuständigen Gatekeepers in der Praxis oft anders realisiert. In einem neuen Rechner, der als IP-Telefon dienen soll, wird die IP-Adresse eines Konfigurationsservers eingetragen, bei dem er sich die IP-Adresse des Gatekeepers abrufen kann. Es besteht hierbei die Möglichkeit, eine Internet-Domain als Zone zu betrachten. Einem IP-Telefon in der Domain `abc.de` könnte man die Alias-Adresse `Tel-Nr@abc.de` zuordnen, sodass der Gatekeeper mit Hilfe einer DNS-Abfrage gefunden werden kann. Dies wird im Annex O zu H.323 dargestellt.

6.3.2   Registrierung und Deregistrierung beim Gatekeeper

*Ziel der
Registrierung*

Die Registrierung beim Gatekeeper ist der Prozess, während dessen Ablauf ein neuer Endpunkt einer Zone den Gatekeeper über seine Adresse für Audio- und Videokommunikation informiert. Sie wird bei H.323 als *Alias-Adresse* bezeichnet. Da jedes IP-Telefon über eine Telefonnummer bzw. eine Alias-Adresse, in der Form `Tel-Nr@xyz.de`, verfügen muss, handelt es sich hierbei um die Bekanntgabe seiner Alias-Adresse.

Registrierung

Abbildung 6.3-2a illustriert die Registrierung. Ein Endpunkt sendet eine Nachricht `RegistrationRequest(RRQ)` an den UDP-Port 1719 (als Well-Know-Port für die Registrierung) im Gatekeeper mit der Angabe seiner Alias-Adresse als Parameter `callSignalAddress`. Der Gatekeeper muss bei der Registrierung die Alias-Adresse des Endpunktes zu seiner IP-Adresse zuordnen und dies in einer speziellen Tabelle mit den Zuordnungen `Alias-Adresse => IP-Adresse` eintragen. Dieser Eintrag kann während der Deregistrierung bzw. nach dem Ablauf der Zeit `timeToLive` gelöscht werden.

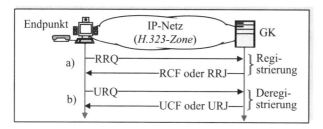

Abb. 6.3-2:   Ablauf: a) der Registrierung, b) der Deregistrierung

In RRQ teilt der Endpunkt den Gatekeeper auch mit dem Parameter:

- terminalType mit, um welchen Endpunkt (z.B. Terminal, Multipoint Control Unit, Gateway, ...) es sich handelt,

- timeToLive mit, wie lange (in [sec]) die Registrierung gültig sein soll.

Der Gatekeeper kann entweder mit RegistrationConfirm (RCF) die Registrierung annehmen oder mit RegistrationReject(RRJ) die Registrierung ablehnen. Mit dem Parameter rejectReason in RRJ wird der Grund der Ablehnung der Registrierung mitgeteilt.

Wurde der Endpunkt registriert, kann der Gatekeeper mit preGrantedARQ in RCF dem Endpunkt mitteilen, wann er die Verbindungen ohne Zulassung seitens des Gatekeepers initiieren bzw. annehmen darf. Der Gatekeeper kann mit alternateGatekeeper in RCF eine Liste von alternativen Gatekeepern übermitteln, die das Terminal in Anspruch nehmen kann, falls er ausfallen sollte.

Wie Abbildung 6.3-2b zeigt, kann sich ein Endpunkt beim Gatekeeper durch das Absenden von UnregistrationRequest(URQ) deregistrieren (abmelden). Der Gatekeeper kann die Deregistrierung entweder mit UnregistrationConfirm (UCF) bestätigen oder mit UnregistrationReject(URJ) ablehnen. In URJ kann der Gatekeeper eventuell mit der Angabe altGKInfo auf einen alternativen Gatekeeper verweisen.

Deregistrierung

6.3.3   Zulassung von Verbindungen

Jeder Endpunkt darf nur dann eine abgehende Verbindung für Audio- bzw. Videokommunikation initiieren bzw. eine ankommende Verbindung annehmen, wenn dies vom Gatekeeper zugelassen wurde (*Admission*). Damit kann der Verbrauch der Übertragungskapazität (Bandbreite) im IP-Netz vom Gatekeeper kontrolliert werden. Nach dem Ablauf der Kommunikation muss eine abgebaute Verbindung beim Gatekeeper abgemeldet werden, sodass er die reservierte Bandbreite für andere Verbindungen freigeben kann. Abbildung 6.3-3 zeigt die

Zulassung einer Verbindung für Audio- bzw. Videokommunikation und Freigabe der reservierten Bandbreite nach dem Abbau der Verbindung.

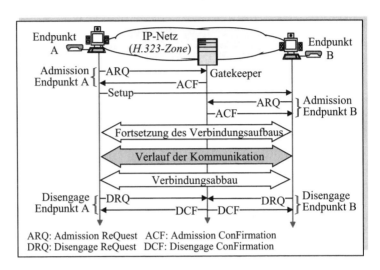

Abb. 6.3-3: Funktionen Admission and Disengage

Ablauf der
Zulassung
einer
abgehenden
Verbindung

Falls der Endpunkt A, der bereits beim Gatekeeper registriert ist, eine abgehende Verbindung für Audio- bzw. Videokommunikation zum Endpunkt B initiieren möchte, muss die benötigte Bandbreite beim Gatekeeper angemeldet und
diese neue Verbindung zugelassen werden. Hierfür sendet der Endpunkt A an
den Gatekeeper eine Nachricht `AdmissionReQuest` (ARQ), die u.a. folgende
Parameter enthält:

- `destinationInfo`: Alias-Adresse (d.h. Telefon-Nr.) des Endpunktes B,

- `bandWidth`: Bandbreite (in beide Richtungen) für die Verbindung,

- `canMapAlias` als Variable vom Typ `BOOLEAN`.

Wurde die Verbindung vom Gatekeeper zugelassen, antwortet er mit der Nachricht `AdmissionConFirm` (ACF), in der er die dem Endpunkt A genehmigte
(maximale) Bandbreite als Parameter `bandWidth` angibt.

Abruf der
IP-Adresse
des Ziels

Falls die Variable `canMapAlias` in ARQ vom Endpunkt A auf Eins (`TRUE`) gesetzt wurde, enthält ACF auch die IP-Adresse des Ziels, d.h. des Endpunktes B.
Somit wird die Zuordnung: *Telefonnummer => IP-Adresse* vom Gatekeeper
durch den Endpunkt A abgerufen und es kann mit dem Aufbau einer TCP-
Verbindung zum Endpunkt B für die Übermittlung von H.225.0-Nachrichten
begonnen werden.

Bedeutung
von `call-`
`Model`

Mit dem Parameter `callModel` in ACF teilt der Gatekeeper dem Endpunkt mit,
ob der Verbindungsaufbau ohne Beteiligung des Gatekeepers, d.h. direkt zwi-

schen den beteiligten Endpunkten, verläuft oder ob der Gatekeeper beim Verbindungsaufbau beteiligt werden muss. Sollte der Verbindungsaufbau über den Gatekeeper erfolgen, spricht man von *über Gatekeeper gerouteten Verbindungen* (vgl. Abb. 6.4-4).

Wurde die Verbindung vom Gatekeeper nicht zugelassen, antwortet er dem Terminal mit `AdmissionReject (ARJ)`. Der Grund hierfür wird als Parameter `rejectReason` mitgeteilt.

Absage der Zulassung

> **Bemerkung:** Ein Endpunkt kann in bestimmten Situationen die abgehenden Verbindungen ohne Zulassung (Admission) initiieren bzw. die ankommenden annehmen. Diese Situationen werden während der Registrierung vom Gatekeeper im Feld `pregrantedARQ` der Nachricht `RCF` dem Endpunkt bekannt gemacht.

Falls die abgehende Verbindung vom Endpunkt A durch den Gatekeeper zugelassen wurde, initiiert er mit einer H.225.0-Nachricht `Setup` den Aufbau eines Signalisierungskanals zum Endpunkt B. Beim Endpunkt B handelt es sich um eine ankommende Verbindung vom Endpunkt A. Da die Bandbreite für die Übermittlung in Richtung zum Endpunkt A auch durch den Gatekeeper überwacht wird, muss die Verbindung seitens des Endpunktes B auch vom Gatekeeper zugelassen werden. Dies erfolgt nach dem gleichen Prinzip, wie dies beim Endpunkt A der Fall ist.

Zulassung einer ankommenden Verbindung

Das Ende der Audio- bzw. Videokommunikation und der Abbau der Verbindung müssen dem Gatekeeper mitgeteilt werden, sodass die reservierte Bandbreite freigegeben werden kann. Hierbei spricht man von *Disengage*. Die beiden Endpunkte signalisieren dem Gatekeeper mit `DisengageRequest (DRQ)`, dass die Verbindung bereits abgebaut wurde. Die Nachricht `DRQ` wird vom Gatekeeper mit `DisengageConfirm (DCF)` bestätigt.

Ablauf von Disengage

> **Bemerkung:** Empfängt ein Gatekeeper z.B. eine Nachricht `DRQ` von einem unregistrierten Endpunkt, so antwortet er mit `DisengageReject (DRJ)`.

Ein Endpunkt kann mit einer Nachricht `BandwidthRequest (BRQ)` beim Gatekeeper eine Änderung (z.B. eine Ausweitung) der ihm genehmigten Bandbreite für eine Verbindung anfordern. Der neue Wert der Bandbreite wird als Parameter `bandWidth` angegeben. Die Änderung der Bandbreite kann vom Gatekeeper mit `BandwidthConfirm (BCF)` bestätigt oder mit `BandwidthReject (BRJ)` abgelehnt werden.

Änderung der Bandbreite

6.3.4 Abfrage der IP-Adresse eines Endpunktes

Eine Aufgabe jedes Gatekeepers besteht in der Verwaltung einer Tabelle mit der Zuordnung `Alias-Adresse => IP-Adresse`. Die Abfrage der IP-Ad-

Location-Funktion

resse eines Endpunktes wird bei H.225.0 als *Location-Prozess* bezeichnet. Abbildung 6.3-4 veranschaulicht die Bedeutung dieses Prozesses.

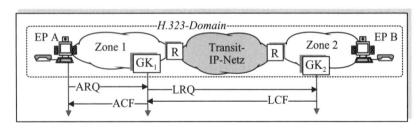

Abb. 6.3-4: Verlauf eines Location-Prozesses
EP: EndPunkt, GK: Gatekeeper, R: Router

Abfrage beim Gatekeeper einer fremden Zone

Hier fragt der Endpunkt A seinen Gatekeeper GK$_1$ nach der IP-Adresse des Endpunktes B, d.h. seines Kommunikationspartners, bereits bei der Anmeldung der zu initiierenden Verbindung mit der Nachricht ARQ ab (vgl. Abb. 6.3-3). Befindet sich der Endpunkt B aber in einer anderen (H.323-)Zone, so muss GK$_1$ die IP-Adresse des Endpunktes B vom Gatekeeper dieser Zone abfragen. Hierfür definiert H.225.0 entsprechende Nachrichten (s. Abb. 9.3-1).

Wie Abbildung 6.3-4 zeigt, sendet der GK$_1$ der Zone 1 an den GK$_2$ der fremden Zone 2 die Nachricht LocationRequest (LRQ), in der er die Alias-Adresse des Endpunktes B angibt und nach seiner IP-Adresse fragt. Der GK$_2$ antwortet normalerweise mit LocationConfirm (LCF), in der die gewünschte IP-Adresse enthalten ist. Falls der GK$_2$ die gewünschte IP-Adresse nicht liefern kann, antwortet er mit LocationReject (LRJ).

6.4   Signalisierung der Anrufe nach H.225.0

Was ist H.225.0?

Um eine Verbindung zwischen zwei Endpunkten für die Übermittlung von Echtzeitmedien (Audio/Sprache, Video) aufbauen zu können, werden zwei Signalisierungsprotokolle H.225.0 und H.245 als H.323-Signalisierung (kurz *H.323-SIG*) verwendet (vgl. Abb. 6.1-4). H.225.0 definiert ein *Anruf-Signalisierungs-Protokoll* (*Anruf-SIG-Protokoll*), nach dem der H.245-Kanal aufgebaut und abgebaut wird. Über den H.245-Kanal werden logische RTP- und RTCP-Kanäle für die Audio/Video-Kommunikation eingerichtet. H.225.0 nutzt einige Nachrichten des D-Kanal-Protokolls Q.930/Q931 vom ISDN (s. Abschnitt 2.3). Bei H.225.0 handelt es sich im Prinzip um eine Realisierung des D-Kanal-Protokolls über TCP-Verbindungen.

6.4.1 Struktur von Anruf-SIG-Nachrichten beim H.225.0

Als Anruf-SIG-Nachrichten beim H.225.0 werden die Q.931-Nachrichten in einer erweiterten Form verwendet. Abbildung 6.4-1 zeigt, wie die Anruf-SIG-Nachrichten strukturiert sind und wie sie in IP-Paketen übermittelt werden.

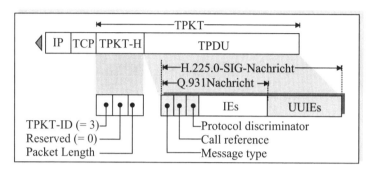

Abb. 6.4-1: H.225.0-Anruf-SIG-Nachrichten in IP-Paketen
ID: Identifikation, IE: Information Element, TPDU: Transport Protocol Data Unit

Für den H.225.0-Einsatz werden die Q.931-Nachrichten um zusätzliche und H.225.0-spezifische Angaben erweitert, die man als *User-to-User Information Elements* (*UUIEs*) bezeichnet. UUIEs werden am Ende einer Q.931-Nachricht angehängt. Um die Länge der erweiterten Q.931-Nachricht, die eine H.225.0-Anruf-SIG-Nachricht darstellt, angeben zu können, wird der Header des Protokolls TPKT (*Transport PacKeT*) nach RFC 2126 der Q.931-Nachricht vorangestellt. Somit wird ein *TPKT-Paket* aus einer H.225.0-SIG-Nachricht gebildet und über eine TCP-Verbindung übermittelt. *(Einsatz von TPKT)*

Jede Q.931-Nachricht enthält immer folgende Angaben (s. Abschnitt 2.3): *(Angaben in Q.931-Nachrichten)*

■ *Message type* als Angabe des Nachrichtentyps (`Setup`, `Alerting`, ...).
■ *Call reference* als Identifikation des Anrufes, d.h. auf welchen Anruf sich diese Signalisierung bezieht.
■ *Protocol discriminator* als Identifikation des Protokolls Q.931, d.h. 08hex.
■ *Informationselemente IEs* (*Information Elements*) als Parameter der Nachricht, die oft optional sind.
Die Q.931-Nachrichten und UUIEs werden mit Hilfe von ASN.1 spezifiziert.

6.4.2 Anrufsignalisierung ohne Gatekeeper

Der Einsatz eines Gatekeepers ist bei H.323 optional. In kleinen IP-Netzwerken kann die Multimedia-Kommunikation nach H.323 ohne Gatekeeper realisiert werden. Ist dies der Fall, muss jedes Terminal die IP-Adresse jedes anderen Terminals kennen, das als möglicher Kommunikationspartner fungieren kann. *(Wann ohne Gatekeeper?)*

Somit müssen die Terminals über die entsprechenden Tabellen mit den Zuordnungen: Alias-Adresse => IP-Adresse verfügen. Abbildung 6.4-2 illustriert die Anrufsignalisierung nach H.225.0 ohne Gatekeeper und ohne Fast
Connect Procedure .

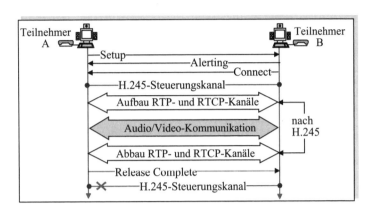

Abb. 6.4-2: H.225.0-Anrufsignalisierung ohne Gatekeeper und ohne Fast Connect Procedure
RTP: Real-time Transport Protocol, RTCP: RTP Control Protocol

Anruf-SIG-
Kanal muss
eingerichtet
werden

Für die Übermittlung von H.225.0-Nachrichten wird zuerst zwischen den Terminals von beiden Teilnehmern eine TCP-Verbindung aufgebaut, die als Anruf-SIG-Kanal dient (vgl. Abbildung 6.1-4). Dies wurde in Abbildung 6.4-2
außer Acht gelassen. Falls die sog. *Fast Connect Procedure* (*FCP*) nicht eingesetzt wird, besteht die Aufgabe der H.225.0-Anrufsignalisierung zusätzlich im
Auf- und Abbau eines H-245-Steuerungskanals. Ein H-245-Steuerungskanal
stellt de facto eine TCP-Verbindung dar, die man zum Auf- und Abbau der logischen RTP- und RTCP-Kanäle verwendet.

Bedeutung
von Setup

Eine abgehende Verbindung wird mit einer Nachricht Setup initiiert, die u.a.
folgende Angaben als UUIEs enthalten muss:

- protocolIdentifier: Version des Protokolls H.225.0,
- sourceInfo: Typ des Endpunkts (Terminal, Gateway, MCU, ...), der die
  Verbindung initiiert,
- callType: Art der Verbindung (Punkt-zu-Punkt oder Konferenz).

Eine Nachricht Setup kann auch h245Address enthalten. h245Address ist
der Endpunkt eines H.245-Steuerungskanals, d.h. einer neuen TCP-Verbindung
seitens des Teilnehmers A, die mit Hilfe von H.225.0 eingerichtet wird.

Annahme
des Anrufes

Kann das Terminal von Teilnehmer B den ankommenden Anruf annehmen,
d.h. es ist kompatibel, wird dies dem Teilnehmer B akustisch signalisiert (es
klingelt) und mit der Nachricht Alerting dem Terminal von Teilnehmer A
signalisiert. Die Entgegennahme des Anrufes durch den Teilnehmer B, bei-

spielsweise durch das Abheben des Hörers, wird dem Terminal von Teilnehmer A mit `Connect` signalisiert. `Connect` kann ebenfalls `h245Address` enthalten. Damit wird der Endpunkt des H.245-Steuerungskanals seitens des Teilnehmers B angegeben. Nach dem Empfang von `Connect` steht der H.245-Steuerungskanal zur Verfügung.

Nach H.245 werden die logischen RTP- und RTCP-Kanäle für die multimediale Kommunikation aufgebaut. Nach dem Ablauf der Kommunikation werden diese Kanäle gemäß H.245 abgebaut. Danach erfolgt der Abbau des H.245-Steuerungskanals mit einer H.225-0-Nachricht `Release Complete`. *Aufbau der RTP- und RTCP-Kanäle*

6.4.3 Direkte Anrufsignalisierung beim Gatekeeper-Einsatz

Wird in einer H.323-Zone ein Gatekeeper eingesetzt, so wird er am Auf- und Abbau einer Verbindung für Audio- und Videokommunikation beteiligt. Abbildung 6.4-3 illustriert eine Anrufsignalisierung zwischen zwei Zonen mit Gatekeeper-Beteiligung.

Bevor das Terminal von Teilnehmer A eine neue Verbindung mit `Setup` initiieren darf, muss sie vorher von seinem Gatekeeper GK_A zugelassen werden (Nachrichtenfolge `ARQ`, `LRQ`, `LCF` und `ACF`, vgl. Abb. 6.3-4). Es wurde hier angenommen, dass GK_A die IP-Adresse des Terminals von Teilnehmer B beim GK_A abgefragt hat (Nachrichten `LRQ` und `LCF`) und sie wurde dem Terminal von Teilnehmer A in `ACF` mitgeteilt. Daher kann das Terminal von Teilnehmer A eine TCP-Verbindung zum Terminal von Teilnehmer B zur Übermittlung von H.225.0-Nachrichten aufbauen. *Zulassung und Abfrage der IP-Adresse*

Nach dem Aufbau einer TCP-Verbindung zum Terminal von Teilnehmer B sendet das Terminal von Teilnehmer A eine X.225.0-Nachricht `Setup`. Der Empfang von `Setup` wird vom Terminal des Teilnehmers B mit `Call Proceeding` bestätigt. Damit wird dem Terminal des Teilnehmers A signalisiert, dass der Anruf bearbeitet wird. Nach dem Absenden von `Call Proceeding` fragt das Terminal von Teilnehmer B bei seinem Gatekeeper GK_B nach, ob die ankommende Verbindung angenommen werden darf (Nachrichtenfolge `ARQ` und `ACF`). Falls es darf, wird dies dem Teilnehmer B akustisch signalisiert und dem Terminal von Teilnehmer A mit `Alerting` mitgeteilt. Die Annahme des Anrufes durch den Teilnehmer B wird mit `Connect` bestätigt. Dies führt dann zum Aufbau des H.245-Steuerungskanals. *Aufbau des H.245-Steuerungskanals*

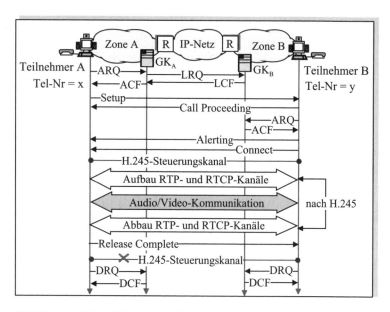

Abb. 6.4-3:   H.225.0-Anrufsignalisierung ohne Gatekeeper-Beteiligung
und ohne Fast Connect Procedure
R: Router, weitere Abkürzungen wie in Abb. 6.4-2

H.245-
Nutzung

Über den H.245-Steuerungskanal werden die RTP- und RTCP-Kanäle eingerichtet, sodass die Audio/Video-Kommunikation stattfinden kann. Wurde diese
Kommunikation beendet, müssen zuerst die RTP- und RTCP-Kanäle durch die
Übermittlung von H.245-Nachrichten über den H.245-Steuerungskanal abgebaut werden. Danach wird der H.245-Steuerungskanal durch das Absenden einer H.225.0-Nachricht Release Complete abgebaut.

Abbau des
H.245-
Steuerungs-
kanals

Nach dem Abbau des H.245-Steuerungskanals teilen die beiden Terminals ihren Gatekeepern mit (Nachrichten DRQ und DCF, vgl. Abb. 6.3-3), dass die
Verbindung beendet wurde, sodass evtl. reservierte Bandbreiten wieder freigegeben werden können.

6.4.4   Über Gatekeeper geroutete Anrufsignalisierung

Bedeutung
von call-
Model

Kommt ein Gatekeeper zum Einsatz, so muss er eine neue Verbindung, falls
keine Vorausbewilligung (*pre-granted Admission*) vorliegt, genehmigen, bevor
sie von einem Terminal initiiert wird. In der Nachricht ACF teilt der Gatekeeper
dem Terminal mit dem Parameter callModel mit, ob die Verbindung über ihn
geroutet werden soll oder nicht (vgl. Abb. 6.3-3). Soll die Verbindung über den
Gatekeeper geroutet werden, sendet das Terminal die H.225.0-Nachrichten an
seinen Gatekeeper. Abbildung 6.4-4 illustriert eine über einen Gatekeeper ge-

routete Anrufsignalisierung. Der Gatekeeper (GK$_A$) kann hierbei als Firewall dienen, um bestimmte „Angriffe" nicht zuzulassen.

Hier teilt GK$_A$ in ACF dem Terminal von Teilnehmer A mit, dass die zu initiie-rende Verbindung über ihn geroutet werden soll. Somit sendet dieses Terminal eine Nachricht Setup nicht an das Terminal von Teilnehmer B, sondern an GK$_A$. Dieser leitet entsprechend Setup an das Terminal von Teilnehmer B weiter und teilt dem Terminal von Teilnehmer A mit Call Proceeding mit, dass der Verbindungsaufbau fortgesetzt wird.

Gatekeeper als Zwischen-system bei der Signa-lisierung

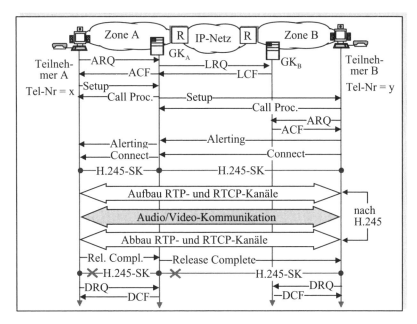

Abb. 6.4-4: Über den Gatekeeper geroutete H.225.0-Anrufsignalisierung
ohne Fast Connect Procedure
R: Router, SK: Signalisierungskanal

Wie in Abbildung 6.4-4 ersichtlich ist, werden alle H.225.0-Nachrichten über GK$_A$ übermittelt. In diesem Fall setzt sich der H.245-Steuerungskanal zwischen den beiden Terminals aus zwei H.245-Steuerungskanälen zusammen. Außer-dem gibt es hier beim Verlauf der Signalisierung keine weiteren Unterschiede mehr im Vergleich zu Abbildung 6.4-3.

6.4.5 VoIP im Verbund mit ISDN

Lokales IP-Netz mit ISDN-TK-Anlage eine Zone

Die für den Aufbau der Kanäle für die Audio/Video-Übermittlung benötigte Zeit lässt sich durch den Einsatz von *Fast Connect Procedure* (FCP) bei H.225.0 reduzieren (s. Abschnitt 6.2.3). Dabei wird kein spezieller H.245-Steuerungskanal aufgebaut, sondern die notwendigen H.245-Nachrichten in den H.225.0-Nachrichten eingekapselt und übermittelt. Abbildung 6.4-5 illustriert den H.225.0-Verlauf beim FCP-Einsatz am Beispiel einer VoIP-Anwendung. Es handelt sich hier um die Sprachkommunikation zwischen einem IP-Telefon und einem ISDN-Telefon. Wie hier ersichtlich ist, bildet das lokale IP-Netz mit der ISDN-TK-Anlage eine H.323-Zone.

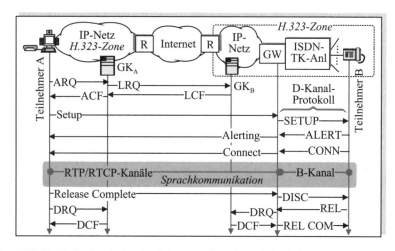

Abb. 6.4-5: H.225.0-Verlauf zwischen IP-Telefon und ISDN-Telefon beim FCP-Einsatz
GK: Gatekeeper, GW: Gateway, R: Router
Für die Nachrichten des D-Kanal-Protokolls s. Abschnitte 2.3.1 und 2.3.2.

Ziel-IP-Adresse ist unbekannt

Bevor der Aufbau einer Sprachverbindung initiiert wird, sendet das Terminal von Teilnehmer A die Nachricht ARQ mit der Alias-Adresse von Teilnehmer B und der Variable canMapAlias = TRUE. Damit bittet er seinen Gatekeeper GK$_A$, ihm die IP-Adresse des Terminals von Teilnehmer B zu ermitteln (vgl. Abb. 6.3-4). Der Teilnehmer B nutzt aber kein H.323-Terminal, sondern ein ISDN-Telefon.

Ermittlung der Ziel-IP-Adresse

Da der GK$_A$ über keine Zuordnung Alias-Adresse => IP-Adresse für die Terminals aus den fremden Zonen verfügt, fragt er mit Hilfe der Nachricht LRQ den GK$_B$ als Gatekeeper der Ziel-Zone nach dieser IP-Adresse. Die gewünschte IP-Adresse übermittelt GK$_B$ an GK$_A$ in LCF und dieser leitet sie in ACF an das Terminal von Teilnehmer A weiter. Sie stellt aber nicht die IP-Adresse des Terminals von Teilnehmer B, sondern die IP-Adresse des Gateways dar. Damit verfügt das Terminal von Teilnehmer A über die IP-Adresse, zu der eine TCP-

Verbindung (als Anruf-SIG-Kanal, s. Abb. 6.1-4) für die Übermittlung von H.225.0-Nachrichten aufgebaut werden soll.

Das Terminal von Teilnehmer A initiiert nun den Verbindungsaufbau durch das Absenden von `Setup` an das Gateway zur ISDN-TK-Anlage. `Setup` enthält das Feld `fastStart` mit dem Parameter `OpenLogicalChannel`, sodass die logischen RTP- und RTCP-Kanäle über das IP-Netz für die Übermittlung der Sprache gleichzeitig initiiert werden. Die Nachricht `Setup` nach H.225.0 wird im Gateway auf die Nachricht `SETUP` des D-Kanal-Protokolls umgesetzt und an das Telefon von Teilnehmer B weitergeleitet.

Verweis auf FCP in Setup

Falls die Überprüfung der Kompatibilität zu einer positiven Aussage geführt hat, wird dies dem Teilnehmer B akustisch signalisiert (es klingelt). Dieser Zustand wird dem Terminal von Teilnehmer A mit `Alerting` angezeigt. Das Gateway setzt dann die Nachrichten des D-Kanal-Protokolls entsprechend in H.225.0-Nachrichten um. Hat der Teilnehmer B den ankommenden Anruf angenommen, wird dies dem Terminal von Teilnehmer A mit `Connect` mitgeteilt.

Annahme des ankommenden Anrufs

Da man hier FCP verwendet, werden gleichzeitig die für die Übermittlung der Sprache notwendigen logischen RTP- und RTCP-Kanäle aufgebaut. Nach dem Eintreffen von `Connect` beim Terminal von Teilnehmer A kann die Übermittlung der Sprache beginnen. Es ist hier zu bemerken, dass sich ein Ende-zu-Ende-„Nutzkanal" für die Sprachübermittlung aus den RTP/RTCP-Kanälen im IP-Netz und aus der ISDN-Verbindung zusammensetzt.

Ende-zu-Ende-Nutzkanal

Beim Verbindungsabbau wird die H.225.0-Nachricht `Release Complete` auf die Nachricht `Disconnect` des D-Kanal-Protokolls im Gateway umgesetzt (vgl. Abb. 2.3-3). Nach dem Verbindungsabbau teilen das Terminal von Teilnehmer A und das Gateway ihren Gatekeepern mit den Nachrichten `DRQ` und `DCF` mit (vgl. Abb. 6.3-3), dass die Verbindung beendet wurde, sodass evtl. reservierte Bandbreiten wieder freigegeben werden.

Verbindungs-abbau

6.5   Einsatz des Protokolls H.245

H.245 ist ein Signalisierungsprotokoll und stellt die Funktionen zur Verfügung, die man beim Aufbau und Abbau der logischen RTP/RTCP-Kanäle für die Übermittlung von Audio und Video über IP-Netze benötigt. Die wichtigsten Funktionen von H.245 sind:

Funktionen von H.245

- Austausch der Terminal-Fähigkeiten (*Capability Exchange*),
- Master/Slave-Festlegung (*Master/Slave Determination*),
- Aufbau und Abbau logischer RTP/RTCP-Kanäle für die Übermittlung verschiedener Medien (Audio, Video, Daten),

■ Steuerung logischer Kanäle,

■ Öffnung eines logischen Kanals beim Empfänger (*Mode Request*),

■ Ermittlung des Round Trip Delay zwischen zwei Endpunkten.

Um diese Funktionen zu realisieren, definiert das H.245 unterschiedliche Nachrichten. Die einzelnen H.245-Nachrichten werden bei der Erläuterung von H.245-Funktionen näher dargestellt. Für die Spezifikation von H.245-Nachrichten wird ASN.1 verwendet.

H.245-
Nachrichten
in IP-Paketen
Da der H.245-Steuerungskanal de facto eine TCP-Verbindung darstellt, werden die H.245-Nachrichten als Daten des Protokolls TCP übermittelt. Abbildung 6.5-1 zeigt, wie die H.245-Nachrichten in IP-Paketen eingebettet werden. In einem IP-Paket können mehrere H.245-Nachrichten enthalten sein.

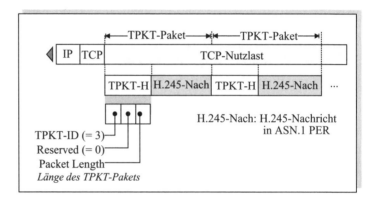

Abb. 6.5-1:   H.245- Nachrichten in IP-Paketen
ID: Identifikation, TPKT-H: TPKT-Header

Einsatz von
TPKT
Jeder zu übertragenden H.245-Nachricht wird der Header des Protokolls TPKT (*Transport PacKeT*) vorangestellt (vgl. Abb. 6.4-1). Darin wird die Länge des TPKT-Pakets und damit auch die Länge der H.245-Nachricht angegeben.

6.5.1   Beschreibung von Terminal-Fähigkeiten

Bedeutung
des Aus-
tausches von
Fähigkeiten
Die erste Funktion, die direkt nach dem Aufbau eines H.245-Steuerungskanals realisiert wird, ist die Festlegung, ob die beiden Terminals kompatibel sind. Hierbei wird überprüft, ob die Kommunikation zwischen diesen beiden stattfinden kann. Insbesondere wird geprüft, ob die beiden Terminals die gleichen Audio- und Videocodierungsverfahren unterstützen. Dieser Prozess besteht im Austausch von *Capabilities* (*Fähigkeiten*) der beteiligten Terminals, sodass man hier von *Capability Exchange* spricht.

Bei einem H.323-Terminal kann es sich um eine Vielzahl von verschiedenen *Bedeutung* Capabilities, wie z.B. Audio- , Video-, Daten- und Encryption-Capabilities, *der Capabili-* handeln. Hierbei wird besonders zwischen `receiveCapabilities`, `trans-` *tyTable (cT)* `mitCapabilities` und `receiveAndTransmitCapabilities` unterschie-den. Diese Vielzahl von unterschiedlichen Capabilities muss nach einem ein-deutigen Schema präzise beschrieben werden. Alle Capabilities eines H.323-Terminals werden nummeriert und in einer sog. `capabilityTable` (`cT`) aufgelistet (s. Abbildung 6.5-2), die in ASN.1 beschrieben wird.

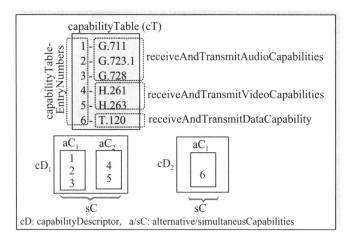

Abb. 6.5-2: `capabilityTable` und `capabilityDescriptor` eines Terminals

Jeder Eintrag in `cT` besitzt seine Nummer, eine sog. `CapabilityTable-` *Was enthält* `EntryNumber`, den Namen der Capability und zusätzliche Parameter der Ca- *eine `cT`?* pability wie z.B. maximale Anzahl der Abtastwerte des Audiosignals im IP-Paket. In dem in Abbildung 6.5-2 dargestellten Beispiel wurden die Parameter in `cT` außer Acht gelassen. Eine `cT` stellt somit eine nummerierte Aufzählung von Capabilities eines Terminals dar und kann als *Capability-Raum* des Termi-nals angesehen werden. Sie stellt u.a. eine Liste von nummerierten Audio- und Video-Codecs des Terminals dar.

Die Capabilities aus `cT` können zu Gruppen von sog. `alternativeCapabi-` `lities` zusammengefasst werden.

> **Beispiel:** Aus der in Abb. 6.5-2 gezeigten `cT` können folgende Gruppen von `alternative-` `Capabilities` definiert werden: A = {1, 2, 3}, B = {4, 5} und C = {6}. Somit enthält:
> - A die Auflistung von Audio-Codecs (d.h. von Codecs nach G.711, G.723.1 und G.728),
> - B die Auflistung von Video-Codecs (d.h. von Codecs nach H.261 und H.263) und
> - C ein Element und besagt, dass das Terminal nur die Daten nach dem Protokoll T.120 senden und empfangen kann.

Die Capabilities aus einer Gruppe von `alternativeCapabilities` beziehen sich auf einen logischen Kanal, z.B. auf einen Kanal für die Übermittlung von Audio bzw. auf einen Kanal für die Übermittlung von Video.

Bedeutung von `capability-Descriptor` *(cD)*

Um die Fähigkeiten eines Terminals hinsichtlich der Multimedia-Kommunikation zu definieren, d.h. falls mehrere logische Kanäle eingesetzt werden, verwendet man den Begriff `simultaneousCapabilities`. Darunter versteht man eine bzw. mehrere Gruppen von `alternativeCapabilities`. Um die Fähigkeiten eines Terminals zu beschreiben, wird auch ein sog. `capability-Descriptor(cD)` gebildet, der `simultaneousCapabilities` enthält.

> **Beispiel:** Das Terminal mit den in Abbildung 6.5-2 gezeigten Fähigkeiten kann entweder eine gleichzeitige Audio- und Videokommunikation nach cD_1 oder nur die Datenkommunikation über T.120 nach cD_2 realisieren. cD_1 besagt, dass das Terminal gleichzeitig Audio- und Videokommunikation unterstützen kann. Hierbei können bei der Audio-Kommunikation die Audio-Codecs G.711, G.723.1 oder G.728 und bei der Videokommunikation die Video-Codecs H.261 oder H.263 zum Einsatz kommen. Alle Kombinationen von Audio- und Video-Codecs, die bei der parallelen Audio- und Videokommunikation in Frage kommen, werden durch das Mengenprodukt $aC_1 \times aC_2 = \{(1,4), (1,5), (2,4), (2,5), (3,4), (3,5)\}$ von `capabilityTableEntryNumbers` bestimmt.

Austausch von Fähigkeiten

Die ersten H.245-Nachrichten, die über den H.245-Steuerungskanal zwischen den beteiligten Terminals ausgetauscht werden, sind die H.245-Nachrichten `terminalCapabilitySet (TCS)` mit der Beschreibung ihrer Fähigkeiten in Form von `capabilityDescriptors` (s. Abb. 6.5-3).

6.5.2 Austausch von Terminal-Fähigkeiten

Nachrichten `TCS` *und* `TCSAck`

Wie Abbildung 6.5-3 zeigt, übermittelt ein Terminal seine Fähigkeiten an ein anderes Terminal, mit dem eine Kommunikation stattfinden soll, mit Hilfe der H.245-Nachricht `TerminalCapabilitySet(TCS)`. Falls der Austausch von Fähigkeiten erfolgreich abgelaufen ist, wird dies mit `TerminalCapabilitySetAck(TCSAck)` vom Empfänger mit der Nachricht `TCS` bestätigt.

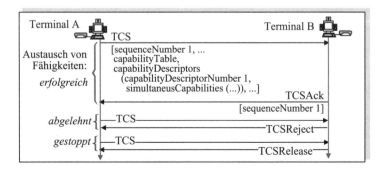

Abb. 6.5-3: Übermittlung von Terminal-Fähigkeiten in TCS (`TerminalCapabilitySet`)

TCS enthält u.a. eine laufende Nummer (sequenceNumber) und folgende Angaben: *Inhalt der Nachricht TCS*

■ capabilityTable: Hier werden die Capabilities aufgelistet und nummeriert.

■ CapabilityDescriptors(cDs): Es können mehrere cDs übermittelt werden. In jedem cD werden die sog. simultaneousCapabilities des Terminals aufgelistet. Damit werden alle Codierungsverfahren angegeben, die das Terminal unterstützt. Jeder cD hat seine Nummer. Im Beispiel aus Abbildung 6.5-3 wird nur ein cD mit der Nummer 1 übermittelt.

Um die Antwort der abgeschickten Nachricht TCS eindeutig zuzuordnen, enthält eine Antwort TCSAck auf TCS die laufende Nummer von TCS. Der Empfänger von TCS kann den Austausch von Terminal-Fähigkeiten mit der Nachricht TerminalCapabilityReject(TCSReject) auch ablehnen. Nach dem Absenden der Nachricht TCS wartet der Absender eine festgelegte Zeit auf eine Antwort vom Empfänger. Kommt innerhalb dieser Zeit keine Reaktion vom Empfänger, bricht der Absender durch das Absenden des Kommandos TerminalCapabilityRelease(TCSRelease) den Austausch von Terminal-Fähigkeiten ab.

6.5.3 Master/Slave-Festlegung

Bei einer Kommunikation können einige Fehler- bzw. Konfliktsituationen auftreten. Beispielsweise möchte ein Terminal einen logischen Kanal für die Übermittlung von Audio nach einem bestimmten Codierungsverfahren einrichten, das von einem anderen Terminal aber nicht unterstützt wird. Um derartige Situationen beim Aufbau von logischen RTP/RTCP-Kanälen für die Übertragung verschiedener Arten von Medien (Audio, Video, Daten) zu vermeiden, verständigen sich die beiden Terminals darauf, welches von ihnen die Rolle eines führenden (übergeordneten) Terminals, d.h. eines sog. *Master-Terminals* übernimmt. Das andere bleibt diesem als Slave-Terminal untergeordnet, sodass es auf die Anforderungen des Master-Terminals direkt antworten muss.   *Master und Slave-Terminals*

Die Master/Slave-Festlegung erfolgt in der Regel direkt nach dem Austausch von Capabilities. Da mehrere H.245-Nachrichten in einem IP-Paket übermittelt werden können (vgl. Abb. 6.5-1), kann eine Nachricht für die Master/Slave-Festlegung in einem IP-Paket direkt hinter einer Nachricht terminalCapabilitySet übermittelt werden.   *Wann Master/ Slave-Festlegung?*

Abbildung 6.5-4 illustriert den Ablauf einer Master/Slave-Festlegung. Diese Festlegung wird von einem Terminal mit der H.245-Nachricht MasterSlaveDetermination(MSD) initiiert. Diese Nachricht enthält zwei Parameter terminalType(tT) und StatusDeterminationNumber(sDNum).   *Nachricht MSD*

Der tT-Wert gibt eine Aussage über die Funktionalität eines H.323-Endsystems. Je umfangreicher die Funktionalität des H.323-Endsystems ist, desto größer ist sein tT-Wert. Beispielsweise hat ein einfaches Terminal als IP-Tele-   *Bedeutung von tT und sDNum* fon den `tT`-Wert 50. `sDNum` ist eine Zufallsvariable, die lokal bei jedem der beteiligten Terminals generiert wird.

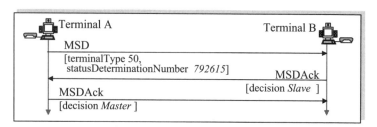

Abb. 6.5-4:   Ablauf einer Master/Slave-Festlegung
             MSD: MasterSlaveDetermination

Master-
Auswahl

Nach dem Empfang einer Nachricht `MSD` vergleicht das Empfänger-Terminal seinen `tT`-Wert mit dem `tT`-Wert des Absender-Terminals. Das Terminal mit dem größten `tT`-Wert wird als Master ausgewählt. Sind die beiden `tT`-Werte gleich, generiert das Empfänger-Terminal einen zufälligen `sDNum`-Wert. Danach vergleicht er seinen `sDNum`-Wert mit dem des Absender-Terminals. Das Terminal mit dem größten `sDNum`-Wert wird nun als Master ausgewählt. Sind die beiden `sDNum`-Werte auch gleich, kann der Master nicht bestimmt werden. Die Master/Slave-Festlegung muss neu gestartet werden.

Nachricht
MSDAck

Wie Abbildung 6.5-4 zeigt, wird `MSD` mit `MasterSlaveDetermination-Ack(MSDAck)` bestätigt. In `MSDAck` wird die beim Empfänger von `MSD` gefallene Entscheidung dem Absender von `MSD` mitgeteilt. Der Empfänger von `MSDAck` bestätigt diese Entscheidung ebenfalls mit `MSDAck`.

6.5.4   Aufbau logischer Kanäle

Bedeutung
von OLC

Der Aufbau eines logischen RTP-Kanals für die Übermittlung eines Medientyps (Audio, Video) wird durch das Absenden der H.245-Nachricht `OpenLogicalChannel(OLC)` initiiert. Abbildung 6.5-5 illustriert den Aufbau von logischen RTP/RTCP-Kanälen für eine bidirektionale Sprachübermittlung. Hierbei werden zwei unidirektionale Kanäle eingerichtet, die einen logischen bidirektionalen RTP-Kanal bilden. Der bidirektionale RTP-Kanal stellt einen `mediaChannel` dar. Parallel zu diesem Kanal wird ein `mediaControlChannel` eingerichtet, über den die RTCP-Nachrichten zwischen Terminals ausgetauscht werden, sodass der Verlauf der Sprachübermittlung kontrolliert werden kann.

Inhalt von
OLC

In der Nachricht `OLC` wird u.a. angegeben:

■   Die Nummer `forwardLogicalChannelNumber` des Vorwärtskanals, d.h. des Kanals in Richtung zum Empfänger der Nachricht `OLC`.

■ Die Parameter des Vorwärtskanals `forwardLogicalChannelParameters` wie:
  – `dataType`: Welcher Medientyp wird über diesen logischen Kanal übermittelt. Hier wird ein Eintrag aus dem bereits übermittelten `capabilityDescriptor` ausgewählt. In Abbildung 6.5-5 handelt es sich um die Sprache, die nach dem Verfahren G.711 μ-Law (64 kbit/s) codiert wird (s. Abschnitt 5.1.3).
  – `SessionID`: Identifikation der Session. Da alle Kanäle zu einer Session gehören, muss diese Angabe in allen in Abbildung 6.5-5 gezeigten Nachrichten enthalten sein.
  – `MediaControlChannel`: UDP-Port-Nummer des logischen RTCP-Kontrollkanals.

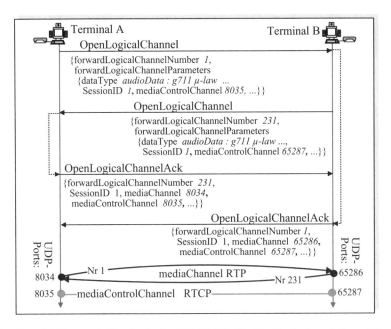

Abb. 6.5-5: Beispiel für den Aufbau logischer RTP/RTCP-Kanäle für die Sprachübermittlung

Eine Nachricht `OpenLogicalChannelAck` (OLCAck) enthält u.a.:

Nachricht OLCAck

■ Die Nummer `forwardLogicalChannelNumber` des Vorwärtskanals, auf den sich diese Nachricht bezieht.

■ `MediaChannel`: UDP-Port-Nummer des logischen RTP-Medienkanals.

■ `MediaControlChannel` gibt die UDP-Port-Nummer der RTCP-Kontrollkanals an. Die Angabe aus OLC kann durch diese Angabe verändert werden.

6.5.5 Abbau logischer Kanäle

Normalerweise beginnt der Abbau eines logischen Kanals durch das Absenden einer H.245-Nachricht `CloseLogicalChannel(CLC)` durch das Terminal, das als Sender fungiert. CLC enthält die Nummer des betreffenden Vorwärtskanals und die Angabe der Ursache für den Abbau. CLC wird von der Gegenseite

Nachrichten CLC und CLCAck

mit `CloseLogicalChannelAck(CLCAck)` bestätigt. Abbildung 6.5-6 illustriert den Ablauf beim Abbau der logischen Kanäle aus Abbildung 6.5-5.

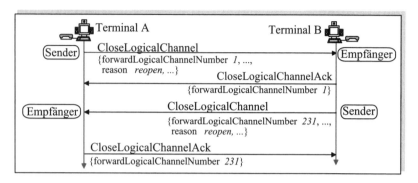

Abb. 6.5-6:   Abbau logischer Kanäle aus Abbildung 6.5-5

In der Regel initiiert das Terminal den Abbau eines unidirektionalen Kanals, welches an diesem Kanal als Sender fungiert. Es kann jedoch vorkommen, dass ein Terminal als Empfänger den Abbau eines unidirektionalen Kanals anstoßen muss. Hierfür verwendet man die H.245-Nachricht `RequestChannelClose`. Sie wird von der Gegenseite mit `RequestChannelCloseAck` bestätigt.

6.5.6 Änderung von Eigenschaften einer Verbindung

Typischerweise wird der Aufbau eines unidirektionalen logischen RTP-Kanals von dem Terminal angestoßen, das als Sender fungieren wird (vgl. Abb. 6.5-6). Es ist jedoch eine Situation denkbar, in der ein Sender einen unidirektionalen Kanal seitens des Empfängers initiieren möchte, z.B. wenn ein Sender auf ein anderes Audio/Video-Format wechseln möchte. Er kann vom Empfänger verlangen, auf eine andere Betriebsart (Mode) umzusteigen, um damit die Eigenschaften der bestehenden Verbindung zu ändern. Man bezeichnet dies als *Mode Request*. Abbildung 6.5-7 illustriert den Ablauf bei der Änderung des Verfahrens für die Sprachcodierung.

Wechseln des Sprach-codierungs-verfahrens

Das Terminal A als Sender in Richtung zum Terminal B möchte das Verfahren für die Codierung der in diese Richtung übertragenen Sprache wechseln. Dies initiiert Terminal A durch das Absenden der H.245-Nachricht mit der Angabe einer Liste von Sprachcodierungsverfahren als `RequestedModes`. Diese Verfahren müssen bereits als `Capabilities` des Terminals A beim Capability Exchange dem Terminal B angezeigt worden sein (s. Abb. 6.5-2 und 6.5-3). Das Verfahren an der ersten Stelle auf der `RequestedModes`-Liste ist das am meisten bevorzugte (*MostPreferred*) und das an der letzten Stelle entsprechend am wenigsten. Der Empfänger der Nachricht antwortet, welchen Mode, d.h.

welches Verfahren er ausgewählt hat. Im gezeigten Beispiel ist G.729 das am meisten bevorzugte Verfahren für die Sprachcodierung.

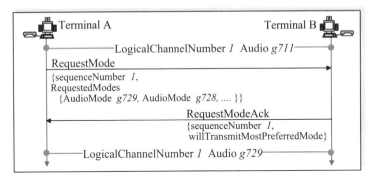

Abb. 6.5-7:   Ablauf von Mode Request

6.5.7   Beispiel für einen Verlauf des Protokolls H.245

In Abbildung 6.1-4 wurde bereits allgemein gezeigt, an welcher Stelle während der Audio/Videokommunikation das Protokoll H.245 zum Einsatz kommt. Berücksichtigt man die bisherigen Darstellungen von H.245, so zeigt Abbildung 6.5-8 ein Beispiel für einen vollständigen H.245-Verlauf ohne Fast Connect Procedure (vgl. Abb. 6.2-4) während einer Audio/Video-Kommunikation. In diesem Verlauf sind folgende Schritte zu unterscheiden:

- ▨ `Capability Exchange` (s. Abb. 6.5-3).
- ▨ `Master/Slave Determination` (s. Abb. 6.5-4).
- ▨ Nach dem Verlauf der `Open Channel Procedure` (s. Abb. 6.5-5) stehen zwei unidirektionale logische RTP-Kanäle und ein bidirektionaler RTCP-Kanal zur Verfügung. Die Audio- bzw. Videokommunikation kann nun beginnen.
- ▨ Nach dem Ablauf der Kommunikation werden die logischen Kanäle nach `Close Channel Procedure` abgebaut. Der Verlauf dieser Prozedur entspricht dem Verlauf in Abbildung 6.5-6.
- ▨ Nach dem Abbau der logischen Kanäle wird der H.245-Steuerungskanal mit der Nachricht `Release Complete` des Protokolls H.225.0 abgebaut.
- ▨ Zum Schluss muss noch die bestehende TCP-Verbindung als Anruf-SIG-Kanal abgebaut werden.

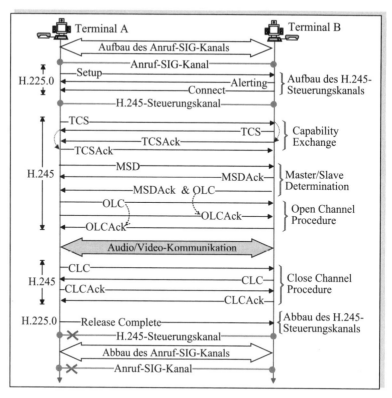

Abb. 6.5-8: Beispiel für einen H.245-Verlauf während der Audio/Video-Kommunikation
TCS: TerminalCapabilitySet, MSD: MasterSlaveDetermination, OLC: OpenLogicalChannel,
CLC: CloseLogicalChannel, SIG: SIGnalisierung

6.6   Supplementary Services nach H.450.x

*Ergänzende
Dienst-
merkmale*

Um verschiedene ISDN-Dienstmerkmale auch in VoIP-Systemen beim Einsatz von H.323 realisieren zu können, werden in den Standards H.450.x (x = 2, ..., 11) sog. *Supplementary Services* definiert. Zu solchen ergänzenden Dienstmerkmalen der VoIP-Systeme gehören:

*Gesprächs-
umlegung*

■ *Call Transfer* (CT) als *Anrufumlegung* nach H.450.2

Dieses Dienstmerkmal erlaubt es, eine bestehende Telefonverbindung zwischen Teilnehmer A und Teilnehmer B durch den Teilnehmer A auf eine neue Telefonverbindung zwischen Teilnehmer B und Teilnehmer C umzulegen (zu transferieren). Sollte z.B. Teilnehmer A während eines Telefongespräches mit dem Teilnehmer B feststellen, dass dieser noch eine Auskunft von Teilnehmer C benötigt, kann der Teilnehmer A bereits während des Gesprächs eine neue Telefonverbindung zwischen Teilnehmer B und Teilnehmer C initiieren. Nach dem Aufbau der Verbindung zwischen Teilnehmer B und Teilnehmer C wird die Verbindung zwischen Teilnehmer A und Teilnehmer B abgebaut (s. Abb. 6.6-2).

- *Call Forwarding* (CF) als *Anrufweiterleitung* nach H.450.3

  Die Anrufumleitung ist ein wichtiges Dienstmerkmal im ISDN-Netz und in digitalen Mobilfunknetzen. Dabei werden die bei einem Teilnehmer ankommenden Anrufe an eine andere Rufnummer umgeleitet.

  Anruf-umleitung

- *Call Forwarding* als *Call Deflection* bzw. als *Call Diversion* nach H.450.3

  Durch die Anrufumleitung werden die bei einem Teilnehmer ankommenden Anrufe an eine andere Rufnummer umgeleitet. Wenn ein Telefon klingelt, kann keine andere Aktion erfolgen als den Anruf anzunehmen oder abzulehnen. Daher ist eine Anrufumleitung während des Klingelns (sog. *Call Deflection*) mit einem normalen Telefon nicht möglich. Bei VoIP kann ein entsprechender Gatekeeper durch einen Befehl veranlasst werden, einen ankommenden Anruf bereits während des Klingelns an eine bestimmte Rufnummer umzuleiten.

  Arten der Anruf-umleitung

  Bei *Call Diversion* wird ein ankommender Anruf an seinem Ziel an eine neue Adresse entweder direkt oder nach Abwarten eines Zeitintervalls umgeleitet. Man unterscheidet somit:
  - eine sofortige Anrufweiterleitung als unbedingte Anrufweiterleitung CFU (*Call Forwarding Unconditional*) bzw. als Anrufweiterleitung bei Besetzt CFB (*Call Forwarding Busy*),
  - eine verzögerte Anrufweiterleitung als Anrufweiterleitung bei Nichtmelden CFNR (*Call Forwarding No Reply*) bzw. als Anrufweiterleitung bei der Anrufsignalisierung CD (*Call Deflection*).

- *Call Hold* (HOLD); Halten einer Verbindung nach H.450.4

  Ein ankommender Anruf während einer bestehenden Verbindung kann durch „Anklopfen" angezeigt werden, daher kann ein Teilnehmer mit Call Hold das Gespräch auf der bereits bestehenden Verbindung kurz unterbrechen und die neue Verbindung aufnehmen. Nach der Beendigung der neuen Verbindung kann er zur alten Verbindung zurückkehren und das abgebrochene Gespräch fortsetzen.

  Halten einer Verbindung

- *Call Park* und *Call Pickup* nach H.450.5

  Bei Call Park kann ein Teilnehmer die bestehende Verbindung an einem Terminal parken (d.h. kurz abbrechen) und angeben, von welchem anderen Terminal diese abgebrochene Verbindung wieder aufgenommen wird. Als Call Pickup bezeichnet man oft die Wiederaufnahme einer geparkten Verbindung. Call Park und Call Pickup entsprechen weitgehend dem ISDN-Dienstmerkmal *Umstecken am Bus*.

  Parken und Anrufwieder-aufnahme

- *Call Waiting* als Anklopfen H.450.6

  Dieses Dienstmerkmal ermöglicht, während einer bestehenden Verbindung einen ankommenden Anruf akustisch oder optisch zu signalisieren. Dadurch ist der Angerufene auch während eines Gesprächs für andere erreichbar. Er kann auf das Anklopfen unmittelbar reagieren, in dem er die bestehende Verbindung für einen Moment unterbricht, um das zweite Gespräch anzunehmen. Dieses Hin- und Zurückschalten zwischen bisherigem Gesprächspartner und anklopfendem Teilnehmer nennt man *Makeln*. Falls der anklopfende Teilnehmer aktiv in die bestehende Verbindung eingeschaltet wird, entsteht eine sog. *Dreierkonferenz*.

  Makeln, Dreier-konferenz

- *Message Waiting Indication* (MWI) nach H.450.7

  Mit MWI kann einem Teilnehmer auf dem Display seines IP-Telefons angezeigt werden, dass seine Mailbox eine E-Mail empfangen hat. Hierbei spricht man auch von *E-Mail Waiting Indication* (EWI).

  Anzeige „Nachricht wartet"

■ *Name Identification* nach H.450.8

Dieses Dienstmerkmal ermöglicht die Übermittlung der Information (z.B. Rufnummer) über einen Teilnehmer zu einem anderen Teilnehmer.

Rückrufarten   ■ *Call Completion* (CC) nach H.450.9

Unter CC wird die Möglichkeit verstanden, dass der rufende Teilnehmer bei Besetzt bzw. bei Nichtmelden des angerufenen Teilnehmers zurückgerufen wird, falls der angerufene Teilnehmer wieder frei bzw. aktiv wird. Bei CC unterscheidet man zwischen:

• Rückruf bei Besetzt CCBS (*Completion of Calls to Busy Subscriber*),
• Rückruf bei Nichtmelden CCNR (*Completion of Calls on No Reply*).

Warten bei   ■ *Call Offer* nach H.450.10
Besetzt

Dieses Dienstmerkmal bietet die Möglichkeit, dass der rufende Teilnehmer bei Besetzt des angerufenen Teilnehmers mit seinem initiierten Anruf warten kann, bis der angerufene Teilnehmer wieder frei wird. Ist der angerufene Teilnehmer frei geworden, wird ihm der neue Anruf direkt offeriert.

Eindringende   ■ *Call Intrusion* als eindringende Anrufe nach H.450.11
Anrufe

Dieses Dienstmerkmal bietet die Möglichkeit, dass der rufende Teilnehmer A bei Besetzt des angerufenen Teilnehmers B diesen dazu veranlassen kann, entweder die bestehende Verbindung mit dem Teilnehmer C zu deaktivieren (Halten, Hold) und die Verbindung zum Teilnehmer A zu aktivieren oder den Teilnehmer A zu einer Dreierkonferenz mit aufzunehmen.

6.6.1   H.450.1 als Basis für Supplementary Services

Die Basis für die Realisierung verschiedener Supplementary Services stellt der Standard H.450.1 dar. Abbildung 6.6-1 bringt dies zum Ausdruck.

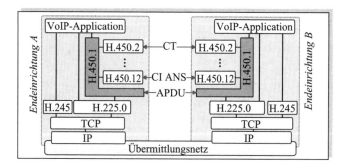

Abb. 6.6-1:   Bedeutung von H.450.1
CT: Call Transfer, CI ANS: Common Information Additional Network Service

Wie hier ersichtlich ist, nutzt H.450.1 die Funktionalität des Protokolls H.225.0 und stellt das Signalisierungsprotokoll für Supplementary Services dar. Nach H.450.1 wird eine sog. *Call Independent Signalling Connection* (CISC) für die Übermittlung von sog. *APDUs* (*Application Protocol Data Unit*) aufgebaut. In APDUs werden die für die Realisierung von Supplementary Services benötigten Angaben zwischen den beteiligten Endkomponenten ausgetauscht. Eine APDU als UUIE (*User-User Information Element*) wird in einer H.225.0-Nachricht übermittelt (s. Abb.6.4-1).

Die APDUs können in folgenden H.225.0-Nachrichten enthalten sein:

- ■ in `Setup`, `Call Proceeding`, `Alerting` und `Connect` beim Verbindungsaufbau,
- ■ in `Facility` und `Progress` während der Verbindung,
- ■ in `Release Complete` beim Verbindungsabbau.

Um die Kompatibilität zwischen den H.323-Endpunkten bei der Unterstützung von Supplementary Services zu überprüfen, spezifiziert H.450.12 das Protokoll zum Austausch von Common Information zwischen den H.323-Endpunkten. Somit können sie sich gegenseitig über sog. *Additional Network Features* (ANFs), d.h. über die Art und Weise der Unterstützung von Supplementary Services nach H.450.x (x = 2, ..., 11), informieren. *Funktion von H.450.12*

Jeder Standard H.450.x (x = 2, 3, ..., 12) definiert bestimmte APDUs. Es sind hierbei folgende APDU-Typen zu unterscheiden: *Typen von APDUs*

- ■ `xxx.Invoke` (`Inv`) als Aufruf eines Dienstes (xxx = APDU-Name),
- ■ `xxx.ReturnResult` (`RetRes`) als Ergebnis des Aufrufs eines Dienstes,
- ■ `xxx.Reject` als Absage des Aufrufs eines Dienstes,
- ■ `xxx.ReturnError` als Fehlermeldung.

6.6.2 Beispiele für Supplementary Services

Im Weiteren werden einige Beispiele für den Ablauf der Signalisierungsprotokolle bei der Realisierung wichtiger Supplementary Services gezeigt.

Beispiel 1: Call Transfer (CT) nach H.450.2 *Verlauf*

Das Prinzip von CT wird in Abbildung 6.6-2 illustriert. Stellt z.B. der Teilnehmer A während eines Telefongesprächs mit dem Teilnehmer B fest, dass Teilnehmer B noch eine Auskunft von Teilnehmer C benötigt, initiiert der Teilnehmer A noch während des Gespräches eine neue Verbindung zum Teilnehmer C. Nach der Eingabe der Telefonnummer von Teilnehmer C sendet das Terminal von Teilnehmer A an das Terminal von Teilnehmer B die H.225.0-Nachricht `Facility` mit der APDU `ctInitiate.Invoke`. Diese APDU enthält die Identifikation der Verbindung zwischen Teilnehmer A und Teilnehmer B und die Adresse (Telefonnummer) von Teilnehmer C. *von Call Transfer*

Nach dem Empfangen von `Facility` initiiert das Terminal von Teilnehmer B durch das Absenden von `Setup` mit der APDU `ctSetup.Invoke` an das Terminal von Teilnehmer C eine neue Verbindung. Diese APDU enthält die Identifikation der Verbindung zwischen Teilnehmer A und Teilnehmer B. Damit kann die neue Verbindung zwischen Teilnehmer B und Teilnehmer C als Transfer der „alten" Verbindung zwischen Teilnehmer A und Teilnehmer B angesehen werden.

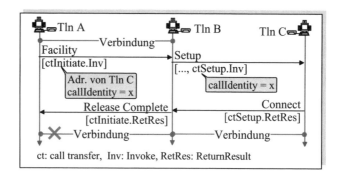

Abb. 6.6-2: Prinzip von Call Transfer

Das Terminal von Teilnehmer C antwortet auf `Setup` mit `Connect`, die `ctSetup.Return-Result` als Antwort auf `ctSetup.Invoke` enthält. Mit dem Eintreffen von `Connect` beim Terminal von Teilnehmer B wird der Aufbau der Verbindung zwischen Teilnehmer B und Teilnehmer C beendet. Zum Schluss sendet das Terminal von Teilnehmer B an das Terminal von Teilnehmer A `Release Complete` mit `ctInitiate.ReturnResult`, um die „alte" Verbindung zwischen Teilnehmer A und Teilnehmer B abzubauen.

Verlauf einer sofortigen Anrufweiter- leitung

Beispiel 2: Sofortige Anrufweiterleitung nach H.450.3

Abbildung 6.6-3 zeigt den Verlauf einer sofortigen Anrufweiterleitung. Hier versucht Teilnehmer A eine Verbindung zu Teilnehmer B aufzubauen. Das Terminal von Teilnehmer A sendet hierfür die H.225.0-Nachricht `Setup` an das Terminal von Teilnehmer B. Nach dem Empfang von `Setup` antwortet das Terminal von Teilnehmer B mit `Facility`, in der die APDU mit `CallRerouting.Invoke` enthalten ist. Mit dieser APDU wird dem Terminal von Teilnehmer A mitgeteilt, dass er die initiierte Verbindung ersatzweise zu Teilnehmer C aufbauen soll.

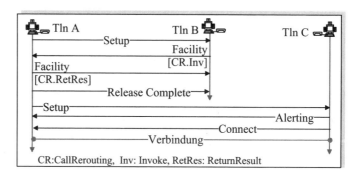

Abb. 6.6-3: Verlauf einer sofortigen Anrufweiterleitung

Das Terminal von Teilnehmer A bestätigt zuerst dem Terminal von Teilnehmer B den Empfang von `Facility` ebenfalls mit `Facility` und teilt ihm dann mit `Release Complete` mit, dass der begonnene Verbindungsaufbau rückgängig gemacht werden soll. Danach initiiert das Terminal von Teilnehmer A eine neue Verbindung zu Teilnehmer C. Der Aufbau dieser Verbindung verläuft nach H.225.0 (s. Abschnitt 6.4.2).

Beispiel 3: Verlauf von Call Park and Call Pickup nach H.450.5

Call Park (Parken einer Verbindung) bedeutet, dass ein Teilnehmer eine bestehende Verbindung an einem Terminal parkt (d.h. abbricht) und gibt dem Terminal des Kommunikationspartners an, von welchem anderen Terminal er die geparkte Verbindung wieder aufnimmt. Als *Call Pickup* bezeichnet man die Wiederaufnahme einer geparkten Verbindung. Abbildung 6.6-4 illustriert den Verlauf von Call Park und Call Pickup.

Verlauf von Call Park and Call Pickup

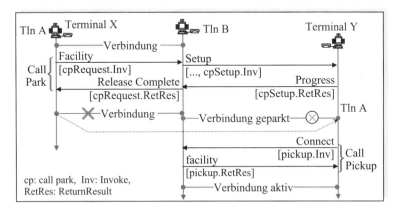

Abb. 6.6-4:   Verlauf von Call Park and Call Pickup

Um die Verbindung zum Teilnehmer B zu parken, drückt der Teilnehmer A am Terminal X eine spezielle Taste und gibt an, dass er die geparkte Verbindung vom Terminal Y wieder aufnimmt. Hierbei sendet das Terminal von Teilnehmer A die H.225.0-Nachricht `Facility` an das Terminal von Teilnehmer B. Mit der APDU `cpRequest.Invoke` in dieser Nachricht wird dem Terminal von Teilnehmer B mitgeteilt, dass die geparkte Verbindung vom Terminal Y wieder aufgenommen wird. `cpRequest.Invoke` enthält somit die Adresse von Terminal Y.

Nach dem Empfang von `Facility` initiiert das Terminal von Teilnehmer B mit der H.225.0-Nachricht `Setup` eine Verbindung zum Terminal Y. Mit `cpSetup.Invoke` wird dem Terminal Y angegeben, dass es sich um eine geparkte (deaktivierte) Verbindung handelt, die zu einem späteren Zeitpunkt wieder aufgenommen wird. Auf `Setup` antwortet das Terminal Y mit der H.225.0-Nachricht `Progress`. Hat das Terminal von Teilnehmer B `Progress` empfangen, besteht eine geparkte Verbindung zwischen dem Terminal von Teilnehmer B und dem Terminal Y. Das Terminal von Teilnehmer B sendet noch `Release Complete` an das Terminal von Teilnehmer A, um die Verbindung zum Terminal X abzubauen.

Aktiviert der Teilnehmer A am Terminal Y die geparkte Verbindung zum Terminal von Teilnehmer B, sendet das Terminal Y die H.225.0-Nachricht `Connect` an das Terminal von Teilnehmer B. Die APDU `pickup.Invoke` in dieser Nachricht teilt dem Terminal von Teilnehmer B mit, dass die geparkte Verbindung nun aktiviert wird. Das Terminal von Teilnehmer B antwortet darauf mit `Facility`, in der `pickup.ReturnResult` enthalten ist. Damit wurde die geparkte Verbindung am Terminal Y wieder aufgenommen.

6.7   Roaming bei VoIP nach H.323

Begriff:
Roaming

Bei VoIP besteht der Wunsch nach uneingeschränkter Mobilität. Ein Teilnehmer sollte daher u.a. die Möglichkeit haben:

- seinen tragbaren Rechner an jeder Netzwerksteckdose seines Unternehmens
  als sein IP-Telefon und mit der Telefonnummer zu nutzen, die auch an seinem „Stamm"-Arbeitsplatz gilt.

- die an seiner Telefonnummer ankommenden Anrufe zu dem IP-Telefon umzuleiten, welches der Teilnehmer aktuell nutzt.

- einen fremden Rechner in einer anderen Abteilung, in der er sich vorläufig
  aufhält, als sein vorläufiges IP-Telefon mit der Telefonnummer von seinem
  „Stamm"-Arbeitsplatz zu nutzen.

Eine derartige Mobilität bezeichnet man als *Discrete Mobility, Teilnehmer-*
Roaming bzw. kurz *Roaming*. Dies lässt sich in VoIP-Systemen nach H.323 mit
Hilfe des ITU-T-Standards H.510 erreichen.

6.7.1   Arten von Roaming

Roaming
innerhalb
einer
Domain

Wie bereits erwähnt wurde, bildet ein Netzwerk einer großen administrativen
Einheit aus Sicht von VoIP nach H.323 eine Domäne (Domain), die sich aus
mehreren Zonen zusammensetzt (s. Abb. 6.1-2). Daher unterscheidet man bei
der Mobilität innerhalb einer Domain zwischen *Intra-Zone-Roaming* und *Inter-*
Zone-Roaming. Diese Art der Mobilität innerhalb einer Domain, die auch als
Intra-Domain-Roaming bezeichnet wird, illustriert Abbildung 6.7-1.

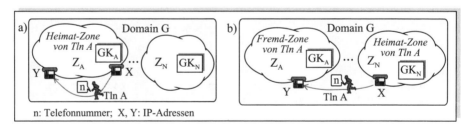

n: Telefonnummer; X, Y: IP-Adressen

Abb. 6.7-1:   Roaming innerhalb einer Domain:
a) Intra-Zone-Roaming; b) Inter-Zone-Roaming
GK: Gatekeeper, Tln: Teilnehmer, Z: Zone

Intra-Zone-
Roaming

Beim Intra-Zone-Roaming (s. Abbildung 6.7-1a) bewegt sich Teilnehmer A
nur innerhalb einer Zone. Diese Roaming-Art wird bereits bei H.323 unterstützt. Beim Verlassen des IP-Telefons mit der IP-Adresse X muss der Teilnehmer A sich zuerst beim Gatekeeper deregistrieren. Damit wird die Zuordnung *Telefonnummer => IP-Adresse* (hier $n => X$) beim Gatekeeper der Zone

Z_A „gestrichen". Dies bedeutet, dass Teilnehmer A seine Telefonnummer vorläufig abgemeldet hat. Teilnehmer A bewegt sich nun zum IP-Telefon mit der IP-Adresse Y und lässt sich hier registrieren. Damit wird die Zuordnung: $n => Y$ beim Gatekeeper der Zone Z_A eingetragen. Somit hat Teilnehmer A seine Telefonnummer n wieder angemeldet. Er ist ab jetzt in der Zone Z_A unter seiner Telefonnummer n über die IP-Adresse Y erreichbar.

Falls es sich um *Inter-Zone-Roaming* handelt, verlässt Teilnehmer A nun eine Zone und bewegt sich in eine andere Zone hinein (Abb. 6.7-1b). Er bleibt jedoch in der gleichen Domain. Um diese Art der Mobilität zu unterstützen, muss man auf das Konzept von H.510 zugreifen. *Inter-Zone-Roaming*

Zwischen administrativen Einheiten, wie z.B. zwischen kooperierenden Unternehmen, kann ein Abkommen, ein sog. SLA (*Service Level Agreement*), vereinbart werden, um das Roaming zwischen den H.323-Domains dieser Unternehmen zu ermöglichen. Abbildung 6.7-3 illustriert ein derartiges Roaming. *Roaming zwischen Domains*

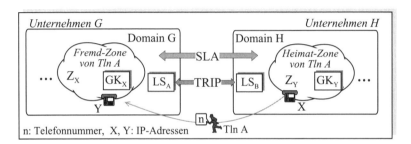

Abb. 6.7-2:   VoIP-Roaming zwischen H.323-Domains
LS: Location-Server, Tln: Teilnehmer, TRIP: Telephony Routing over IP

Hier verlässt Teilnehmer A die Domain H und bewegt sich in die Domain G hinein. Also handelt es sich in diesem Fall um Inter-Domain-Roaming. Diese Art der Mobilität kann mit dem Konzept von H.510 verwirklicht werden. Um VoIP zwischen administrativen Einheiten und damit auch zwischen verschiedenen Domains zu unterstützen, müssen sich die beiden Domains die Anrufziele gegenseitig mitteilen. Hierfür kann das Protokoll TRIP (*Telephony Routing over IP*) zum Einsatz kommen (s. Abschnitt 9.2).

Um Roaming zu unterstützen, müssen in den Domains zusätzliche Komponenten eingesetzt werden. Wie Abbildung 6.7-3 zeigt, werden für Roaming folgende Komponenten definiert: *Komponenten für die Unterstützung von Roaming*

■ *Home Location Function* (HLF)

Bei HLF handelt es sich um eine Datenbank, die in jeder Domain vorhanden sein muss, um Roaming zu ermöglichen. Die HLF einer Domain enthält die Angaben (Name, Telefonnummer,...) über mobile Teilnehmer, die in der Domain beheimatet sind. Für jeden eingetragenen Teilnehmer enthält HLF auch einen Verweis auf eine Datenbank VLF, wo die aktuelle Lokation des Teilnehmers abgefragt werden kann.

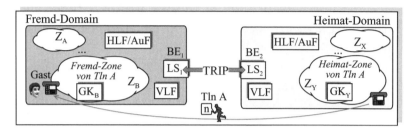

Abb. 6.7-3: HLF, VLF und AuF als Komponenten für die Unterstützung von Roaming
BE: Border Element, GK: Gatekeeper, LS: Location-Server, Tln: Teilnehmer, Z: Zone

■ *Visitor Location Function* (VLF)

VLF ist eine *Besucherdatenbank*, die in jeder Domain vorhanden sein muss. In der VLF einer Domain werden alle Teilnehmer eingetragen, die sich aktuell in der Domain aufhalten. Das sind die Teilnehmer, die in der Domain zu Gast oder beheimatet sind und die Domain noch nicht verlassen haben. Hält sich ein Teilnehmer in einer Domain auf, bedeutet dies, dass seiner Telefonnummer in der Domain eine IP-Adresse aktuell zugeordnet worden ist. Ein entsprechender Eintrag mit dieser Zuordnung wird bei einem Gatekeeper der Domain abgespeichert. Der Eintrag in VLF über diesen Teilnehmer enthält nur einen Verweis auf den betreffenden Gatekeeper.

> **Bemerkung:** Roaming nach H.510 erfolgt nach den gleichen Prinzipien wie in Mobilfunknetzen (GSM, UMTS), sodass HLF mit HLR und VLF mit VLR vergleichbar ist (s. Abb. 1.3-1 und 1.3-4).

■ *Authentication Function* (AuF)

Ein mobiler Teilnehmer wird nur dann in eine Zone aufgenommen, d.h. seiner Telefonnummer eine IP-Adresse zugeordnet, falls er über die notwendigen Zugangsrechte verfügt. Aus diesem Grund müssen zuerst seine Zugangsrechte abgefragt werden, bevor ein mobiler Teilnehmer in eine Zone aufgenommen wird. Hierfür wird die Funktionskomponente AuF genutzt.

6.7.2   Registrierung eines Gast-Teilnehmers

Um in einem IP-Netzwerk telefonieren zu können, muss bekannt sein, unter welchen IP-Adressen die einzelnen Telefonnummern erreichbar sind. Hierfür werden die Tabellen mit der Zuordnung *Telefonnummer => IP-Adresse* geführt. Für die Pflege dieser Tabellen sind die Gatekeeper verantwortlich. Ein Teilnehmer kann nur dann Telefonanrufe initiieren bzw. angerufen werden, wenn er bereits bei einem Gatekeeper registriert ist. Erst dadurch kann er im Netzwerk bekannt machen, unter welcher IP-Adresse seine Telefonnummer zu erreichen ist. Ein Teilnehmer als Gast in einer Fremd-Zone muss sich also bei einem Gatekeeper registrieren. Hierbei unterscheidet man zwischen:

- Registrierung in einer Fremd-Zone der Heimat-Domain
- Registrierung in einer Fremd-Zone einer Fremd-Domain

Abbildung 6.7-4 illustriert den Verlauf der Registrierung beim Gatekeeper in einer Fremd-Zone der Heimat-Domain.

Registrierung in einer Fremd-Zone der Heimat-Domain

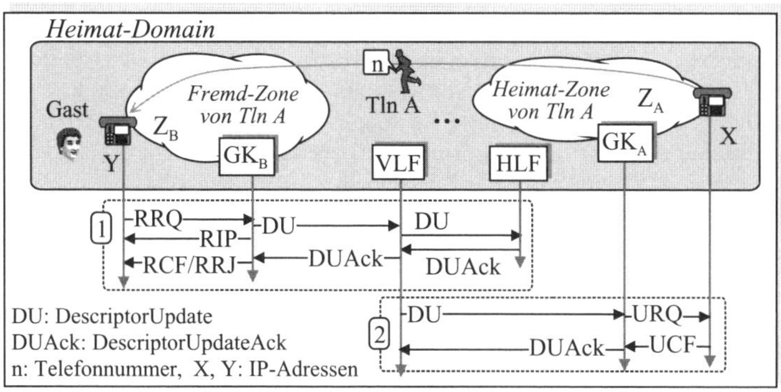

Abb. 6.7-4: Registrierung eines Teilnehmers in einer Fremd-Zone der Heimat-Domain
Abkürzungen wie in Abb. 6.7-3

Es handelt sich in diesem Fall um Mobilität innerhalb einer Domain. Teilnehmer A benutzt hier in der Zone Z_A das IP-Telefon mit der IP-Adresse X. Nun hat er die Zone gewechselt und möchte für sich ein IP-Telefon in der neuen Zone Z_B einrichten. Hierfür kommen zwei Möglichkeiten in Frage:

a) Teilnehmer A hat in der alten Zone Z_A seinen tragbaren Rechner mit einem Telefonset als IP-Telefon benutzt. In der Zone Z_A gehörte der Rechner zu IP-Subnetz i und ihm wurde die IP-Adresse X durch einen DHCP-Server dynamisch zugeordnet. Teilnehmer A hat nun den Netzwerkanschluss gewechselt und seinen tragbaren Rechner mitgenommen. Der neue Netzwerkanschluss gehört zu IP-Subnetz j und dementsprechend wurde seinem Rechner hier die IP-Adresse Y dynamisch zugeordnet. Dieser Rechner soll nun auch als IP-Telefon dienen.

b) Teilnehmer A hat in der alten Zone Z_A ein „stationäres" IP-Telefon mit der IP-Adresse X benutzt. Er hat nun vorläufig seinen Arbeitsplatz gewechselt und möchte an der neuen Stelle das IP-Telefon mit der IP-Adresse X benutzen und seine Telefonnummer auch weiterhin beibehalten.

Bei der Registrierung in Abbildung 6.7-4 sind folgende zwei Phasen zu unterscheiden:

1. *Anmeldung des Teilnehmers A in einer Fremd-Zone seiner Heimat-Domain*: Die Anmeldung des Teilnehmers A erfolgt durch die Registrierung beim Gatekeeper GK_B (s. Abschnitt 6.3.2). Hierfür sendet das IP-Telefon RRQ (RegistrationRequest) mit der Angabe der Telefonnummer *n* vom Teilnehmer A. GK_B bestätigt den Empfang von RRQ mit RIP (Request in Progress) und teilt mit, dass der Request bearbeitet wird. Da GK_B die IP-Adresse des IP-Telefons auch kennt (aus dem Header des empfangenen IP-Pakets mit RRQ), wird nun der Eintrag mit der Zuordnung: *n* => *Y* (*Telefonnummer* => *IP-Adresse*) bei ihm abgespeichert. GK_B muss zusätzlich in der Besucherdatenbank VLF eintragen lassen, dass er ab sofort einen neuen Teilnehmer mit der *Telefonnummer n* „betreut". Hierfür sendet GK_B eine H.510-Nachricht Descriptor Update (DU) an VLF. Nach dem Empfang dieser Nachricht wird in VLF eingetragen, dass GK_B für die Telefonnummer *n* zuständig ist.

   VLF sendet nun eine Nachricht DU an die Datenbank HLF mit allen Heimatteilnehmern, um auch dort dieses Roaming zu erfassen. HLF bestätigt für VLF den Empfang von DU mit einer H.510-Nachricht Descriptor UpdateAck (DUAck). Nach Empfang von DUAck bestätigt VLF dem GK_B den Empfang von DU ebenfalls mit DUAck. Ist die Registrierung fehlerfrei abgelaufen, wird dies dem IP-Telefon durch den GK_B mit der H.225.0-Nachricht RCF (RegistrationConfirm) signalisiert. Konnte die Registrierung aus einem Grund nicht zustande kommen, teilt dies GK_B dem IP-Telefon mit RRJ (RegistrationReject) mit. Teilnehmer A muss jetzt noch in seiner Heimat-Zone abgemeldet werden.

2. *Abmeldung des Teilnehmers A in seiner Heimat-Zone beim Aufenthalt in der Heimat-Domain*: Die Abmeldung des Teilnehmers A wird von VLF durch das Absenden von DU an den Gatekeeper GK_A seiner Heimat-Zone initiiert. Damit wird dem GK_A mitgeteilt, dass der Eintrag mit der Zuordnung *n* => *X* (*Telefonnummer* => *IP-Adresse*) ab sofort bei ihm gestrichen werden muss. Teilnehmer A mit der Telefonnummer *n* ist bereits im IP-Netzwerk unter der IP-Adresse Y registriert. Somit wird nun das IP-Telefon mit der IP-Adresse X in der Zone Z_A deregistriert. Hierfür sendet GK_A die H.225.0-Nachricht URQ (UnregistrationRequest) an das IP-Telefon. Als Antwort darauf sendet das IP-Telefon UCF (UnregistrationConfirm). Nach dem Empfang von UCF bestätigt GK_A die Nachricht DU von VLF mit DUAck. Damit wurde Teilnehmer A in seiner Heimat-Zone abgemeldet.

Registrierung in einer Fremd-Zone einer Fremd-Domain

Abbildung 6.7-5 zeigt den Verlauf der Registrierung, falls ein Teilnehmer nicht nur seine Heimat-Zone verlassen hat, sondern auch seine Heimat-Domain.

Die Registrierung beim Gatekeeper in einer Fremd-Zone einer Fremd-Domain verläuft in folgenden zwei Phasen:

1. *Anmeldung des Teilnehmers A in einer Fremd-Zone einer Fremd-Domain*: Diese Phase verläuft nach dem gleichen Schema wie in Abbildung 6.7-4. Der einzige Unterschied besteht darin, dass VLF aus der Fremd-Domain nun an HLF in der Heimat-Domain eine Nachricht DU schickt. In DU wird der HLF mitgeteilt, dass Teilnehmer A mit der Telefonnummer *n* sich aktuell in der Fremd-Domain aufhält. In HLF wird bei der Telefonnummer *n* die IP-Adresse der VLF eingetragen, von der die Nachricht DU darüber empfangen wurde. Sollte HLF in der Heimat-Domain eine Anfrage vom Gatekeeper in der Nachricht AccessRequest (AccRQ) nach der „Lokation" der Telefonnummer *n* empfangen haben, kann HLF diese Angabe von der VLF in der Fremd-Domain abfragen (s. Schritt 1 in Abb. 6.7-7).

   Bemerkung: VLF aus der Fremd-Domain muss die IP-Adresse der HLF in der Heimat-Domain kennen. Dies wäre mit Hilfe von TRIP möglich.

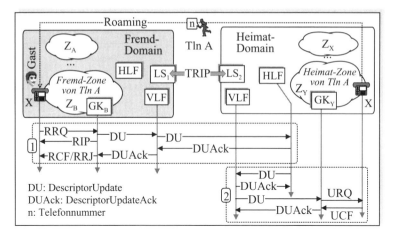

Abb. 6.7-5: Registrierung beim Gatekeeper in einer Fremd-Zone einer Fremd-Domain
LS: Location-Server, RCF: RegistrationConfirm, RRQ: RegistrationRequest,
RIP: Request in Progress, Tln: Teilnehmer, TRIP: Telephony Routing over IP,
UCF: UnregistrationRequest, URQ: UnregistrationRequest

2.   *Abmeldung des Teilnehmers A in der Heimat-Zone beim Aufenthalt in einer Fremd-Domain*:
Da HLF die Nachricht, dass Teilnehmer A mit der Telefonnummer *n* seine Heimat-Domain
verlassen hat, bereits von VLF aus einer anderen Domain erhalten hat, muss HLF die Abmeldung des Teilnehmers A in seiner Heimat-Domain initiieren. Zuerst teilt HLF dies VLF
mit, um den Teilnehmer A aus der Besucherliste bei VLF zu streichen. Dann signalisiert
VLF dies dem Gatekeeper GK_Y. Zum Schluss teilt GK_Y mit der H.225.0-Nachricht UQR dem
IP-Telefon mit der IP-Adresse X mit, dass er die Zuordnung *n => X* (*Telefonnummer =>
IP-Adresse*) bei sich „gestrichen" hat. Damit wurde Teilnehmer A deregistriert. Die hier gezeigten Nachrichten haben die gleiche Bedeutung wie in Abbildung 6.7-4.

6.7.3   Ankommender Anruf zu einem Gast-Teilnehmer

Der Ablauf der Protokolle bei einem ankommenden Anruf zu einem Gast-   *Intra-*
Teilnehmer einer Fremd-Zone seiner Heimat-Domain zeigt Abbildung 6.7-6.   *Domain-*
Roaming

Hier sind folgende Schritte zu unterscheiden:

1.   *Abfrage der IP-Adresse des Telefons des mobilen Teilnehmers A*: Teilnehmer B aus der
Heimat-Zone des Teilnehmers A initiiert eine Verbindung zu Teilnehmer A. Sein IP-
Telefon sendet damit eine H.225.0-Nachricht ARQ (AdmissionRequest) an den Gatekee-
per GK_A mit der Telefonnummer *n* von Teilnehmer A, um u.a. die IP-Adresse seines IP-
Telefons zu ermitteln. Da sich Teilnehmer A bereits in seiner Heimat-Zone durch die Dere-
gistrierung beim GK_A abgemeldet hat, verfügt GK_A jedoch nicht mehr über die ihn betref-
fende Zuordnung *Telefonnummer => IP-Adresse*. GK_A fragt somit mit AccessRequest
(AccRQ) bei der Datenbank HLF nach der Lokation von Teilnehmer A nach.

Da HLF nicht über die Angaben zur Lokation verfügt, sondern nur über die Verweise auf
die Besucherdateien VLFs, leitet HLF nun die Nachricht AccReq an VLF weiter. VLF antwortet mit AccessConfirm (AccCF), in der die IP-Adresse des zuständigen Gatekeeper
GK_B, bei dem die IP-Adresse des Telefons vom Teilnehmer A abgefragt werden kann, enthalten ist. HLF übergibt diese Angabe mit AccCF an den GK_A und dieser fragt beim GK_B

mit der H.225.0-Nachricht `LRQ` (`LocationReQuest`) nach der IP-Adresse des Telefons, dem die Telefonnummer *n* des mobilen Teilnehmers A aktuell zugeordnet wurde. Die gewünschte IP-Adresse übermittelt GK_B in `LCF` (`LocationConfirm`). GK_A leitet diese Angabe an das IP-Telefon von Teilnehmer B in `ACF` (`AdmissionConfirm`) weiter.

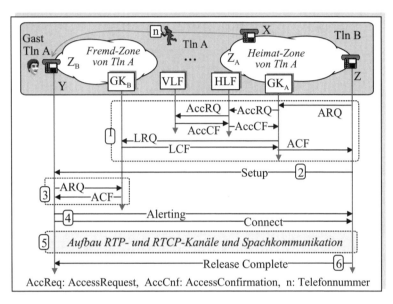

Abb. 6.7-6:   Ankommender Anruf zu einem Gast bei Intra-Domain-Roaming
GK: Gatekeeper, HLF: Home Location Function, Tln: Teilnehmer,
VLF: Visitor Location Function, Z: Zone

2. *Initiieren des Anrufs an den Teilnehmer A*: Dem IP-Telefon von Teilnehmer B ist die IP-Adresse des IP-Telefons von Teilnehmer A bereits bekannt. Damit initiiert das IP-Telefon von Teilnehmer B einen Anruf an Teilnehmer A durch das Absenden einer H.225.0-Nachricht `Setup` an sein IP-Telefon. Damit wurde der Aufbau einer logischen Verbindung zum IP-Telefon von Teilnehmer A initiiert. Um `Setup` jedoch senden zu können, muss zuerst eine TCP-Verbindung aufgebaut werden, was hier nicht dargestellt wurde.

3. *Zulassen des ankommenden Anrufs für Teilnehmer A*: Nach dem Empfang von `Setup` muss das IP-Telefon von Teilnehmer A die Erlaubnis, den ankommenden Anruf annehmen zu dürfen, bei seinem Gatekeeper GK_B einholen. Dies erfolgt mit `AdmissionReQuest` (`ARQ`). Falls die Überprüfung beim GK_B zu einem positiven Ergebnis geführt hat, antwortet er mit `AdmissionConfirm` (`ACF`).

4. *Annahme des ankommenden Anrufs durch den Gast-Teilnehmer A*: Nach der Zulassung des ankommenden Anrufs vom GK_B und der Prüfung der Kompatibilität (z.B. ob die beiden IP-Telefone die gleiche Sprachcodierung unterstützen) kann nun der ankommende Anruf entgegengenommen werden. Die Bereitschaft zur Annahme des Anrufs wird durch das IP-Telefon von Teilnehmer B mit `Alerting` signalisiert und gleichzeitig das Klingeln des Telefons bei Teilnehmer B aktiviert. Hat Teilnehmer B den Anruf entgegengenommen, wird dies dem IP-Telefon von Teilnehmer B mit `Connect` signalisiert.

5. *Aufbau der RTP- und RTCP-Kanäle und Telefongespräch*

6. *Abbau der Verbindung*: Wurde das Gespräch beendet, müssen nun die RTP- und RTCP-Kanäle abgebaut werden. Dies kann von jeder Seite durch das Absenden einer H.225.0-Nachricht `Release Complete` veranlasst werden. Zum Schluss muss noch die bestehende TCP-Verbindung abgebaut werden, die noch vor dem Absenden von `Setup` aufgebaut wurde. Dies wurde hier nicht dargestellt.

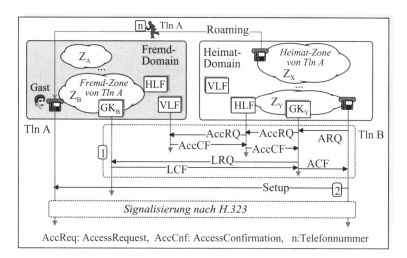

Abb. 6.7-7:   Ankommender Anruf zu einem Gast-Teilnehmer bei Inter-Domain-Roaming
Abkürzungen wie in Abb. 6.7-6

Nach dem gleichen Prinzip, wie Abbildung 6.7-6 zeigt, verlaufen auch die Protokolle bei einem ankommenden Anruf zu einem „Gast" in einer Fremd-Zone einer Fremd-Domain. Eine derartige Situation illustriert Abbildung 6.7-7.

Inter-Domain-Roaming

Abbildung 6.7-7 zeigt die gleichen Schritte wie Abbildung 6.7-6. Es ist hier nur auf den kleinen Unterschied in Schritt 1 hinzuweisen. Bei der Abfrage der IP-Adresse des Telefons von Teilnehmer A im Schritt 1 wendet sich nun HLF der Heimat-Domain an VLF der Fremd-Domain, um die Angaben über die Lokation (als IP-Adresse eines Gatekeeper) von Teilnehmer A zu erhalten, bei dem man wiederum die IP-Adresse des IP-Telefons von Teilnehmer A abfragen könnte.

6.7.4   Abgehender Anruf aus einer Fremd-Domain

Den Ablauf der Protokolle bei einem abgehenden Anruf vom Gast-Teilnehmer in einer Fremd-Domain zeigt Abbildung 6.7-8.

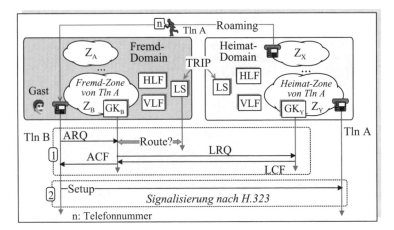

Abb. 6.7-8: Abgehender Anruf von einem Gast-Teilnehmer bei Inter-Domain-Roaming
GK: Gatekeeper, HLF: Home Location Function, LS: Location-Server, Tln: Teilnehmer,
TRIP: Telephony Routing over IP, VLF: Visitor Location Function, Z: Zone

Bei einem abgehenden Anruf aus einer Fremd-Domain unterscheidet man folgende Schritte:

1. *Abfrage der IP-Adresse des Telefons vom Gesprächspartner:* Der Teilnehmer A in einer Fremd-Domain initiiert eine Verbindung zu Teilnehmer B in seiner Heimat-Domain. Sein IP-Telefon sendet ARQ(AdmissionRequest) an den Gatekeeper GK$_B$ mit der Telefonnummer von Teilnehmer B, um u.a. die IP-Adresse seines IP-Telefons zu ermitteln. Die Vorwahl in der Telefonnummer von Teilnehmer B verweist aber auf eine andere Domain. Hier kommt das Protokoll TRIP zum Einsatz. GK$_B$ fragt beim *Location-Server* (LS) seiner Domain nach der Route zum Gatekeeper, der den Teilnehmer B „betreut". LS liefert dem GK$_B$ die IP-Adresse des gewünschten Gatekeeper GK$_Y$. GK$_B$ fragt den GK$_Y$ mit der Nachricht LRQ nach der IP-Adresse des Telefons vom Teilnehmer B. GK$_Y$ liefert dem GK$_B$ die gewünschte IP-Adresse in der Nachricht LCF zurück (vgl. Abb. 6.7-6). GK$_B$ übermittelt nun diese IP-Adresse dem IP-Telefon von Teilnehmer A.

2. *Aufbau einer virtuellen Verbindung für die Sprachübermittlung*: Das IP-Telefon von Teilnehmer A kennt nun die IP-Adresse des IP-Telefons von Teilnehmer B. Somit kann es eine direkte virtuelle Verbindung durch das Absenden der H.225.0-Nachricht Setup initiieren.

6.7.5   Deregistrierung eines Gast-Teilnehmers

Möchte ein Gast-Teilnehmer eine Zone verlassen, so muss er sich beim Gatekeeper dieser Zone abmelden. Nach H.323 bezeichnet man diesen Vorgang als *Deregistrierung*. Den Verlauf einer Deregistrierung beim Verlassen einer Fremd-Zone einer Fremd-Domain illustriert Abbildung 6.7-9.

Die Deregistrierung initiiert hier das IP-Telefon durch das Absenden einer H.225.0-Nachricht URQ (UnregistrationRequest) an den Gatekeeper GK$_B$. Er bestätigt den Empfang von URQ mit der Nachricht RIP (Request in Progress) und teilt mit, dass diese Anforderung bearbeitet wird. Dies führt nun dazu, dass der Eintrag mit der Zuordnung: *n => X (Telefonnummer => IP-Adresse)* beim GK$_B$ „gestrichen" wird.

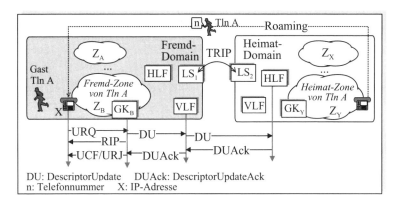

Abb. 6.7-9: Deregistrierung eines Teilnehmers in einer Fremd-Zone einer Fremd-Domain
Abkürzungen wie in Abb. 6.7-8

Die Streichung des Eintrages mit der Telefonnummer *n* von Teilnehmer A wird der VLF der Fremd-Domain mit der H.510-Nachricht `DescriptorUpdate` (`DU`) gemeldet. VLF nimmt Teilnehmer A nun aus der Besucherliste und übermittelt die Information darüber weiter an HLF seiner Heimat-Domain. Hier wird im Eintrag, der dem Teilnehmer A entspricht, der Verweis auf die VLF der Fremd-Domain gelöscht und dies der VLF mit der H.510-Nachricht `DescriptorUpdateAck` (`DUAck`) bestätigt. VLF signalisiert dies ebenfalls dem GK_B mit `DUAck` und bestätigt damit seine Nachricht `DU`. Den fehlerfreien Verlauf der Deregistrierung teilt GK_B dem ehemaligen IP-Telefon von Teilnehmer A mit der H.225.0-Nachricht `UCF` (`UnregistrationConfirm`) mit. Konnte die Deregistrierung aus irgendeinem Grund nicht durchgeführt werden, wird dies dem IP-Telefon mit der H.225.0-Nachricht `URJ` (`UnregistrationReject`) signalisiert.

Nach der Deregistrierung ist die Telefonnummer *n* von Teilnehmer A in der HLF seiner Heimat-Domain zwar eingetragen, doch ist diese Telefonnummer nicht mehr erreichbar, weil ihr keine IP-Adresse und damit auch kein IP-Telefon zugeordnet ist.

6.8 Schlussbemerkungen

H.323 beschreibt das Zusammenwirken der Protokolle H.225.0, H.245 sowie RTP und RTCP, um die Audio- und Video-Kommunikation über IP-Netze zu ermöglichen. H.323 stellt ein sehr komplexes Rahmenwerk dar. Daher war eine detaillierte Beschreibung von H.323 in diesem Kapitel nicht möglich.

Die erste Version von H.323 wurde bereits im Jahr 1996 veröffentlicht. Inzwischen wurde H.323 kontinuierlich modifiziert und erweitert, sodass man bereits zwischen fünf H.323-Versionen unterscheiden kann. Ein Bild über die H.323-Entwicklung gibt die Tabelle 6.8-1. Hier wurde auch angegeben, welche Versionen von H.225.0 und H.245 den einzelnen H.323-Versionen zuzuordnen sind (http://www.packetizer.com/iptel/h323/doc_status.html).   *Versionen von H.323*

Auch wurde H.225.0 zwischenzeitlich ständig modifiziert und erweitert, sodass man zwischen fünf Versionen unterscheidet: *Versionen von H.225.0*

H.225.0v1 (1996) , H.225.0v2 (1998), H.225.0v3 (1999), H.225.0v4 (2000),
H.225.0v5 (2003)

Versionen   Bei H.245 unterscheidet man bereits zwischen folgenden zehn H.245-Versionen:
von H.245

H.245v1 (05/1996), H.245v2 (03/1997), H.245v3 (02/1998), H.245v4 (04/1998), H.245v5 (03/1999), H.245v6 (01/2000), H.245v7 (01/2000), H.245v8 (06/2001), H.245v9 (10/2002), H.245v10 (05/2003).

H.323-Version	Jahr	H.225.0-Version	H.245-Version
H.323v1	1996	H.225.0v1	H.245v2
H.323v2	1998	H.225.0v2	H.245v3
H.323v5	1999	H.225.0v3	H.245v5
H.323v4	2000	H.225.0v4	H.245v7
H.323v5	2003	H.225.0v5	H.245v9

Tab. 6.8-1: Versionen von H.323 (Stand: Mai, 2004)

Abschließend ist Folgendes hervorzuheben:

■ Vor der Übermittlung von Echtzeitmedien müssen logische Kanäle zwischen den kommunizierenden Terminals, die sog. RTP- und RTCP-Kanäle, aufgebaut werden. Um die hierfür notwendige Zeit zu reduzieren, wurde die Fast Connect Procedure bereits bei H.323v2 eingeführt.

■ Eine wichtige Besonderheit von H.323 besteht darin, dass es die Nachrichten des ISDN-Kanal-Protokolls Q.931 verwendet. Bei H.323 wird somit u.a. das ISDN-D-Kanal-Protokoll über TCP-Verbindungen abgewickelt.

■ H.323 definiert die allgemeine Struktur von verschiedenen Gateways. In einem Gateway wird zwischen Media Gateway und Media Gateway Controller unterschieden. H.323 ermöglicht somit, VoIP-Systeme sowohl mit öffentlichen als auch mit privaten Netzen für die Sprachkommunikation zu integrieren. Als Media Gateway Protokoll wird Megaco (auch als H.248 bezeichnet) favorisiert (s. Abschnitt 8.3).

■ Eine weitere H.323-Weiterentwicklung führt zum ENUM-Einsatz (s. Abschnitt 3.8). Damit wäre dann die Entdeckung von Gatekeepers mit Hilfe von sog. *H.323 URL* und die Zuordnung von Telefonnummern zu IP-Adressen mittels DNS möglich. Somit lassen sich die Systemlösungen für VoIP nach H.323 vereinfachen. Die ersten Ansätze sind bereits vorhanden (s. IETF-Dokument RFC 3762). Die Registrierungsorganisationen als Anbieter der ENUM-Dienste hoffen hierbei auf ein neues Geschäftsfeld.

■ Auf VoIP-Systeme nach H.323 können unterschiedliche Angriffe vorgenommen werden. Beispielsweise können einige Gespräche abgehört bzw. einige Systemkomponenten lahmgelegt werden. Aus diesem Grund wurde der ITU-T-Standard H.235 entwickelt, um die Sicherheitsrisiken in H.323-Systemen zu vermeiden.

7 VoIP mit dem Protokoll SIP

Noch vor einiger Zeit galt H.323 als bevorzugter Standard für VoIP. Inzwischen stellt aber das Protokoll SIP (*Session Initiation Protocol*) eine starke Alternative dar. Mit SIP spezifiziert die IETF ein Protokoll, das die Signalisierung der Anrufe für die multimediale Kommunikation in IP-Netzen ermöglicht. H.323 und SIP haben zwar die gleiche Aufgabe, d.h. sie dienen der Übermittlung der Signalisierung über IP-Netze, aber beide verfolgen verschiedene Ansätze. Technisch gesehen sind mit den beiden Protokollen fast die gleichen Probleme lösbar.

SIP als Signalisierungsprotokoll für VoIP

SIP wurde zuerst im Jahr 1999 als RFC 2543 von der IETF veröffentlicht und, weil es schnell breite Akzeptanz gefunden hat, weiterentwickelt. Im Jahr 2002 wurde die SIP-Spezifikation verteilt auf RFC 3261 mit der Beschreibung von SIP und auf die RFCs 3262, 3263, 3264 und 3265 mit der Darstellung von zusätzlichen SIP-Funktionen. SIP ist einfach konzipiert und jeder, der weiß, wie eine Web-Seite abgerufen oder eine E-Mail verschickt wird, sollte die Grundprinzipien von SIP sofort verstehen können.

SIP-Spezifikation

Dieses Kapitel gibt eine fundierte Darstellung des SIP-Konzeptes und -Einsatzes. Nach einer allgemeinen SIP-Vorstellung in Abschnitt 7.1 folgt in Abschnitt 7.2 eine Auflistung von Beispielen für den Einsatz von SIP. Die SIP-Nachrichten und -Adressen beschreibt Abschnitt 7.3. Bei SIP unterscheidet man die zwei Betriebsarten *Proxy-Mode* und *Redirect-Mode*. Sie werden in Abschnitt 7.4 präsentiert. Um die Mobilität von Teilnehmern zu unterstützen, kann die aktuelle Lokation bei einem sog. *Registrar-Server* angegeben werden. Auf die Registrierung der Teilnehmerlokation geht Abschnitt 7.5 ein. Spezielle Funktionen wie z.B. Verzweigung und Weiterleitung ankommender Anrufe werden in Abschnitt 7.6 dargestellt. Auf Request- und Response-Routing geht Abschnitt 7.7 ein. Die Konvergenz der IP-Netze mit ISDN beschreibt Abschnitt 7.8. Der Koexistenz von SIP und H.323 widmet sich Abschnitt 7.9. Abschließende Bemerkungen in Abschnitt 7.10 runden dieses Kapitel ab.

Überblick über das Kapitel

Es wird in diesem Kapitel versucht, u.a. folgende Fragen zu beantworten:

Ziel dieses Kapitels

- Welches Konzept liegt dem Protokoll SIP zugrunde?

- Wie und wo kann SIP eingesetzt werden?

- Welche Funktionskomponenten werden bei SIP eingesetzt?

- Wie können VoIP-Teilnehmer bei SIP adressiert werden?

- Wie kann die Konvergenz der IP-Netze mit SIP und ISDN erfolgen?

- Wie können sich SIP und H.323 gegenseitig ergänzen?

7.1   Allgemeines über SIP

Das Protokoll SIP macht es möglich, zwischen kommunizierenden Rechnern über ein IP-Netz eine *Session* (*Sitzung*) für die Übermittlung von Echtzeitmedien (wie Audio, Video) aufzubauen. Diese Session stellt einen logischen Kanal dar, über den die Echtzeitmedien mit Hilfe des Protokolls RTP (*Real-time Transport Protocol*) transportiert werden (s. Abschnitt 5.3). SIP kann als *Signalisierungsprotokoll* in VoIP-Systemen dienen. Der Funktion nach entspricht SIP weitgehend dem D-Kanal-Protokoll im ISDN.

7.1.1   SIP und die Protokolle TCP/UDP/IP

SIP nutzt
UDP

Die Position von SIP innerhalb der Protokollfamilie TCP/UDP/IP illustriert Abbildung 7.1-1. Da SIP über eigene und einfache Mechanismen zur Fehlerkontrolle verfügt, nutzt es in der Regel das unzuverlässige und verbindungslose Transportprotokoll UDP, um seine Nachrichten über ein IP-Netz zu übermitteln. Im Gegensatz zum TCP-Einsatz verläuft der Aufbau einer Session bei der Nutzung des Protokolls UDP effizienter und viel schneller. Der Well-Known-Port von SIP ist 5060. Für die Übermittlung von SIP-Nachrichten könnte man auch das zuverlässige Transportprotokoll TCP verwenden.

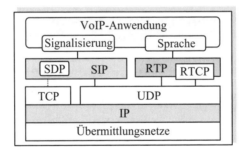

Abb. 7.1-1:   SIP und die Protokolle TCP/UDP/IP
RTP: Real-time Transport Protocol, RTCP: RTP Control Protocol,
SDP: Session Description Protocol

Einsatz des
Protokolls
SDP

Mit Hilfe von SIP werden die ankommenden Anrufe bei VoIP signalisiert und zwischen zwei IP-Telefonen wird eine Session für die Sprachübertragung aufgebaut. Da man die digitalisierte Sprache nach dem Protokoll RTP in IP-Paketen transportiert, wird diese Session als *RTP-Session* bzw. *RTP-Kanal* bezeichnet. Die digitalisierte Sprache kann unterschiedlich codiert werden (s. Abschnitt 5.1). Somit muss man sicher stellen, dass die beiden kommunizierenden IP-Telefone die gleiche Codierungsart, d.h. die gleichen „Sprachformate" unterstützen. Um die Art der Sprachcodierung zwischen den IP-Telefonen auszuhandeln, wird das Protokoll SDP (*Session Description Protocol*) verwendet, das als Bestandteil vom SIP angesehen werden kann (s. Abschnitt 7.3.3).

SIP definiert bestimmte Nachrichten für den Auf- und Abbau von Sessions. Da SIP in Anlehnung an zwei erfolgreiche Internet-Protokolle, nämlich SMTP (für E-Mail) und HTTP (für die Übertragung von Hypertext), entwickelt wurde, verwendet SIP ähnlich wie diese auch textbasierte Nachrichten (s. Abb. 7.3-1 und 7.3-2). Auch die SIP-Adressen sind ähnlich wie E-Mail-Adressen aufgebaut (s. Abb. 7.3-4).

SMTP, HTTP und SIP sind ähnlich

Zu den Besonderheiten von SIP zählt neben der einfachen Integration in die bestehende Internet-Infrastruktur, der Offenheit für zukünftige Erweiterungen und der relativ einfachen Signalisierung der Anrufe auch die einfache SIP-Abbildung auf die anderen Signalisierungsprotokolle wie das D-Kanal-Protokoll und das Signalisierungssystem Nr. 7 (s. Abb. 7.8-3 und 7.8-4). SIP ist nicht nur auf Sprach- und Video-Kommunikation ausgelegt, sondern auch für die mobile Kommunikation in IP-Netzen geeignet, was zukünftig von großer Bedeutung im UMTS sein wird (s. Abschnitt 1.3.3).

SIP-Abbildung auf D-Kanal-Protokoll

SIP definiert zwei funktionale Komponenten: den *User Agent* und den *Server*. Der User Agent wird seitens des Anwenders als Client ausgeführt, sodass er auch *User Agent Client* (UAC) genannt wird. Der Server wird dementsprechend auch als *User Agent Server* (UAS) bezeichnet. Die Anrufe werden immer vom UAC initiiert und der UAS antwortet lediglich auf die eingehenden Anrufe. Daher bezeichnet man jede „angerufene" Komponente auch als UAS.

SIP-Komponenten

7.1.2 SIP-Besonderheiten

Die wichtigsten Besonderheiten von SIP sind:

■ SIP ist ein Protokoll von der IETF für die Signalisierung der Anrufe bei der Multimediakommunikation und ist für die Realisierung von VoIP von enorm großer Bedeutung. SIP wurde zuerst im März 1999 als RFC 2543 von der IETF veröffentlicht. Inzwischen hat SIP eine breite Akzeptanz gefunden und wurde weiterentwickelt. Seit die Spezifikation von SIP im Jahr 2002 auf mehrere RFCs verteilt wurde, gibt es bereits eine Vielzahl von RFCs, in denen verschiedene SIP-Nutzungsaspekte dargestellt werden.

SIP-betreffende RFCs

■ Über die nach SIP aufgebauten RTP-Sessions zwischen zwei Rechnern mit dem Protokoll IP können verschiedene Medien (Sprache, Video, Daten) mit Hilfe des Protokolls RTP transportiert werden.

■ Bei SIP werden u.a. folgende Eigenschaften der initiierten RTP-Session nach dem Protokoll SDP ausgehandelt:
   – Welche Medien sollen übermittelt werden?
   – Wie werden die einzelnen Medien kodiert?

Protokoll SDP

Client/Server -Prinzip
- SIP funktioniert nach dem *Request/Response-Prinzip*. Ein Rechner-Client als Initiator der Kommunikation sendet an einen anderen Rechner als Kommunikationspartner eine SIP-Nachricht als *Request*. Dieser antwortet dem Initiator mit einer SIP-Nachricht als *Response*. Daher spricht man auch von *SIP-Request* und von *SIP-Response*.

URL als SIP-Adresse
- Die Teilnehmer werden bei SIP ähnlich wie bei den Web-Anwendungen über einen URL (*Uniform Ressource Locator*) adressiert. So ist es möglich, SIP mit den bereits vorhandenen Internet-Anwendungen zu integrieren.

- Die SIP-Nachrichten werden nach der gleichen Syntax wie beim Protokoll HTTP/1.1 kodiert. Für weitere Informationen zu HTTP/1 siehe [BaRS 03].

- Die Lokalisierung und Bestimmung von IP-Adressen der IP-Telefone kann bei SIP mit Hilfe von DNS (*Domain Name System*) erfolgen.

Authentifizierung
- SIP ermöglicht eine gegenseitige Authentifizierung von kommunizierenden IP-Telefonen (Rechnern).

- Mit SIP-Hilfe können auch Audio-/Video-Konferenzen realisiert werden.

- Eine Weiterleitung der Anrufe (bei „Besetzt" oder bei Abwesenheit des angerufenen Teilnehmers) ist mit SIP ebenfalls möglich (s. Abb. 7.6-2).

7.1.3   Einfacher SIP-Verlauf zwischen zwei IP-Telefonen

Den SIP-Verlauf beim Auf- und Abbau einer Session über ein IP-Netz für die Kommunikation zwischen zwei IP-Telefonen illustriert Abbildung 7.1-2. Die beiden Teilnehmer nutzen hier ihre E-Mail-Adressen als SIP-Adressen. Die Verbindung wird von Teilnehmer A initiiert. Hierfür sendet sein IP-Telefon die SIP-Nachricht INVITE (als Request) mit TlnB@xyz.de als Zieladresse des Teilnehmers B.

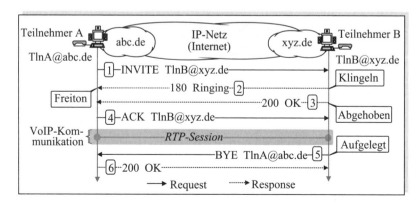

Abb. 7.1-2:   Beispiel für einen einfachen SIP-Verlauf

Die Nachricht INVITE stellt einen Request dar und kann als eine Einladung zur Session (Sitzung) interpretiert werden. Sie enthält die Beschreibung der RTP-Session nach dem Protokoll SDP (s. Abb. 7.3-3). Außerdem enthält sie u.a. die notwendigen Angaben, um feststellen zu können, ob die gewünschte Verbindung möglich ist. Dies bedeutet, dass die Kompatibilität der beiden Seiten überprüft werden muss. Hierbei muss z.B. festgestellt werden, ob das IP-Telefon von Teilnehmer B die vom IP-Telefon des Teilnehmers A vorgeschlagene Sprachcodierung unterstützt.

SIP-Request: INVITE

Falls das angerufene IP-Telefon von Teilnehmer B die ankommende Verbindung annehmen kann, d.h. die beiden IP-Telefone kompatibel sind, muss es im angerufenen IP-Telefon des Teilnehmers B klingeln. Damit wird der ankommende Anruf akustisch signalisiert. Wenn es klingelt, antwortet das angerufene IP-Telefon mit der SIP-Response 180 Ringing. Nach dem Empfang dieser Nachricht beim IP-Telefon des Teilnehmers A wird bei ihm der Freiton generiert. Somit erfährt der Teilnehmer A, dass das angerufene IP-Telefon nicht besetzt ist.

SIP-Response: 180 Ringing

Hat Teilnehmer B den Hörer abgehoben, sendet sein IP-Telefon den SIP-Response 200 OK (*OKay*) und dieser wird vom IP-Telefon des rufenden Teilnehmers A mit der Nachricht ACK (*ACKnowledgement*) bestätigt. Mit dem Empfangen von ACK beim IP-Telefon des Teilnehmers B wird der Aufbau der logischen Verbindung abgeschlossen. Die beiden IP-Telefone werden so verknüpft, als ob ein logischer Kanal zwischen ihnen aufgebaut wäre. Da die Übermittlung von Sprache (bzw. allgemeiner von Audio und Video) in diesem Kanal nach dem Protokoll RTP verläuft, wird dieser Kanal bei SIP als *RTP-Session* bzw. als *RTP-Kanal* bezeichnet.

SIP-Response: 200 OK

Die bestehende RTP-Session kann von beiden Seiten (z.B. durch das Auflegen des Hörers) beendet werden. In Abbildung 7.1-2 wird der Abbau der RTP-Session vom IP-Telefon des Teilnehmers B durch das Absenden der SIP-Nachricht BYE veranlasst. Hat das IP-Telefon des Teilnehmers A BYE empfangen, bestätigt es dies mit der Nachricht 200 OK. Mit dem Empfang von 200 OK beim IP-Telefon des Teilnehmers B wird die RTP-Session beendet.

SIP-Request: BYE

Eine detailliertere Darstellung des SIP-Verlaufs enthält das IETF-Dokument RFC 3665.

> **Bemerkung:** Die SIP-Nachricht INVITE ist der Funktion nach mit der Nachricht SETUP des D-Kanal-Protokolls im ISDN vergleichbar und die SIP-Nachricht BYE entspricht der Nachricht DISConnect (s. Abb. 7.8-3).

7.2   Beispiele für den SIP-Einsatz

SIP-Server   SIP kann als Signalisierungsprotokoll bei VoIP in IP-Netzen vielseitig eingesetzt werden. Bei SIP werden verschiedene *SIP-Server* definiert, die bestimmte
Aufgaben beim Aufbau einer RTP-Session übernehmen. Die SIP-Server sind:

- *Proxy-Server,*

- *Redirect-Server* und

- *Registrar,* der oft als *Location-Server* dient.

In der Praxis werden alle SIP-Server als Software-Funktionsmodule implementiert. Sie können sogar in einem bestimmten Rechner untergebracht werden.

Szenarien   Die SIP-Server können in verschiedenen Szenarien eingesetzt werden. Auf fol-
beim SIP-   gende werden wir näher eingehen:
Einsatz

- Einsatz eines Proxy-Servers (s. Abb. 7.2-1),

- SIP beim Einsatz eines Redirect-Servers (s. Abb. 7.2-2),

- Anrufweiterleitung (s. Abb. 7.2-3, 7.2-4 und 7.2-5),

- Anrufverzweigung zu mehreren Endeinrichtungen (s. Abb. 7.2-6),

- Einsatz eines Voice-Mail-Servers (s. Abb. 7.2-7).

7.2.1   Einsatz eines Proxy-Servers

Die Schritte vor der VoIP-Kommunikation beim Einsatz eines Proxy-Servers
zeigt Abbildung 7.2-1.

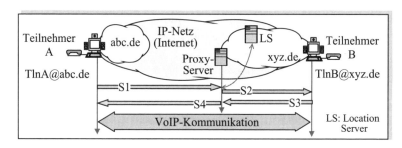

Abb.7.2-1:   Einsatz eines Proxy-Servers beim SIP

Proxy-Server   Da die SIP-Adressen den E-Mail-Adressen ähnlich sind (s. Abschnitt 7.3.4),
weiß der rufende Teilnehmer A nur, innerhalb welcher Internet-Domain der gerufene Teilnehmer B sich befindet. Welchen Rechner der Teilnehmer B aber
aktuell als sein IP-Telefon nutzt, d.h. unter welcher IP-Adresse dieser erreichbar ist, erkennt der rufende Teilnehmer A aus der SIP-Adresse nicht. In diesem

Fall kommen zwei SIP-Server zum Einsatz, nämlich Proxy-Server und *Location-Server*.

In Abbildung 7.2-1 sind folgende Schritte im SIP-Verlauf zu unterscheiden:

- S1: Der Wunsch nach dem Verbindungsaufbau wird vom Teilnehmer A zum Proxy-Server der Ziel-Domain `xyz.de` übergeben.

Einsatz des Location-Servers

- S2: Der Proxy-Server der Ziel-Domain fragt zuerst beim Location-Server dieser Domain, welches IP-Telefon, d.h. welchen Rechner, der Teilnehmer B gerade nutzt. Danach leitet der Proxy-Server den Wunsch nach dem Verbindungsaufbau mit der Adresse des rufenden Teilnehmers A zum Ziel-IP-Telefon.

- S3: Das Ziel-IP-Telefon des Teilnehmers B signalisiert dem Proxy, dass der ankommende Anruf entgegengenommen wurde.

- S4: Der Proxy signalisiert dem IP-Telefon des Teilnehmers A die Bereitschaft des IP-Telefons von Teilnehmer B. Damit kann die VoIP-Kommunikation beginnen.

Die in Abbildung 7.2-1 erwähnten Schritte zeigt Abbildung 7.4-2 detaillierter.

7.2.2 Einsatz eines Redirect-Servers

Beim Aufbau einer virtuellen Verbindung für die VoIP-Kommunikation kann ein sog. *Redirect-Server* eingesetzt werden. Dieser kann anstatt eines Proxy-Servers installiert werden und seine Aufgabe besteht darin, dieses IP-Telefon, das die Kommunikation initiiert, darüber zu informieren, welche IP-Adresse das IP-Telefon hat, das der gerufene Teilnehmer aktuell in der Ziel-Domain nutzt. Ein Redirect-Server informiert somit den Initiator einer Kommunikation, unter welcher Adresse eine entsprechende virtuelle Verbindung aufgebaut werden soll. Abbildung 7.2-2 zeigt die Schritte vor der Kommunikation beim Einsatz eines Redirect-Servers.

Funktion des Redirect-Servers

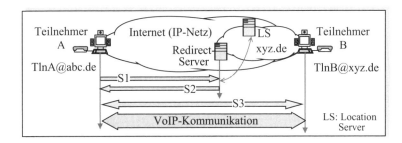

Abb.7.2-2:   Einsatz eines Redirect-Servers beim SIP

Hierbei sind folgende Schritte im SIP-Verlauf zu unterscheiden:

- S1: Der Wunsch nach dem Verbindungsaufbau wird von Teilnehmer A zum Redirect-Server der Ziel-Domain `xyz.de` übergeben. Der Redirect-Server fragt zuerst beim Location-Server dieser Domain nach, welches IP-Telefon der Teilnehmer B gerade nutzt.

■ S2: Der Redirect-Server informiert das IP-Telefon des Teilnehmers A darüber, welches IP-Telefon Teilnehmer B gerade nutzt.

■ S3: Danach leitet das IP-Telefon des Teilnehmers A den Kommunikationswunsch direkt an das IP-Telefon des gerufenen Teilnehmers B weiter. Die Bereitschaft des IP-Telefons von Teilnehmer B wird dem IP-Telefon des Teilnehmers A signalisiert, sodass die VoIP-Kommunikation beginnen kann.

Die in Abbildung 7.2-2 erwähnten Schritte werden in Abbildung 7.4-3 detailliert präsentiert.

7.2.3   Anrufweiterleitung mit SIP

Benutzer-
mobilität
mit SIP

Der gerufene Teilnehmer B kann seine Heimat-Domain, die dem rufenden Teilnehmer A aus der SIP-Adresse bekannt ist, verlassen und sich als Gast innerhalb einer anderen Domain aufhalten, die dem rufenden Teilnehmer A nicht bekannt ist. Im Allgemeinen kann der gerufene Teilnehmer B vorläufig in eine Fremd-Domain umziehen. Falls der gerufene Teilnehmer B in eine Fremd-Domain umgezogen ist, kommen beim Aufbau einer Verbindung für die VoIP-Kommunikation mehrere SIP-Server zum Einsatz. Mit ihrer Hilfe können die ankommenden Anrufe in die Fremd-Domains weitergeleitet werden. Damit wird die *Benutzermobilität* unterstützt.

Aufgabe des
Location-
Servers

Die Schritte vor der VoIP-Kommunikation beim Einsatz mehrerer Proxy-Server illustriert Abbildung 7.2-3.

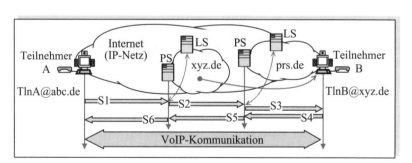

Abb.7.2-3:   Weiterleitung ankommender Anrufe über zwei Proxy-Server
LS: Location-Server, PS: Proxy-Server

An dieser Stelle ist hervorzuheben, dass der gerufene Teilnehmer B aus seiner Heimat-Domain in jede andere Domain „wandern" kann. Um allerdings immer erreichbar zu sein, muss er in der Heimat-Domain eine Information darüber hinterlassen, in welcher Fremd-Domain er sich aktuell aufhält. Hierfür muss einerseits der Teilnehmer B den Location-Server seiner Heimat-Domain darüber informieren, in welcher Fremd-Domain er sich aktuell befindet, und andererseits muss er dem Location-Server der Fremd-Domain „mitteilen", welches IP-Telefon innerhalb der Fremd-Domain er aktuell nutzt.

Wie aus Abbildung 7.2-3 ersichtlich ist, sind folgende Schritte bei der Weiterleitung eines ankommenden Anrufes über zwei Proxy-Server nötig:

Proxy-Server als Zwischensystem

- S1: Der Wunsch nach dem Verbindungsaufbau zum Teilnehmer B wird vom IP-Telefon des Teilnehmers A zum Proxy-Server der Heimat-Domain `xyz.de` von Teilnehmer B übergeben. Der Proxy-Server erfährt vom Location-Server dieser Domain, dass der Teilnehmer B zur Zeit in die Fremd-Domain `prs.de` umgezogen ist.

- S2: Der Proxy-Server der Domain `xyz.de` leitet somit den Wunsch nach dem Verbindungsaufbau zum Proxy-Server der Domain `prs.de` weiter.

- S3: Der Proxy-Server der Domain `prs.de` fragt zuerst beim Location-Server dieser Domain ab, welches IP-Telefon Teilnehmer B gerade nutzt. Danach leitet er den ankommenden Anruf des Teilnehmers A an dieses IP-Telefon weiter.

- S4: Die Bereitschaft des IP-Telefons von Teilnehmer B zur Kommunikation wird dem Proxy-Server der Domain `prs.de` signalisiert.

- S5: Der Proxy-Server der Domain `prs.de` signalisiert die Bereitschaft des IP-Telefons von Teilnehmer B zur Kommunikation dem Proxy-Server der Domain `xyz.de`.

- S6: Der Proxy-Server der Domain `xyz.de` signalisiert dem IP-Telefon des Teilnehmers A die Bereitschaft zur Kommunikation des IP-Telefons von Teilnehmer B. Somit kann die Kommunikation beginnen.

Aus dem in Abbildung 7.2-3 dargestellten Beispiel, geht hervor, dass ein Proxy-Server sich wie ein Zwischensystem verhält, das die SIP-Nachrichten zuerst empfängt und dann weitersendet.

Die Weiterleitung eines ankommenden Anrufes kann auch mit Hilfe von Redirect-Servern erfolgen. Einen derartigen Fall illustriert Abbildung 7.2-4.

Redirect-Server als Adressverweis-Stelle

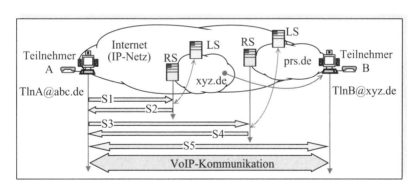

Abb.7.2-4: Weiterleitung ankommender Abrufe über zwei Redirect-Server
LS: Location-Server, RS: Redirect-Server

Wie hier ersichtlich ist, sind folgende Schritte bei der Weiterleitung eines ankommenden Anrufes über zwei Redirect-Server nötig:

- S1: Der Wunsch nach dem Verbindungsaufbau zum Teilnehmer B wird vom IP-Telefon des Teilnehmers A zum Proxy-Server der Heimat-Domain `xyz.de` von Teilnehmer B übergeben.

- S2: Der Redirect-Server erfährt vom Location-Server der Domain `xyz.de`, dass der Teilnehmer B in die Fremd-Domain `prs.de` umgezogen ist und signalisiert dies dem IP-Telefon von Teilnehmer A.

- S3: Der abgehende Anruf wird nun von Teilnehmer A direkt zum Redirect-Server der Fremd-Domain `prs.de` übergeben.

- S4: Der Redirect-Server der Fremd-Domain `prs.de` fragt zuerst beim Location-Server seiner Domain ab, welches IP-Telefon der Teilnehmer B gerade nutzt, und informiert darüber das IP-Telefon von Teilnehmer A.

- S5: Den Anruf signalisiert nun das IP-Telefon von Teilnehmer A direkt dem IP-Telefon von Teilnehmer B in der Fremd-Domain `prs.de`. Nachdem das IP-Telefon von Teilnehmer B seine Bereitschaft zum Verbindungsaufbau signalisiert hat, kann die VoIP-Kommunikation beginnen.

Das in Abbildung 7.2-4 dargestellte Beispiel verdeutlicht, dass ein Redirect-Server sich wie eine Adressverweis-Stelle verhält. Er verweist somit auf eine Adresse, unter der der Ziel-Teilnehmer B zu finden ist.

Proxy-Server und Redirect-Server Die Weiterleitung eines ankommenden Anrufes kann mit Hilfe eines Proxy-Servers und eines Redirect-Servers erfolgen. Dies zeigt Abbildung 7.2-5.

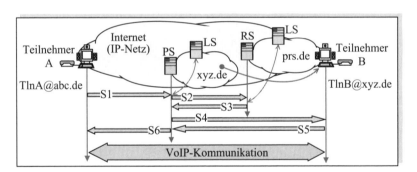

Abb.7.2-5: Weiterleitung ankommender Anrufe mit Proxy- und Redirect-Servern
LS: Location-Server, PS: Proxy-Server, RS: Redirect-Server

Wie Abbildung 7.2-5 zeigt, sind folgende Schritte bei der Weiterleitung eines ankommenden Anrufes mit Hilfe eines Proxy-Servers und eines Redirect-Servers nötig:

- S1: Der Anruf wird vom IP-Telefon des Teilnehmers A dem Proxy-Server der Heimat-Domain `xyz.de` von Teilnehmer B signalisiert.

- S2: Der Proxy-Server erfährt vom Location-Server der Domain `xyz.de`, dass der Teilnehmer B in die Fremd-Domain `prs.de` umgezogen ist. Der Anruf vom Teilnehmer A wird dem Redirect-Server der Domain `prs.de` signalisiert.

- S3: Der Redirect-Server der Domain `prs.de` fragt zuerst beim Location-Server seiner Domain ab, welches IP-Telefon der Teilnehmer B gerade nutzt, und informiert darüber den Proxy-Server der Domain `xyz.de`.

- S4: Der Proxy-Server der Domain `xyz.de` signalisiert den Anruf vom Teilnehmer A dem IP-Telefon von Teilnehmer B in der Domain `prs.de`.

- S5: Die Bereitschaft des IP-Telefons von Teilnehmer B in der Domain `prs.de`, den ankommenden Anruf vom Teilnehmer B entgegenzunehmen, wird dem Proxy-Server der Domain `xyz.de` signalisiert.

- S6: Die Bereitschaft des IP-Telefons von Teilnehmer B in der Domain `prs.de` wird vom Proxy-Server der Domain `xyz.de` an das IP-Telefon des Teilnehmers A weitergeleitet. Danach kann die VoIP-Kommunikation beginnen.

7.2.4 Anrufverzweigung mit SIP

Bei der Realisierung von VoIP-basierten Konferenzen muss ein ankommender Anruf an mehrere Ziele gleichzeitig weitergeleitet werden. Ein typisches Beispiel dafür ist die sog. *Chef-Sekretärin-Funktion*. Sie bedeutet, dass der Anruf für den Chef in der Regel auch parallel zur Sekretärin geführt wird.

Wann erfolgt eine Verzweigung der Anrufe?

Ein weiteres Beispiel für eine Verzweigung der ankommenden Anrufe könnte die folgende Situation sein: Ein Benutzer hat mehrere SIP-Adressen. Davon wird eine SIP-Adresse dem IP-Telefon zu Hause und die weiteren den IP-Telefonen (Rechnern) im Büro zugeordnet. Die für diesen Benutzer ankommenden Anrufe müssen an alle IP-Telefone „parallel" übermittelt werden.

Abbildung 7.2-6 illustriert die Verzweigung eines ankommenden Anrufes. Dem rufenden Teilnehmer A ist nur eine SIP-Rufnummer von Teilnehmer B bekannt. Für die Realisierung von Verzweigungen der ankommenden Anrufe wurde bei SIP ein Proxy-Server vorgesehen.

Verzweigung der Anrufe mit einem Proxy-Server

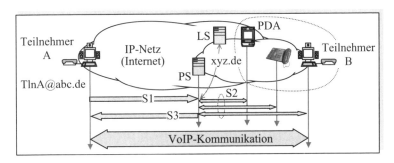

Abb.7.2-6: Verzweigung ankommender Abrufe
LS: Location-Server, PS: Proxy-Server

Wie Abbildung 7.2-6 zeigt, führen folgende Schritte zur VoIP-Kommunikation bei der Verzweigung eines ankommenden Anrufes mit Hilfe eines Proxy-Servers:

- S1: Der Anruf wird vom IP-Telefon des Teilnehmers A dem Proxy-Server der Heimat-Domain `xyz.de` von Teilnehmer B signalisiert.

■ S2: Der Proxy-Server erfährt vom Location-Server der Domain `xyz.de`, dass der Teilneh-mer B unter einer von mehreren SIP-Adressen zu erreichen ist. Der Anruf des Teilnehmers A wird vom Proxy-Server an mehrere IP-Telefone gleichzeitig weitergeleitet. Das IP-Telefon, das der Teilnehmer B zur Zeit nutzt, signalisiert dem Proxy-Server die Bereitschaft, den an-kommenden Anruf entgegenzunehmen.

■ S3: Diese Bereitschaft übermittelt der Proxy-Server an das IP-Telefon des Teilnehmers A weiter. Danach kann die VoIP-Kommunikation beginnen.

Der in Abbildung 7.2-6 gezeigte SIP-Verlauf wird näher in Abbildung 7.6-1 dargestellt.

7.2.5   Einsatz eines Voice-Mail-Servers

Die ankommenden Anrufe können bei der Abwesenheit des angerufenen Teil-nehmers zu einem Voice-Mail-System umgeleitet werden. Einen solchen Fall illustriert Abbildung 7.2-7. Um diese Option mit SIP zu realisieren, muss der Proxy-Server nur entsprechend konfiguriert werden.

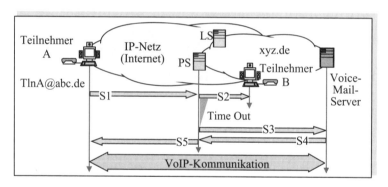

Abb.7.2-7:   Einsatz eines Voice-Mail-Servers
LS: Location-Server, PS: Proxy-Server

Wie Abbildung 7.2-7 zeigt, sind folgende Schritte bei der Weiterleitung eines ankommenden An-rufes mit Hilfe eines Proxy-Servers zum Voice-Mail-System nötig:

■ S1: Der Anruf wird vom IP-Telefon des Teilnehmers A dem Proxy-Server der Domain `xyz.de` von Teilnehmer B signalisiert.

■ S2: Der Proxy-Server fragt zuerst beim Location-Server der Heimat-Domain des Teilneh-mers B ab, welches IP-Telefon der Teilnehmer B aktuell nutzt. Danach signalisiert er diesem IP-Telefon den ankommenden Anruf.

■ S3: Da der ankommende Anruf von Teilnehmer A innerhalb einer festgelegten Zeitdauer (Time Out) nicht entgegengenommen wurde, leitet der Proxy-Server den Anruf zu dem Voi-ce-Mail-System um.

■ S4: Das Voice-Mail-System signalisiert dem Proxy-Server des IP-Telefons von Teilnehmer A, dass der ankommende Anruf ersatzweise von ihm entgegengenommen wird.

■ S5: Der Proxy-Server leitet die Bereitschaft des Voice-Mail-Systems an das IP-Telefon des Teilnehmers A weiter. Danach kann die VoIP-Kommunikation zwischen Teilnehmer A und dem Voice-Mail-System stattfinden.

Den SIP-Verlauf aus Abbildung 7.2-7 zeigt Abbildung 7.6-3. detaillierter.

7.3   SIP-Nachrichten und -Adressen

Eine SIP-Nachricht stellt entweder einen Request (eine Anforderung) von ei- *Arten von* nem Initiator der Kommunikation an seinen Kommunikationspartner oder ei- *SIP-* nen Response (eine Antwort) von ihm an den Initiator dar. Somit gibt es nur *Nachrichten* zwei Arten von SIP-Nachrichten:

■ *Request* und

■ *Response*.

Jede SIP-Nachricht als Request beschreibt die geforderte Aktion. Die SIP-Nachricht als Response übermittelt die Reaktion auf den Request.

7.3.1   Request-Typen

In der SIP-Spezifikation in RFC 3261, die als Basisspezifikation gilt, werden folgende sechs Request-Typen (auch als *Methoden* bezeichnet) definiert:

■ INVITE
Mit INVITE initiiert ein IP-Telefon einen neuen Anruf. INVITE enthält u.a. die SIP-Adresse von beiden Teilnehmern, d.h. des Gerufenen und des Rufenden, den Grund (Subject) des Anrufes und dessen Priorität.

■ BYE
Mit BYE wird der Abbau der bestehenden VoIP-Verbindung zwischen zwei Teilnehmern initiiert.

■ ACK
ACK (*ACKnowledgement*) dient als eine „positive" Bestätigung. Mit ACK wird die Annahme des Anrufes bestätigt.

■ OPTIONS
Mit OPTIONS kann ein IP-Telefon eines Teilnehmers nach dessen medien-betreffenden Fähigkeiten (*Media Capabilities*) befragt werden. Beispielsweise danach, welche Arten von Medien (Audio, Video) es empfangen kann und welche Verfahren zur Codierung dieser Medien es unterstützt.

■ CANCEL
Mit CANCEL kann der Aufbau einer bereits initiierten VoIP-Verbindung von einem Teilnehmer abgebrochen und beendet werden (s. Abb. 7.6-1).

■ REGISTER

Mit REGISTER werden dem sog. *Registrar* Informationen über die Lokation von Teilnehmern, d.h. welche IP-Telefone sie benutzen, mitgeteilt. Der Registrar kann als ein Funktionsmodul im SIP Server (Proxy bzw. Redirect-Server) oder im Location-Server untergebracht werden (s. Abb. 7.5-1).

Die SIP-Spezifikation aus RFC 3261 wurde inzwischen um folgende Request-Typen erweitert:

■ INFO

Mit INFO können zusätzliche Informationen während einer bestehenden RTP-Session zwischen den kommunizierenden Rechnern übermittelt werden. Die Nutzung von INFO spezifiziert RFC 2976.

■ PRACK (Provisional Response ACKnowledgement)

Einige Responses wie z.B. 180 Ringing haben bei SIP einen vorläufigen Charakter (sog. *Provisional Responses*), sodass sie normalerweise vom Empfänger nicht bestätigt werden. Da SIP das unzuverlässige Transportprotokoll UDP nutzt, kann ein Provisional Response während der Übermittlung verloren gehen. Mit PRACK kann der Empfang eines solchen Response bestätigt werden, sodass eine zuverlässige Übermittlung garantiert werden kann. Die Nutzung von PRACK beschreibt RFC 3262.

■ UPDATE

Mit UPDATE können bestimmte Parameter, die eine RTP-Session betreffen, bereits während des Aufbaus dieser RTP-Session verändert werden. Die Art und Weise der Nutzung von UPDATE spezifiziert RFC 3311.

■ MESSAGE

RFC 3428 spezifiziert die SIP-Erweiterungen, die man für die Realisierung von *Instant Messaging* benötigt. Hierzu gehört u.a. der Request MESSAGE.

■ REFER

Dieser Request wurde eingeführt, um den sog. *Session Transfer* zu ermöglichen. Dies entspricht vollkommen dem Dienstmerkmal Call Transfer (s. Abschnitt 6.6.2). Den Einsatz von REFER beschreibt RFC 3515.

■ SUBSCRIBE und NOTIFY

SIP kann verwendet werden, um bestimmte Ereignisse zu übermitteln. Hierfür wurden die Requests SUBSCRIBE und NOTIFY eingeführt. Die in Abschnitt 1.4.2 dargestellten Ansätze PINT und SPIRITS für die Integration des Internets mit dem Intelligent Network verwenden SIP für die Übermittlung bestimmter Ereignisse. Für Näheres ist auf RFCs 3261 und 3265 bzw. auf PINT (s. RFC 2848) und SPIRITS (s. RFC 3298) zu verweisen.

7.3.2 Response-Klassen

Jede SIP-Nachricht als *Response* hat eine ähnliche Struktur wie beim Web-Protokoll HTTP/1.1 und gehört zu einer der folgenden sechs Response-Klassen [BaRS 03]:

- *Informational* als 1xx teilt dem Absender eines Request mit, dass der Request weiter bearbeitet wird. Die Responses dieses Typs sind u.a.:
  - 100 Trying (s. Abb. 7.4-2)
  - 180 Ringing (s. Abb. 7.4-1 und 7.4-2)

- *Success* als 2xx teilt dem Absender eines Requests mit, dass der Request erfolgreich empfangen und akzeptiert wurde. Der einzige Response dieses Typs ist:
  - 200 OK (s. Abb. 7.4-1 und -2)

- *Redirection* als 3xx signalisiert dem Absender eines Requests, dass weitere Aktionen bei der Bearbeitung und Weiterleitung des Request nötig sind. Die Responses von diesem Typ sind u.a.:
  - 301 Moved Permanently
  - 302 Moved Temporarily (s. Abb. 7.4-3)

- *Client-Error* als 4xx teilt dem Absender eines Requests mit, dass der Request eine falsche Syntax enthält oder vom Server nicht ausgeführt werden kann. Die Responses dieses Typs sind u.a.:
  - 400 Bad Request
  - 401 Unauthorized
  - 403 Forbidden
  - 404 Not Found (s. Abb. 7.6-1)
  - 406 Not Acceptable
  - 486 Busy Here (s. Abb. 7.6-2)

- *Server-Error* als 5xx signalisiert dem Absender eines Requests, dass der Server nicht in der Lage war, den Request auszuführen. Beispiele für die Responses dieses Typs sind:
  - 500 Internal Server Error
  - 501 Not Implemented
  - 502 Bad Gateway
  - 505 SIP Version not supported

- *Global-Failure* als 6xx signalisiert, dass der Request auf keinem der Server ausgeführt werden konnte. Die Responses dieses Typs sind u.a.:
  - 600 Busy Everywhere
  - 606 Not Acceptable

7.3.3   Aufbau von SIP-Nachrichten

Die SIP-Nachrichten werden textbasiert und zeilenweise aufgebaut. Die Text-Kodierung erfolgt nach den im IETF-Standard RFC 2279 dargestellten Prinzipien. Jede SIP-Nachricht setzt sich aus einer *Start-Zeile*, einem *Message Header* und einem *Message Body* zusammen (s. Abb. 7.3-1 und 7.3-2). Der Message Body ist optional. In der Start-Zeile ist der Name (Typ) der Nachricht enthalten, sodass man daran erkennen kann, ob es sich um einen Request oder um einen Response handelt.

Struktur von SIP-Requests

Method als Request-Typ

Die SIP-Requests haben die in Abbildung 7.3-1 dargestellte Struktur.

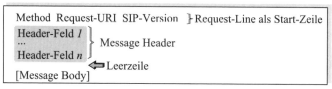

Abb. 7.3-1:   Struktur von SIP-Request
                  URI: Uniform Resource Identifier

Jeder SIP-Request beginnt mit einer *Request-Line* als Start-Zeile und enthält die folgenden Angaben:

- *Method* als Angabe des Request-Typs, z.B.: INVITE, BYE, ACK, OPTIONS.
- *Request-URI* als Ziel-SIP-Adresse, die auch als SIP URL (*Uniform Resource Locator*) bezeichnet wird.
- *SIP-Version.*

Diese Angaben sind jeweils mit Leerzeichen voneinander getrennt.

> **Beispiel 1:** Die Start-Zeile eines Request INVITE kann folgende Form haben:
>
>   INVITE sip:TlnA@abc.de SIP/2.0
>
> Hier stellt INVITE die Methode, sip:TlnA@abc.de die Request-URI und SIP/2.0 die SIP-Version dar.

Message Header

Nach der Request-Line werden unterschiedliche Angaben in Form von sog. *Header-Feldern (Header Fields)* gemacht, die den *Message Header* bilden. Nach dem Header kann der *Message Body* folgen, der optional ist. Dies symbolisieren die Klammern [...]. Der Message Header wird vom Message Body mit einer Leerzeile getrennt.

Struktur von SIP-Responses

Die SIP-Responses werden ähnlich aufgebaut wie die SIP-Requests und haben die in Abbildung 7.3-2 dargestellte Struktur.

```
SIP-Version Status-Code Reason-Phrase } Status-Line als Start-Zeile
Header-Feld 1 ⎫
...            ⎬ Message Header
Header-Feld n ⎭
                  ⬅ Leerzeile
[Message Body]
```

Abb. 7.3-2: Struktur von SIP-Responses

Die Start-Zeile in Responses wird als *Status-Line* bezeichnet. Der `Status-Code` in der Status-Line besteht aus einer dreistelligen Zahl und repräsentiert die Bedeutung des Responses. Die erste Ziffer im `Status-Code` gibt an, um welche Response-Klasse es sich handelt. Einige Responses wie z.B. `180 Ringing` und `200 OK` wurden bereits bei der Darstellung eines einfachen SIP-Verlaufs näher erläutert (s. Abb. 7.1-2).

Status-Code als Response-Bedeutung

> **Beispiel 2:** Die Start-Zeile des Response mit dem Status-Code 180 hat folgende Form:
>
> ```
> SIP/2.0 180 Ringing
> ```
>
> Hier ist die SIP-Version `SIP/2.0`, der Status-Code `180` und die Reason-Phrase `Ringing`

Die Steuerungsangaben im Header von Requests und Responses werden zeilenweise in Form von festgelegten Header-Feldern gemacht. Jedes Header-Feld (*Header Field*) hat folgende Struktur:

Header-Felder

Field-Name: Field-Value

> **Beispiel 3:** Falls der Teilnehmer A mit der SIP-Adresse `TlnA@abc.de` eine RTP-Session zum Teilnehmer B mit der SIP-Adresse `TlnB@xyz.de` initiiert, kann der Request `INVITE` folgende Header-Felder enthalten:

```
INVITE sip:TlnA@abc.de SIP/2.0         Start-Zeile
Via: SIP/2.0/UDP saturn.abc.de         Protokoll und Info über letzten Absender
To: Teilnehmer B <sip:TlnB@abc.de>     Benutzer als Ziel des Request
From: Teilnehmer A <sip:TlnA@abc.de>   Benutzer als Initiator des Request
Call-ID: 71710@saturn.abc.de           Identifikation des Anrufes
CSeq: 1 INVITE                         Sequenznummer des Request INVITE
Max-Forwards: 10                       Maximale Anzahl von Proxies unterwegs
Contact: <sip:TlnA@abc.de>; expires=360 Kontakt zum Initiator
Content-Type: application/SDP          Typ des Body-Inhalts
Content-Length: 152                    Länge des Body-Inhalts
```

Folgende Header-Felder sind besonders hervorzuheben:

Wichtige Header-Felder

▪ `Call-ID`: Identifikation (ID) des Anrufes. Sie setzt sich oft aus einer Zufallszahl (`abcdef`) und dem Namen des den Anruf initiierenden IP-Telefons wie folgt zusammen: `abcdef@hostname`

■ CSeq (*Command Sequence*): Sie dient zur Nummerierung eines Request-Typs eines Clients (d.h. eines IP-Telefons) und setzt sich aus der Angabe der Nummer und des Request-Typs zusammen. Z.B. besagt das Header-Feld

    CSeq: 2 INVITE

im Request INVITE, dass es sich um den zweiten INVITE innerhalb eines Signalisierungsvorgangs handelt. Einen derartigen INVITE bezeichnet man als *re-INVITE*. Mit re-INVITE können einige Parameter der Session neu gesetzt werden.

SIP Response Routing

■ Via: Im Feld Via wird das Transportprotokoll und die Information über den Absender des Requests INVITE eingetragen. Falls INVITE über mehrere Proxy-Server übermittelt wurde, enthält dieser am Ziel auch mehrere Via-Felder in umgekehrter Reihenfolge, in der er von den einzelnen Proxy-Servern abgeschickt wurde. Auf diese Weise wird die Route von INVITE aufgezeichnet. Um einen Response auf INVITE über die gleiche Route zu übermitteln, werden alle Felder Via aus INVITE vom Response übernommen. In diesem Fall spricht man von *SIP Response-Routing* (s. Abb. 7.7-1).

SIP Request Routing

■ Route: In diesem Feld wird eine Beschreibung der Route für einen Request angegeben. Somit wird der Request über die von vornherein festgelegten Proxy-Server übermitteln. Man bezeichnet dies als *SIP Request-Routing*.

■ Record-Route: Ein Proxy-Server, der z.B. eine Firewall-Funktion für VoIP enthält, erzeugt das Feld Record-Route im empfangenen Request INVITE, um seinen Namen anzugeben und darauf zu verweisen, dass der weitere Verlauf der Signalisierung über ihn geschehen muss. Ein INVITE am Ziel kann somit mehrere Felder Record-Route enthalten. Die Angaben aus diesen Feldern werden im Feld Route eingetragen und bestimmen die Route der Signalisierung (s. Abb. 7.7-2).

■ Max-Forwards: Hier wird die maximale Anzahl von Proxy-Servern angegeben, die eine zwischen zwei Endsystemen übermittelte SIP-Nachricht durchlaufen darf.

Message Body

Einsatz des Protokolls SDP

Der Message Body kann als eine Art Nutzlast einer SIP-Nachricht interpretiert werden. In diesem Nachrichtenteil werden die Besonderheiten der RTP-Session (d.h. der VoIP-Verbindung) näher beschrieben, um u.a. die Kompatibilität zwischen den IP-Telefonen zu überprüfen. Die Beschreibung der Session legt das Protokoll SDP (*Session Description Protocol*) fest. Sie setzt sich aus drei Teilen zusammen:

■ Spezifikation der RTP-Session : v-, o-, s- und c-Zeile,

■ Zeitbeschreibung: t-Zeile,

■ Medienbeschreibung: m- und a-Zeile.

Abbildung 7.3-3 zeigt beispielsweise die Beschreibung einer RTP-Session, die *Beschreibung* in Abbildung 7.1-2 dargestellt wurde. *der Session*

```
v=0
o=sonne 2890846521  2890846843  IN IP4 126.17.54.6
s=Herzliche Gruesse
t=0 0
m=audio  3456  RTP/AVP  0  2
a=rtpmap: 0  PCM / 8000
a=rtpmap: 2  G721 / 8000
```

Abb. 7.3-3: Beispiel für die Beschreibung einer RTP-Session mit SIP

Die Beschreibung jeder RTP-Session beginnt mit der v-Zeile (v: Version) mit *v-Zeile* der Angabe der SDP-Version, d.h. v=0.

Die nächste o-Zeile (o: owner als Initiator) enthält hier folgende Angaben: *o-Zeile*

■ <user name>: Name des Initiators der Session (d.h. Quellrechners, IP-Telefons), z.B. sonne,

■ <session id>: Identifikation der Session (z.B. 2890846521); Es wird empfohlen, Zeitstempel nach dem Protokoll NTP (*Network Time Protocol*, s. RFC 1305) zu verwenden,

■ <version>: Nummer (z.B. 2890846843) der Ankündigung der Session,

■ <network type>: Netztyp (z.B. IN als Internet),

■ <address type>: Typ der Quell-IP-Adresse (IP4),

■ <address>: Quell-IP-Adresse.

Die s-Zeile gibt eine genauere Bezeichnung der Session (z.B. Session-Name *s-Zeile* wie „Herzliche Gruesse") an.

In der t-Zeile (t: time) werden die Zeitangaben gemacht. Im Allgemeinen hat *t-Zeile* die t-Zeile folgende Form:

t=<start time> <stop time>

und besagt, dass eine Session nach dem Aufbau in <start time> Sekunden beginnt und nach <stop time> Sekunden beendet wird. t=00 bedeutet, dass die Session direkt nach dem Aufbau beginnt und jederzeit beendet werden kann.

In der m-Zeile (m: media) wird angegeben: *m-Zeile*

■ <media>: Medienart, wie z.B. audio,

- ▪ `<port>`: Port-Nummer, über den das Medium empfangen wird.

- ▪ `<transport>`: Transportprotokoll, z.B. RTP/AVP (*Real-time Transport Protocol / Audio Video Profiles*),

- ▪ `<fmt list>`: Liste zulässiger Formate (fmt) des betreffenden Mediums. Hier werden die Payload-Typen als Identifikationen von Codierungsverfahren angegeben.

a-Zeilen

In den a-Zeilen (a: attribute) werden die Attribute des Mediums angegeben. Ein IP-Telefon kann hier angeben, in welchem Format es die digitalisierte Sprache empfangen kann.

> **Beispiel:** Die Beschreibung der RTP-Session in Abbildung 7.3-3 besagt, dass das IP-Telefon als Initiator der Session die digitalisierte Sprache nach dem Codierungsverfahren
> - PCM μ-Law (Payload-Type = 0, s. Tab. 5.3-1) mit der Abtastrate 8000 [1/s] und
> - G.721 (Payload-Type = 2) mit der Abtastrate 8000 [1/s]
>
> empfangen kann.

7.3.4   Struktur von SIP-Adressen

SIP-Adresse als SIP URL

Um einen Teilnehmer zu einer VoIP-Kommunikation „einzuladen", muss er entsprechend adressiert werden. Bei SIP werden die Teilnehmer über den *SIP Uniform Resource Locator (*URL) adressiert. Damit wird das Adressierungsschema von SIP an das Konzept der Adressierung im Internet angepasst und DNS (*Domain Name System*, s. Abschnitt 3.5) kann für die Auflösung von SIP-Adressen in IP-Adressen eingesetzt werden. Eine SIP URL stellt somit eine SIP-Adresse dar.

Die SIP-Adressen werden ähnlich wie die E-Mail-Adressen aufgebaut. Sie können beispielsweise folgende Struktur haben:

```
user@domain
user@ip-address
phone-number@domain
```

Struktur vom SIP URL

Abbildung 7.4-4 zeigt eine vereinfachte Struktur eines SIP URL.

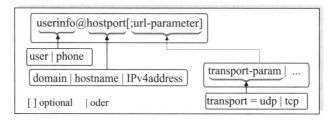

Abb. 7.3-4:   Vereinfachte Struktur des SIP URL

Beispielsweise könnte die SIP-Adresse vom Teilnehmer `Romeo`, genauer gesagt seines IP-Telefons, in der Internet-Domain `abc.de` sein:

> `romeo@abc.de`

Wird diese SIP-Adresse um die Angabe erweitert, dass für die Übermittlung von SIP-Nachrichten das verbindungslose Transportprotokoll UDP verwendet wird, ergibt sich:

> `romeo@abc.de; transport = udp`

Die SIP-Adresse vom Teilnehmer `Romeo` mit der IP-Adresse 10.1.2.3 des Rechners (IP-Telefons) ist:

> `romeo@10.1.2.3`

Die Telefonnummer 96404548 kann über ein VoIP-Gateway der Internet-Domain `xyz.de` erreichbar sein (s. Abb. 7.8-1):

> `96404548@yxz.de`

Die SIP-Adresse identifiziert nicht unbedingt einen Teilnehmer an einem IP-Telefon, sondern einen Teilnehmer in einer Internet-Domain. Das Einkapseln von Telefonnummern in die SIP-Adresse hat das Ziel, die Integration von ISDN-TK-Anlagen mit den IP-Netzen (z.B. mit dem Internet) zu erleichtern (s. Abb. 7.8-1 und 7.8-2).

7.4 Betriebsarten bei SIP

SIP ist ein *Client-Server-Protokoll*. Ein Client repräsentiert ein IP-Telefon und fordert immer einen Dienst an. Diese Anforderung wird entweder direkt von einem anderen IP-Telefon oder von einem SIP-Server bearbeitet. Bei SIP werden folgende zwei spezielle Server eingeführt: *SIP als Client-Server-Protokoll*

- *Proxy-Server* und

- *Redirect-Server*.

Der Proxy-Server übernimmt ähnliche Aufgaben wie ein Proxy-Server beim Einsatz des Web-Protokolls HTTP [BaRS 03]. Er nimmt den Request des IP-Telefons (Clients) entgegen, bestimmt, wohin er weitergeleitet werden soll, und leitet ihn anschließend selbst an den nächsten Server bzw. an das Ziel-IP-Telefon weiter (s. Abb. 7.4-2). *Proxy-Server*

Der Redirect-Server ist für die Unterstützung von „Umleitungen" zuständig. Er nimmt den Request `INVITE` entgegen und teilt dem anrufenden IP-Telefon (Client) mit, wohin er den Request `INVITE` (als Einladung zur Session) senden soll (s. Abb. 7.4-3). *Redirect-Server*

7.4.1 Proxy-Mode und Redirect-Mode

Bei SIP wird zwischen

- dem *Proxy-Mode* und
- dem *Redirect-Mode*

unterschieden.

Proxy-Mode
Im Proxy-Mode fungiert der Proxy-Server einer Internet-Domain als eine Art Weiterleitungs-Instanz der ankommenden Anrufe in Form von `INVITE` Requests. Nach dem Erhalten eines solchen Requests von einem IP-Telefon bestimmt der Proxy-Server die SIP-Adresse, an die der ankommende Anruf weitergeleitet werden soll. Danach leitet er den Anruf entweder direkt zum IP-Telefon des angerufenen Teilnehmers oder zum nächsten Proxy-Server weiter (s. Abb. 7.2-1, 7.2-3 und 7.4-2).

Redirect-Mode
Im Redirect-Mode fungiert der Redirect-Server einer Internet-Domain als Umleitungs-Instanz der ankommenden Anrufe. Nach dem Empfang eines Request `INVITE` besteht die Aufgabe des Redirect-Servers in der Bestimmung der SIP-Adresse, an die der Absender von `INVITE` den betreffenden Anruf selbst richten soll. Der Redirect-Server leitet diesen ankommenden Anruf jedoch nicht direkt an den gewünschten Teilnehmer weiter, sondern informiert den Absender von `INVITE`, an welcher SIP-Adresse der Client diesen Anruf selbst initiieren soll (s. Abb. 7.2-2, 7.2-4 und 7.4-3).

7.4.2 Einsatz von Proxy- und Redirect-Server

Request
INVITE
Den Einsatz von Proxy- und Redirect-Server illustriert Abbildung 7.4-1. Hier initiiert Teilnehmer A mit der SIP-Adresse `TlnA@abc.de` aus der Domain `abc.de` mit dem Request `INVITE` eine RTP-Session zu Teilnehmer B aus der Domain `xyz.de` (1). Das IP-Telefon des Teilnehmers A wird so konfiguriert, dass alle ausgehenden Requests `INVITE` an den Proxy-Server seiner Domain übergeben werden. Der Proxy-Server sendet dem IP-Telefon eine Antwort (2) und leitet den Request `INVITE` in die Domain `xyz.de` weiter (3). Der Request wird in dieser Domain an den Redirect-Server übergeben.

Redirect-Server als eine Umleitungs-Instanz
Der Redirect-Server einer Domain fungiert als Umleitungs-Instanz der ankommenden Anrufe. Nach dem Empfang eines Request `INVITE` besteht die Aufgabe des Redirect-Servers in der Bestimmung der SIP-Adresse, an die der Absender von `INVITE` den betreffenden Anruf selbst richten soll. Der Redirect-Server leitet diesen Anruf jedoch nicht direkt an den gewünschten Teilnehmer weiter, sondern informiert den Absender von `INVITE` mit Hilfe einer SIP-Response (Response) darüber, an welche SIP-Adresse er diesen Anruf selbst initiieren soll.

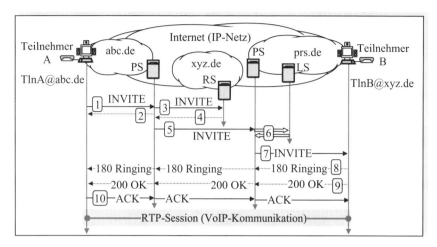

Abb.7.4-1: Beispiel für den Einsatz von Proxy- und Redirect-Server
LS: Location-Server, PS: Proxy-Server, RS: Redirect-Server

Teilnehmer B hat dem Registrar seiner Domain mit der Nachricht `REGISTER` vorher mitgeteilt, dass er sich zur Zeit in der Domain `prs.de` aufhält (s. Abb. 7.5-1). Anschließend wurde auch die aktuelle Lokation des Teilnehmers B, d.h. welches IP-Telefon er zur Zeit nutzt, beim Registrar der Domain `prs.de` angemeldet.

Registrar-Nutzung

Der Registrar kann als zusätzliche funktionelle Komponente im Proxy und im Redirect-Server untergebracht oder auch in einem sog. *Location-Server* implementiert werden.

Registrar im Location-Server

In Abbildung 7.4-1 informiert der Redirect-Server der Domain `xyz.de` den Proxy-Server der Domain `abc.de` (4), an welchen Proxy-Server er den Request `INVITE` weiterleiten soll, um den Teilnehmer B zu erreichen. Der Proxy-Server der Domain `abc.de` übergibt nun den Request an den Proxy-Server der Domain `prs.de` (5). Teilnehmer B befindet sich aktuell in der Domain `prs.de` und seine Lokation kann beim Location-Server der Domain `prs.de` abgefragt werden.

Nach dem Empfangen des Request `INVITE` mit dem Ziel Teilnehmer B weiß der Proxy-Server der Domain `prs.de` normalerweise nicht, welches IP-Telefon Teilnehmer B als Gast in seiner Domain gerade nutzt. Hierfür wird der Location-Server abgefragt (6). Danach sendet der Proxy-Server den Request `INVITE` an das IP-Telefon, das Teilnehmer B zur Zeit benutzt (7).

Bedeutung des Location-Servers

Falls das IP-Telefon des Teilnehmers B den ankommenden Anruf annehmen kann, wird der Anruf dem Teilnehmer B akustisch signalisiert. Dies wird dem IP-Telefon von Teilnehmer A mit dem Response `180 Ringing` signalisiert (8). Hat Teilnehmer B den Hörer abgenommen, sendet sein IP-Telefon den

Response 200 OK an das IP-Telefon von Teilnehmer A (9). Der Empfang von 200 OK wird seitens des IP-Telefons von Teilnehmer A mit der Nachricht ACK bestätigt (10). Ist ACK beim IP-Telefon von Teilnehmer B eingetroffen, wird damit der Aufbau einer virtuellen Verbindung (d.h. der RTP-Session) für VoIP zwischen den beiden IP-Telefonen abgeschlossen.

7.4.3   SIP-Verlauf im Proxy-Mode

Den SIP-Verlauf im Proxy-Mode illustriert Abbildung 7.4-2. Die Aufgabe des Proxy-Servers besteht hier in der Ermittlung des aktuellen IP-Telefons des angerufenen Teilnehmers B aus der Domain xyz.de und in der Weiterleitung des Anrufes zu seinem IP-Telefon. Hierbei sendet das IP-Telefon des Teilnehmers A mit der SIP-Adresse TlnA@abc.de den Request INVITE ab, um eine RTP-Session zum IP-Telefon des Teilnehmers B innerhalb der Internet-Domain xyz.de aufzubauen (1). Diese Anforderung wird an den Proxy-Server der Domain xyz.de übermittelt. Dieser bestätigt den Empfang von INVITE mit einem Response mit dem Status-Code 100 (100 Trying) (2).

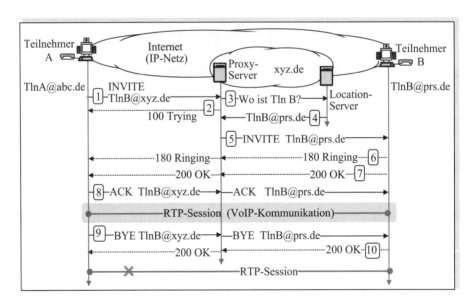

Abb.7.4-2:   Beispiel für einen SIP-Verlauf im Proxy-Mode

Abfrage vom Location-Server

Der Proxy-Server weiß normalerweise nicht, wo Teilnehmer B sich gerade aufhält. Ein sog. *Location-Server*, der eine gewöhnliche Datenbank darstellt, wird abgefragt, um die endgültige SIP-Adresse des angerufenen Teilnehmers zu finden. Somit reicht der Proxy-Server die Anfrage nach dem Teilnehmer B an den Location-Server weiter (3). Dieser liefert dem Proxy-Server die SIP-

Adresse, hier `TlnB@prs.de`, an die der Request `INVITE` weitergeleitet werden soll (4). Danach sendet der Proxy-Server `INVITE` direkt an das IP-Telefon von Teilnehmer B (5).

Die Nachricht `INVITE` enthält als Body die Beschreibung der gewünschten RTP-Session (vgl. Abb. 7.3-3), sodass im „angerufenen" IP-Telefon geprüft werden muss, ob diese Session zustande kommen kann. Ist dies der Fall, wird der ankommende Anruf dem Teilnehmer B akustisch signalisiert und dieser Zustand an das IP-Telefon des Teilnehmers A mit dem Response `180 Ringing` übermittelt (6). Der Proxy leitet diesen Response weiter.

Response 180 Ringing

Hat der angerufene Teilnehmer B den Hörer abgenommen, wird der Response mit dem Status-Code `200`, der eine Bestätigung `200 OK` darstellt, an das IP-Telefon des Teilnehmers A gesendet (7). Das IP-Telefon von Teilnehmer A bestätigt den erfolgreichen Aufbau der RTP-Session dem Proxy gegenüber mit `ACK` (8). Der Proxy wiederum leitet diese Nachricht an Teilnehmer B weiter. Ab diesem Zeitpunkt besteht eine RTP-Session zwischen den beiden IP-Telefonen, sodass mit der Übermittlung der digitalen Sprache begonnen werden kann.

Response 200 OK

Die bestehende RTP-Session kann von beiden Seiten beendet werden. Im gezeigten Beispiel (Abb. 7.4-2) wird der Abbau der RTP-Session vom IP-Telefon des Teilnehmers A durch das Absenden der SIP-Nachricht `BYE` an den Proxy-Server initiiert (9). Der Proxy-Server leitet `BYE` an das IP-Telefon von Teilnehmer B weiter und dieser bestätigt dem Proxy-Server den Empfang von `BYE` mit `ACK` (10). Der Proxy-Server leitet `ACK` an das IP-Telefon des Teilnehmers A weiter. Mit dem Empfang von `ACK` bei Teilnehmer A wird die RTP-Session abgebaut.

Abbau der Session

> **Bemerkungen**: Der Proxy-Server leitet alle Anrufe weiter, ohne die IP-Telefone, die diese Anrufe generiert haben, darüber zu informieren. In diesem Fall verläuft die Signalisierung zwischen den beiden IP-Telefonen nicht direkt, sondern über den Proxy-Server (vgl. Abb. 7.4-3).

Der Location-Server kann ein Bestandteil eines Directory Systems sein. Für die Kommunikation zwischen Proxy-Server und Location-Server kann das Protokoll LDAP (*Lightweight Directory Access Protocol*) verwendet werden.

Einsatz eines Directory Systems

7.4.4 SIP-Verlauf im Redirect-Mode

Im Redirect-Mode wird ein sog. *Redirect-Server* eingesetzt. Dessen Aufgabe besteht innerhalb einer Internet-Domain in der Bestimmung der aktuellen SIP-Adresse (Lokation) des angerufenen Teilnehmers dieser Domain und in der Mitteilung dieser SIP-Adresse an den rufenden Teilnehmer.

Aufgabe des Redirect-Servers

Teilnehmer hat seine Heimat-Domain verlassen

Abbildung 7.4-3 illustriert den SIP-Verlauf im Redirect-Mode. Das IP-Telefon des Teilnehmers A mit der SIP-Adresse `TlnA@abc.de` sendet hier den Request `INVITE`, um eine RTP-Session zum IP-Telefon des Teilnehmers B in seiner Heimat-Domain `xyz.de` aufzubauen. In diesem Fall ist Teilnehmer B momentan außerhalb seiner Heimat-Domain. Im Redirect-Server wurde daher eine SIP-Adresse hinterlassen (Registrierung, s. Abb. 7.5-1), unter der Teilnehmer B aktuell erreichbar ist.

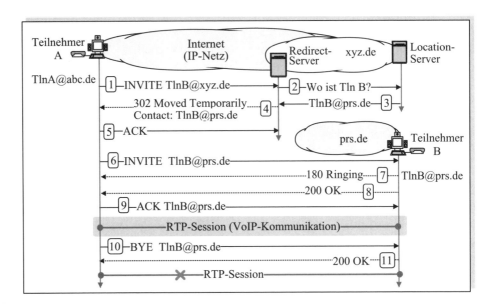

Abb.7.4-3: Beispiel für einen SIP-Verlauf im Redirect-Mode

Bedeutung von Moved Temporarily

Der Request `INVITE` wird in diesem SIP-Mode in der Domain `xyz.de` an den Redirect-Server übermittelt (1). Er fordert vom Location-Server die SIP-Adresse des Teilnehmers B an (2) und übergibt sie dem Redirect-Server (3). Dieser übermittelt die SIP-Adresse des Teilnehmers B an das IP-Telefon des Teilnehmers A im Response mit dem Status-Code `302` (`Moved Temporarily`) (4). Der Empfang der SIP-Adresse des Teilnehmers B wird vom IP-Telefon des Teilnehmers A mit `ACK` (5) bestätigt.

Verfügt das IP-Telefon des Teilnehmers A über die aktuelle SIP-Adresse des Teilnehmers B, so sendet es seinen Verbindungswunsch als `INVITE` direkt an die aktuelle SIP-Adresse des Teilnehmers B (d.h. an `TlnB@prs.de`) (6). Im weiteren SIP-Verlauf findet die Kommunikation direkt zwischen den beiden IP-Telefonen der Teilnehmer A und B statt.

Wird der ankommende Anruf als `INVITE` vom IP-Telefon des Teilnehmers B angenommen, signalisiert es dies dem Teilnehmer B akustisch (indem es „klingelt"). Dieser Zustand wird als SIP-Response `180 Ringing` an das IP-Telefon des Teilnehmers A übermittelt (7). Hat Teilnehmer B den Hörer abgenommen, wird unmittelbar der Response `200 OK` an das IP-Telefon des Teilnehmers A gesendet (8). Der Empfang dieser Meldung wird vom IP-Telefon des Teilnehmers A schließlich mit `ACK` bestätigt (9).

Damit wurde eine RTP-Session als VoIP-Verbindung zwischen den IP-Telefonen der Teilnehmer A und B aufgebaut, und die Übermittlung der digitalisierten Sprache kann nun beginnen.

Der Abbau der bestehenden RTP-Session kann im Redirect-Mode von beiden Seiten initiiert werden. Im Beispiel in Abbildung 7.4-3 wird der Abbau des RTP-Kanals vom IP-Telefon des Teilnehmers A durch das Absenden des Request `BYE` initiiert (9). Das IP-Telefon des Teilnehmers B bestätigt den Empfang von `BYE` mit `ACK` (10). Mit dem Empfang von `ACK` bei Teilnehmer A wird der Abbau der RTP-Session beendet.

Abbau der RTP-Session

> **Bemerkung:** Im Gegensatz zum Proxy-Mode (vgl. Abb. 7.4-2) verläuft die Kommunikation im Redirect-Mode nicht über den Proxy-Server bzw. über den Redirect-Server, sondern direkt zwischen den IP-Telefonen der beiden Teilnehmer.

7.5   Registrierung der Lokation von Teilnehmern

SIP definiert einen speziellen Server in einer Domain, der als *Registrar* bezeichnet wird. Dieser Server stellt eine funktionelle Komponente dar, die in der Regel in einem Proxy-Server bzw. in einem Redirect-Server untergebracht wird. Ein Registrar einer Internet-Domain enthält die Angaben hinsichtlich der Lokation von Teilnehmern seiner Domain.

Registrar-Bedeutung

Ein Teilnehmer kann mobil sein, sodass er sich zwischen verschiedenen Endsystemen „bewegt". Jeder Teilnehmer kann mehreren Lokationen zugeordnet werden und kann seine aktuelle Lokation, d.h. welches IP-Telefon er aktuell nutzt, beim Registrar anmelden. Hierfür wird der Request `REGISTER` verwendet. Mit dieser Nachricht kann jeder Teilnehmer die Umleitung der bei ihm ankommenden Anrufe selbst veranlassen.

Mobilität von Teilnehmern

> **Beispiel**: Den Einsatz des Requests `REGISTER` veranschaulicht Abbildung 7.5-1. Der Teilnehmer Paul mit der SIP-Adresse `Paul@abc.de` sitzt aktuell in seiner Heimat-Domain am IP-Telefon `saturn.abc.de`. Er möchte die für ihn ankommenden Anrufe auf dieses IP-Telefon umleiten und alle Anrufe über den UDP-Port 3890 empfangen. Diese Angaben werden an den Registrar, hier der Rechner `registrar.abc.de`, mit dem Request `REGISTER` übermittelt (1). Der Registrar bestätigt die Registrierung mit dem Response `200 OK`.

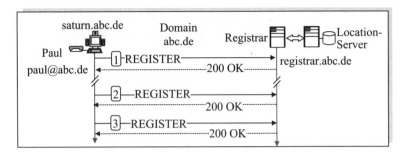

Abb. 7.5-1: Registrierung der aktuellen Lokation des Teilnehmers Paul

Der Request REGISTER (1) hat folgende Struktur:

```
REGISTER sip:registrar.abc.de SIP/2.0
Via: SIP/2.0/UDP  saturn.abc.de
From: sip:Paul@abc.dc
To: sip:Paul@abc.de
Call-ID: 71710@saturn.abc.de
CSeq: 1 REGISTER
Contact: <sip:Paul@saturn.abc.de: 3890; transport=udp>
Expires:  14400
```

Die einzelnen Header-Zeilen in diesem Request enthalten:

- REGISTER: SIP-Adresse des Registrars und die SIP-Version
- Via: SIP-Version, Transport-Protokoll, Name des Absender-Rechners (-IP-Telefon)
- From: SIP-Adresse vom Absender (Paul)
- Call-ID: Identifikation des Registrar-Anrufs; Verknüpfung einer Zufallszahl (71710) mit dem IP-Telefon-Namen (saturn.abc.de). Die Call-ID dient als eine Art Transaktionsnummer.
- CSeq: 1-te Nachricht REGISTER innerhalb der Transaktion: 71710@saturn.abc.de
- Contact: Lokation des Benutzers; die Anrufe für den Teilnehmer Paul sollen zum IP-Telefon saturn.abc.de und zum UDP-Port 3890 geleitet werden.
- Expires: Die Registrierung ist im Zeitraum von 14400 Sekunden (6 Stunden) gültig.

Der Teilnehmer Paul ist bereits vor dem Ablauf von 6 Stunden unterwegs und ist aktuell unter der E-Mail-Adresse schneider@xyz.de zu erreichen. Um die Anrufe auf diese aktuelle Adresse umzuleiten, wird die bereits durchgeführte Eintragung beim Registrar zuerst mit dem zweiten Request REGISTER (2) für ungültig erklärt.

Um die Anrufe, die in der Heimat-Domain von Teilnehmer Paul eintreffen, auf die E-Mail-Adresse schneider@xyz.de umzuleiten, sendet nun der Teilnehmer Paul an den Registrar in seiner Heimat-Domain den nächsten Request REGISTER (3). Im Registrar der Domain xyz.de, in der der Teilnehmer Paul sich aktuell befindet, muss ebenfalls seine Lokation eingetragen werden.

third-party registration   Die Lokation einer Person kann beim Registrar durch eine andere Person registriert werden. Beispielsweise kann eine Sekretärin die aktuelle Lokation ihres Chefs beim Registrar eintragen (sog. *third-party registration*).

7.6   Spezielle Dienstmerkmale mit SIP

Bei der Sprachkommunikation sind einige spezielle Funktionen wie z.B. Verzweigung der Anrufe, Anrufweiterleitung bei Besetzt, Anrufweiterleitung zu
einem Voice Mail System von großer Bedeutung. Dieser Abschnitt zeigt, wie
diese Funktionen mit SIP-Hilfe realisiert werden können.

7.6.1   Verzweigung ankommender Anrufe

Bei der Realisierung einer Punkt-zu-Mehrpunkt-Kommunikation müssen die *Forking*
ankommenden SIP-Anrufe entsprechend an mehrere IP-Telefone verzweigt *Proxy*
(vervielfacht) werden. Hierfür wird ein sog. *Forking Proxy* definiert, der eine
funktionelle Komponente darstellt, die in der Regel in einem Proxy-Server
bzw. in einem Redirect-Server implementiert wird.

Beispiel: Abbildung 7.6-1 illustriert die Verzweigung der ankommenden Anrufe.

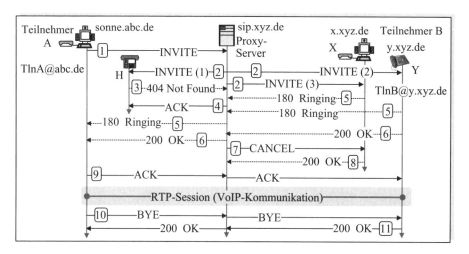

Abb. 7.6-1:   Verzweigung der ankommenden Anrufe mit SIP

Hier wurde angenommen, dass Teilnehmer A mit der SIP-Adresse `TlnA@abc.de` den Teilnehmer B mit der SIP-Adresse `TlnB@xyz.de` anrufen möchte. Der Proxy-Server der Domain
`xyz.de` wurde so konfiguriert, dass er die an den beim Teilnehmer B ankommenden SIP-
Anrufe zu den drei folgenden Zielen weiterleitet:

- `TlnB@home.de`; IP-Telefon (H) zu Hause
- `TlnB@x.xyz.de`; IP-Telefon (X) in der Domain `xyz.de`
- `TlnB@y.xyz.de`; IP-Telefon (Y) in der Domain `xyz.de`

Um eine RTP-Session zu initiieren, sendet das IP-Telefon (`sonne.abc.de`) des Teilnehmers
A den folgenden Request `INVITE` ab (1):

```
INVITE sip:TlnB.xyz.de SIP/2.0

Via: SIP/2.0/UDP sonne.abc.de

From: Teilnehmer A <sip:TlnA@abc.de>

To: Teilnehmer B <sip:TlnB@xyz.de>

Call-ID: 853451@sonne.abc.de

CSeq: 1 INVITE
```

Der Proxy-Server unterstützt zusätzlich die sog. *Forking-Funktion* und leitet diesen Anruf parallel an die IP-Telefone H, X und Y weiter (2). Der an das IP-Telefon H geleitete Request INVITE (1) hat nun folgende Struktur:

```
INVITE sip: TlnB@home.de SIP/2.0

Via: SIP/2.0/UDP sip.xyz.de; branch=1

Via: SIP/2.0/UDP sonne.abc.de

From: Teilnehmer A <sip: TlnA@abc.de>

To: Teilnehmer B <sip: TlnB@xyz.de>

Call-ID: 853451@sonne.abc.de

CSeq: 1 INVITE
```

Bedeutung des Feldes Via

Es ist zu bemerken, dass INVITE (1) zwei Felder Via enthält, um seine Route zu erfassen. In dem ersten vom Proxy-Server generierten Feld Via verweist die Angabe branch=1 darauf, dass es sich hierbei um die erste Verzweigung des Anrufs handelt. Eine ähnliche Struktur hat der zum IP-Telefon X geleitete INVITE (2):

```
INVITE sip: TlnB@x.xyz.de SIP/2.0

Via: SIP/2.0/UDP sip.xyz.de; branch=2

Via: SIP/2.0/UDP sonne.abc.de

From: Teilnehmer A <sip: TlnA@abc.de>

To: Teilnehmer B <sip: TlnB@xyz.de>

Call-ID: 853451@sonne.abc.de

CSeq: 1 INVITE
```

Der Unterschied zwischen INVITE (1) und INVITE (2) besteht nur in den beiden ersten Zeilen. Eine ähnliche Struktur hat ebenfalls der zum IP-Telefon Y geleitete INVITE (3).

Response: 404 Not Found

Teilnehmer B hat sich im IP-Telefon (H) zu Hause abgemeldet, sodass dieses IP-Telefon dem Proxy-Server diesen Zustand mit 404 Not Found meldet (3). Er bestätigt diese Nachricht mit ACK (4). Die beiden IP-Telefone X und Y haben nach dem Empfangen von INVITE überprüft, ob sie den ankommenden Anruf annehmen können, sodass sie „klingeln". Dies wird dem Proxy-Server mit 180 Ringing signalisiert (5). Dieser Response wird nun zu dem IP-Telefon des Teilnehmers A weitergeleitet. Der Hörer wird nun am IP-Telefon Y abgenommen. Dies meldet das IP-Telefon Y mit dem Response 200 OK (6), welche zum IP-Telefon des Teilnehmers A weitergeleitet wird.

Request: CANCEL

Da die gewünschte RTP-Session zum IP-Telefon Y aufgebaut wird, unterbricht der Proxy-Server nun den Aufbau zum IP-Telefon X mit dem Request CANCEL (7). Auf diesen Request antwortet das IP-Telefon X mit dem Response 200 OK (9). Somit wird der Aufbau der gewünschten RTP-Session nur zum IP-Telefon Y fortgesetzt. Nach dem Eintreffen von ACK vom IP-Telefon des Teilnehmers A (9) wird er zum IP-Telefon Y, wo der „mobile" Teilnehmer B sich aufhält, weitergeleitet. Nach dem Empfang von ACK beim IP-Telefon Y wird der

Aufbau der RTP-Session beendet. Der Abbau der RTP-Session erfolgt hier nach dem normalen SIP-Verlauf im Proxy-Mode (vgl. Abb. 7.4-2).

7.6.2 Anrufweiterleitung bei Besetzt

Bei der Sprachkommunikation ist das Merkmal *Anrufweiterleitung bei Besetzt*
von großer Bedeutung. Um dieses Merkmal bei SIP zu unterstützen, muss der
Proxy-Server entsprechend konfiguriert werden. Wie die Anrufweiterleitung
zum Teilnehmer C bei „Besetzt" des Teilnehmers B mit SIP realisierbar ist, illustriert Abbildung 7.6-2.

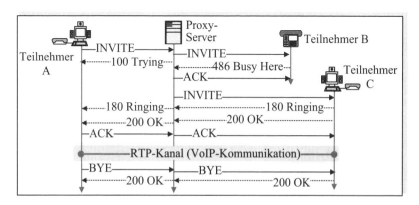

Abb. 7.6-2:   Anrufweiterleitung bei „Besetzt" zum dritten Teilnehmer

Hier wurde der Proxy-Server so konfiguriert, dass der Request `INVITE` zuerst
zum Teilnehmer B weitergeleitet wird. Falls dieser besetzt ist, z.B. gerade tele-
foniert, antwortet sein IP-Telefon mit dem Response `486 Busy Here`. Nach
dem Eintreffen dieses Response beim Proxy-Server bestätigt er dies mit `ACK`
und leitet den Anruf zum dritten Teilnehmer C weiter. Ist er frei, wird der Aufbau der RTP-Session weiter nach dem SIP-Verlauf im Proxy-Mode fortgesetzt
(s. Abb. 7.4-2).

*Response:
486 Busy
Here*

7.6.3 Anrufweiterleitung zum Voice-Mail-System

Die ankommenden Anrufe können bei der Abwesenheit des angerufenen Teilnehmers zu einem Voice-Mail-System umgeleitet werden. Dies veranschaulicht
Abbildung 7.6-3. Um eine derartige Option mit dem Protokoll SIP zu realisieren, muss der Proxy-Server nur dementsprechend konfiguriert werden.

Wie hier ersichtlich ist, leitet der Proxy-Server den ankommenden Anruf zum
gewünschten Teilnehmer B weiter, der zur Zeit nicht an seinem IP-Telefon ist.
Sein IP-Telefon ist jedoch bereit, den Anruf anzunehmen. Dies wird dem Pro-

xy-Server mit dem Response `180 Ringing` signalisiert. Da Teilnehmer B abwesend ist, kann der ankommende Anruf allerdings nicht entgegengenommen werden. Somit sendet das IP-Telefon von Teilnehmer B kein Response `200 OK` ab. Nach dem Ablauf der maximalen Wartezeit (sog. *Timeout*) beim Proxy-Server sendet dieser den Request `CANCEL` zum IP-Telefon von Teilnehmer B, um den bereits begonnenen Aufbau der RTP-Session abzubrechen.

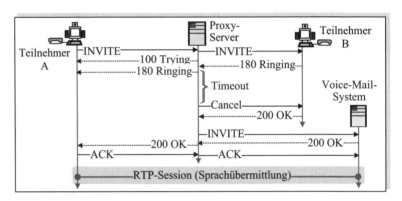

Abb. 7.6-3: Weiterleitung zum Voice-Mail-System bei Abwesenheit

Der Proxy-Server wurde so konfiguriert, dass die RTP-Session nach einem Timeout zu einem bestimmten Voice-Mail-System aufgebaut werden soll. Somit wird der Request `INVITE` zum Voice-Mail-System weitergeleitet.

7.7   Response- und Request-Routing

Response Routing mit `Via`

Um die Mobilität von Benutzern bei SIP zu unterstützen, können die Anrufe mit Hilfe von Proxy-Servern weitergeleitet werden. Die Signalisierung zwischen zwei Teilnehmern kann über mehrere Proxy-Server verlaufen. Um zu garantieren, dass ein Response auf einen Request ebenfalls über die gleichen Proxy-Server übermittelt wird, über die der Request übermittelt wurde, muss er entsprechend geroutet werden. Man spricht in diesem Fall von *Response-Routing,* und dies wird mit Hilfe des Header-Felds `Via` unterstützt.

Abbildung 7.7-1 veranschaulicht das Response-Routing. Jeder Absender von Request `INVITE` fügt ein Header-Feld `Via` mit seinem Namen hinzu. Somit enthält `INVITE` am Ziel eine Auflistung von allen Absendern in dieser Reihenfolge, in der `INVITE` von ihnen abgeschickt wurde. Diese Auflistung stellt eine Route dar und wird in den Response (hier `180 Ringing`) auf `INVITE` kopiert. Der Response enthält somit die Namen von allen Systemen, über die er übermittelt wird. Die Ermittlung der IP-Adressen seines Systems (sog. *Host*), falls sein Name bekannt ist, erfolgt mit Hilfe von DNS (s. Abschnitt 3.5). Das

Feld `Via` enthält auch den Namen des Transportprotokolls und die SIP-Version (s. Abschnitt 7.6.1). Diese Angaben wurden hier außer Acht gelassen.

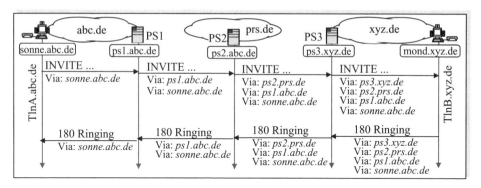

Abb. 7.7-1: Veranschaulichung von Response-Routing

In einigen Situationen wird verlangt, dass die Signalisierung über bestimmte Proxy-Server verläuft, z.B. über Proxy-Server, die zusätzlich eine Firewall-Funktion realisieren. Ein Proxy-Server kann so konfiguriert werden, dass er in einen weiterzuleitenden Request `INVITE` ein Header-Feld `Record-Route` mit seinem Namen hinzufügt, um darauf zu verweisen, dass die Signalisierung über ihn verlaufen muss. Abbildung 7.7-2 illustriert dies.

Bedeutung von `Record-Route`

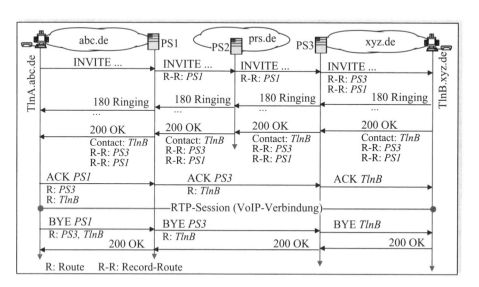

Abb. 7.7-2: Bedeutung von `Record-Route` und Nutzung von `Route` bei Request-Routing
PS: Proxy-Server, Tln: Teilnehmer

Request-
Routing mit
Route

Hier soll die Signalisierung über den Proxy-Server PS1 der Domain `abc.de` und über Proxy-Server PS3 der Domain `xyz.de` verlaufen. Somit fügt jeder von diesen Servern im `INVITE` ein Header-Feld `Record-Route` mit seinem Namen hinzu. Die Felder `Record-Route` aus `INVITE` werden im gerufenen IP-Telefon in den Response auf `INVITE` kopiert und an das rufende IP-Telefon zurückgesendet. Die nächsten Requests werden damit nur über diese Proxy-Server übermittelt, die sich in `INVITE` mit `Record-Route` „gemeldet" haben. Man spricht in diesem Fall von *Request-Routing*.

Um das Request-Routing zu realisieren, wird das Header-Feld `Route` verwendet. Wie in Abbildung 7.7-2 am Beispiel des Request `ACK` ersichtlich ist, wird das erste Ziel (PS1) mit URI in der Request-Line angegeben (s. Abb. 7.3-1). Die weiteren Proxy-Server, über die `ACK` übermittelt werden muss, geben die einzelnen Header-Felder `Route` an. Der Proxy-Server muss den URI in der Request-Line jeweils vor dem Absenden des Requests neu setzen. Abbildung 7.7-2 zeigt nur das Prinzip von Request-Routing. Auf die Darstellung der Formate von Feldern `Record-Route` und `Route` wurde hier verzichtet. Für detaillierte Informationen sei auf das IETF-Dokument RFC 3661 verwiesen.

7.8   Konvergenz der IP-Netze und ISDN

Für die Signalisierung der Anrufe zwischen Endeinrichtungen am ISDN und Teilnehmervermittlungsstellen dient das D-Kanal-Protokoll. In privaten ISDN-Systemen, d.h. in den sog. *ISDN-TK-Anlagen*, werden die Verbindungen ebenfalls nach dem D-Kanal-Protokoll auf- und abgebaut. Eine wichtige Stärke von SIP ist, dass der SIP-Verlauf weitgehend dem Verlauf des D-Kanal-Protokolls des ISDN entspricht. Dadurch können die Requests und Responses von SIP auf die Nachrichten des D-Kanal-Protokolls abgebildet werden. Dies vereinfacht die Integration von VoIP-Systemen mit ISDN-TK-Anlagen.

Abbildung 7.8-1 zeigt die Abbildung des D-Kanal-Protokolls auf SIP. Noch detaillierter wird sie in Abbildung 7.8-3 dargestellt. Da das klassische ISDN-Telefon nur ISDN-Rufnummern akzeptiert, kann in diesem Fall nur eine besondere Form von SIP-Adressen zum Einsatz kommen.

IP-Telefon
hat eine
Telefon-
Nummer

Jede SIP-Adresse, die einem IP-Telefon zugeordnet wird, kann sich de facto aus einer Telefonnummer und aus dem Namen der Internet-Domain, wie z.B. `96404532@yxz.de`, zusammensetzen. Falls alle IP-Telefone sich innerhalb einer Domain befinden, ist es ausreichend, nur den ersten Teil (d.h. nur die Telefonnummer) der SIP-Adresse im Telefonapparat an der ISDN-TK-Anlage anzugeben, um das IP-Telefon am IP-Netz eindeutig zu lokalisieren.

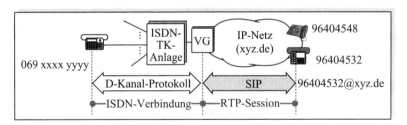

Abb. 7.8-1: ISDN-Konvergenz mit einem IP-Netz, falls das IP-Netz eine Domain bildet
VG: VoIP-Gateway

Wie aus Abbildung 7.8-1 ersichtlich ist, wird die ISDN-Verbindung, logisch gesehen, mit der RTP-Session über das IP-Netz bis zum IP-Telefon verlängert.

Es kann auch der Fall vorkommen, dass die IP-Telefone sich in unterschiedlichen Domains befinden. Dies illustriert Abbildung 7.8-2.

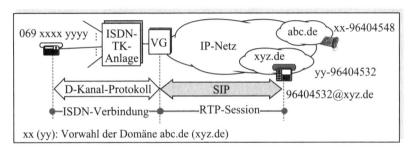

Abb. 7.8-2: ISDN-Konvergenz mit einem IP-Netz, falls das IP-Netz mehrere Domains enthält
VG: VoIP-Gateway

Falls sich die IP-Telefone in unterschiedlichen Domains befinden, muss jeder Domain eine eindeutige Vorwahl zugeordnet werden. Hierfür muss das VoIP-Gateway eine Tabelle mit den Zuordnungen enthalten: *Jede Domain hat eine Vorwahl*
Vorwahl => IP-Adresse des Proxy/Redirect-Servers der Internet-Domain
Es ist hervorzuheben, dass das in Abbildungen 7.8-1 und -2 gezeigte IP-Netz eine IP-TK-Anlage darstellen kann (vgl. Abb. 1.2-6). Die gezeigten Beispiele sollen verdeutlichen, dass die Integration von bestehenden privaten ISDN-TK-Anlagen mit den IP-TK-Anlagen mit SIP-Hilfe realisierbar ist.

7.8.1 SIP und das D-Kanal-Protokoll

Eine Stärke von SIP besteht darin, dass es einfach auf das D-Kanal-Protokoll abgebildet werden kann. Abbildung 7.8-3 illustriert dies am Beispiel der Anbindung einer ISDN-TK-Anlage an ein IP-Netz. Hier soll eine Verbindung für die Sprachkommunikation zwischen einem IP-Telefon am IP-Netz und einem Telefon an der ISDN-TK-Anlage aufgebaut werden (vgl. Abb. 2.3-3).

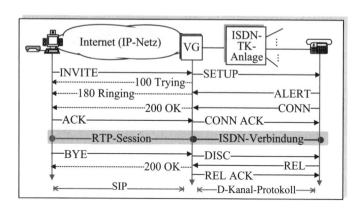

Abb. 7.8-3: Abbildung von SIP auf das D-Kanal-Protokoll
VG: VoIP Gateway

INVITE auf SETUP
180 Ringing auf ALERT

Den Aufbau einer Verbindung initiiert das IP-Telefon am IP-Netz durch das Absenden des Requests INVITE. Dieser Request wird im VoIP-Gateway an der Grenze zwischen dem IP-Netz und der ISDN-TK-Anlage in die Nachricht SETUP des D-Kanal-Protokolls umgesetzt. Nach dem Empfang von SETUP sendet das ISDN-Telefon die Antwort ALERT(ing). Damit signalisiert es dem VG, dass es bei ihm klingelt. Beim VG wird ALERT auf den SIP-Response 180 Ringing abgebildet.

200 OK auf CONN

Wird der Hörer des ISDN-Telefons abgenommen, sendet es die Antwort CONN(ect), und diese wird im VG auf den SIP-Response 200 OK umgesetzt. Die SIP-Bestätigung ACK wird auf CONN ACK abgebildet. Nach dem Empfang von ACK im VG wird der Verbindungsaufbau beendet. Nach dem Eintreffen der Nachricht CONN ACK beim ISDN-Telefon steht eine ISDN-Verbindung zwischen dem ISDN-Telefon und dem VG zur Verfügung. Die VoIP-Verbindung zwischen IP-Telefon und ISDN-Telefon setzt sich aus einer RTP-Session über das IP-Netz und aus einer ISDN-Verbindung im ISDN-Bereich zusammen.

BYE auf DISC

In Abbildung 7.8-3 initiiert das IP-Telefon am IP-Netz den Abbau der RTP-Session durch das Absenden des Requests BYE, der im VG auf die Nachricht DISC(onnect) vom D-Kanal-Protokoll abgebildet wird. Der Empfang von DISC wird mit der Nachricht REL(ease) bestätigt, die im VG auf den SIP-Response 200 OK umgesetzt wird. Nach dem D-Kanal-Protokoll muss der Empfang von REL mit der Nachricht REL COM(plete) bestätigt werden. Damit wird der Abbau einer ISDN-Verbindung beendet. Die Nachricht REL kann auf die SIP-Antwort 200 OK abgebildet werden.

Da der SIP-Verlauf weitgehend dem Verlauf des D-Kanal-Protokolls im ISDN
entspricht, erleichtert dies die Integration von IP-Netzen mit den ISDN-Systemen für die VoIP-Anwendungen. Die in Abbildung 7.8-3 dargestellte Systemlösung kann auch die Vernetzung einer IP-TK-Anlage mit einer klassischen
ISDN-TK-Anlage darstellen.

7.8.2   SIP und Signalisierungssystem Nr. 7

Das Signalisierungssystem Nr. 7 (*Signalling System No.* 7, kurz *SS*7) stellt ein
Protokollsystem dar, nach dem die Signalisierung zwischen Vermittlungsstellen im digitalen PSTN (*Public Switched Telephone Network*) und im ISDN verläuft (s. Abschnitt 2.4). Bei der Integration des PSTN/ISDN mit IP-Netzen wird
SIP auf SS7 abgebildet. Abbildung 7.8-4 illustriert, wie dies erfolgen kann.

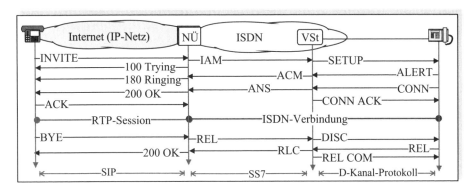

Abb. 7.8-4:   Abbildung von SIP auf SS7 (vgl. Abb. 2.2-1 und 2.3-3)
NÜ: Netzübergang, ACM: Address Complete Message, ANS: Answer Message,
IAM: Initial Address Message, REL: Release, RLC: Release Complete

Da SS7 auch in GSM-basierten Mobilfunknetzen eingesetzt wird, stellt die hier
dargestellte Abbildung zwischen SIP und SS7 ein Beispiel dafür dar, wie Verbindungen zwischen Teilnehmern an Mobilfunknetzen und IP-Telefonen an IP-
Netzen zustande kommen können.

Der Abbildung von SIP auf SS7 werden mehrere IETF-Dokumente gewidmet.
Insbesondere ist hier auf RFC 3372, RFC 3398 und RFC 3666 zu verweisen. In
RFC 3666 werden hierfür mehrere Beispiele gezeigt.

7.9   Koexistenz von SIP und H.323

Mit SIP und H.323 stehen zwei konkurrierende Ansätze für die Signalisierung
bei VoIP zur Verfügung. Die Signalisierung nach H.323 kann im Allgemeinen

als Implementierung der Schicht-3 des D-Kanal-Protokolls über TCP-Verbindungen angesehen werden. Da das D-Kanal-Protokoll auf SIP abgebildet werden kann (s. Abb. 7.8-3), ist eine Koexistenz von H.323 und SIP möglich. Abbildung 7.9-1 zeigt, wie die H.323-Signalisierung ohne Fast Connect Procedure (FCP) auf SIP abgebildet werden kann, falls der Anruf von H.323 initiiert wird.

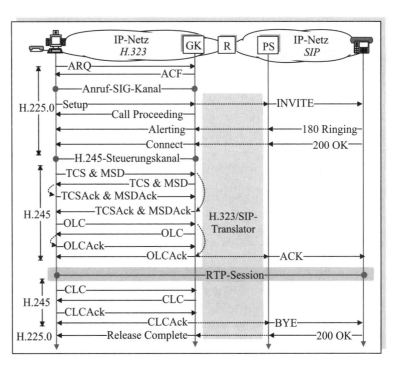

Abb. 7.9-1:   Abbildung der H.323-Signalisierung auf SIP ohne Fast Connect Procedure (vgl. Abb. 6.5-8); Initiieren der RTP-Session seitens von H.323
GK: Gatekeeper, PS: (SIP) Proxy-Server

Der hier gezeigte Verlauf der H.323-Signalisierung wurde bereits in Abbildung 6.5-8 dargestellt und in Abschnitt 6.5 erläutert. Der Anruf-SIG-Kanal stellt eine TCP-Verbindung dar und die Nachrichten des Protokolls H.225.0 entsprechen weitgehend den Nachrichten des D-Kanal-Protokolls. Somit wird die H.225-0-Nachricht `Setup` auf den SIP-Request `INVITE` und entsprechend die SIP-Responses `180 Ringing` und `200 OK` auf `Alerting` und `Connect` von H.225.0 abgebildet (vgl. Abb. 7.8-3).

Das Ende des Aufbaus einer RTP-Session wird von H.323 mit der H.245-Nachricht `OLCAck` (s. Abb. 6.5-5) und von SIP mit `ACK` signalisiert.

Der Abbau der RTP-Session verläuft seitens H.323 nach dem Protokoll H.245 (s. Abb. 6.5-6). Das Ende des Abbaus nach H.245 wird von SIP mit dem Re-

quest `BYE` initiiert. `BYE` wird mit `200 OK` bestätigt und `200 OK` wird auf die
H.225.0-Nachricht `Release Complete` umgesetzt.

Abbildung 7.9-2 zeigt, wie die H.323-Signalisierung auf SIP abgebildet werden
kann, falls der Anruf von SIP initiiert wird.

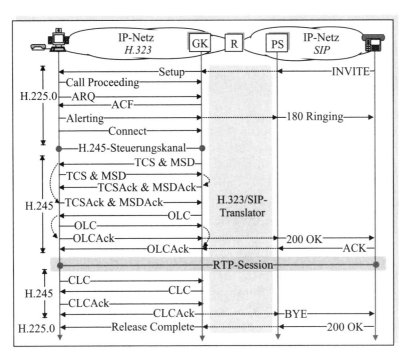

Abb. 7.9-2:   Abbildung der H.323-Signalisierung auf SIP ohne Fast Connect Procedure (vgl.
Abb. 6.5-8); Initiieren der RTP-Session seitens von SIP
GK: Gatekeeper, PS: (SIP) Proxy-Server

Es wurde gezeigt, dass die VoIP-Kommunikation z.B. zwischen zwei Unter-
nehmen auch dann stattfinden kann, wenn in einem von ihnen SIP und in anderem H.323 als Signalisierungsprotokoll verwendet wird. Hier können H.323-
Gatekeeper und SIP-Proxy-Server als H.323/SIP-Translator dienen. H.323 und
SIP sind zwar konkurrierende Ansätze für die Signalisierung in VoIP-Systemen, aber wie hier gezeigt wurde, können sie sich auch gegenseitig ergänzen.
Es ist zu erwarten, dass SIP in IP-Weitverkehrsnetzen zukünftig eine wichtige
Rolle spielen wird. Mit Sicherheit werden verschiedene H.323/SIP-Gateways
auf dem Markt verfügbar sein, um die H.323-basierten VoIP-Systeme standort-
übergreifend über ein IP-Netz mit SIP vernetzen zu können.

> **Bemerkung:** Verwendet H.323 die Fast Connect Procedure, werden die H.245-
> Nachrichten in H.225.0-Nachrichten übermittelt. Damit vereinfacht sich die Abbil-
> dung der H.323-Signalisierung auf SIP.

7.10   Schlussbemerkungen

SIP ist ein Protokoll, nach dem Verbindungen für die multimediale Kommunikation über das Internet (IP-Netze) und damit auch für VoIP auf- und abgebaut werden können. Hierbei ist u.a. zu erwähnen:

- Der erste SIP-Entwurf wurde (ausnahmsweise!) nicht in Amerika geschrieben, sondern in Berlin. Erfinder von SIP ist Prof. Hennig Schulzrinne, der in den USA tätig ist. Bevor er mit der Entwicklung von SIP begann, hat er auch das Protokoll RTP spezifiziert, das sowohl beim H.323 als auch beim SIP zum Einsatz kommt.

- SIP-Adressen sind wie E-Mail-Adressen strukturiert. Damit kann das DNS (s. Abschnitt 3.5) für die Ermittlung von IP-Adressen der IP-Telefone eingesetzt werden. Dadurch ist bei SIP eine Komponente wie der Gatekeeper bei H.323 nicht nötig. Insbesondere gewinnt bei SIP das Konzept ENUM an Bedeutung (s. Abschnitt 3.8).

- Mit Hilfe von Proxy-, Redirect-Server, Registrar und Forking Proxy können die ankommenden Anrufe flexibel weitergeleitet werden (s. Abb. 7.4-1, 7.4-3, und 7.6-1). Beim SIP-Einsatz können die „mobilen" Teilnehmer mit Hilfe von Registrar-Servern sogar weltweit einfach lokalisiert werden.

- SIP ist bereits zu einem universellen Protokoll geworden, das u.a. bei Instant Messaging, in Notrufsystemen und in verschiedenen Emergency Telecommunication Services verwendet wird. Eine vereinfachte SIP-Version dient als PINT- und SPIRITS-Protokoll bei der Integration des Internet mit dem Intelligent Network (s. Abschnitt 1.4.2). SIP wird auch als Signalisierungsprotokoll im UMTS verwendet.

- SIP kann sowohl auf das D-Kanal-Protokoll (s. Abschnitt 2.3) als auch auf SS7 (s. Abschnitt 2.4) abgebildet werden. Dadurch ist die Integration der IP-Netze mit ISDN-Systemen und digitalen Telefonnetzen möglich.

- SIP wurde in den letzten Jahren intensiv weiterentwickelt, sodass die SIP-Spezifikation im IETF-Dokument RFC 2543 (März 1999) mit einem Umfang von 151 Seiten durch die neue Spezifikation mit einem Umfang von 265 Seiten in RFC 3261 (Juni 2002) ersetzt wurde. Hinzu kommt noch eine Reihe von RFCs, in denen zusätzliche SIP-Funktionen spezifiziert werden.

- Ausführliche Informationen über SIP findet man unter zahlreichen Web-Adressen. Besonders sei verwiesen auf die Webquellen [Web 01], [Web 02] und [Web 03].

8 VoIP-Gateways: Konzepte und Protokolle

Um zu garantieren, dass ein Teilnehmer mit einem klassischen Telefon am Telefonnetz einen Teilnehmer mit einem IP-Telefon an einem IP-Netz (z.B. am Internet) anrufen kann, müssen die bereits vorhandenen Systemkomponenten und Netze für die Sprachkommunikation mit IP-Netzen entsprechend integriert werden. Hierfür müssen spezielle *VoIP-Gateways* (oder auch *Media Gateways*) eingerichtet werden.

Notwendigkeit von VoIP-Gateways

Bei der Vernetzung herkömmlicher Komponenten für die Sprachkommunikation über ein IP-Netz müssen virtuelle Verbindungen zwischen Media Gateways auf- und abgebaut werden. Hierfür benötigt man spezielle Protokolle, die man auch als *Media Gateway Protokolle* bezeichnet. Es stehen bereits zwei derartige Protokolle zur Verfügung, nämlich MGCP (*Media Gateway Control Protocol*) von der IETF und Megaco (*Media Gateway Control*), das gemeinsam von der IETF und der ITU-T spezifiziert wurde.

Media Gateway Protokolle

Die Media Gateways mit ihren Protokollen sind die wichtigsten Bestandteile von Gateway-Plattformen bzw. von sog. *Softswitches*, die als Basiskomponenten bei der Migration zu Next Generation Networks angesehen werden können.

Dieses Kapitel vermittelt die Grundlagen für die Integration von Systemkomponenten und Netzen für die Sprachkommunikation mit IP-Netzen. Nach der Einführung in diese Thematik in Abschnitt 8.1 zeigt Abschnitt 8.2 das Konzept von MGCP in einer komprimierten Form und präsentiert typische Abläufe von MGCP. Dem Protokoll Megaco wird Abschnitt 8.3 gewidmet. Einige Bemerkungen in Abschnitt 8.4 schließen das Kapitel ab.

Überblick über das Kapitel

Dieses Kapitel gibt Antworten u.a. auf folgende Fragen:

Ziel dieses Kapitels

■ Wie werden die klassischen Komponenten und Netze für die Sprachkommunikation mit IP-Netzen (wie z.B. Internet) integriert?

■ Welche Funktionen haben die Protokolle für die Steuerung von Media Gateways?

■ Wie wird das Protokoll MGCP konzipiert und wie werden die Verbindungen mit Hilfe von MGCP auf- und abgebaut?

■ Was ist Megaco, wie funktioniert es und wie kann es eingesetzt werden?

■ Wie kann eine netzwerkbasierte IP-TK-Anlage entstehen und welche Funktionen werden hierbei von Media Gateways und von MGCP bzw. von Megaco übernommen?

8.1   VoIP und klassische Systeme für Sprachkommunikation

Media Gate-
ways (MG)

Die Migration zum VoIP-Einsatz verlangt, dass die bereits vorhandenen Systemkomponenten für die Sprachkommunikation mit einem IP-Netz (z.B. Internet, Intranet) sinnvoll integriert werden müssen. Hierfür werden bestimmte Arten von VoIP-Gateways spezifiziert, die man oft als *Media Gateways* bzw. kurz *Gateways* bezeichnet. Um sämtliche Systeme und Netze, die bereits zur Sprachkommunikation verwendet werden, mit IP-Netzen integrieren zu können, werden unterschiedliche Arten von Media Gateways eingesetzt.

Typen von
Media
Gateways

Die wichtigsten Typen von Media Gateways zeigt Abbildung 8.1-1.

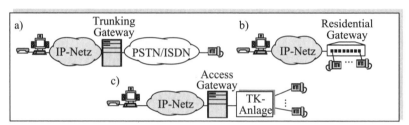

Abb. 8.1-1:   Typen von Media Gateways: a) Trunking Gateway, b) Residential Gateway, c) Access Gateway

Wie hier ersichtlich ist, gehören zu den Media Gateways:

- *Trunking Gateways*, um IP-Netze mit dem PSTN (*Public Switched Telephone Network*) bzw. mit dem ISDN zu integrieren.

- *Residential Gateways*, um die klassischen Telefone an ein IP-Netz anschließen zu können. Diese Gateways stellen die Schnittstellen zum Anschluss analoger Telefone an IP-Netze zu Verfügung.

- *Access Gateways* für den Anschluss von klassischen TK-Anlagen an IP-Netze mit VoIP-Unterstützung.

Ein *Media Gateway (*MG) stellt eine Komponente zwischen einem IP-Netz und einem klassischen System bzw. Endgerät für die Sprachkommunikation dar. Ein MG hat u.a. die Aufgabe, bei der Sprachübermittlung in Richtung des IP-Netzes die Sprachsignale zu codieren und sie in IP-Pakete zu „verpacken" und bei der Übermittlung von Sprache in der Gegenrichtung aus den empfangenen IP-Paketen die entsprechenden Sprachsignale zu generieren.

MG-
Protokolle

Für die Sprachübermittlung über ein IP-Netz muss eine RTP-Session zwischen zwei MGs auf- und abgebaut werden. Eine Ansteuerung von MGs erfolgt mit Hilfe von speziellen Kontrolleinheiten. Eine derartige Kontrolleinheit bezeichnet man als *Media Gateway Controller* (MGC). Die Übermittlung der Steuerung zwischen MG und MGC muss nach einem *MG-Protokoll* erfolgen (s. auch Abschnitt 1.4.3). Hierfür stehen die folgenden Protokolle zur Verfügung:

■ MGCP (*Media Gateway Control Protocol*) und

■ Megaco (*Media Gateway Control*).

Abbildung 8.1-2 illustriert die Aufgabe eines MG-Protokolls. Ein MG kann als eine Komponente angesehen werden, die es ermöglicht, die klassischen Komponenten für die Sprachkommunikation (wie z.B. Telefone, TK-Anlagen) an ein IP-Netz mit VoIP-Unterstützung anzuschließen.

Aufgabe eines MG-Protokolls

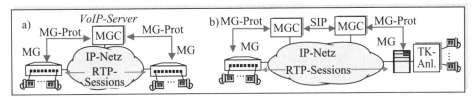

Abb. 8.1-2: Veranschaulichung der Aufgaben eines MG-Protokolls:
a) Einsatz eines MGC, b) Einsatz mehrerer MGCs
MG-Prot: MG-Protokoll wie MGCP oder Megaco, SIP: Session Initiation Protocol

Die Lösung in Abbildung 8.1-2a stellt eine IP-TK-Anlage mit einem VoIP-Server dar. Die Funktion eines MGC realisiert hier der VoIP-Server.

IP-TK-Anlage

Ein MG-Protokoll definiert Nachrichten und Regeln, um die entsprechenden MGs so zu „konfigurieren", dass die Sprache bzw. auch Video mit Hilfe des Protokolls RTP zwischen ihnen übermittelt werden kann. Kommen mehrere MGCs zum Einsatz, müssen sie untereinander bestimmte Steuerungsangaben übermitteln. Hierfür eignet sich das Protokoll SIP sehr gut (s. Kapitel 7). Es kann hier auch H.323 (s. Kapitel 6) eingesetzt werden. Jedem MG muss ein MGC zugeordnet werden. Ein MGC kann mehrere MGs ansteuern.

Falls ein IP-Netz (z.B. Internet) mit Hilfe eines MG mit dem PSTN/ISDN integriert ist, so kann zwischen Telefonen am IP-Netz und Telefonen am PSTN/ISDN eine Sprachkommunikation erfolgen. Wie aus Abbildung 8.1-3 ersichtlich ist, realisiert ein MGC mit Hilfe eines MG-Protokolls wie z.B. MGCP bzw. Megaco die hierfür notwendige Ansteuerung von MGs.

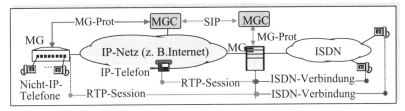

Abb. 8.1-3: Bedeutung der MG-Protokolle bei der Integration eines IP-Netzes mit dem ISDN

Die Komponenten MG und MGC sind die wichtigsten Bestandteile von Gateway-Plattformen auf der Basis von Softswitches (s. Abschnitt 1.4.3, Abb. 1.4-7), die eine Migration zu Next Generation Networks ermöglichen.

8.2 Konzept von MGCP

Die Version 1.0 des von der IETF spezifizierten Protokolls MGCP (*Media Gateway Control Protocol*) wurde zuerst im RFC 2705 veröffentlicht und später im RFC 3535 modifiziert. Die wichtigsten Besonderheiten von MGCP sind:

Besonderheiten von MGCP

- Bei MGCP wird ein MGC als *Call Agent* (CA) bezeichnet.
- MGCP funktioniert nach dem Command/Response-Schema und definiert zwei Arten von Nachrichten: *Commands* und *Responses*. Commands werden in der Regel vom CA zum MG gesendet. Ein Response dient als Antwort auf einen Command.
- MGCP nutzt für die Übermittlung seiner Nachrichten das verbindungslose Transportprotokoll UDP. Standardmäßig wird von MGCP in der Richtung:
  - vom CA zum MG der Port 2427 benutzt,
  - vom MG zum CA der Port 2727 benutzt.
  Dem MGCP kann auch eine andere Ziel-Port-Nummer zugeordnet werden.
- Die MGCP-Nachrichten werden textbasiert und zeilenweise dargestellt.
- Die Übermittlung von Sprache bzw. Video zwischen Media Gateways erfolgt mit Hilfe des Protokolls RTP (*Real-time Transport Protocol*).
- MGCP benutzt das Protokoll SDP (*Session Description Protocol*) für die Beschreibung von RTP-Sessions zwischen Media Gateways.

8.2.1 Grundbegriffe bei MGCP

Mit MGCP werden verschiedene Typen von MGs angesteuert. Um hierfür einen einheitlichen Satz von Regeln zu spezifizieren, werden bei MGCP bestimmte Begriffe definiert. Hierzu gehören u.a.: *Endpoint, Call, Connection, Event* und *Package* (Abbildung 8.2-1).

Begriff: Endpoint

Endpoints sind physikalische Schnittstellen im MG. Sie entsprechen den physikalischen Leitungen und sind Quellen und Senken von Sprache, Daten bzw. Video. Die Endpoints sind z.B.:

- *analog lines*; Ports für den Anschluss analoger Telefone,
- *digital channels*; digitale Kanäle mit einer Bitrate von 64 kbit/s.

Ein Endpoint in einem MG wird identifiziert durch den Domain-Namen des MG und einen lokalen Namen innerhalb des MG.

Beispiel: Die Endpoint-Identifikation ist:
`Interface5@mg23.beispiel.net`
Es handelt sich hier um das Interface 5 im MG 23 der Domain `beispiel.net`

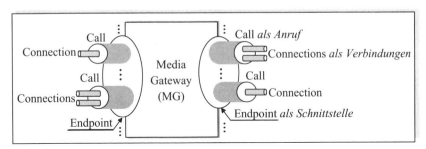

Abb. 8.2-1:   Interpretation von Endpoint, Call und Connection

Über einen Endpoint können gleichzeitig mehrere *Calls* verlaufen. Ein Call kann sich aus mehreren *Connections* (Verbindungen) zusammensetzen, z.B. aus einer für Sprachkommunikation und einer für Videokommunikation.

Um die Signalisierung an allen Typen von Endpoints auf eine einheitliche Art darzustellen, werden *Events* und *Packages* definiert. Ein *Event* stellt eine bestimmte Folge von Signalen an einem Endpoint dar. Eine Gruppe von Events und Signalen an einem Endpoint-Typ bildet ein *Package*. Ein Package enthält somit eine Liste von Ereignissen, die an einem Endpoint-Typ auftreten können. *Spezifikation von Events in Packages*

Ein Package kann z.B. alle Events auf einer analogen Leitung definieren. Damit wird der Verlauf der Signalisierung auf einer Leitung beschrieben. Als Beispiel hierfür zeigt die Tabelle 8.2-1 einen Auszug aus dem sog. *Package H* (*Handset Package*) mit der Beschreibung von Events (Signalen) am Endpoint für den Anschluss eines analogen Telefons. *Package H*

Event (Signal)	Beschreibung	Signalart	Dauer
hd	Off-hook (Abgehoben)	OO	
hu	On-hook (Aufgelegt)	OO	
bz	Busy tone (Besetztton)	OO	
rg	Ringing (Klingeln)	TO	30 sek
v	Alerting tone (Freiton)	OO	

Tab. 8.2-1:   Auszug aus dem Package H
OO: On/Off Signal, TO: Time-Out Signal

Da unterschiedliche Arten von Leitungen und Systemkomponenten in Frage kommen, werden bei MGCP noch weitere Packages wie z.B. *Trunk Package* (T), *Line Package* (L) und *RTP Package* (R) spezifiziert. *Weitere Packages*

8.2.2 MGCP-Commands

CA = MGC MGCP funktioniert nach dem Command/Response-Schema und definiert mehrere Commands, wobei diese überwiegend vom Call Agent (CA) genutzt werden. Die Commands von MGCP sind u.a.:

- EndpointConfiguration (EPCF)
  Mit EPCF kann der CA einen Endpoint bei einem MG konfigurieren.

- NotificationRequest (RQNT) und Notify (NTFY)
  Mit RQNT fordert der CA vom MG eine Meldung über spezielle Ereignisse am Endpoint an. MG liefert die Information mit NTFY an den CA zurück.

- CreateConnection (CRCX)
  Mit CRCX fordert der CA ein MG auf, eine Verbindung herzustellen.

- ModifyConnection (MDCX)
  Mit MDCX veranlasst der CA ein MG, die Eigenschaften der Verbindung zu verändern.

- DeleteConnection (DLCX)
  DLCX wird sowohl von CA als auch von MG verwendet, um eine Verbindung zu beenden.

Struktur von Die MGCP-Nachrichten (d.h. Commands und Responses) werden zeilenweise
Commands aufgebaut. Jedes Command hat die in Abbildung 8.2-2 dargestellte Struktur.

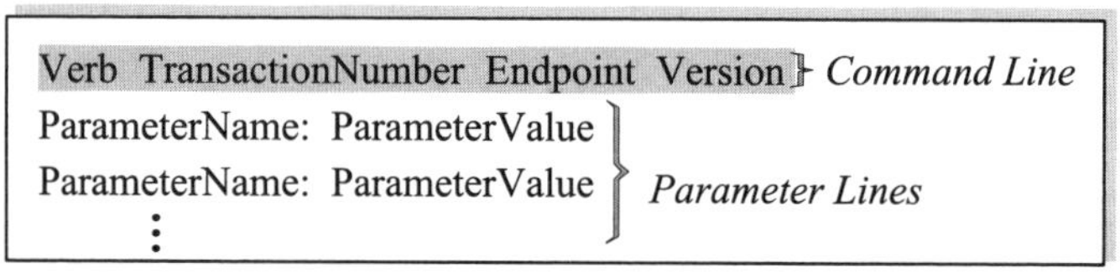

Abb. 8.2-2:   Struktur von MGCP-Commands

Jedes Command beginnt mit einer *Command Line,* danach folgen mehrere Parameter Lines. Die Command Line enthält: *Verb* als Command-Name, *TransactionNumber*, *Endpoint* als Endpoint-Adresse und (MGCP-)*Version*. Diese Angaben werden jeweils mit einem Leerzeichen voneinander getrennt. Abbildung 8.2-3 zeigt ein Command CRCX.

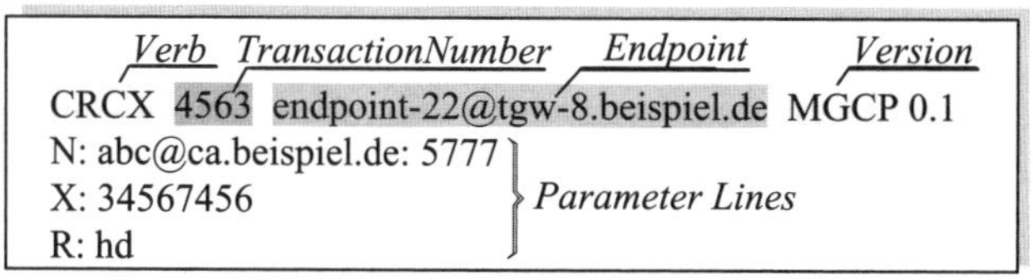

Abb. 8.2-3:   Beispiel für ein Command von MGCP

Mit der TransactionNumber kann ein Response einem Command eindeutig zugeordnet werden.

Tabelle 8.2-2 zeigt die Verbs von wichtigen MGCP-Commands.

Verbs von Commands

Command	Verb	Richtung	Bedeutung
EndpointConfiguration	EPCF	CA➜MG	Konfiguration eines Endpoints
CreateConnection	CRCX	CA➜MG	Aufbau einer Verbindung
ModifyConnection	MDCX	CA➜MG	Modifikation einer Verbindung
DeleteConnection	DLCX	CA➜MG	Abbau einer Verbindung
NotificationRequest	RQNT	CA⬅MG	Aufforder. zur Meldung bestimmter Ereignisse
Notify	NTFY	CA⬅MG	Meldung von bestimmten Ereignissen

Tab. 8.2-2:   Verbs von wichtigen MGCP-Commands

In MGCP-Nachrichten werden verschiedene Parameter übermittelt. Hierzu gehören u.a.: `CallId` (C), `RequestIdentifier` (X), `RequestedEvents` (R), `ObservedEvents` (O), `ConnectionParameter` (P) und `SignalRequests` (S). Der Buchstabe in Klammern stellt hier den Code des Parameters dar. Die folgenden Parameter sind hervorzuheben:

Parameter in MGCP-Nachrichten

- `CallId` dient zur Identifikation von Signalisierungsvorgängen,
- `ConnectionId` dient zur Identifikation von initiierten Verbindungen,
- `RequestIdentifier` dient zur Identifikation von Commands.

8.2.3 MGCP-Responses

Jeder Command wird mit einem Response bestätigt. Die Responses werden ähnlich wie Commands zeilenweise aufgebaut (s. Abbildung 8.2-4).

Aufbau von Responses

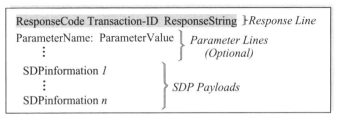

Abb. 8.2-4:   Aufbau von MGCP-Responses
   ID: Identification

Jeder Response beginnt mit einer *Response Line*, welche einen *ResponseCode*, eine *Transaktions-ID* und eventuell (optional) einen *ResponseString* als Kommentar enthält. Diese Angaben werden jeweils mit einem Leerzeichen voneinander getrennt. Nach der Response Line folgen eventuell *Parameter Lines* mit Parameter-Angaben.

Beispiel: Die `ResponseLine` kann sein:

`200 1304 OK`

Nach den Parameter Lines folgen Zeilen *SDPinformation*, die eine RTP-Session gemäß dem Protokoll SDP (*Session Description Protocol*) beschreiben. Diese Zeilen werden auch als *SDP Payloads* bezeichnet. Hier werden u.a. Angaben bezüglich der Sprachcodierung gemacht (s. Abschnitt 7.3.3).

ResponseCo-de-Bedeutung Der ResponseCode in einer Response kann einen Return-, Error- bzw. Reason-Code darstellen und kann als eine „nummerierte Reaktion" auf einen Command, die an den Absender des Commands übergeben wird, angesehen werden. Dabei handelt es sich um folgende dreistellige Werte:

- Werte 1xx stehen für vorläufige Meldungen. MGCP definiert derzeit nur den ResponseCode 100. Ein Response mit diesem Code verweist darauf, dass die betreffende Transaktion gerade durchgeführt wird.

- Werte 2xx bezeichnen eine erfolgreich vollendete Aktion. Dabei kann es sich beispielsweise um den erfolgreichen Abschluss einer Transaktion handeln (200: the requested transaction was executed normally) oder um das Ende einer Verbindung (250: the connection was deleted).

- Werte 4xx zeigen einen kurzzeitigen Fehlerzustand an, wie z.B. „Telefonhörer nicht aufgelegt".

- Werte 5xx zeigen einen permanenten Fehlerzustand an.

- Der Wert 000 und der Bereich 9xx ist für die Reason Codes reserviert. Das Gateway nutzt die Reason Codes, um den Call Agent darüber zu informieren, warum eine Verbindung gelöst wurde.

8.2.4 Auf- und Abbau einer RTP-Session nach MGCP

Aufbau einer RTP-Session Abbildung 8.2-5 illustriert den MGCP-Verlauf beim Aufbau einer Telefonverbindung, bei dem die kommunizierenden Media Gateways MG$_1$ und MG$_2$ mit Hilfe eines Call Agent (CA) gesteuert werden. Die Aufgabe des MGCP besteht hierbei in dem Aufbau einer RTP-Session zwischen MG$_1$ und MG$_2$, sodass zwischen ihnen Sprache nach dem Protokoll RTP übermittelt werden kann.

Die möglichen Signale, die ein Telefon senden und empfangen kann, und deren Reihenfolge werden im *Package H* spezifiziert. Einen Auszug aus diesem Package enthält Tabelle 8.2-1.

In Abbildung 8.2-5 wird angenommen:

- MG$_1$ gehört zur Domain `abc.de` und MG$_2$ zur Domain `xyz.de`

- Das Telefon bei Teilnehmer A ist am Port 2 (d.h. Endpoint 2) im MG$_1$ angeschlossen. Die Identifikation dieses Endpoints ist: `endpoint2@mg1.abc.de`

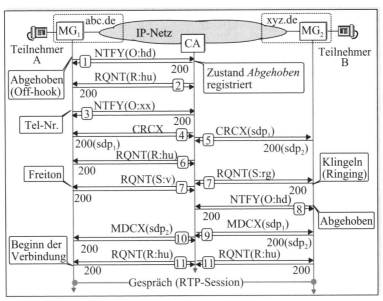

Abb. 8.2-5: Aufbau einer RTP-Session beim Einsatz eines Call Agent
CA: Call Agent, MG: Media Gateway, sdp: Session Description Protocol

Bemerkung: Da MGCP das unsichere Transportprotokoll UDP für die Übermittlung von Commands nutzt, wird jeder Command im Regelfall mit Response `200` bestätigt. Somit gilt der Response `200` als positive Bestätigung für Command.

Das Abheben des Hörers im Telefon durch den Teilnehmer A wird dem CA mit einem Command `NTFY` (*Notify*) signalisiert (1). Dieser Command enthält den Parameter `O` (*ObservedEvents*) mit der Angabe `hd` (*Off-hook*, s. Tab. 8.2-1) und hat folgende Struktur:

Teilnehmer initiiert eine Verbindung

```
NTFY 1434 endpoint2@mg1.abc.de MGCP 1.0
X: 4235526 (RequestID)
O: hd
```

Der Response `200` auf `NTFY` ist:

```
 200 1434 OK
```

Da der Teilnehmer A zu jeder Zeit den Hörer auflegen kann, fordert CA mit `RQNT` (*NotificationRequest*) MG$_1$ auf, ihm dieses Ereignis immer zu melden (2). Somit enthält `RQNT` den Parameter `R` (*RequestedEvents*) mit der Angabe `hu` (*On-hook*, Tab. 8.2-1) und hat folgende Struktur:

```
RQNT 1435 endpoint2@mg1.abc.de MGCP 1.0
X: 4235526 (RequestID)
R: hu
```

Die Wahlziffern werden an CA in `NTFY` als Parameter `O` (d.h. `O:xx`) übermitteln (3). Ist die Ziel-Telefonnummer dem CA bereits bekannt, bestimmt er das Ziel (d.h. MG$_2$). Der CA muss hierbei auf eine Tabelle mit den Zuordnungen *Telefon-Nummer => IP-Adresse* (von MG$_2$) zugreifen.

Wahl information

CA initiiert eine RTP-Session

Der CA ordnet dem ankommenden Anruf eine Identifikation (*CallID*) zu und sendet den Command CRCX (*CreateConnection*) mit dieser ID an MG$_1$, um den Aufbau einer Verbindung zu initiieren (4). Dieser Command hat somit folgende Struktur:

```
CRCX 1436 entpoint2@mg1.abc.de MGCP 1.0
C: 3325991    (CallID)
X: 4235526    (RequestID)
```

MG$_1$ bestätigt CRCX mit Response 200, in dem die vom Telefon des Teilnehmers A vorgeschlagenen Sprachformate (d. h. das Sprachkodierungsverfahren) enthalten sind (sdp$_1$). Die Spezifikation der Formate erfolgt nach dem Protokoll SDP. Nach dem Empfang des Response 200 vom MG$_1$ mit der Spezifikation der Sprachformate sendet CA das Command CRCX an MG$_2$ (5). Als Reaktion darauf erhält er vom MG$_2$ im Response 200 die Angabe der vom Telefon des Teilnehmers B akzeptierten Sprachformate (sdp$_2$). Die von beiden Seiten akzeptierten Sprachformate sind dem CA nun bekannt, sodass er feststellen kann, ob die beiden Telefone kompatibel sind. Ist dies der Fall, wird der Aufbau einer Verbindung zwischen ihnen fortgesetzt.

Da der Teilnehmer A nach der Wahl den Hörer auflegen kann (z.B. wenn er eine falsche Telefonnummer gewählt hat), fordert CA mit RQNT das MG$_1$ auf, ihm dies zu melden (6).

CA aktiviert Klingeln und Freiton

Nachdem CA den Response 200 vom MG$_2$ mit der Angabe der vom Telefon des Teilnehmers B akzeptierten Sprachformate (sdp$_2$) empfangen hat (5), sendet er RQNT an MG$_2$ mit der Parameter Line S:rg (S = *SignalRequests*, rg = *Ringing*) und auch RQNT an MG$_1$ mit S:v (v = *Alerting tone*). Dadurch wird das Klingeln im Telefon des Teilnehmers B aktiviert und das Freizeichen im Telefon des Teilnehmers A generiert (7).

Entgegennahme des Anrufs

Hat Teilnehmer B den Hörer abgehoben, sendet MG$_2$ den Command NTFY mit O:hd (hd = *Offhook*) (8). Nach dem Empfang der Bestätigung von MG$_2$ als Response 200 sendet CA das Command MDCX (*ModifyConnection*) an MG$_2$ mit der Angabe der unterstützten Sprachformate (sdp$_1$) vom Telefon des Teilnehmers A (9). Damit wird MG$_2$ aufgefordert, die vom Teilnehmer A akzeptierten Sprachformate (sdp$_1$) zu berücksichtigen und den Aufbau der Verbindung fortzusetzen. Im Response 200 auf MDCX sendet MG$_2$ die ausgewählten Sprachformate (sdp$_2$).

Nachdem CA den Response 200 auf MDCX empfangen hat (9), sendet er MDCX an MG$_1$ mit der Angabe der ausgewählten Sprachformate (sdp$_2$) vom MG$_2$ (10). Daraufhin fordert CA die beiden Media Gateways mit RQNT auf (11), ihm das Auflegen des Hörers zu signalisieren. Das Gespräch kann nun beginnen. Die Übermittlung der Sprache zwischen den beiden Media Gateways erfolgt mit Hilfe des Protokolls RTP.

> **Bemerkung**: Bevor ein MG vom CA gesteuert werden kann, muss das MG beim CA entsprechend „angemeldet" werden. Nach der Anmeldung eines MG beim CA fordert der CA das MG mit RQNT(R:hd) auf, ihm das Abheben des Hörers in einem Telefon zu signalisieren. Dies wurde in Abbildung 8.2-6 außer Acht gelassen.

Abbau einer RTP-Session

Den MGCP-Verlauf beim Abbau einer RTP-Session zeigt Abbildung 8.2-6.

Nachdem Teilnehmer A den Hörer aufgelegt hat, signalisiert MG$_1$ dies mit dem Command NTFY mit der Parameter Line O:hu (hu = *On-hook*, aufgelegt) an den CA (1). Daraufhin fordert der CA mit DLCX (*DeleteConnection*) die beiden Media Gateways MG$_1$ und MG$_2$ auf, die Telefonverbindung zu beenden (2). Sie bestätigen dies mit Response 250 (*the connection was deleted*). Das Auflegen des Hörers bei Teilnehmer B signalisiert MG$_2$ dem CA durch das Absenden von NTFY mit der Parameter Line O:hu (3). Zum Schluss fordert der CA noch die beiden Media Gateways mit RQNT(R:dh) auf, ihm das Abheben des Hörers zu signalisieren (4).

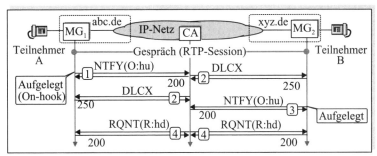

Abb. 8.2-6: Abbau einer RTP-Session beim Einsatz eines Call Agent
CA: Call Agent, MG: Media Gateway

Im Allgemeinen können die kommunizierenden Media Gateways mit Hilfe von unterschiedlichen Call Agents (CAs) gesteuert werden. Für die Übermittlung der Steuerung zwischen CAs eignet sich SIP (*Session Initiation Protocol*, s. Kapitel 7). Abbildung 8.2-7 zeigt den Aufbau einer Telefonverbindung, bei dem mehrere CAs eingesetzt werden. Hierbei wurde angenommen, dass die Kommunikation zwischen CAs nach dem Protokoll SIP erfolgt. Der hier gezeigte MGCP-Verlauf zwischen MG und CA ist identisch mit dem MGCP-Verlauf in Abbildung 8.2-5 (gleiche Schritte). Daher werden die einzelnen Schritte in Abbildung 8.2-7 nicht erläutert, sondern die „Kooperation" von MGCP und SIP kurz dargestellt.

Aufbau einer RTP-Session bei mehreren Call Agents

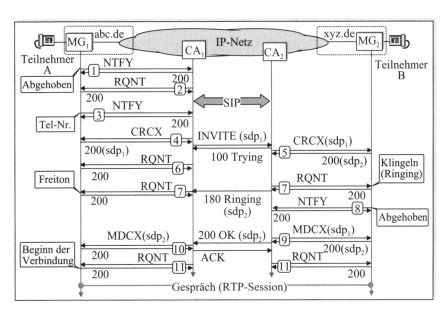

Abb. 8.2-7: Aufbau einer RTP-Session beim Einsatz mehrerer Call Agents

Nach dem Empfang des Response 200 vom MG$_1$ auf CRCX mit der Information sdp$_1$ über die bei Teilnehmer A unterstützten Sprachformate sendet CA$_1$ den SIP-Request INVITE mit sdp$_1$ an CA$_2$. Er bestätigt dies mit SIP-Response 100 Trying und sendet CRCX mit der Information sdp$_1$ an MG$_2$ (5). MG$_2$ bestätigt dies mit Response 200 mit der Information (sdp$_2$) über unterstützte Sprachformate bei Teilnehmer B. Nachdem das Klingeln bei Teilnehmer B aktiviert wurde (7), wird dies dem CA$_1$ mit SIP-Response 180 Ringing signalisiert, in dem die Information sdp$_2$ über unterstützte Sprachformate bei Teilnehmer B enthalten ist.

Die Information sdp$_2$ über die bei Teilnehmer B ausgewählten Sprachformate, die MG$_2$ in Response 200 an den CA$_2$ übermittelt, wird in SIP-Response 200 OK an den CA$_1$ gesendet. Der CA$_1$ bestätigt dies mit der SIP-Nachricht ACK. Die weiteren Schritte beim MCGP-Verlauf in Abbildung 8.2-7 entsprechen vollkommen den in Abbildung 8.2-5 dargestellten Schritten.

Abbau einer RTP-Session bei mehreren Call Agents

Abbildung 8.2-8 zeigt den Abbau einer RTP-Session, bei dem mehrere CAs eingesetzt werden. Der hier gezeigte MGCP-Verlauf zwischen MG und CA entspricht vollkommen dem MGCP-Verlauf in Abbildung 8.2-6.

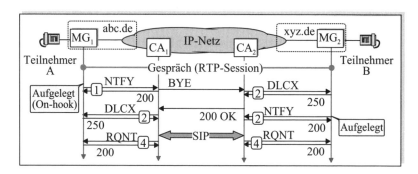

Abb. 8.2-8:   Abbau einer RTP-Session beim Einsatz mehrerer Call Agents

Nachdem der Teilnehmer A den Hörer aufgelegt hat, signalisiert MG$_1$ dem CA$_1$ dieses Ereignis mit NTFY. Nach dem Empfang von NTFY sendet der CA$_1$ an den CA$_2$ den SIP-Request BYE. Dieser wird vom CA$_2$ mit SIP-Response 200 OK bestätigt. Nach dem Empfang von BYE sendet der CA$_2$ das MGCP-Command DLCX (*DeleteConnection*) an MG$_2$. Der weitere hier dargestellte MGCP-Verlauf ist identisch mit dem Verlauf in Abbildung 8.2-6.

8.3   Protokoll Megaco

Megaco unterstützen IETF und ITU-T

Bei MGCP gibt es einige Nachteile und Beschränkungen. Dagegen hat sich der von der ITU-T entwickelte konkurrierende Vorschlag als aussichtsreicher herausgestellt, sodass sich die entsprechende Arbeitsgruppe der IETF auch dem von dem ITU-T entwickelten Vorschlag zugewandt hat und sich die beiden Gremien auf ein gemeinsames MG-Protokoll geeinigt haben, das als *Megaco* bezeichnet wird. Megaco wurde von der IETF als RFC 3015 und auch von dem ITU-T als H.248 veröffentlicht.

Die wichtigsten Besonderheiten von Megaco sind:

*Besonder-
heiten von
Megaco*

- Megaco ist ein Protokoll für die Kommunikation zwischen MG und MGC und entspricht der Funktion nach dem Protokoll MGCP.

- Mit Megaco werden jeweils zwei MGs an einem IP-Netz so angesteuert, dass eine Übermittlung von Sprache bzw. von Video zwischen ihnen über das IP-Netz nach dem Protokoll RTP stattfinden kann.

- Um Kompatibilität zwischen den kommunizierenden MGs zu erreichen, wird das Protokoll SDP benutzt. Mit SDP können sich MGs gegenseitig mitteilen, welche Audio/Video-Formate sie unterstützen, und sich damit auf ein gemeinsames Format einigen.

- Megaco funktioniert nach dem Command/Reply-Schema und definiert zwei Arten von Nachrichten: *Commands* und *Replys* (als Antworten). Die Commands werden in der Regel von MGC zu MG gesendet.

- Megaco ist vom Transportprotokoll unabhängig. Für die Übermittlung von Megaco-Nachrichten können beide Transportprotokolle, d.h. TCP oder UDP, verwendet werden.

- Megaco-Nachrichten werden mit Hilfe der ASN.1 (*Abstract Syntax Notation One*) spezifiziert [Gora 98].

8.3.1 Konzept von Megaco

Das Protokoll Megaco bedient sich einiger neuer Begriffe, u.a. *Termination*, *Package*, *Descriptor* und *Context*. Megaco basiert auf einem Modell des Media Gateways (MG), in dem man sog. Terminations definiert (Abbildung 8.3-1). Unter *Termination* versteht man eine Quelle bzw. eine Senke eines Bitstroms. Eine Termination stellt einen Port in einem MG dar.

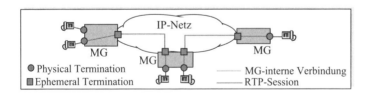

Abb. 8.3-1: Illustration des Begriffs: Termination

Ein MG als Residential Gateway (Abb. 8.1-1b) enthält Terminations für den Anschluss der Telefone. Derartige Terminations werden *physical Terminations* genannt. Terminations seitens eines IP-Netzes, die den Beginn bzw. das Ende einer RTP-Session darstellen, werden als *ephemeral Terminations* bezeichnet. Sie sind dynamisch und daher nur so lange vorhanden, solange eine RTP-Session existiert. Damit muss ein Command im Megaco vorhanden sein, mit

*Begriff:
Termination*

dem eine Termination erzeugt und gelöst werden kann. Dies ermöglicht den Command `ServiceChange` (s. Tab. 8.3-1).

Begriff:
Package

Um eine Termination (d.h einen MG-Port) zu beschreiben, werden in der Regel folgende Angaben gemacht: allgemeine Eigenschaft (*Property*), mögliche Ereignisse (*Events*), mögliche Signale (*Signals*) und Statistiken (*Statistics*). Die Spezifikation einer Termination, in der die aufgelisteten Angaben gemacht werden können, wird bei Megaco als *Package* bezeichnet. Mit Package wird der Verlauf der Signalisierung auf einer Leitung beschrieben, die an einer Termination beginnt bzw. endet (s. Abbildung 8.3-2).

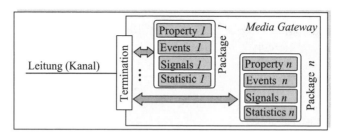

Abb. 8.3-2:   Illustration des Begriffs: Package

Einige Terminations können so konfiguriert werden, dass sie mehrere Packages unterstützen. Ein Package bei Megaco entspricht vollkommen dem Package bei MGCP (s. Abschnitt 8.2.1).

Ein Megaco-Ablauf führt dazu, dass zwei Terminations in zwei verschiedenen MGs so miteinander gekoppelt werden, dass Sprache bzw. Video zwischen ihnen übermittelt werden kann. Falls zwei Terminations miteinander virtuell „verbunden" werden sollen, müssen sie sich gegenseitig mitteilen, welche Eigenschaften sie besitzen.

Descriptor

Die Eigenschaften einer Termination werden zusammengefasst und in Form von sog. *Descriptors* dargestellt. Damit besitzt jede Termination bestimmte Descriptors. Jeder Descriptor besitzt einen Namen, den sog. *DescriptorName*. Die Übermittlung von Eigenschaften einer Termination erfolgt in Megaco-Commands durch die Angabe von Descriptors, sodass sie als Parameter von Megaco-Commands angesehen werden können.

Begriff:
Context

Mit Megaco werden MGs so angesteuert, dass zwei bzw. mehrere Terminations miteinander verbunden werden. In diesem Zusammenhang spricht man von *Context*. Ein Context stellt eine Assoziation mehrerer Terminations dar. Abbildung 8.3-3 illustriert dies.

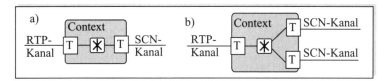

Abb. 8.3-3: Veranschaulichung des Begriffs: Context
a) Punkt-zu-Punkt-Context, b) Punkt-zu-Mehrpunkt-Context
SCN: Switched Circuit Network, T: Termination

Ein Context spezifiziert sowohl die Topologie der Verbindung zwischen Terminations als auch die übermittelten Media-Formate sowie die Switching-Prinzipien, falls es sich um mehr als zwei Terminations handelt. Jedem Context wird eine eindeutige Identifikation (*ContextID*) zugeordnet.

8.3.2 Megaco-Commands

Megaco funktioniert nach dem Command/Response-Schema und definiert hierfür insgesamt acht Commands, die überwiegend von MGC gesendet werden. Die einzelnen Megaco-Commands sind:

- `Add`: Mit `Add` wird ein MG von einem MGC aufgefordert, eine Termination zu einem Context hinzuzufügen (s. Abb. 8.3-3). `Add` wird beim Aufbau eines Contexts verwendet.

- `Substract`: Mit `Substract` fordert ein MGC ein MG auf, eine Termination aus einem Context zu entfernen. `Substract` wird beim Abbau eines Contexts verwendet.

- `Move`: Mit `Move` fordert ein MGC ein MG auf, eine Termination von einem Context zu einem anderen zu „verschieben".

- `Notify`: Mit `Notify` meldet ein MG einem MGC die auf einer seiner Terminations aufgetretenen Ereignisse.

- `Mod` (*Modify*): Mit `Mod` fordert ein MGC ein MG auf, bestimmte Eigenschaften (Properties) einer Termination zu modifizieren.

- `AuditValue`: Mit `AuditValue` fragt ein MGC bei einem MG aktuelle Eigenschaften, Ereignisse und Statistiken einer Termination ab.

- `AuditCapabilities`: Mit diesem Command fragt ein MGC bei einem MG die zulässigen Ereignisse, Signale und Statistiken einer Termination ab.

- `ServiceChange`: Mit `ServiceChange` kann ein MG einem MGC signalisieren, dass eine Termination außer Betrieb ist oder dass sie in Betrieb genommen wurde bzw. dass ihre Fähigkeiten geändert wurden.

Vergleich von Megaco mit MGCP

Megaco stellt mehr Funktionen als MGCP zur Verfügung. Tabelle 8.3-1 zeigt eine Gegenüberstellung von Commands bei Megaco und MGCP.

Megaco-Command	Äquivalente(s) MGCP-Command(s)
Add	CRCX: CreateConnection
Mod(ify)	MDCX: ModifyConnection, RQNT: NotificationRequest und EPCF: EndpointConfiguration
Substract	DLCX: DeleteConnection
Move	Kein äquivalentes MGCP-Command
AuditCap(abilities)	Kein äquivalentes MGCP-Command
Notify	NTFY: Notify
ServiceChange	Kein äquivalentes MGCP-Command

Tab. 8.3-1:   Gegenüberstellung von Megaco- und MGCP-Commands

8.3.3   Auf- und Abbau einer RTP-Session nach Megaco

Verbindungs-aufbau

Abbildung 8.3-4 illustriert den Verlauf von Megaco beim Aufbau einer RTP-Session, wenn die kommunizierenden Media Gateways MG$_1$ und MG$_2$ mit Hilfe eines MGC gesteuert werden.

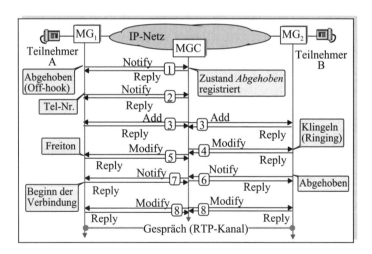

Abb. 8.3-4:   Aufbau einer RTP-Session nach Megaco beim Einsatz eines MGC

Bemerkung: Falls Megaco das unsichere Transportprotokoll UDP für die Übermittlung nutzt, wird jeder Command immer mit dem entsprechenden Reply direkt bestätigt. Beispielsweise wird der Command: `NotifyRequest` mit `NotifyReply` und `AddRequest` mit `AddReply` bestätigt. Da jeder Command immer mit dem gleichnamigen Reply bestätigt wird, verzichtet man bei der Darstellung des Ablaufs von Megaco auf die vollständige Angabe von Namen bei Replys.

Wie aus Abbildung 8.3-4 ersichtlich ist, wird das Abheben des Hörers im Telefon bei Teilnehmer A dem MGC mit dem Command `Notify` signalisiert (1). `Notify` wird direkt mit einem entsprechenden `Reply` bestätigt. Die Wahlziffern von Teilnehmer A werden an MGC in `Notify` übermittelt (2). Ist die Telefonnummer des Teilnehmers B dem MGC bekannt, bestimmt er die IP-Adresse des Ziel-MG (d.h. MG_2), an den der Command `Add` abgeschickt werden muss. MGC muss hierbei auf eine Tabelle mit den Zuordnungen *Telefon-Nummer => IP-Adresse* (von MG_2) zugreifen.

MGC ordnet dem ankommenden Anruf eine Identifikation zu und sendet der Command `Add` an MG_1 und MG_2 (3). Nachdem sie `Add` empfangen haben, verknüpft jedes von ihnen den Port (bei Megaco als Termination bezeichnet), an dem das entsprechende Telefon angeschlossen ist, mit dem Port zum IP-Netz. Somit baut jedes MG für sich einen entsprechenden Context auf (vgl. Abb. 8.3-3).

Im Reply auf `Add` übermittelt jedes MG die Angaben über die akzeptierten Sprachformate. Die Angabe der Formate erfolgt nach dem Protokoll SDP (s. Abschnitt 7.3.3). Da die von beiden Seiten akzeptierten Sprachformate dem MGC bekannt sind, kann er feststellen, ob die beiden Telefone kompatibel sind. Ist dies der Fall, wird der Aufbau der RTP-Session zwischen MG_1 und MG_2 fortgesetzt.

Somit sendet MGC den Command `Modify` an MG_2 (4), um das Klingeln im Telefon des Teilnehmers B zu aktivieren. `Modify` enthält die Information über die seitens des Teilnehmers A vorgeschlagenen Sprachformate. Im `Reply` auf `Modify` wird das endgültige und von MG_2 bestimmte Sprachformat angegeben.

Wurde das Klingeln bei Teilnehmer B aktiviert und hat MGC ein `Reply` vom MG_2 (4) empfangen, sendet er `Modify` an MG_1 (5), um das Generieren des Freitons im Telefon von Teilnehmer A zu veranlassen. In diesem Command wird das seitens des Teilnehmers B ausgewählte Sprachformat angegeben.

Hat Teilnehmer B den Hörer abgehoben, sendet MG_2 `Notify` (6). Nach dem Empfang dieses Commands bei MGC sendet er `Notify` an MG_1 (7). Daraufhin fordert MGC die beiden Media Gateways mit `Modify` auf (8), ihm das Auflegen des Hörers bei einem Telefon zu signalisieren.

Das Gespräch kann nun beginnen. Die Übermittlung der Sprache zwischen MG_1 und MG_2 erfolgt mit Hilfe des Protokolls RTP.

> **Bemerkung**: Bevor MG von MGC gesteuert werden kann, muss MG bei MGC entsprechend „angemeldet" werden. Nach der Anmeldung fordert MGC das MG mit dem Command `Modify` auf, ihm das Abheben des Hörers an einem Telefon zu signalisieren. Dies wurde in Abbildung 8.3-4 außer Acht gelassen.

Abbildung 8.3-5 zeigt den Megaco-Verlauf beim Abbau einer RTP-Session, bei dem die kommunizierenden MGs mit Hilfe eines MGC gesteuert werden.

Verbindungs-abbau

Nachdem Teilnehmer A den Hörer aufgelegt hat, signalisiert MG_1 dieses Ereignis dem MGC mit `Notify` (1). Als Reaktion darauf fordert MGC mit `Substract` die beiden Media Gateways MG_1 und MG_2 auf, die RTP-Session zu beenden (2). Die beiden Gateways bestätigen dies mit `Reply`. Das Auflegen des Hörers bei Teilnehmer B signalisiert MG_2 dem MGC mit `Notify`. Zum Schluss fordert MGC noch die beiden Gateways mit `Modify` auf, ihm das Abheben des Hörers beim Telefon zu signalisieren (4).

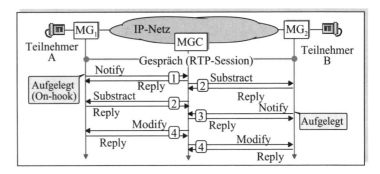

Abb. 8.3-5: Abbau einer RTP-Session nach Megaco beim Einsatz eines MGC
Abkürzungen wie in Abbildung 8.3-4

8.3.4 Megaco und Integration von VoIP mit ISDN

Megaco kann bei der Integration von VoIP mit dem ISDN eingesetzt werden. Abbildung 8.3-6 zeigt die Schritte beim Megaco-Verlauf, die zu einer Verbindung zwischen einem Telefon an einem IP-Netz und einem Telefon an einer ISDN-TK-Anlage führen. Der Netzübergang zwischen dem IP-Netz und der ISDN-TK-Anlage enthält ein MG_2 und ein ISDN-Signalling Gateway (SG).

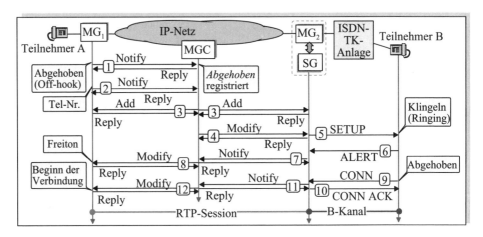

Abb. 8.3-6: Aufbau einer Verbindung bei der Integration von VoIP und ISDN
MG: Media Gateway, MGC: Media Gateway Controller, SG: ISDN-Signalling Gateway

Der in Abbildung 8.3-6 gezeigte Megaco-Verlauf ist weitgehend identisch mit dem Verlauf in Abbildung 8.3-4. Daher werden hier nicht alle Schritte näher erläutert. Wie hier ersichtlich ist, wird das Abheben des Hörers am Telefon bei Teilnehmer A dem MGC mit `Notify` signalisiert (1). Die Wahlziffern von Teilnehmer A werden an MGC auch in `Notify` übermittelt (2). Ist die Telefonnummer von Teilnehmer B dem MGC bekannt, bestimmt er die IP-Adresse des Media

Gateways (d.h. MG_2), an den der Command Add geschickt werden muss. MGC muss hierbei auf eine Tabelle mit den Zuordnungen *Telefon-Nummer => IP-Adresse von MG* zugreifen.

MGC sendet Add an die beiden Gateways (3). Im Reply auf Add übermittelt jedes Media Gateway die Angaben über die Sprachformate, die bei ihm akzeptiert werden. Danach sendet MGC Modify an MG_2 (4), um das Klingeln im Telefon des Teilnehmers B zu aktivieren. Dieser Command enthält die Telefonnummer des Teilnehmers B sowie die Information über die bei Teilnehmer A vorgeschlagenen Sprachformate.

Nach dem Empfang von Modify (4) bei MG_2 wird die Steuerung an SG übergeben. Daraufhin sendet SG die Nachricht SETUP des D-Kanal-Protokolls zum Telefon von Teilnehmer B (5). Damit wird bei ihm das Klingeln aktiviert. Dieses Ereignis wird dem SG mit der Nachricht ALERT vom D-Kanal-Protokoll angezeigt (6). Mit ALERT wird die Bereitschaft des Telefons bei Teilnehmer B signalisiert, die ankommende Verbindung entgegenzunehmen. Nachdem SG ALERT empfangen hat, meldet MG_2 dem MGC mit Notify, dass das Klingeln bei Teilnehmer B aktiviert wurde. Daraufhin übermittelt MGC Modify an MG_1, um das Generieren des Freitons im Telefon von Teilnehmer A zu veranlassen.

Hat Teilnehmer B den Hörer abgehoben, wird dies dem SG mit der Nachricht CONN des D-Kanal-Protokolls angezeigt. Diese Nachricht wird vom SC mit CONN ACK bestätigt (10). Nach dem Eintreffen von CONN bei SG meldet MGC dieses Ereignis dem MGC mit Notify (11). Anschließend übermittelt MGC Modify an MG_1 (12), um dem Teilnehmer A die Annahme des Gesprächs durch Teilnehmer B anzuzeigen. Das Gespräch kann nun beginnen. Die Übermittlung der Sprache zwischen MG_1 und MG_2 verläuft über eine RTP-Session.

Den Megaco-Verlauf beim Abbau der Verbindung zeigt Abbildung 8.3-7. Dieser Verlauf entspricht vollkommen dem aus Abbildung 8.3-5.

Verbindungs-abbau

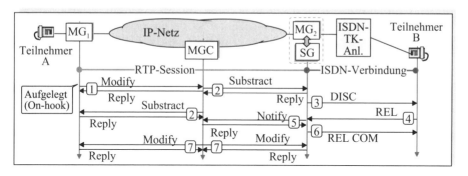

Abb. 8.3-7:   Abbau der Verbindung bei der Integration von VoIP mit ISDN
Abkürzungen wie in Abbildung 8.3-6

Das Auflegen des Hörers bei Teilnehmer A signalisiert MG_1 dem MGC mit Notify (1). Als Reaktion darauf fordert MGC mit Substract die beiden Media Gateways MG_1 und MG_2 auf, die RTP-Session zu beenden (2). Diese Aufforderung wird dem Telefon vom SG bei Teilnehmer B mit der Nachricht DISC des D-Kanal-Protokolls angezeigt (3). Das Telefon bei Teilnehmer B antwortet dem SG mit REL (4) und SG bestätigt diese Antwort mit REL COM (6). Den Empfang der Nachricht REL und damit das Auflegen des Hörers bei Teilnehmer B zeigt MG_2 dem MGC mit dem Command Notify an (5). MGC fordert noch die beiden Media Gateways mit Modify auf, ihm das Abheben des Hörers am Telefon zu signalisieren (7).

8.4   Schlussbemerkungen

Abschließend ist Folgendes hervorzuheben:

- Für die Integration von herkömmlichen Systemen und Netzen für die Sprachkommunikation mit IP-Netzen werden verschiedene *Media Gateways* (MG) eingesetzt. Für ihre Steuerung stehen MGCP und Megaco als MG-Protokolle zur Verfügung. Die Steuerung von Media Gateways erfolgt mit einer Komponente, die man oft als *Media Gateway Controller* (MGC) bezeichnet. Bei MGCP wird MGC *Call Agent* genannt. Nach einem MG-Protokoll wird eine RTP-Session zwischen zwei MGs mit Hilfe von MGC aufgebaut, über die Sprache (und auch Video) übermittelt werden kann.

Megaco mächtiger als MGCP

- MGCP und Megaco haben zwar die gleiche Aufgabe zu erfüllen, aber sie unterscheiden sich vom Funktionsumfang her. Megaco ist der Funktion nach mächtiger und seine Struktur ist auch komplexer als die von MGCP. Während sich MGCP besser für den Einsatz in privaten TK&DV-Infrastrukturen eignet, wird Megaco bei der Integration des Internet mit dem PSTN/ISDN bevorzugt.

IP-TK-Anlage mit klassischen Telefonen

- In lokalen Netzwerken werden bereits sog. *Telefon-Hubs* eingesetzt, um herkömmliche Telefone an das Netzwerk anzuschließen. Ein Telefon-Hub stellt ein Residential Gateway dar (s. Abb. 8.1-1b). Da sich mehrere Gateways mit einem MGC ansteuern lassen, können mehrere Telefon-Hubs mit Hilfe eines MGC so vernetzt werden, dass sie eine netzwerkbasierte IP-TK-Anlage mit klassischen Telefonen bilden (vgl. Abb.1.2-6 und 8.1-2a). Die Funktion von MGC wird in einem speziellen Server untergebracht, den man oft als *VoIP-Server* bezeichnet.

- Mehrere MGCs können vernetzt werden. Hierfür eignet sich das Protokoll SIP (s. Kapitel 7). Mit Hilfe mehrerer MGCs lassen sich verschiedene IP-TK-Anlagen standortübergreifend vernetzen. Die IP-TK-Anlagen können auch mit bestehenden und klassischen TK-Anlagen integriert werden. Damit kann eine standortübergreifende und heterogene TK-Anlage innerhalb eines Unternehmens eingerichtet werden (s. Abb. 8.1-2b). Daher können die klassischen ISDN-TK-Anlagen Schritt für Schritt abgebaut werden.

- Für weitere Informationen über Media Gateways und die Protokolle MGCP und Megaco sei auf die Webquellen [Web 01] und [Web 02] verwiesen.

9 Vernetzung von VoIP-Zonen und Telefonie-Routing

Die Rechnerkommunikation innerhalb einer administrativen Domäne (Unternehmen, öffentliche Verwaltung, Universität, ...) erfolgt in der Regel über ein standortübergreifendes IP-Netz. Aus Sicht von VoIP kann ein Standort eine „VoIP-Zone" darstellen. Bei VoIP innerhalb von administrativen Domänen werden die IP-Adressen von Telefonnummern auf speziellen Servern (z.B. Gatekeeper bei H.323, SIP-Server) als „Auskunftsstellen" abgespeichert. Jedes Telefon initiiert einen Anruf zu einer Ziel-Telefonnummer, aber diese Telefonnummer führt bei VoIP zu einem Rechner mit einer IP-Adresse, der als Telefon agiert. Wird ein Anruf zu einer Ziel-IP-Adresse geleitet, spricht man von *Telefonie-Routing* (*Telephony Routing*).

Telefonie-Routing bei VoIP

Um die VoIP-Kommunikation über das Internet weltweit zwischen beliebigen administrativen Domänen zu ermöglichen, ist ein Konzept nötig, nach dem sich die administrativen Domänen gegenseitig mitteilen können, wo man die notwendige Information über die Zuordnung *Telefonnummer => IP-Adresse* abrufen kann. Um dieses Problem zu lösen, wurde TRIP (*Telephony Routing over IP*) konzipiert. TRIP entspricht vollkommen dem Konzept des Protokolls BGP (*Border Gateway Protocol*). Dank dem BGP ist die weltweite Datenkommunikation über das Internet zu einem normalen Vorgang geworden.

TRIP vergleichbar mit BGP

Dieses Kapitel zeigt, was man benötigt, um eine weltweite Internet-Telefonie nach H.323 bzw. nach SIP zu ermöglichen. Nach der Schilderung typischer Probleme beim Routing der Anrufe zwischen verschiedenen VoIP-Zonen in Abschnitt 9.1 folgt in Abschnitt 9.2 eine Darstellung des Konzeptes und Einsatzes von TRIP. Auf das Telefonie-Routing zwischen H.323-Zonen geht Abschnitt 9.3 ein. Abschnitt 9.4 zeigt, wie das Telefonie-Routing zwischen SIP-Zonen erfolgen kann.

Überblick über das Kapitel

In diesem Kapitel werden u.a. folgende Fragen beantwortet:

Ziel dieses Kapitels

- Welche Probleme entstehen, wenn man eine VoIP-Kommunikation zwischen beliebigen administrativen Domänen realisieren möchte?

- Welche Bedeutung hat das Telefonie-Routing und wie verläuft es zwischen beliebigen VoIP-Zonen nach TRIP?

- Was hat TRIP mit BGP gemeinsam?

- Wie kann die VoIP-Kommunikation zwischen beliebigen H.323- bzw. SIP-Zonen realisiert werden?

9.1 Typische Probleme bei VoIP

Weil VoIP immer weiter verbreitet ist, sollte es möglich sein, dass jedes IP-Telefon mit jedem anderen Telefon am ISDN bzw. am digitalen oder analogen Telefonnetz eine Verbindung für die Sprachkommunikation aufbauen kann. Um dies zu ermöglichen, müssen einige Probleme gelöst werden, die nun anhand der in Abbildung 9.1-1 gezeigten typischen Situation näher erläutert werden.

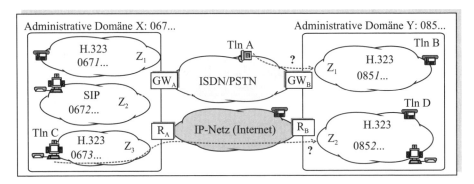

Abb. 9.1-1:   Typische Situation bei VoIP
GW: Gateway, ISDN: Integrated Services Digital Network,
PSTN: Public Switched Telephone Network, R: Router, Z: VoIP-Zone

Mehrere VoIP-Zonen in einer administrativen Domäne

Die Vernetzung von Rechnern einer großen administrativen Domäne wie z.B. eines Großunternehmens, einer Stadtverwaltung, einer Universität usw. erfolgt in der Regel über ein standortübergreifendes IP-Netz. Aus der Sicht der Sprachkommunikation kann hierbei ein Standort als *VoIP-Zone* angesehen werden. In einer VoIP-Zone kann als Signalisierungsprotokoll entweder H.323 (s. Kapitel 6) oder SIP (*Session Initiation Protocol*, s. Kapitel 7) verwendet werden. Bei H.323 ist die VoIP-Zone durch den Begriff *H.323-Zone* bzw. kurz *Zone* zu ersetzen. Bei SIP würde eine VoIP-Zone einer Internet-Domain entsprechen. Eine administrative Domäne kann im Allgemeinen mehrere VoIP-Zonen mit verschiedenen Signalisierungsprotokollen enthalten, von denen in einigen H.323 und in anderen SIP als Signalisierungsprotokoll dient.

Jede VoIP-Zone kann eine Vorwahl haben

Jedes IP-Telefon ist de facto ein Rechner, sodass er über eine IP-Adresse verfügen muss. Um ein IP-Telefon von einem „normalen" Telefon am ISDN bzw. am PSTN zu erreichen, muss es auch über eine Telefonnummer verfügen, die man in jedem herkömmlichen Telefon angeben kann. Jede administrative Domäne hat normalerweise eine Vorwahl. In Abbildung 9.1-1 hat beispielsweise die administrative Domäne X die Vorwahl 067. Die Vorwahl ist als *Präfix* der Telefonnummer zu interpretieren. Jede VoIP-Zone hat ebenfalls eine eigene

Vorwahl. Beispielsweise hat die VoIP-Zone Z_2 in der administrativen Domäne Y die Vorwahl 0852.

Die Sprachkommunikation zwischen einem Telefon am ISDN/PSTN und einem IP-Telefon innerhalb einer administrativen Domäne wird über ein entsprechendes (GW) abgewickelt. Die Sprachkommunikation zwischen einem externen IP-Telefon am Internet und einem internen IP-Telefon einer administrativen Domäne verläuft dagegen immer über einen Router. Wie aus Abbildung 9.1-1 ersichtlich ist, kann die Sprachkommunikation zwischen einem IP-Telefon aus der administrativen Domäne X und einem IP-Telefon der administrativen Domäne Y sowohl über das ISDN/PSTN als auch über das IP-Netz abgewickelt werden.

> **Bemerkung:** In diesem Kapitel wird unter *VoIP-Gateway* ein *Media Gateway* (s. Kapitel 8) mit bestimmten zusätzlichen Funktionskomponenten verstanden.

In Abbildung 9.1-1 sind folgende Probleme hervorgehoben:

1. *Problem bei ankommenden Anrufen aus dem ISDN/PSTN*

   Der Teilnehmer A am ISDN/PSTN initiiert beispielsweise einen Anruf zum Teilnehmer B in der administrativen Domäne Y. Da das IP-Telefon von Teilnehmer B die Signalisierung nach H.323 realisiert, muss das Gateway GW_B eine Nachricht SETUP nach dem Protokoll H.225.0 aus der H.323-Familie an das IP-Telefon von Teilnehmer B weiterleiten (s. Abb. 6.2-1), um ihm damit den ankommenden Anruf zu signalisieren. Die IP-Adresse des IP-Telefons von Teilnehmer B ist aber dem Gateway GW_B unbekannt. Oft werden die IP-Adressen den Rechnern und somit auch den IP-Telefonen von DHCP-Servern dynamisch zugeteilt [BaHo 01]. Das Gateway muss unbedingt wissen, wo es die benötigte Zuordnung *Telefon-Nummer => IP-Adresse* abrufen kann. Damit kann es erfahren, welche IP-Adresse das IP-Telefon von Teilnehmer B aktuell hat. Dieses Problem kann beispielsweise mit Hilfe von TRIP (*Telephony Routing over IP*) gelöst werden (vgl. Abb. 9.1-2 und 9.3-2).

   An welche IP-Adresse soll ein ankommender Anruf geleitet werden?

2. *Problem bei abgehenden Anrufen*

   Der Teilnehmer C aus der administrativen Domäne X initiiert beispielsweise einen Anruf zum Teilnehmer D in der administrativen Domäne Y. Aus der VoIP-Zone Z_3 der Domäne X muss eine H.225.0-Nachricht SETUP an das IP-Telefon von Teilnehmer D aus der Domäne Y abgeschickt werden. Die IP-Adresse des IP-Telefons von Teilnehmer D ist dem IP-Telefon von Teilnehmer C in der VoIP-Zone Z_3 aber unbekannt. Es muss in Z_3 somit eine Stelle darüber vorhanden sein, bei der man die benötigte Zuordnung *Telefon-Nummer => IP-Adresse* in der administrativen Domäne Y abrufen kann. Dieses Problem kann ebenfalls mit Hilfe von TRIP gelöst werden (vgl. Abb. 9.1-3 und 9.3-1).

   An welche IP-Adresse soll ein abgehender Anruf geleitet werden?

Routing
der Anrufe
als TRIP

Hinter beiden Problemen steht eigentlich die gleiche Frage: An welche IP-Adresse muss ein Anruf geleitet werden? Da der Anruf als IP-Paket über ein IP-Netz übermittelt, also geroutet wird, handelt es sich hierbei um das Routing der Anrufe über IP-Netze. In diesem Zusammenhang spricht man von *Telephony Routing over IP* bzw. kurz von *TRIP*.

TRIP ist
IETF-
Standard

TRIP wird in den IETF-Dokumenten RFC 2871 und RFC 3219 spezifiziert. Auf das Konzept von TRIP geht Abschnitt 9.2 näher ein.

9.1.1   Routing ankommender Anrufe aus dem ISDN/PSTN

Das in Abbildung 9.1-1 geschilderte Problem bei ankommenden Anrufen aus dem ISDN/PSTN kann mit Hilfe von TRIP gelöst werden, wie Abbildung 9.1-2 zeigt.

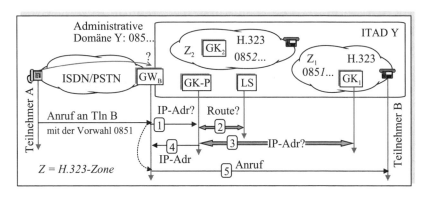

Abb. 9.1-2:   Routing ankommender Anrufe aus dem ISDN/PSTN
GK: Gatekeeper, GK-P: GK-Proxy, GW: Gateway, LS: Location-Server, Z: VoIP-Zone

Begriffe:
ITAD,
TRIP-Route

Nach TRIP wird jede administrative Domäne kurz als ITAD (*IP Telephony Administrative Domain*) bezeichnet. In jeder ITAD wird ein Location-Server (LS) installiert, in dem die sog. *TRIP-Routen* abgespeichert werden. In einer TRIP-Route wird u.a. angegeben,

- welches Signalisierungsprotokoll in der VoIP-Zone verwendet wird und
- welche IP-Adresse ein Server in der VoIP-Zone hat, auf dem die Tabelle mit den Zuordnungen *Telefonnummer => IP-Adresse* verfügbar ist?

Gatekeeper-
Proxy
in ITAD

Wie aus Abbildung 9.1-2 ersichtlich ist, enthält jede H.323-Zone einen Gatekeeper, in der eine Tabelle mit den Zuordnungen *Telefonnummer => IP-Adresse* für alle IP-Telefone dieser Zone enthalten ist. Innerhalb einer ITAD wird zusätzlich ein spezieller Gatekeeper GK-P eingerichtet, der für die von „außen" kommenden Anrufe als Vertreter für Gatekeeper in allen H.323-Zonen auftritt. Dieser spezielle Gatekeeper kann als *Gatekeeper-Proxy* angesehen werden.

Jeder von außen kommende Anruf, d.h. aus dem ISDN/PSTN, muss zuerst vom Gatekeeper-Proxy zugelassen (akzeptiert) werden. Falls er akzeptiert wird, hat der Gatekeeper-Proxy die Aufgabe, die IP-Adresse des Ziel-IP-Telefons, dem der ankommende Anruf signalisiert werden muss, für das Gateway zu „besorgen". Der Gatekeeper-Proxy enthält aber keine Tabelle mit den Zuordnungen *Telefonnummer => IP-Adresse*, sondern wählt aufgrund der Vorwahl in der Ziel-Telefonnummer des ankommenden Anrufs die entsprechende H.323-Zone aus und fragt nach der IP-Adresse des Ziel-IP-Telefons beim Gatekeeper dieser Zone.

Was macht ein Gatekeeper-Proxy?

In Abbildung 9.1-2 verläuft die Ermittlung der IP-Adresse des Ziel-IP-Telefons bei einem ankommenden Anruf aus dem ISDN/PSTN nach dem folgenden Schema:

Beispiel für Routing eines an-kommenden Anrufs

1. Gateway fragt nach der IP-Adresse beim Gatekeeper-Proxy.

    Das Gateway der administrativen Domäne Y übermittelt an den Gatekeeper-Proxy GK-P die Telefonnummer des IP-Telefons von Teilnehmer B (hier mit der Vorwahl 0851) und fragt ihn nach der IP-Adresse seines IP-Telefons. GK-P verfügt aber <u>nicht</u> über eine Tabelle mit den Zuordnungen *Telefonnummer => IP-Adresse* für IP-Telefone der Zone Z_1 mit der Vorwahl 0851, sondern muss die gewünschte IP-Adresse des IP-Telefons von Teilnehmer B bei dem Gatekeeper der Zone Z_1 abfragen. Hierfür muss GK-P zuerst den Location-Server (LS) der ITAD Y nach der Route zum Gatekeeper der Zone Z_1 fragen.

    > **Bemerkung:** Das Protokoll zwischen Gatekeeper und LS wird bei TRIP nicht spezifiziert. Als LS könnte man einen LDAP-Server (*Lightweight Directory Access Protocol*) verwenden, somit würde LDAP auch als Protokoll zwischen Gatekeeper und LS dienen.

2. Gatekeeper-Proxy ermittelt den richtigen Gatekeeper.

    GK-P übermittelt die Telefonnummer von Teilnehmer B an LS in ITAD Y und fragt ihn nach der Route zum Gatekeeper, bei dem die IP-Adresse des IP-Telefons von Teilnehmer B abgefragt werden kann. Aufgrund des Präfix (Vorwahl 0851) stellt LS fest, dass die Zuordnungen *Telefonnummer => IP-Adresse* für die Telefonnummern mit diesem Präfix beim Gatekeeper GK_1 der Zone Z_1 vorhanden sind. LS übermittelt somit dem GK-P die Route zum Gatekeeper GK_1 (d.h. de facto die IP-Adresse von GK_1).

    > **Bemerkung:** Man könnte GK-P so konfigurieren, dass er die IP-Adressen von anderen Gatekeepern kennt. Damit wäre der Location-Server nicht nötig. Da TRIP auch ein Protokoll zwischen den Location-Servern realisiert, entstehen durch den Einsatz eines Location-Servers ganz neue Möglichkeiten (vgl. z.B. Abb. 9.3-2).

3. Gatekeeper-Proxy ermittelt die IP-Adresse.

    Nachdem GK-P die Route zum richtigen Gatekeeper GK_1 vom LS erhalten hat, fragt er nun GK_1 nach der IP-Adresse des IP-Telefons von Teilnehmer B.

4. Gateway erhält die IP-Adresse von Teilnehmer B vom Gatekeeper-Proxy.

    Nachdem der GK-P die gewünschte IP-Adresse des IP-Telefons von Teilnehmer B vom GK_1 erhalten hat, übermittelt er sie dem Gateway zum ISDN/PSTN.

5. Gateway leitet den ankommenden Anruf weiter.

    Hat das Gateway die IP-Adresse des IP-Telefons von Teilnehmer B vom GK-P erhalten, leitet es den ankommenden Anruf aus dem ISDN/PSTN an das IP-Telefon von Teilnehmer B weiter.

Ende-zu-
Ende-
Verbindung

Zwischen dem Telefon von Teilnehmer A und dem IP-Telefon von Teilnehmer B muss eine entsprechende Verbindung aufgebaut werden. Der Aufbau dieser Verbindung zwischen dem Telefon des Teilnehmers A und dem Gateway verläuft im ISDN nach dem D-Kanal-Protokoll (s. Abschnitt 2.3). Zwischen dem Gateway und dem Telefon des Teilnehmers B, d.h. innerhalb des IP-Netzes, verläuft der Aufbau dieser Verbindung nach den Protokollen H.225.0 und H.245, die als *H.323-Signalisierung* angesehen werden können (s. Abschnitt 6.2). Die Ende-zu-Ende-Verbindung zwischen dem Telefon des Teilnehmers A und dem IP-Telefon des Teilnehmers B setzt sich somit aus einer physikalischen Verbindung im ISDN/PSTN zwischen dem Telefon des Teilnehmers A und dem Gateway und einer virtuellen Verbindung zwischen dem Gateway und dem Telefon des Teilnehmers B zusammen. Die virtuelle Verbindung innerhalb des IP-Netzes stellt eine RTP-Session dar (s. Abschnitt 5.2).

9.1.2 Routing abgehender Anrufe

Das in Abbildung 9.1-1 dargestellte Problem bei abgehenden Anrufen aus einer VoIP-Zone einer administrativen Domäne zu einer VoIP-Zone einer anderen administrativen Domäne kann ebenfalls mit Hilfe von TRIP gelöst werden, wie Abbildung 9.1-3 zeigt.

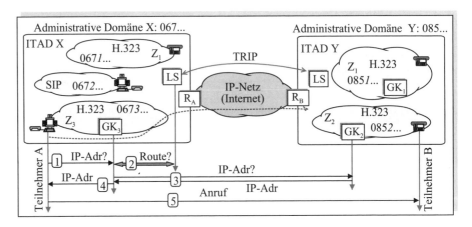

Abb. 9.1-3: Routing abgehender Anrufe aus einer VoIP-Zone
Abkürzungen wie Abbildung Abb. 9.1-2

Beispiel

Wie aus Abbildung 9.1-3 ersichtlich ist, verläuft die Ermittlung der IP-Adresse des IP-Telefons von Teilnehmer B in der administrativen Domäne Y (d.h. in ITAD Y) bei einem vom IP-Telefon des Teilnehmers A in der administrativen Domäne X initiierten Anruf wie folgt:

1. Lokaler Gatekeeper wird nach der IP-Adresse gefragt.

    Das IP-Telefon des Teilnehmers A, der eine Verbindung zum IP-Telefon von Teilnehmer B in ITAD Y initiiert, fragt nach der IP-Adresse seines IP-Telefons beim lokalen Gatekeeper

GK_3 seiner Zone Z_3. GK_3 verfügt aber nur über eine Tabelle mit den Zuordnungen *Telefonnummer => IP-Adresse* für die IP-Telefone seiner Zone Z_3 in ITAD X, d.h. der Zone mit der Vorwahl 0673, und nicht der Zone mit der „fremden" Vorwahl 0852. GK_3 muss daher beim Location-Server (LS) der ITAD Y die Route zum Gatekeeper der Zone mit der Vorwahl 0852 abfragen.

2. Lokaler Gatekeeper bestimmt den richtigen Gatekeeper.

   Der lokale Gatekeeper GK_3 übermittelt die Telefonnummer des Teilnehmers B an den LS in ITAD X und fragt ihn nach der Route zum Gatekeeper, bei dem er die IP-Adresse des IP-Telefons von Teilnehmer B abfragen kann. Mit Hilfe der Vorwahl 0852 stellt LS fest, dass der Gatekeeper GK_2 der Zone Z_2 in ITAD Y über die Zuordnungen *Telefonnummer => IP-Adresse* für die Telefonnummern mit der Vorwahl 0852 verfügt. Der LS in ITAD X liefert dem GK_3 die IP-Adresse vom Gatekeeper GK_2 in ITAD Y.

3. Lokaler Gatekeeper ermittelt die IP-Adresse.

   Nachdem der lokale Gatekeeper GK_3 aus der Zone Z_3 in ITAD X die Route zum Gatekeeper GK_2 der Zone Z_2 in ITAD Y vom LS erhalten hat, fragt er beim Gatekeeper GK_2 der Zone Z_3 in ITAD Y nach der IP-Adresse des IP-Telefons von Teilnehmer B.

4. Lokaler Gatekeeper übergibt die IP-Adresse.

   Nachdem der lokale Gatekeeper GK_3 aus der Zone Z_3 in ITAD X die IP-Adresse des IP-Telefons von Teilnehmer B vom Gatekeeper GK_2 der Zone Z_2 in ITAD Y erhalten hat, liefert er diese IP-Adresse an das IP-Telefon des Teilnehmers A.

5. Abgehender Anruf wird initiiert.

   Hat das IP-Telefon von Teilnehmer A die IP-Adresse des IP-Telefons von Teilnehmer B erhalten, weiß er, wohin er eine entsprechende Nachricht senden soll, um den Anruf zum IP-Telefon von Teilnehmer B zu initiieren.

9.2 Konzept und Einsatz von TRIP

Um die Sprachkommunikation zwischen verschiedenen administrativen Domänen uneingeschränkt ermöglichen zu können, muss in jeder Domäne entsprechend bekannt gemacht werden, wie die bei ihr installierten IP-Telefone als Anrufziele von „außen" erreicht werden können. Diese Angaben können als *Telefonie-Routen* angesehen werden. TRIP ist ein Protokoll, nach dem die *Location-Server* (LS) von administrativen Domänen sich die Telefonie-Routen gegenseitig bekannt machen können. Abbildung 9.2-1 illustriert das Protokoll TRIP. Bei TRIP nennt man eine administrative Domäne ITAD (*IP Telephony Administrative Domain*) und bezeichnet zwei kommunizierende Location-Server als *Peers* und eine Verbindung zwischen ihnen als *Peer-Verbindung*.

TRIP als Protokoll zwischen Location-Servern

TRIP wurde hauptsächlich für den Einsatz zwischen ITADs konzipiert. Es kann aber auch innerhalb einer ITAD für die Kommunikation zwischen internen Location-Servern eingesetzt werden. Somit kann eine Peer-Verbindung sowohl innerhalb einer ITAD (internal Peers) als auch zwischen unterschiedlichen ITADs (external Peers) aufgebaut werden.

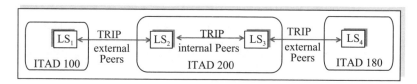

Abb.9.2-1:   TRIP als Protokoll zwischen Location-Servern
ITAD: IP Telephony Administrative Domain, LS: Location-Server

TRIP-Einsatz bei H.323 und SIP

TRIP ist unabhängig vom VoIP-Signalisierungsprotokoll und kann sowohl bei H.323 als auch bei SIP zum Einsatz kommen. TRIP ist kein Routing-Protokoll, sondern eine Applikation, die das zuverlässige Transportprotokoll TCP nutzt. Damit wird sichergestellt, dass die Garantie für die Übermittlung von TRIP-Nachrichten vom TCP übernommen wird. Zwischen zwei Peers wird daher für den Austausch von Telefonie-Routen eine TCP-Verbindung aufgebaut. Damit ist TRIP der Schicht 5 im Schichtenmodell zuzuordnen. Die Well-Known-Port-Number von TRIP ist 6069.

Aufbau einer Nachbar-schaft zwischen LSn

Nachdem eine TCP-Verbindung zwischen Location-Servern als Peers aufgebaut wurde, wird zwischen ihnen eine *TRIP-Nachbarschaft* „geknüpft". Sie kann als gegenseitige Bereitschaft, Nachrichten auszutauschen, angesehen werden und stellt eine *Peer-Verbindung* dar. Um eine Nachbarschaft aufzubauen, sendet jeder Peer eine Nachricht OPEN, in der die Identifikation der ITAD (My ITAD) und das „Absender"-Peer angegeben wird. Die Nachricht OPEN wird von der Gegenseite mit KEEPALIVE bestätigt.

Austausch von Telefo-nie-Routen in UPDATE

Nach dem Aufbau der TRIP-Nachbarschaft kündigen die Peers die ihnen bekannten Telefonie-Routen zu ihren ITADs mittels der Nachricht UPDATE an. Der Name UPDATE kommt daher, dass es sich im Laufe der Zeit überwiegend um die Aktualisierungen (Updates) von Telefonie-Routen handelt. Falls sich die Lage in ITAD ändert, z.B. ein Anrufziel plötzlich nicht erreichbar ist, informiert ein Peer seinen Nachbarn darüber, dass die ungültig gewordene Route zurückgezogen wurde und eventuell durch eine neue Route ersetzt bzw. vollkommen entfernt werden soll. Die ungültig gewordenen Routen können in einer Nachricht UPDATE angegeben werden.

„Ich lebe noch"

Falls keine neuen Telefonie-Routen (keine Veränderungen) vorliegen, wird die Nachricht KEEPALIVE periodisch zwischen den Peers gesendet, um der Gegenseite die Funktionsbereitschaft zu signalisieren.

Ein Peer kann eine Nachricht NOTIFICATION senden, um seinem Nachbarn eine Fehlermeldung zu signalisieren. NOTIFICATION wird immer nach der Entdeckung eines Fehlers verschickt und kann zum Abbruch der Peer-Verbindung führen. Falls ein Peer die Verbindung abbauen möchte, sendet er eine Nachricht NOTIFICATION, in der er auch den Grund für den Abbau der Verbindung angibt.

9.2.1 Bedeutung von TRIP

Sollte die Sprachkommunikation zwischen zwei IP-Telefonen, die zu verschie- *Anrufziel als* denen administrativen Domänen gehören, stattfinden, muss das IP-Telefon, das *Telefonie-* die Verbindung initiiert, das Anrufziel in Form einer IP-Adresse in der anderen *Route* Domäne kennen, um den Anruf mit einer Nachricht zu signalisieren. Mit jedem Anrufziel ist somit eine Telefonie-Route über das IP-Netz verbunden.

Wie Abbildung 9.2-2 illustriert, entsteht folgendes Problem: Wie können die *Jeder LS* Anrufziele in Form von IP-Adressen in einer Domäne den anderen Domänen *vernetzt mit* bekannt gemacht werden? Es handelt sich hierbei um das gleiche Problem, das *anderen LSn* beim Routing in IP-Netzen entsteht. Um es zu lösen, könnte man in jeder administrativen Domäne einen Location-Server installieren, auf dem alle Anrufziele in seiner Domäne abgespeichert werden. Die Location-Server von einzelnen Domänen sollten sich die Anrufziele gegenseitig bekannt machen, wie es beim IP-Routing der Fall ist (s. [BaHo 01]).

Wie Abbildung 9.2-2 zeigt, ist TRIP gerade das Protokoll, nach dem die Location-Server von einzelnen Domänen sich die Telefonie-Routen und damit auch die Anrufziele gegenseitig bekannt machen. Beim TRIP-Einsatz ist der Location-Server jeder ITAD in der Lage, die Telefonie-Routen in anderen ITADs von anderen Location-Servern zu erlernen.

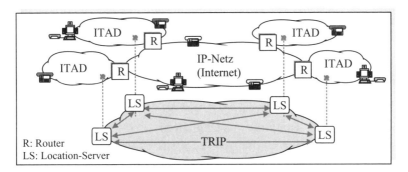

Abb. 9.2-2: Bekanntmachung von Telefonie-Routen zwischen verschiedenen administrativen Domänen (ITADs)

Da TRIP das Transportprotokoll TCP nutzt, um die Telefonie-Routen zu übermitteln, müssen zwischen den Location-Servern TCP-Verbindungen aufgebaut werden. Die in Abbildung 9.2-2 dargestellte Lösung hat damit den Nachteil, dass jeder Location-Server zu jedem anderen in den restlichen ITADs jeweils eine TCP-Verbindung haben muss. Eine derartige Lösung in einem „offenen" System, in dem zu jedem Zeitpunkt eine neue ITAD hinzukommen kann, kommt damit nicht in Frage, weil sie nämlich keine Skalierbarkeit garantiert.

Jeder LS ist nur mit übergeordnetem LS vernetzt

Um Skalierbarkeit zu garantieren, könnte man einen übergeordneten Location-Server installieren, der beispielsweise einer Koordinationsstelle zugeordnet wird. Eine derartige Stelle bezeichnet man oft auch als *Clearinghouse*. Wie in Abbildung 9.2-3 zum Ausdruck kommt, fungiert der übergeordnete Location-Server als Verteiler von Telefonie-Routen an die Location-Server in den einzelnen ITADs. Hierbei muss jeder Location-Server nur eine TCP-Verbindung zum übergeordneten Location-Server an der Koordinationsstelle einrichten.

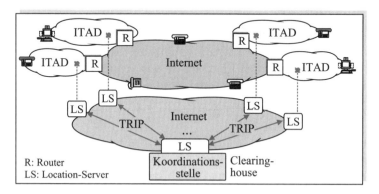

Abb. 9.2-3: Bekanntmachung von Telefonie-Routen zwischen administrativen Domänen (ITADs) über eine Koordinationsstelle

TRIP als Weg zur Internet-Telefonie

Die in Abbildung 9.2-3 dargestellte Lösung für die Bekanntmachung von Telefonie-Routen kann als allgemeines Modell für eine offene Vernetzung von administrativen Domänen (ITADs) mit VoIP-Unterstützung angesehen werden. Hierbei ist Folgendes hervorzuheben:

■ Stellt z.B. eine ITAD eine Domäne eines ISP (*Internet Service Provider*) dar, so ist hier ersichtlich, dass die ISPs zukünftig die klassische Telefonie durch Internet-Telefonie ersetzen können.

■ Ist z.B. eine ITAD ein Unternehmen und steht eine Koordinationsstelle mit einem übergeordneten Location-Server zur Verfügung, können die Unternehmen ihre Telefongespräche über das Internet bzw. ein anderes weltweites IP-Netz abwickeln.

Es ist zu erwarten, dass die Internet-Telefonie dank dem TRIP-Konzept bald als Mittel zur Massenkommunikation werden kann.

9.2.2 TRIP-Protokoll als Bruder von BGP

In Protokollen für die Datenkommunikation über IP-Netze zwischen administrativen Domänen (Unternehmen, öffentliche Verwaltungen usw.) bezeichnet man diese administrativen Domänen als *autonome Systeme* (AS). Im Allgemeinen besteht ein autonomes System aus einer Vielzahl von IP-Subnetzen und wird von einer Organisation verwaltet. Um eine uneingeschränkte Rechner-kommunikation über das Internet bzw. andere IP-Netze zwischen verschiede-nen autonomen Systemen zu ermöglichen, werden spezielle Router, die sog. *Border-Gateways(-Router),* am „Rande" von einzelnen autonomen Systemen eingesetzt. Die Border-Gateways teilen sich nach dem Protokoll BGP (*Border Gateway Protocol*) gegenseitig mit, welche Routing-Ziele es in den einzelnen autonomen Systemen gibt [s. BaHo 01]. Das Protokoll BGP wurde bereits im Jahre 1989 eingeführt und seit dieser Zeit mehrfach verbessert. Die BGP Ver-sion 4 (kurz BGP-4) ist die neueste BGP-Version. Sie ist seit 1993 im Einsatz und wird im IETF-Dokument RFC 1771 spezifiziert.

Beim TRIP-Einsatz für die Sprachkommunikation werden die gleichen Kon-zepte verfolgt, die man im Protokoll BGP findet (s. Abbildung 9.2-4).

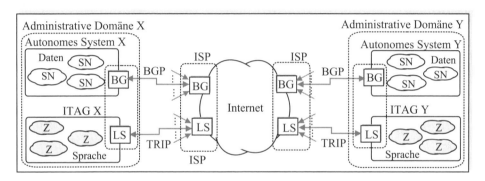

Abb. 9.2-4: TRIP und BGP als sich gegenseitig ergänzende Ansätze
BG: Border-Gateway (-Router), ISP: Internet Service Provider, ITAD: IP Telephony
Administrative Domain, LS: Location-Server, SN: IP-Subnetz, Z: VoIP-Zone

Das TRIP-Protokoll stellt eine Kopie des Protokolls BGP-4 dar, in der einige Anpassungen an die Besonderheiten der Sprachkommunikation vorgenommen wurden. Ein Border-Gateway bei BGP entspricht einem Location-Server bei TRIP. Bei der Beschreibung des Protokolls BGP findet man Begriffe und Nachrichten mit der gleichen Bedeutung wie bei TRIP. Hierzu gehören u.a.: Peers, Nachbarschaft, OPEN, UPDATE, NOTIFICATION und KEEPALIVE. Das TRIP-Protokoll kann somit als „Bruder" von BGP angesehen werden.

Wie aus Abbildung 9.2-4 ersichtlich ist, entspricht ein autonomes System (AS) von BGP einer administrativen Domäne von TRIP (ITAD). Ein AS setzt sich in der Regel aus mehreren IP-Subnetzen zusammen. Eine ITAD kann mehrere VoIP-Zonen (Z) enthalten. Eine VoIP-Zone kann ein bzw. mehrere IP-Subnetze umfassen. Bei BGP senden die Border-Gateways ihre Nachrichten mit Hilfe des verbindungsorientierten Transportprotokolls TCP genau wie bei TRIP.

Der Einsatz des Protokolls BGP hat dazu geführt, dass die weltweite Daten-kommunikation über das Internet zu einem normalen und selbstverständlichen Vorgang geworden ist. Man kann erwarten, dass der TRIP-Einsatz auch dazu führen wird, dass Internet-Telefonie zukünftig eine ernsthafte Konkurrenz für die klassische Telefonie sein wird.

9.3   Vernetzung von VoIP-Zonen mit H.323

Wie bereits erwähnt wurde, kann eine administrative Domäne mehrere VoIP-Zonen enthalten. In jeder von ihnen kann als Signalisierungsprotokoll entweder H.323 oder SIP eingesetzt werden. Bei der Sprachkommunikation zwischen den verschiedenen VoIP-Zonen muss das Telefonie-Routing realisiert werden. In diesem Abschnitt wird gezeigt, wie dieses Routing bei der Vernetzung von VoIP-Zonen mit H.323 erfolgt.

9.3.1   Routing abgehender Anrufe zwischen H.323-Zonen

Wie ein abgehender Anruf aus einer H.323-Zone zu einer anderen geroutet wird, illustriert Abbildung 9.3-1. Das dargestellte Beispiel zeigt die Sprach-kommunikation zwischen zwei Unternehmen, bei denen jeweils ein Location-Server installiert wurde. Die beiden Location-Server sind nach dem TRIP-Konzept external Peers (vgl. Abb. 9.2-1) und machen sich gegenseitig die Tele-fonie-Routen bekannt.

Beispiel für Routing eines abgehenden Anrufs

In Abbildung 9.3-1 initiiert das IP-Telefon von Teilnehmer A in ITAD X eine Verbindung zum IP-Telefon von Teilnehmer B in ITAD Y. Hierbei sind folgende Schritte zu unterscheiden:

1.   Lokaler Gatekeeper fragt nach der IP-Adresse des Ziel-IP-Telefons.

     Das IP-Telefon des Teilnehmers A, der eine Verbindung initiiert, fragt beim Gatekeeper GK_2 mit der Nachricht ARQ (*AdmissionRequest*) des Protokolls H.225.0, ob der abgehende Anruf von ihm zugelassen wird und welche IP-Adresse das IP-Telefon des Teilnehmers B hat (s. Abschnitt 6.3.3). GK_2 verfügt aber nur über eine Tabelle mit den Zuordnungen *Tele-fonnummer => IP-Adresse* für die IP-Telefone der Zone mit der Vorwahl 0617 im eigenen Unternehmen X und nicht der Zone mit der Vorwahl 0123 im Unternehmen Y. GK_2 muss somit die Route zum Gatekeeper der Zone mit der fremden Vorwahl 0123 beim Location-Server LS der eigenen ITAD X abfragen.

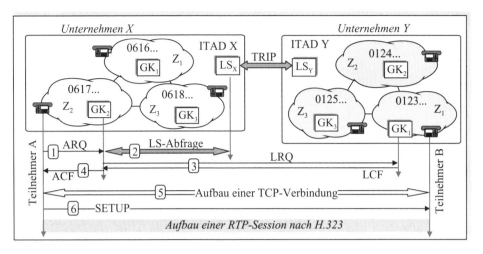

Abb. 9.3-1:   Routing eines abgehenden Anrufs zwischen H.323-Zonen
GK: Gatekeeper, LS: Location-Server, ARQ: AdmissionReQuest,
ACF: AdmissionConFirm, LRQ: LocationReQuest,
LCF: LocationConFirm, Z: (H.323-)Zone

2.   Lokaler Gatekeeper ermittelt den richtigen Gatekeeper.

Der lokale Gatekeeper GK_2 übermittelt nun die Telefonnummer des Teilnehmers B an LS_X in seiner ITAD X und fragt ihn nach der Route zum Gatekeeper, bei dem er die IP-Adresse des IP-Telefons von Teilnehmer B abfragen kann. Anhand der Vorwahl 0123 in der Telefonnummer des Teilnehmers B stellt LS in ITAD X fest, dass der Gatekeeper GK_1 der Zone Z_1 in ITAD Y abgefragt werden soll. LS_X aus ITAD X liefert damit dem GK_2 die IP-Adresse von GK_1 in ITAD Y.

3.   IP-Adresse des Ziel-IP-Telefons wird abgefragt.

Nachdem GK_2 aus der Zone Z_2 in ITAD X die Route zum GK_1 der Zone Z_1 in ITAD Y vom LS_X erhalten hat, fragt er bei GK_1 mit der H.225.0-Nachricht LRQ (*LocationReQuest*) nach der IP-Adresse des IP-Telefons von Teilnehmer D. Er sendet ihm die gesuchte IP-Adresse in der H.225.0-Nachricht LCF (*LocationConFirm*) zurück (s. Abschnitt 6.3.4).

4.   Lokaler Gatekeeper übergibt die IP-Adresse.

Nachdem GK_2 in ITAD X die IP-Adresse des IP-Telefons von Teilnehmer B vom GK_2 in ITAD Y erhalten hat, liefert er diese IP-Adresse in der H.225.0-Nachricht ACF (*AdmissionConFirm*) an das IP-Telefon des Teilnehmers A.

5.   Aufbau einer TCP-Verbindung

Hat das IP-Telefon des Teilnehmers A die IP-Adresse des IP-Telefons von Teilnehmer B erhalten, initiiert er den Aufbau einer TCP-Verbindung zum IP-Telefon des Teilnehmers B.

6.   Anruf wird weitergeleitet.

Nachdem die TCP-Verbindung zum IP-Telefon des Teilnehmers B aufgebaut wurde, leitet das IP-Telefon des Teilnehmers A durch das Absenden der H.225.0-Nachricht SETUP den abgehenden Anruf zum IP-Telefon des Teilnehmers B weiter.

9.3.2 Routing abgehender Anrufe aus dem ISDN zu einer H.323-Zone

Abbildung 9.3-2 illustriert, wie ein abgehender Anruf aus dem ISDN zu einer H.323-Zone innerhalb einer administrativen Domäne geroutet wird.

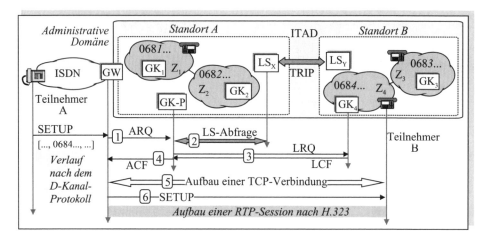

Abb. 9.3-2:   Routing eines abgehenden Anrufs aus dem ISDN zu einer H.323-Zone
GK-P: Gatekeeper-Proxy, GW: Gateway, weitere Abkürzungen wie in Abbildung 9.3-1

In diesem Beispiel handelt es sich um die Sprachkommunikation innerhalb eines großen Unternehmens, das auf zwei Standorte verteilt ist. Der ISDN-Anschluss wurde hier nur am Standort A eingerichtet. Auf jedem Standort werden jeweils mehrere H.323-Zonen eingerichtet. Zusätzlich wird in jedem Standort ein Location-Server installiert. Die beiden Location-Server LS_X und LS_Y machen sich die Telefonie-Routen mit TRIP bekannt.

Beispiel für das Routing eines abgehenden Anrufs aus dem ISDN

Nach dem Eintreffen der Nachricht SETUP aus dem ISDN beim Gateway GW, mit der ein ankommender Anruf an den Teilnehmer B in der Zone Z_4 (Vorwahl 0684) signalisiert wird, muss das Gateway nun SETUP an das IP-Telefon des Teilnehmers B weiterleiten. Wie aus Abbildung 9.3-2 ersichtlich ist, sind hierbei folgende Schritte zu unterscheiden, die weitgehend den Schritten aus Abbildung 9.1-2 entsprechen:

1. Gatekeeper-Proxy wird nach der IP-Adresse des Ziel-IP-Telefons befragt.

    Das Gateway (GW) fragt beim Gatekeeper-Proxy (GK-P) mit der Nachricht ARQ (*AdmissionReQuest*) des Protokolls H.225.0, ob der ankommende Anruf von ihm zugelassen wird und welche IP-Adresse das IP-Telefon des Teilnehmers B hat. GK-P muss somit die Telefonie-Route zum Gatekeeper der Zone mit der Vorwahl 0684 beim Location-Server LS_X abfragen.

2. Gatekeeper-Proxy ermittelt den richtigen Gatekeeper.

    GK-P übermittelt nun die Telefonnummer von Teilnehmer B an den LS_X am Standort A und fragt ihn nach der Route zum Gatekeeper, bei dem er die IP-Adresse des IP-Telefons von Teilnehmer B abfragen kann. Nach der Vorwahl 0684 in der Telefonnummer stellt LS_X fest, dass der Gatekeeper GK$_4$ der Zone Z$_4$ am Standort B abgefragt werden soll. LS$_X$ liefert damit an GK-P die IP-Adresse von GK$_4$.

3.   IP-Adresse des Ziel-IP-Telefons wird abgefragt.

Hat GK-P die Route zum GK$_4$ vom LS$_X$ erhalten, fragt er bei GK$_4$ mit LRQ nach der IP-Adresse des IP-Telefons von Teilnehmer B. GK$_4$ sendet GK-P die gesuchte IP-Adresse in LCF zurück.

4.   Gatekeeper-Proxy übergibt die IP-Adresse.

Nachdem GK-P die IP-Adresse des IP-Telefons von Teilnehmer B vom GK$_4$ erhalten hat, liefert er diese IP-Adresse in ACF an das Gateway (GW).

5.   Aufbau einer TCP-Verbindung

Hat GW die IP-Adresse des IP-Telefons von Teilnehmer B erhalten, initiiert er den Aufbau einer TCP-Verbindung zum IP-Telefon des Teilnehmers B.

6.   Abgehender Anruf wird initiiert.

Nachdem die TCP-Verbindung zum IP-Telefon von Teilnehmer B aufgebaut wurde, leitet GW durch das Absenden von SETUP den eingehenden Anruf zum IP-Telefon von Teilnehmer B weiter.

9.4   Vernetzung von VoIP-Zonen mit SIP

Eine administrative Domäne kann mehrere VoIP-Zonen enthalten, in denen SIP als Signalisierungsprotokoll eingesetzt wird. SIP definiert einen Location-Server, der der Funktion nach weitgehend dem Location-Server des TRIP-Konzepts entspricht. Bereits in Kapitel 7 wurde mehrmals auf die Bedeutung von Location-Servern eingegangen (s. Abb.7.2-3, 7.2-4). Die Übermittlung von Telefonie-Routen zwischen Location-Servern wurde aber außer Acht gelassen. Auf diese Aspekte wird nun eingegangen.

Bei der Sprachkommunikation zwischen den verschiedenen VoIP-Zonen mit SIP muss ein entsprechendes Telefonie-Routing realisiert werden, und dieser Abschnitt zeigt, wie dies erfolgen kann.

9.4.1   Routing der Anrufe zwischen VoIP-Zonen mit SIP

Abbildung 9.4-1 illustriert, wie das Routing eines Anrufs zwischen verschiedenen VoIP-Zonen mit SIP realisiert werden kann. Das Beispiel illustriert die VoIP-Kommunikation zwischen zwei Unternehmen *Sonne* und *Mond*, die nach TRIP entsprechend als ITAD X und ITAD Y identifiziert werden. Das Unternehmen *Mond* wird beispielsweise auf die zwei Standorte Hamburg und München verteilt, die hier entsprechend als die Internet-Domänen mond-hh.de und mond-m.de dargestellt werden. Diese beiden Internet-Domänen bilden die ITAD Y.

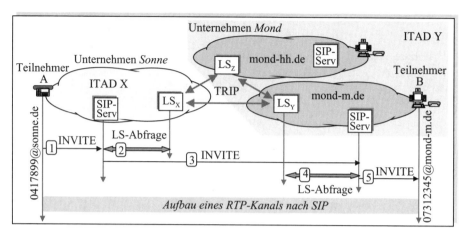

Abb. 9.4-1: Abgehender Anruf beim SIP-Einsatz und TRIP
LS: Location-Server, Serv: Server

Verlauf von Telefonie-Routing

Das IP-Telefon des Teilnehmers A in ITAD X initiiert eine Verbindung zum IP-Telefon von Teilnehmer B in ITAD Y. Hierbei sind folgende Schritte zu unterscheiden:

1. IP-Telefon initiiert eine Verbindung.

   Das IP-Telefon von Teilnehmer A in ITAD X initiiert eine Verbindung zum IP-Telefon von Teilnehmer B in ITAD X durch das Absenden der SIP-Nachricht INVITE mit der SIP-Adresse 07312345@mond-m.de an den SIP-Server. Diese Adresse besagt, dass es sich um die Telefonnummer 07312345 in der Internet-Domain mond-m.de handelt. Der SIP-Server des Anruf-Initiators weiß aber nicht, an welche IP-Adresse in ITAD Y die Nachricht INVITE weitergeleitet werden soll. Hierfür muss der Location-Server abgefragt werden.

2. SIP-Server des Anruf-Initiators ermittelt den Ziel-SIP-Server.

   Der SIP-Server des Anruf-Initiators übermittelt nun die SIP-Adresse von Teilnehmer B an den LS_X in seiner Internet-Domain und fragt ihn nach der Route zum SIP-Server der Ziel-Domäne, an die er die Nachricht INVITE weiterleiten soll.

3. SIP-Server des Anruf-Initiators leitet den Anruf weiter.

   Nachdem der SIP-Server des Anruf-Initiators vom LS_X die IP-Adresse vom Ziel-SIP-Server in der Domäne mond-m.de erhalten hat, leitet er INVITE an ihn weiter.

4. Ziel-SIP-Server ermittelt die Ziel-IP-Adresse.

   Hat der Ziel-SIP-Server INVITE empfangen, muss er nun die IP-Adresse des Teilnehmers B ermitteln. Hierfür fragt er den Location-Server seiner Domäne nach der IP-Adresse des Ziel-Anrufs.

5. Anruf wird zum Ziel geleitet.

   Nachdem der Ziel-SIP-Server die IP-Adresse des IP-Telefons von Teilnehmer B erhalten hat, leitet er die SIP-Nachricht INVITE zum IP-Telefon des Teilnehmers B weiter.

9.4.2 Routing ankommender ISDN-Anrufe zu VoIP-Zonen mit SIP

Abbildung 9.4-2 illustriert, wie ein ankommender Anruf aus dem ISDN zu einer VoIP-Zone mit SIP innerhalb einer administrativen Domäne realisiert werden kann. Hier handelt es sich um die Sprachkommunikation innerhalb eines großen Unternehmens, das auf drei Standorte verteilt ist. Der ISDN-Anschluss wurde nur am Standort A eingerichtet.

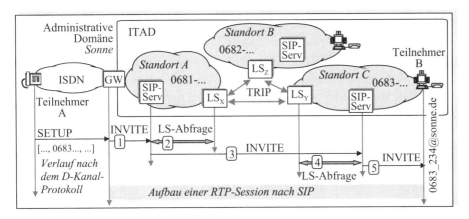

Abb. 9.4-2:   Routing eines ankommenden ISDN-Anrufs zu einer VoIP-Zone mit SIP
GW: Gateway, LS: Location-Server, Serv: Server

Nach dem Empfangen der Nachricht SETUP aus dem ISDN, mit der der ankommende Anruf an den Teilnehmer B am Standort C (Vorwahl 0683) signalisiert wird, muss das Gateway GW nun eine SIP-Nachricht INVITE an das IP-Telefon des Teilnehmers B weiterleiten. Das Gateway weiß aber nicht, welche IP-Adresse das IP-Telefon des Teilnehmers B hat.

Vergleicht man Abbildungen 9.4-1 und 9.4-2, so erkennt man, dass das Gateway aus Sicht des Protokolls SIP als Anruf-Initiator angesehen werden kann. In diesem Fall vollzieht man beim SIP-Verlauf in den Abbildungen 9.4-2 und 9.4.1 die gleichen Schritte mit der gleichen Bedeutung. Sie wurden bereits bei der Darstellung des Verlaufs in Abbildung 9.4-1 näher erläutert.

9.5 Schlussbemerkungen

Die Akzeptanz von VoIP wird immer größer. Es muss somit ermöglicht werden, dass jedes IP-Telefon mit jedem anderen Telefon am ISDN bzw. am digitalen oder analogen Telefonnetz eine Verbindung aufbauen kann. Ein Telefon initiiert immer einen Anruf zu einem anderen Telefon, also zu einer Telefonnummer. Ist das Ziel des Anrufs ein IP-Telefon, so muss eine Verbindung zu einer IP-Adresse aufgebaut werden. In diesem Zusammenhang spricht man von *Telefonie-Routing*, das in diesem Kapitel erklärt wurde.

Abschließend ist noch Folgendes hervorzuheben:

- Bei Telefonie-Routing nach TRIP werden Ansätze verfolgt, die in ähnlicher Form dem Protokoll BGP zugrunde liegen. Da BGP als Basisprotokoll für den Anschluss von administrativen Domänen (Unternehmen, öffentliche Verwaltung etc.) an das Internet dient, können die administrativen Domänen beim TRIP-Einsatz ihre VoIP-basierten Telefoninfrastrukturen an das Internet anschließen. TRIP ermöglicht in diesem Fall, dass jedes Telefon zu jedem anderen eine Verbindung aufbauen kann. Für weitere Informationen ist auf die Webquellen [Web 01] und [Web 02] zu verweisen.

- Telefonie-Routing lässt zu, dass jede administrative Einheit mehrere VoIP-Zonen mit H.323 oder mit SIP als VoIP-Signalisierungsprotokoll enthalten kann. Eine VoIP-Zone kann beispielsweise ein Netzwerk mit VoIP-Unterstützung an einem Standort eines Unternehmens darstellen und eine Vorwahl haben.

- Eine netzwerkbasierte IP-TK-Anlage, die eine Vernetzung mehrerer Media Gateways darstellt, kann ebenfalls als eine VoIP-Zone angesehen werden. Telefonie-Routing liefert eine Voraussetzung dafür, dass die IP-TK-Anlagen über ein IP-Netz (z.B. Internet) miteinander gekoppelt werden können. In einem System von vernetzten IP-TK-Anlagen mit TRIP kann jedes Telefon, sogar jedes analoge Telefon, zu jedem anderen eine Verbindung aufbauen.

- Mit Telefonie-Routing ist es theoretisch möglich, zu erreichen, dass die Internet-Telefonie die klassische Telefonie über die Telefonnetze bzw. über das ISDN ersetzen kann. Ob es in näherer Zukunft dazu kommt, muss man abwarten. Bereits heute ist sicher, dass sich die öffentliche TK-Infrastruktur für die Sprachkommunikation in Richtung VoIP bewegen wird. Es bleibt abzuwarten, welche Akzeptanz das in Abschnitt 3.8 dargestellte ENUM-Konzept zukünftig haben wird, nach dem mit einer Telefonnummer alle Internet-Dienste (u.a. VoIP) adressiert werden können.

- Es sind bereits alle „theoretischen Mittel" als Konzepte und Protokolle vorhanden, um VoIP für jeden und an jeder Stelle zur Verfügung zu stellen.

10 Migration zum VoIP-Einsatz

Bei keinem Netzwerkprojekt sollte der VoIP-Einsatz heute außer Acht gelassen werden. VoIP wird auch für kleine Büros und private Haushalte immer interessanter. Die Migration zum VoIP-Einsatz in Unternehmen führt zur Konvergenz der Sprach- und Datennetze und stellt ein komplexes Projekt dar. Beim Design der konvergenten Unternehmensnetze müssen bestimmte Design-Regeln verwendet werden. Der Schritt zu VoIP erfordert die Entscheidung, ob eine klassische TK-Anlage mit zusätzlichen VoIP-Systemkomponenten erweitert oder ob eine reine VoIP-Systemlösung eingesetzt werden soll. Diese Entscheidung hängt insbesondere davon ab, welche innovativen Applikationen zur Verfügung gestellt werden sollen.

Migration zu VoIP als komplexes Projekt

Die Auswahl einer geeigneten VoIP-Systemlösung ist vor allem davon abhängig, ob das Unternehmen nur an einem oder an mehreren Standorten angesiedelt ist. Je nachdem kommen unterschiedliche *VoIP-Systemarchitekturen* in Frage, die davon abhängig sind, ob es sich um eine *hybride* oder eine *reine VoIP-Systemlösung* handelt. Bei der Planung und Durchführung einer Migration zum VoIP-Einsatz in einem Unternehmen ist eine *strukturierte Vorgehensweise* erforderlich.

Aspekte der Migration

Dieses Kapitel gibt einen Überblick über alle Aspekte, die mit der Migration zu VoIP in Unternehmen verbunden sind. Nach der Darstellung wichtiger Aspekte in Abschnitt 10.1 werden in den Abschnitten 10.2 und 10.3 hybride und reine VoIP-Systeme präsentiert. Abschnitt 10.4 ist der Auswahl der richtigen Migrationstrategie gewidmet. Die strukturierte Vorgehensweise bei der Migration zu VoIP erläutert Abschnitt 10.5. Auf den VoIP-Einsatz in kleineren Büros und privaten Haushalten geht Abschnitt 10.6 ein.

Überblick über das Kapitel

Dieses Kapitel beantwortet u.a. folgende Fragen:

Ziel dieses Kapitels

- Welche Arten der Migration zu VoIP sind in Unternehmen sinnvoll?

- Welche Systemarchitekturen von VoIP-Lösungen gibt es und wie können sie eingesetzt werden?

- Wie werden hybride und auch reine VoIP-Systemarchitekturen konzipiert und eingesetzt?

- Wie soll die Migration zu VoIP in Unternehmen verlaufen und welche Aspekte sind hierbei zu berücksichtigen?

- Welche Möglichkeiten bestehen, VoIP über das Internet (d.h. *Internet-Telefonie*) in Büros und privaten Haushalten zur Verfügung zu stellen?

10.1   Verschiedene Aspekte der Migration zu VoIP

Arten der Migration

Bei der Migration zum VoIP-Einsatz in einem Unternehmen stehen grundsätzlich folgende zwei Möglichkeiten zur Auswahl:

■ *sanfte Migration zu VoIP* und

■ *harte Migration zu VoIP.*

10.1.1   Sanfte Migration zu VoIP

Was bedeutet eine sanfte Migration?

Die erste Möglichkeit der Migration zum VoIP-Einsatz in einem Unternehmen bzw. in einer anderen Institution (z.B. Universität, Stadtverwaltung) kann darin bestehen, dass man die bereits vorhandene TK-Anlage für die traditionelle Telefonie entsprechend um die VoIP-Systemkomponenten ergänzt und VoIP im Netzwerkbereich schrittweise einführt. Damit wird der Fortbestand der „alten TK-Welt" über eine bestimmte Zeit in den Vordergrund gestellt. Ein derartiger Ansatz wird als *sanfte Migration zu VoIP* bezeichnet. Bei dieser Lösung können beispielsweise einige Mitarbeiter via VoIP telefonieren, während andere Mitarbeiter noch immer die traditionelle TK-Anlage benutzen. Die sanfte Migration zum VoIP-Einsatz in einem Unternehmen ist dann sinnvoll, wenn die vorhandene TK-Anlage noch vollkommen funktionsfähig ist bzw. der Mietvertrag noch über eine relativ lange Zeit besteht.

Bei einer sanften Migration zum VoIP-Einsatz wird eine klassische TK-Anlage mit einer VoIP-basierten TK-Anlage, auch *IP-TK-Anlage* bzw. *IP-PBX* (*Private Branch eXchange*) genannt, entsprechend integriert. In diesem Falle spricht man auch von einer Hybridanlage. Eine sanfte Migration zum VoIP-Einsatz führt also zu einer *hybriden* Systemlösung.

Wohin führt eine sanfte Migration?

Die sanfte Migration zu VoIP führt dazu, dass alle Systemkomponenten für die Anrufsteuerung, Vermittlung und Realisierung wichtiger Dienstmerkmale in der Regel in einem Modul als Monolith untergebracht werden. Dieser Monolith stellt eine klassische TK-Anlage bzw. einen Verbund solcher TK-Anlagen dar. Das Ergebnis einer sanften Migration ist oft eine *monolithische VoIP-Systemlösung*. Häufig werden solche Lösungen von Herstellern traditioneller TK-Anlagen bevorzugt. Obwohl die Vorteile von reinen VoIP-Lösungen auf der Hand liegen, fällt es ihnen immer noch schwer, ihren mit klassischen TK-Anlagen gewonnenen Marktanteil aufzugeben.

10.1.2   Harte Migration zu VoIP

Die zweite Möglichkeit der Migration zum VoIP-Einsatz in einem Unternehmen bedeutet, dass ein radikaler Schritt vollgezogen wird. Er führt dazu, dass die traditionelle Systemlösung auf Basis einer TK-Anlage für die Sprachkommunikation durch eine reine VoIP-Systemlösung ersetzt wird. Hierbei wird die vorhandene TK-Anlage „schmerzfrei" und vollständig durch die neue VoIP-Welt ersetzt. Ein derartiger Ansatz wird als *harte (konsequente) Migration zu VoIP* bezeichnet. Diese Art der Migration bevorzugen insbesondere die führenden Hersteller von Netzwerkkomponenten.

Was bedeutet eine harte Migration?

Nach einer harten Migration zu VoIP sollte das verteilte VoIP-System allen Mitarbeitern im Unternehmen ermöglichen, mit allen Teilnehmern am PSTN/ ISDN und an Mobilfunknetzen (GSM, UMTS) per VoIP zu telefonieren. Einige Mitarbeiter sollten auch die Möglichkeit haben, auf sämtliche TK-Dienste im intelligenten Netz auf Basis von PSTN/ ISDN zuzugreifen.

Um diese Möglichkeiten zu garantieren, ist eine entsprechende Integration des Unternehmensnetzes mit PSTN/ ISDN notwendig. Diese Integration besteht darin, dass eine verteilte und universelle Gateway-Plattform zum Einsatz kommt. Die Kopplung des Unternehmensnetzes mit PSTN/ ISDN bei VoIP erfolgt mit Hilfe von Media Gateways (s. Kapitel 8). In Unternehmen, die auf mehrere Standorte verteilt sind, kann die Anbindung an PSTN/ ISDN über mehrere Media Gateways erfolgen, die an verschiedenen Standorten untergebracht werden. Diese Media Gateways können als *verteilte Gateway-Plattform* angesehen werden.

Bedeutung von Media-Gateways

Die Ansteuerung von Media Gateways und die Abwicklung der Signalisierung beim Auf- und Abbau von Verbindungen zwischen IP-Telefonen am Netzwerk und Telefonen am PSTN/ISDN sowie Handys in den Mobilfunknetzen (GSM, UMTS) wird von einer Funktionskomponente übernommen, die man als *Softswitch* bezeichnet. Manchmal wird auch die gesamte Gateway-Plattform Softswitch genannt. Eine harte Migration führt also zu einer *Softswitch-Lösung* (s. Abb. 10.3-1).

Softswitch-Einsatz

10.1.3   Typische Fälle bei der Migration zu VoIP

Bei der Migration zu VoIP in einem Unternehmen müssen mehrere Aspekte berücksichtigt werden. Insbesondere ist die VoIP-Systemlösung davon abhängig, ob das Unternehmen an einem oder an mehreren Standorten angesiedelt ist. Wie Abbildung 10.1-1 zeigt, sind im Allgemeinen vier typische Fälle bei der Migration zu VoIP in Unternehmen zu unterscheiden.

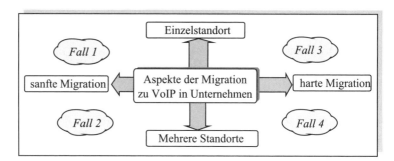

Abb. 10.1-1: Typische Fälle bei der Migration zum VoIP-Einsatz in Unternehmen

Bei der Erstellung des Konzeptes für die Migration zum VoIP-Einsatz in einem Unternehmen ist im Allgemeinen zwischen den folgenden grundlegenden Fällen zu unterscheiden:

Hybride VoIP-Lösung am Einzelstandort

1. *Sanfte Migration am Einzelstandort*

    Es handelt sich hierbei um eine hybride VoIP-Systemlösung für ein Unternehmen an einem Standort. Die bestehende TK-Anlage wird um ein auf einem Standort verteiltes VoIP-System erweitert. Das Architekturmodell für eine derartige Systemlösung wird in Abschnitt 10.2.1 näher dargestellt.

Standortübergreifende hybride VoIP-Lösung

2. *Sanfte Migration an mehreren Standorten*

    Dieser Fall entspricht einer hybriden VoIP-Systemlösung im Unternehmen, das an mehreren Standorten angesiedelt ist. Die Sprachkommunikation wird auf Basis einer standortübergreifenden Vernetzung von TK-Anlagen realisiert. Bei einer sanften Migration zu VoIP wird der Verbund von TK-Anlagen mit einem über mehrere Standorte verteilten VoIP-System erweitert. In Abhängigkeit davon, wie die Steuerung ankommender Anrufe realisiert wird, sind verschiedene Systemlösungen möglich. Auf die entsprechenden Architekturmodelle geht Abschnitt 10.2.3 näher ein.

Reine VoIP-Lösung am Einzelstandort

3. *Harte Migration am Einzelstandort*

    Es handelt sich hierbei um eine reine VoIP-Systemlösung für ein Unternehmen an einem Standort. Die bestehende TK-Anlage wird vollständig abgelöst und durch ein verteiltes VoIP-System am Einzelstandort ersetzt. Diese Lösung kann auch als *Softswitch-VoIP-Lösung* angesehen werden (s. Abb. 10.3-1). Das Architekturmodell für eine derartige Systemlösung wird in Abschnitt 10.3.1 näher dargestellt.

Standortübergreifende reine VoIP-Lösung

4. *Harte Migration an mehreren Standorten*

    Dieser Fall entspricht einer reinen VoIP-Systemlösung für ein Unternehmen, in dem bisher die Sprachkommunikation auf Basis eines standortübergreifenden Verbunds von TK-Anlagen realisiert wird. Die harte Migration ersetzt den Verbund von TK-Anlagen durch ein über mehrere Standorte verteiltes reines VoIP-System. Das VoIP-System basiert hierbei in der Regel auf dem Softswitch-Ansatz. Auf die entsprechenden Architekturmodelle geht Abschnitt 10.3.3 ausführlicher ein.

10.1.4 Architekturmodelle der VoIP-Systeme

Berücksichtigt man die in Abbildung 10.1-1 dargestellten typischen Fälle bei der Migration zum VoIP-Einsatz in Unternehmen, so kann für jeden dieser Fälle ein bestimmtes Architekturmodell des VoIP-Systems erstellt werden. Eine Übersicht über diese Architekturmodelle zeigt Abbildung 10.1-2.

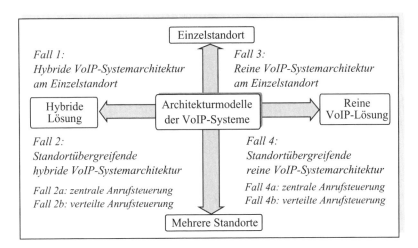

Abb.10.1-2: Die Architekturmodelle von VoIP-Systemen

Die grundlegenden Architekturmodelle der VoIP-Systeme in Unternehmen bzw. anderen Institutionen sind:

1. *Hybride VoIP-Systemarchitektur am Einzelstandort*

   Eine derartige Systemarchitektur entsteht durch eine Erweiterung einer TK-Anlage als Monolith um ein VoIP-System. Eine derartige Erweiterung der TK-Anlage führt zu einem hybriden VoIP-System. Das Architekturmodell eines solchen VoIP-Systems wird in Abschnitt 10.2.1 näher dargestellt.

   Hybride Lösungen

2. *Standortübergreifende hybride VoIP-Systemarchitektur*

   Es handelt sich hier um eine Erweiterung eines Verbunds von an mehreren Standorten installierten TK-Anlagen mit einem verteilten VoIP-System. Ein solches standortübergreifendes System stellt eine verteilte hybride VoIP-Systemlösung dar. In diesem Fall ist zwischen einer verteilten und einer zentralen Anrufsteuerung zu unterscheiden. Die Architekturmodelle für eine derartige Systemlösung werden in Abschnitt 10.2.3 dargestellt.

3. *Reine VoIP-Systemarchitektur am Einzelstandort*

   In diesem Fall wird die am Einzelstandort bestehende TK-Anlage vollständig abgelöst und durch ein reines VoIP-System ersetzt. In der Regel führt dies in großen Unternehmen zu einer Softswitch-Lösung. Abschnitt 10.3.1 zeigt das Architekturmodell für ein derartiges VoIP-System.

4. *Standortübergreifende reine VoIP-Systemarchitektur*

   Eine solche Systemarchitektur entsteht beispielsweise dann, wenn ein standortübergreifender Verbund von TK-Anlagen vollständig abgelöst und mit einem standortübergreifend verteilten VoIP-System ersetzt wird. Hierbei können mehrere Softswitches zum Einsatz kommen (s. Abb. 10.3-1). In Abhängigkeit davon, wie die ankommenden Anrufe verteilt werden, ist in diesem Fall zwischen einer verteilten und einer zentralen Anrufsteuerung zu unterscheiden. Die Architekturmodelle für eine derartige VoIP-Systemlösung werden in Abschnitt 10.3.3 näher dargestellt.

10.2 Hybride VoIP-Systemarchitekturen

Hybride VoIP-Systemarchitekturen sind davon abhängig, ob ein Unternehmen an einem Standort angesiedelt oder auf mehrere Standorte verteilt ist. Entsprechend ist zu unterscheiden zwischen

- *hybriden VoIP-Systemarchitekturen am Einzelstandort* und

- *standortübergreifenden hybriden VoIP-Systemarchitekturen.*

10.2.1 Hybride VoIP-Systemarchitektur am Einzelstandort

Falls die bestehende TK-Anlage in einem Unternehmen, das an einem Standort angesiedelt ist, durch ein verteiltes VoIP-System ergänzt wird, führt dies zu einer hybriden VoIP-Systemarchitektur am Einzelstandort. Abbildung 10.2-1 illustriert eine derartige Systemarchitektur. Dieses Modell stellt die einfachste Systemlösung für die Einführung von VoIP in einem Unternehmen dar.

Wie hier ersichtlich ist, wird kein vollständiger Umstieg auf die VoIP-Technik im Unternehmen durchgeführt, sondern die bestehende TK-Anlage nur um ein VoIP-System erweitert. Die „alte" TK-Anlage fungiert weiter als zentrale Systemkomponente zur Steuerung der ankommenden Anrufe aus dem PSTN/ISDN. Um das lokale Netzwerk (LAN) an die bestehende TK-Anlage anzubinden, wird ein VoIP-Gateway eingesetzt. Die Anbindung erfolgt in der Regel über die ISDN-Schnitttstelle S_{2M}.

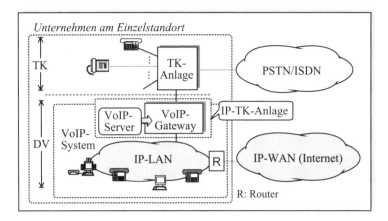

Abb. 10.2-1: Hybride VoIP-Systemarchitektur am Einzelstandort

Im VoIP-System ist ebenfalls eine zentrale Systemkomponente nötig, die man *Aufgabe des* oft *VoIP-Server* nennt. Die Aufgabe des VoIP-Servers ist davon abhängig, nach *VoIP-Servers* welchem Standard die Signalisierung im VoIP-System verläuft. Der VoIP-Server kann u.a. zur Verfügung stellen:

- die Funktion eines Gatekeepers, falls die Signalisierung nach H.323 verläuft (s. Kapitel 6),

- die Funktion von Proxy-/Redirect-Servern und die Registrar-Funktion beim Einsatz von SIP als Signalisierungsprotokoll (s. Kapitel 7).

Die beiden Funktionskomponenten VoIP-Server und VoIP-Gateway können in einer Hardwarekomponente untergebracht werden, sodass sie zusammen als eine *IP-TK-Anlage* angesehen werden können. Daher kann die in Abbildung 10.2-1 dargestellt Systemlösung für die Sprachkommunikation als *hybride Systemlösung* angesehen werden.

Die Vorteile der hier gezeigten hybriden VoIP-Systemarchitektur sind: *Vorteile*
hybrider
- Die vorhandene TK-Infrastruktur wie z.B. Telefonverkabelung, analoge und *VoIP-Lösung* digitale Telefone an der TK-Anlage können weitergenutzt werden.

- Eine Änderung der Organisationsstruktur ist nicht nötig.

Im Vergleich zu einer reinen ist eine hybride VoIP-Systemarchitektur jedoch als teuer, unflexibel und schlecht skalierbar zu bewerten.

10.2.2   Arten der Vernetzung von TK-Anlagen

Große Unternehmen oder Institutionen wie z.B. Stadtverwaltungen, Hochschuleinrichtungen etc. sind oft auf verschiedene Standorte aufgeteilt. Der Bedarf an einer unternehmensweiten Sprachkommunikation hat in der Vergangenheit zur Entstehung privater TK-Netze auf ISDN-Basis geführt. Sie bestanden in der Regel aus einer Vernetzung von TK-Anlagen, die an verschiedenen Standorten des Unternehmens installiert waren. Bei einer sanften Migration zum VoIP-Einsatz beeinflusst die Art der Vernetzung von an verschiedenen Ortsnetzen installierten TK-Anlagen das Konzept des VoIP-Systems.

Was beein-
flusst die
Vernetzungs-
art?

Gehören die Standorte einzelner TK-Anlagen eines Unternehmens zu verschiedenen Ortsnetzen, so kommen mehrere Vernetzungsarten in Frage. Sie sind oft davon abhängig, ob das ganze Unternehmen unter einer Rufnummer erreichbar sein muss oder nicht. Im Allgemeinen unterscheidet man die folgenden Arten der Vernetzung:

- Vernetzung von TK-Anlagen mit zentraler Anrufsteuerung,

- Vernetzung von TK-Anlagen mit verteilter Anrufsteuerung.

Da die Art der Vernetzung eine Auswirkung auf das Konzept des VoIP-Systems hat, werden diese zwei Typen hier kurz dargestellt.

Vernetzung von TK-Anlagen mit zentraler Anrufsteuerung

Prinzip der
Vernetzung

Abbildung 10.2-2 illustriert eine Vernetzung von TK-Anlagen mit zentraler Anrufsteuerung. Eine TK-Anlage befindet sich – als Hauptanlage – mit *ankommenden und abgehenden Amtsleitungen* am Hauptstandort des Unternehmens (Zentrale). Die TK-Anlagen an Nebenstandorten sind der Hauptanlage untergeordnet und über Festverbindungen an sie angeschlossen. Die untergeordneten TK-Anlagen an Nebenstandorten haben nur abgehende Amtsleitungen, sodass das ISDN als öffentliches TK-Netz nur eine TK-Anlage „sieht". Eine derartige Vernetzung garantiert, dass das ganze Unternehmen nur unter der Rufnummer der Haupt-TK-Anlage erreichbar ist. Die ankommenden externen Anrufe werden nur an die TK-Anlage am Hauptstandort geführt und über sie an die einzelnen Nebenstandorte weitergeleitet.

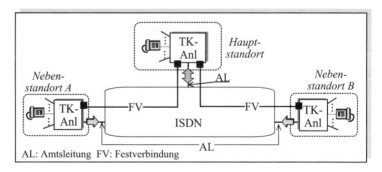

Abb. 10.2-2: Standortübergreifende Vernetzung von TK-Anlagen mit zentraler Anrufsteuerung

Die Vernetzung mit zentraler Anrufsteuerung ermöglicht u.a. die Mitnahme der *Besonder-*
Rufnummer beim Umzug innerhalb des Unternehmens. Jeder Teilnehmer hat *heiten*
nur eine Rufnummer, sodass man von außen nicht erkennen kann, an welchem
Standort im Unternehmen sich der Teilnehmer befindet. Somit kann jeder Teilnehmer nach dem „Umzug" innerhalb des Unternehmens seine Rufnummer beibehalten.

Vernetzung von TK-Anlagen mit verteilter Anrufsteuerung

Eine Vernetzung von TK-Anlagen mit verteilter Anrufsteuerung veranschau- *Prinzip der*
licht Abbildung 10.2-3. Hier sind alle TK-Anlagen gleichberechtigt und voll- *Vernetzung*
ständig über Festverbindungen paarweise miteinander vernetzt. Jede TK-Anlage hat sowohl ankommende als auch abgehende Amtsleitungen.

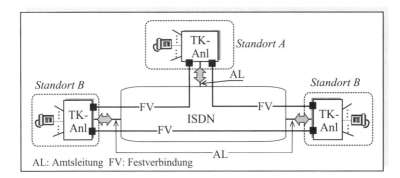

Abb. 10.2-3: Standortübergreifende Vernetzung von TK-Anlagen mit verteilter Anrufsteuerung

Sind die TK-Anlagen an einzelnen Ortsnetzen mit verschiedenen Vorwahlnummern installiert, ergibt sich die Frage, ob bei dieser Lösung das ganze Unternehmen unter einer Rufnummer erreichbar sein kann. Die Antwort auf diese
Frage ist nicht eindeutig und war in der Vergangenheit von der Art der Anschlüsse einzelner TK-Anlagen an die öffentlichen Vermittlungssysteme und
vom Rufnummernkontingent abhängig.

10.2.3 Standortübergreifende hybride VoIP-Systemarchitekturen

Eine sanfte Migration zu VoIP-Einsatz in Unternehmen bzw. in anderen Institutionen, die auf mehreren Standorten angesiedelt sind, führt zu hybriden VoIP-
Systemarchitekturen. Hierbei kann man unterscheiden zwischen

■ einer *VoIP-Systemarchitektur mit zentraler Anrufsteuerung* und

■ einer *VoIP-Systemarchitektur mit verteilter Anrufsteuerung*.

VoIP-Systemarchitekturen mit zentraler Anrufsteuerung

*Standort-
übergreifende
hybride
VoIP-Lösung*

Ist ein Unternehmen an mehreren Standorten angesiedelt und unterhält eine Vernetzung von TK-Anlagen mit zentraler Anrufsteuerung (s. Abb. 10.2-2), führt eine sanfte Migration zum VoIP-Einsatz zu einer standortübergreifenden hybriden VoIP-Systemarchitektur mit ebenfalls zentraler Anrufsteuerung. Abbildung 10.2-4 soll dies näher zum Ausdruck bringen.

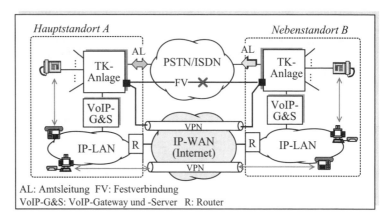

Abb. 10.2-4: Standortübergreifende hybride VoIP-Systemarchitektur mit zentraler Anrufsteuerung

Im gezeigten Beispiel fungiert die TK-Anlage am Standort A als Hauptanlage mit ankommenden und abgehenden Amtsleitungen. Die TK-Anlage am Nebenstandort ist der Haupt-TK-Anlage untergeordnet und über eine Festverbindung an sie angeschlossen. Bei der Migration zum VoIP-Einsatz werden die TK-Anlagen an jedem Standort um entsprechende VoIP-Systeme erweitert. An jedem Standort wird hier das Konzept verfolgt, das bereits in Abschnitt 10.2.1 dargestellt wurde (s. Abb. 10.2-1).

*Einsatz von
VPN*

Um Vernetzungskosten zu sparen, kann nun eventuell die Festverbindung über das PSTN/ISDN zwischen den beiden TK-Anlagen durch eine emulierte Standleitung über das IP-WAN ersetzt werden. Eine solche Standleitung wird oft auch als VPN (*Virtual Private Network*) bezeichnet (s. [BaHo 05]). Der Einsatz von VPN als Ersatz für Festverbindungen verlangt aber eine Nachrüstung von TK-Anlagen. Ohne Nachrüstung ist Ersetzung einer Festverbindung nicht immer mit einem VPN möglich. Bei der Sprachübertragung über VPN können bestimmte Sicherheitsverfahren unterstützt werden, sodass VPN als Tunnel interpretiert werden kann. Insbesondere besteht die Möglichkeit, die Sprache in verschlüsselter Form zu übermitteln.

*Eine Ruf-
nummer*

Da die untergeordnete TK-Anlage am Nebenstandort nur abgehende Amtsleitungen hat, „sieht" das ISDN nur die Haupt-TK-Anlage. Dies garantiert, dass das ganze Unternehmen unter einer Vorwahl der Haupt-TK-Anlage erreichbar ist. Die ankommenden externen Anrufe werden nur an die Haupt-TK-Anlage am Standort A geführt und von dort werden einige dieser Anrufen über VPN an den Nebenstandort B weitergeleitet.

Wurde die Festverbindung über das PSTN/ISDN zwischen den TK-Anlagen mit VPN ersetzt, erfolgt die Sprachkommunikation zwischen den Standorten A und B nur über das IP-WAN. Damit lassen sich die anfallenden Telefongebühren reduzieren. Zusätzlich kann ein weiteres VPN für den VoIP-Verkehr zwischen den Routern eingerichtet werden.

VoIP-Systemarchitekturen mit verteilter Anrufsteuerung

Ist ein Unternehmen an mehren Standorten angesiedelt und unterhält eine standortübergreifende Vernetzung von TK-Anlagen mit verteilter Anrufsteuerung (s. Abb. 10.2-3), führt eine sanfte Migration zum VoIP-Einsatz zu einer hybriden VoIP-Systemarchitektur mit ebenso verteilter Anrufsteuerung. Abbildung 10.2-5 illustriert einen derartigen Fall.

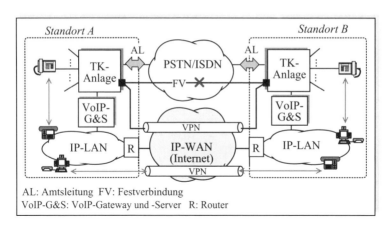

Abb. 10.2-5: Standortübergreifende hybride VoIP-Systemarchitektur mit verteilter Anrufsteuerung

Die hier dargestellte Situation entspricht weitgehend der Situation in Abbildung 10.2-4. Der wesentliche Unterschied besteht darin, dass nun die TK-Anlagen an beiden Standorten gleichberechtigt und über ankommende und abgehende Amtsleitungen mit dem öffentlichen Sprachkommunikationsnetz PSTN/ISDN verbunden sind. Falls die Vorwahlnummern an den Standorten A und B unterschiedlich sind, ist das Unternehmen in diesem Falls sowohl unter der Vorwahl des Standorts A als auch unter der des Standorts B erreichbar. Um die Vernetzungskosten zu sparen, kann die Festverbindung eventuell durch VPN über das IP-WAN ersetzt werden (vgl. Abb.10.2-4).

*Mehrere
Rufnummern*

10.3 Reine VoIP-Systemarchitekturen

Bei einer reinen VoIP-Systemarchitektur kann ein offenes Konzept verfolgt werden, das sich sowohl auf die Schnittstellen und Applikationen, als auch auf Hardware-Komponenten und Protokolle bezieht. Dies bedeutet, dass einige Systemkomponenten innerhalb des IP-Netzwerks (IP-LAN) frei verteilt sein können. Dadurch kann eine hohe Nutzungsflexibilität, Skalierbarkeit und Erweiterbarkeit des VoIP-Systems erreicht werden. Abbildung 10.3-1 erläutert das allgemeine Konzept einer reinen VoIP-Systemarchitektur.

Multiplane-Architektur   Eine reine VoIP-Systemarchitektur stellt eine Multiplane-Architektur dar, in der man – logisch gesehen – folgende Ebenen unterscheidet:

- ▪ *Media Transport Plane*,
- ▪ *Call Control Plane* und
- ▪ *Service Control Plane*.

Die Media Transport Plane bilden die Hardware-Komponenten wie IP-Telefone, physikalisches IP-LAN und das Media-Gateway an der Grenze zwischen IP-LAN und dem öffentlichen Sprachkommunikationsnetz. Diese Plane kann als Ebene der Sprachübertragung angesehen werden.

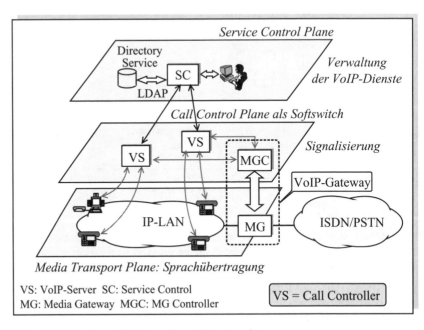

Abb. 10.3-1: Reine VoIP-Systemarchitektur mit verteilter Anrufsteuerung
LDAP: Lightweight Directory Access Protocol

Für die Übermittlung der Sprache in IP-Paketen müssen virtuelle Verbindungen, d.h. sog. RTP-Sessions (s. Abb.5.2-1), zwischen zwei IP-Telefonen auf- und abgebaut werden. Man spricht in diesem Zusammenhang von der *VoIP-Signalisierung*. Bei der Abwicklung der VoIP-Signalisierung entsteht die Notwendigkeit, sowohl die abgehenden als auch die ankommenden Anrufe entsprechend zu steuern und zu überwachen. In großen VoIP-Systemen ist daher eine spezielle Funktionskomponente für Steuerung und Überwachung der Anrufe nötig. Diese Funktionskomponente wird hier als Call Controller (CC) bezeichnet. Sie wird in der Regel auf einem speziellen Server untergebracht, der im Weiteren VoIP-Server (VS) genannt wird. Logisch gesehen kann die Funktion des Call Controller der Call Control Plane zugeordnet werden.

Steuerung der Anrufe mit Call Controller

> **Bemerkung:** Die führenden Hersteller von Systemkomponenten für VoIP verwenden einen anderen Namen für den Call Controller. Beispielsweise bezeichnet ihn die Firma Cisco als Call Manager und der Firma Alcatel als Call Server. Call Controller entspricht daher der Funktion nach sowohl dem Call Manager von Cisco als auch dem Call Server von Alcatel.

Zur Call Control Plane können mehrere VoIP-Server gehören, die als Call Controller dienen. Ein VoIP-Server stellt eine zentrale Komponente im VoIP-System dar. Sie regelt die Anrufverwaltung innerhalb des VoIP-Systems, indem sie unter anderem die Berechtigungen der einzelnen IP-Telefone verifiziert und die Anrufsignalisierung entsprechend steuert. Über den VoIP-Server findet aber keine Sprachübertragung statt, sondern er übernimmt die Vermittlungsaufgaben zwischen jeweils zwei IP-Telefonen. Erfolgt die VoIP-Signalisierung nach:

Funktion von VoIP-Server

- dem Standard H.323, realisiert der VoIP-Server hauptsächlich die Funktion des Gatekeeper.

- dem Protokoll SIP, stellt der VoIP-Server sowohl die Funktion eines Proxy- bzw. eines Redirect-Servers als auch die Funktion eines Registrars zur Verfügung.

Um eine hohe Verfügbarkeit des VoIP-Systems zu garantieren und damit auch die Anrufsteuerung nach dem Ausfall eines VoIP-Servers weiter sicher zu ermöglichen, sollte man eine redundante Auslegung von VoIP-Servern implementieren. Je nach Struktur und Größe des IP-Netzwerks können zwei oder mehrere VoIP-Server zu einem sog. *VoIP-Server-Cluster* gruppiert werden.

Bildung eines VoIP-Server-Clusters

Wie in Abbildung 10.3-1 ersichtlich ist, setzt sich das VoIP-Gateway aus zwei Funktionskomponenten zusammen, d.h. aus *Media Gateway* (MG) und *Media Gateway Controller* (MGC) (vgl. Abb. 8.1-2 und 8.1-3). MG wird der Media Transport Plane und MGC der Call Control Plane zugeordnet.

VoIP-Gateway

Aufgabe von Service Control Plane

Die Systemkomponenten innerhalb der Call Control Plane werden in der Regel von speziellen Service-Control-Komponenten konfiguriert und verwaltet, die sich auf der sog. Service Control Plane befinden. Dieser Ebene werden auch die sog. *Directory Services* (Verzeichnisdienste) des Netzwerks zugeordnet, auf die der VoIP-Server mit Hilfe des Protokolls LDAP zugreifen kann.

Softswitch-Ansatz

Die in Abbildung 10.3-1 dargestellte Multiplane-Systemarchitektur entspricht der Architektur von *Multiservice Next Generation Networks* mit Softswitches (vgl. Abb. 1.4-6 und 1.4-7). Ein Call Controller entspricht der Funktion nach einem Softswitch. Daher kann die Call Control Plane als ein verteilter Softswitch angesehen werden. Aus diesem Grund spricht man oft bei der Migration zu einer reinen VoIP-Systemarchitektur mit verteilter Anrufsteuerung von einem *Softswitch-Ansatz* bzw. von einer *Softswitch-Lösung*.

10.3.1 Reine VoIP-Systemarchitektur am Einzelstandort

VoIP-Server für Anrufsteuerung

Die harte Migration zum VoIP-Einsatz führt zu einer reinen VoIP-Systemarchitektur auf Basis eines Netzwerks. Abbildung 10.3-2a illustriert eine derartige Systemarchitektur am Einzelstandort. Für die Realisierung von VoIP wird das Netzwerk über ein VoIP-Gateway an das öffentliche Sprachkommunikationsnetz (ISDN/PSTN) angeschlossen. Der Anschluss erfolgt in der Regel über die ISDN-Schnittstelle S_{2M}, die 30 Amtsleitungen zur Verfügung stellt (s. Abschnitt 2.2). Da hier die Funktion der klassischen TK-Anlage nicht mehr vorhanden ist, erfolgt die Anrufsteuerung durch einen bzw. mehrere VoIP-Server (VS).

Um eine hohe Systemverfügbarkeit zu garantieren, können mehrere VoIP-Server in großen Netzwerken redundant und räumlich voneinander getrennt installiert werden (vgl. Abb. 10.3-1). Damit soll garantiert werden, dass die IP-Telefonie im Unternehmen beim Auftreten von außergewöhnlichen Störungen wie z.B. Brand in einer „abgeschwächten" Form weiter verfügbar ist.

VoIP-Netzwerk als IP-Subnetz

Es ist vorteilhaft, die Komponenten des VoIP-Systems zu einem logischen Netzwerk, d.h. zu einem VLAN (*Virtual LAN*), zusammenzufassen. Dadurch entsteht ein *logisches VoIP-Netzwerk*, das ein IP-Subnetz bildet. Dies hat den Vorteil, dass die *privaten IP-Adressen* den IP-Telefonen zugeordnet werden können. Ist dies der Fall, muss der Router R* an der Grenze zum Datennetzwerk zusätzlich die Funktion von NAT (*Network Address Translation*) realisieren (s. [BaHo 05]).

VoIP-Server bei H.323 als Auskunftsstelle

Abbildung 10.3-2b veranschaulicht die Anrufsteuerung. Hier wurde angenommen, dass das VoIP-System nach dem Standard H.323 funktioniert. Daher fungiert der VoIP-Server als Gatekeeper und enthält die Tabelle mit den Zuordnungen *Telefonnummer => IP-Adresse*. Er dient damit als Auskunftsstelle, falls eine Anfrage nach der IP-Adresse eines IP-Telefons ankommt.

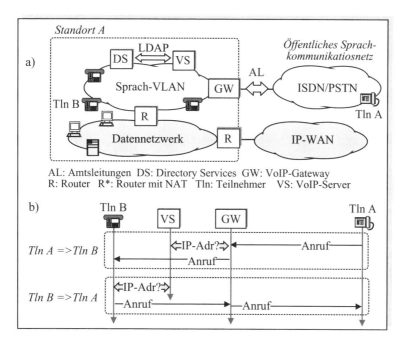

Abb. 10.3-2: Beispiel für eine reine VoIP-Systemarchitektur am Einzelstandort:
a) Komponenten der VoIP-Systemarchitektur,
b) Veranschaulichung der Anrufsteuerung
Anrufsignalisierung nach H.323, LDAP: Lightweight Directory Access Protocol,
NAT: Network Address Translation

Steuerung eines ankommenden Anrufs

Bei einem ankommenden Anruf vom externen Teilnehmer A fragt das VoIP-Gateway (GW) zuerst beim VoIP-Server nach, welche IP-Adresse das Telefon des internen Teilnehmers B hat. Nach dem Eintreffen der Antwort mit der IP-Adresse vom VoIP-Server leitet das VoIP-Gateway den ankommenden Anruf an das IP-Telefon des Teilnehmers B weiter.

Steuerung eines abgehenden Anrufs

Initiiert das IP-Telefon des internen Teilnehmers B einen abgehenden Anruf an den externen Teilnehmer A, fragt das IP-Telefon zuerst beim VoIP-Server nach der IP-Adresse des Telefons von Teilnehmer A. Dieses Telefon ist aber kein IP-Telefon, sondern ein Telefon am öffentlichen Sprachkommunikationsnetz, das über keine IP-Adresse verfügt. In diesem Fall erhält das IP-Telefon des internen Teilnehmers B vom VoIP-Server die IP-Adresse vom VoIP-Gateway. Der abgehende Anruf an den externen Teilnehmer A wird also zuerst zum VoIP-Gateway übermittelt und von dort an den Teilnehmer A weitergeleitet.

10.3.2 Verkabelung für die Unterstützung von VoIP

Eine konvergente Netzwerkstruktur mit der Unterstützung von VoIP kann zwischen den Arbeitsplatzrechnern und den Ethernet-Switches, d.h. im sog. *Etagenbereich (Tertiärbereich)*, eingerichtet werden mit:

- *getrennter Sprach- und Datenverkabelung oder*
- *gemeinsamer Sprach- und Datenverkabelung.*

Die Unterschiede zwischen diesen beiden Verkabelungsarten werden nun näher erläutert.

Getrennte Sprach- und Datenverkabelung

Sprach-VLAN

Ein Beispiel für eine konvergente Netzwerkstruktur mit getrennter Sprach- und Datenverkabelung im Etagenbereich zeigt Abbildung 10.3-3. Hier werden Arbeitsplatzrechner und IP-Telefone über getrennte Verkabelung im Etagenbereich an Ethernet-Switches angeschlossen, die in verschiedenen Etagenverteilern (EV) untergebracht werden können.

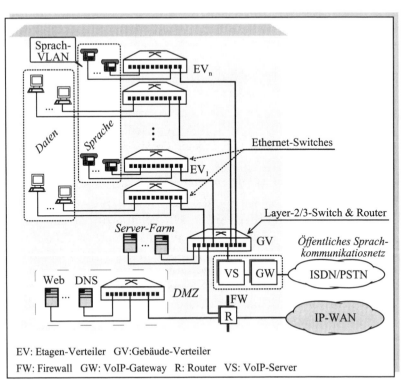

Abb. 10.3-3: Beispiel für Netzwerkstruktur mit getrennter Sprach- und Datenverkabelung
DMZ: DeMilitarisierte Zone, DNS: Domain Name System

Um ein *Sprach-IP-Subnetz*, das ein *Sprach-VLAN* (*Virtual LAN*) angesehen werden kann, einfacher einrichten zu können, werden hier die IP-Telefone an getrennte Ethernet-Switches angeschlossen. Die einzelnen Ethernet-Switches werden über einen Layer-2/3-Switch mit integrierter Routing-Funktion miteinander vernetzt. Bei einer derartigen Netzwerkstrukturierung kann ein Sprach-IP-Subnetz etagenübergreifend eingerichtet werden.

Für den Anschluss von IP-Telefonen können spezielle Ethernet-Switches eingesetzt werden, die die Stromversorgung für IP-Telefone über „Datenleitungen" liefern. Man spricht dann von *Power over Ethernet* (PoE). Also handelt es sich hierbei um Ethernet-Switches mit PoE-Bereitstellung. *Ethernet-Switches mit PoE*

Gemeinsame Sprach- und Datenverkabelung

Ein Beispiel für eine konvergente Netzwerkstruktur mit gemeinsamer Sprach- und Datenverkabelung im Etagenbereich zeigt Abbildung 10.3-4.

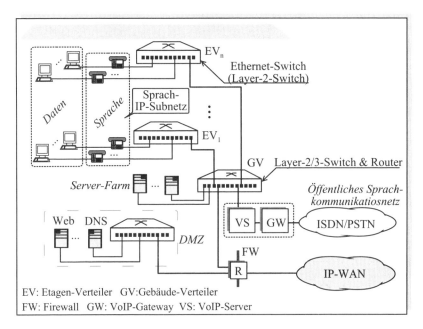

Abb. 10.3-4: Beispiel für Netzwerkstruktur mit gemeinsamer Sprach- und Datenverkabelung
        DMZ: DeMilitarisierte Zone, DNS: Domain Name System

Im Unterschied zur Struktur in Abbildung 10.3-3 werden hier die Arbeitsplatzrechner nicht direkt an die Ethernet-Switches angeschlossen, sondern über IP-Telefone. In diesem Fall muss jedes IP-Telefon, über das ein Rechner an das Netzwerk angeschlossen ist, als „kleiner interner Ethernet-Switch" mit zwei Down-Link-Ports für den Anschluss eines externen Rechners und des inneren *IP-Telefon als Switch*

Telefonteils und einem Up-Link-Port für die Verbindung zu einem Ethernet-Switch fungieren.

Um die Verzögerung der Sprache im IP-Telefon zu reduzieren, müssen die IP-Pakete mit Sprache beim Senden über den Up-Link-Port vorrangig vor den IP-Paketen mit Daten behandelt werden. Daher muss das IP-Telefon bestimmte Verfahren des Queue-Managements unterstützen (s. Abschnitt 4.5).

10.3.3 Standortübergreifende reine VoIP-Systemarchitekturen

In Abschnitt 10.2.2 wurden grundlegende Arten standortübergreifender Vernetzung von klassischen TK-Anlagen kurz dargestellt. Jede dieser Vernetzungsarten, d.h. zentrale oder verteilte Anrufsteuerung, entspricht einer Art von standortübergreifender reiner VoIP-Systemarchitektur. Eine Besonderheit dieser Systemarchitektur besteht darin, dass die Steuerung und das Management ankommender und abgehender Anrufe durch mehrere VoIP-Server erfolgen kann, die beliebig verteilt sein können.

VoIP-Systemarchitektur mit zentraler Anrufsteuerung

Nebenstandort ohne PSTN/ISDN-Anschluss

Ist ein Unternehmen auf mehrere Standorte verteilt und unterhält es eine Vernetzung von TK-Anlagen mit zentraler Anrufsteuerung (vgl. Abbildung 10.2.2), so führt eine harte Migration zu VoIP, bei der man auf die Funktion der klassischen TK-Anlage vollkommen verzichtet, zu einer verteilten VoIP-Systemarchitektur mit ebenfalls zentraler Anrufsteuerung. Abbildung 10.3-5a zeigt dies an einem Beispiel. Hier wird angenommen, dass die VoIP-Signalisierung nach H.323 verläuft.

Nur eine Vorwahlnummer

Die Netzwerke an beiden Standorten werden hier über VoIP-Gateway am Hauptstandort mit dem öffentlichen Sprachkommunikationsnetz (PSTN/ISDN) über *ankommende und abgehende* Amtsleitungen verbunden. Daher „sieht" das öffentliche Sprachkommunikationsnetz nur ein VoIP-Gateway. Dies garantiert, dass das ganze Unternehmen nur unter einer Vorwahlnummer des Hauptstandorts erreichbar ist. Die ankommenden externen Anrufe werden nur an das VoIP-Gateway am Hauptstandort geführt und von dort an den Nebenstandort weitergeleitet.

Einsatz von VoIP-Server-Proxy

An jedem Standort wurde ein VoIP-Server installiert. Daher ist am Hauptstandort eine Vertretung von beiden VoIP-Servern nötig, sodass für die ankommenden, externen Anrufe nur die Vertretung sichtbar ist. Eine derartige Vertretung wird als *VoIP-Server-Proxy* (VS-P) bezeichnet (vgl. Abb. 9.3-2).

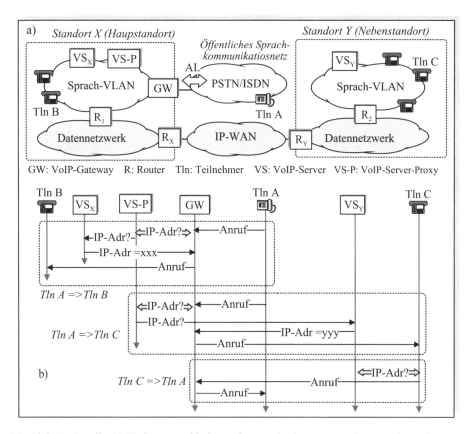

Abb. 10.3-5: Verteilte VoIP-Systemarchitektur mit zentraler Steuerung ankommender und
abgehender Anrufe:
a) Komponenten der VoIP-Systemarchitektur,
b) Veranschaulichung der Anrufsteuerung
VoIP-Signalisierung nach H.323, VLAN: Virtual LAN (VLAN = IP-Subnetz)

Die Aufgabe eines VoIP-Server-Proxy wird in Abbildung 10.3-5b dargestellt. *Steuerung*
Bei einem ankommenden Anruf des externen Teilnehmers A fragt das VoIP- *eines an-*
Gateway beim VS-P nach, welche IP-Adresse das Telefon des internen Teil- *kommenden*
nehmers B hat. VS-P stellt in diesem Fall fest, dass es sich um einen Anruf an *Anrufs*
den internen Teilnehmer am Standort X handelt. Daher übergibt er die Anfrage
nach der IP-Adresse des IP-Telefons von Teilnehmer B an den VoIP-Server am
Standort X, der die gefragte IP-Adresse dem VoIP-Gateway liefert. Nach dem
Empfang dieser IP-Adresse leitet das VoIP-Gateway den ankommenden Anruf
direkt an das Telefon des Teilnehmers B weiter.

Ist der angerufene Teilnehmer am Nebenstandort, verläuft die Weiterleitung
des an ihn ankommenden externen Anrufes nach dem gleichen Prinzip wie zu
einem Teilnehmer am Hauptstandort. Abbildung 10.3-5b illustriert dies auch.

Aus dem eben gezeigten Beispiel für die Steuerung der ankommenden Anrufe geht hervor, dass die Aufgabe des VoIP-Server-Proxy, falls mehrere VoIP-Server eingesetzt und beliebig verteilt werden, in der Auswahl des richtigen VoIP-Servers besteht (s. Abschnitt 9.1.1).

Steuerung eines abgehenden Anrufs

Initiiert das IP-Telefon des internen Teilnehmers C am Nebenstandort Y einen abgehenden Anruf an den externen Teilnehmer A, so fragt dieses IP-Telefon zuerst beim VoIP-Server (VS$_Y$) nach der IP-Adresse des Telefons von Teilnehmer A. Dieses Telefon ist aber kein IP-Telefon, sondern ein Telefon am öffentlichen Sprachkommunikationsnetz, sodass das IP-Telefon des internen Teilnehmers C nicht die IP-Adresse des Telefons von Teilnehmer A vom VS$_Y$ erhält, sondern die IP-Adresse vom VoIP-Gateway zum öffentlichen Sprachkommunikationsnetz. Daher wird der abgehende Anruf zuerst zum VoIP-Gateway am Hauptstandort übermittelt und von dort an den externen Teilnehmer A weitergeleitet.

Nebenstandort mit PSTN/ISDN-Anschluss für abgehende Anrufe

Der Nebenstandort eines Unternehmens kann über ein VoIP-Gateway mit nur *abgehenden* Amtsleitungen an das öffentliche Sprachkommunikationsnetz, angeschlossen werden. Einen solchen Fall illustriert Abbildung 10.3-6a.

Vergleicht man Abbildung 10.3-6b mit Abbildung 10.3-5b, so ist ersichtlich, dass die externen abgehenden Anrufe vom Nebenstandort direkt über das an diesem Standort installierte VoIP-Gateway in das öffentliche Sprachkommunikationsnetz geleitet werden.

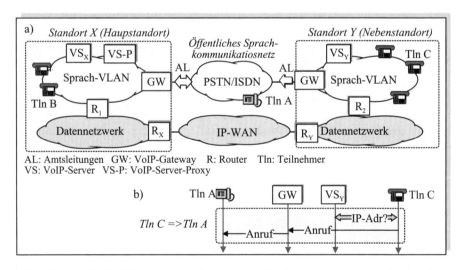

Abb. 10.3-6: Verteilte VoIP-Systemarchitektur mit zentraler Steuerung ankommender Anrufe:
a) Komponenten der VoIP-Systemarchitektur,
b) Steuerung eines abgehenden Anrufes
VoIP-Signalisierung nach H.323, VLAN: Virtual LAN (VLAN = IP-Subnetz)

VoIP-Systemarchitektur mit verteilter Anrufsteuerung

Ein Beispiel für eine reine VoIP-Systemarchitektur mit verteilter Anrufsteuerung zeigt Abbildung 10.3-7a. Zu dieser Systemarchitektur würde beispielsweise eine harte Migration zu VoIP bei der in Abbildung 10.2-3 gezeigten standortübergreifenden Vernetzung von TK-Anlagen führen, falls man auf den Einsatz von klassischen TK-Anlagen vollkommen verzichten würde.

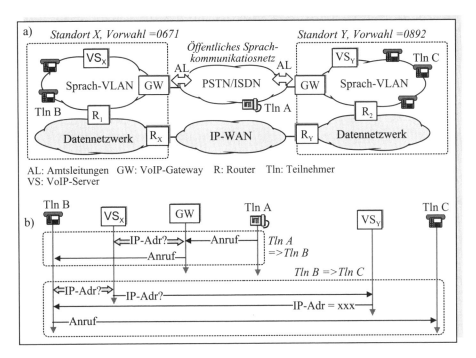

Abb. 10.3-7: Verteilte VoIP-Systemarchitektur mit verteilter Steuerung ankommender und
abgehender Anrufe:
a) Komponenten der VoIP-Systemarchitektur,
b) Steuerung eines ankommenden und eines abgehenden Anrufes
VoIP-Signalisierung nach H.323, VLAN: Virtual LAN (VLAN = IP-Subnetz)

Die Netzwerke an den beiden Standorten werden hier mit Hilfe von VoIP-Gateways mit dem öffentlichen Sprachkommunikationsnetz über *ankommende und abgehende* Amtsleitungen verbunden. Sind die VoIP-Gateways an Ortsnetzen mit verschiedenen Vorwahlnummern installiert, kann das VoIP-System an jedem von diesen beiden Standorten als eigenständiges VoIP-System betrachtet werden, das unter eigener Vorwahlnummer vom öffentlichen Sprachkommunikationsnetz erreichbar ist. Zwar wird ein VoIP-Server an jedem Standort installiert, aber hier ist ein VoIP-Server-Proxy nicht nötig, wie dies in Abbildungen 10.3-5 und 10.3-6 der Fall war.

PSTN/ISDN-Anschlüsse an allen Standorten

Steuerung eines ankommenden Anrufs

Abbildung 10.3-7b soll die Anrufsteuerung kurz erläutern. Hier wurde angenommen, dass das VoIP-System nach dem Standard H.323 funktioniert. Wie hier gezeigt wurde, fragt das VoIP-Gateway beim VoIP-Server VS_X bei einem ankommenden Anruf des externen Teilnehmers A nach, welche IP-Adresse das Telefon des internen Teilnehmers B hat. Nach dem Eintreffen der Antwort vom VS_X leitet das VoIP-Gateway den ankommenden Anruf an das IP-Telefon des Teilnehmers B am Standort X weiter.

Steuerung eines Anrufs zwischen internen Teilnehmern

Initiiert das IP-Telefon des internen Teilnehmers B am Standort X einen abgehenden Anruf an den internen Teilnehmer C am Standort Y, fragt das IP-Telefon zuerst beim VS_X nach der IP-Adresse des Telefons von Teilnehmer C. Dieses Telefon ist aber nicht am Standort X, sondern am Standort Y. In diesem Fall übergibt VS_X die Anfrage nach der IP-Adresse an den VoIP-Server VS_Y am Standort Y. Dieser übermittelt die gewünschte IP-Adresse direkt an das IP-Telefon des Teilnehmers B am Standort X. Dieses IP-Telefon signalisiert danach den Anruf direkt dem IP-Telefon des Teilnehmers C am Standort Y.

10.4 Auswahl einer VoIP-Systemlösung

Entscheidung: Harte oder sanfte Migration zu VoIP?

Falls eine vollkommen neue und konvergente Netzwerkstruktur mit VoIP in einem Unternehmen bzw. in einer anderen Institution aufgebaut werden muss, dann sollte ein reines Softswitch-basiertes VoIP-System für die Sprachkommunikation bevorzugt werden. Ist in einem Unternehmen eine noch vollkommen funktionsfähige TK-Anlage bereits vorhanden und eventuell noch nicht ganz unverzichtbar, ist die Entscheidung *Harte oder sanfte Migration zu VoIP?* von einigen Kriterien abhängig. Um in einer solchen Situation die richtige Entscheidung zu treffen, sollte man ein wirtschaftlich fundiertes Migrationskonzept mit geschätzten Gesamtkosten erstellen. Je nach Ausgangssituation, vorliegenden Angeboten von Systemkomponenten und Dauer der Migration kann eine hybride bzw. eine reine VoIP-Systemlösung in Frage kommen.

Entscheidungskriterien

Bevor man mit der Erstellung eines detaillierten Konzeptes für das VoIP-System beginnt, muss zuerst entschieden werden, ob die VoIP-Systemlösung hybrid oder Softswitch-basiert sein soll. In diesem Zusammenhang müssen mehrere Fragen beantwortet werden, u.a. folgende:

Vorhandene TK-Anlage?

■ Was passiert mit einer vorhandenen und noch funktionsfähigen TK-Anlage? Ist der bestehende Mietvertrag wirtschaftlich und kann er sinnvoll verlängert werden?

Vorhandene Telefone?

■ Was passiert mit vorhandenen und vollkommen funktionsfähigen Telefonen? Sollen sie stufenweise abgebaut oder weiter verwendet werden? Falls sie weiter im Einsatz sein sollen, können sie an das VoIP-System über spezielle Gateways, die sog. *Telefon-Hubs*, angeschlossen werden (s. Abschnitt

8.1). Was passiert mit Teilnehmern, die noch heute an die klassische TK-Anlage angeschlossen sind?

▪ Existieren eventuell spezielle und für die Geschäftsprozesse im Unternehmen wichtige Anwendungen, die nur auf Basis der klassischen TK-Anlage realisierbar sind? Kann IP-Kommunikation den Ablauf der Geschäftsprozesse besser unterstützen?

Auswirkungen auf Geschäftsprozesse?

▪ Ist ein Parallelbetrieb der klassischen TK-Anlage und eines VoIP-Systems langfristig wirklich sinnvoll und wirtschaftlich? Kann der Parallelbetrieb langfristig betreut werden? Welches technische Personal benötigt man für die Systembetreuung? Über welches Wissen muss das technische Personal verfügen?

Ist Parallelbetrieb sinnvoll?

▪ Über welchen Zeitraum soll sich die Investition für VoIP amortisieren? Wie stabil ist das heutige Angebot von VoIP-Systemkomponenten? Werden diese Systemkomponenten in der heutigen Form noch in ein paar Jahren existieren?

Verschiedene Unsicherheiten

Diese Liste von Fragestellungen ist mit Sicherheit nicht vollständig. Wie man hier leicht erkennen kann, gibt es keine allgemeingültige Migrationstrategie zu VoIP in großen Unternehmen bzw. anderen Institutionen. Die möglichst optimale Migrationstrategie muss für jeden einzelnen Fall gefunden werden.

10.5 Hauptschritte bei der Migration zu VoIP

Die Migration zum VoIP-Einsatz in einem Unternehmen bzw. in einer anderen Organisation stellt ein komplexes Projekt dar. Für die Planung und technische Realisierung dieses Projekts ist die in Abbildung 10.5-1 gezeigte strukturierte Vorgehensweise unabdingbar.

Um die Basis für die Einführung von VoIP zu schaffen, ist es zuerst erforderlich, die aktuelle Situation hinsichtlich der Sprachkommunikation im Unternehmen präzise zu analysieren. Diese Projektphase wird üblicherweise *Ist-Analyse* genannt. Die Einführung von VoIP sollte die aktuelle Sprachkommunikation im Unternehmen verbessern und dies sollte zu Steigerung der Effizienz bei organisatorischen Abläufen führen. Deswegen soll die Ist-Analyse sowohl das organisatorische als auch das technische Umfeld betreffen. Abschnitt 10.5.1 geht näher auf die Ist-Analyse ein.

Ist-Analyse

Nach der Ist-Analyse erfolgt die Soll-Analyse. Während der Soll-Analyse werden die Anforderungen an das VoIP-System zusammengestellt. Es handelt sich hierbei um sowohl organisatorische als auch technische Anforderungen. Die Soll-Analyse muss somit alle Punkte als Ergebnisse der Ist-Analyse berücksichtigen. Sie wird detaillierter in Abschnitt 10.5.2 dargestellt.

Soll-Analyse

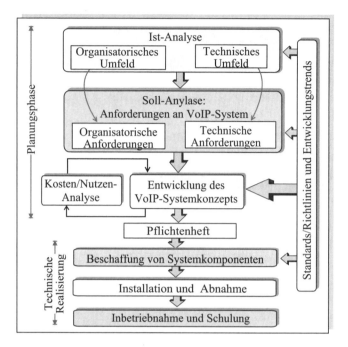

Abb. 10.5-1: Allgemeine Vorgehensweise bei der Migration zum VoIP-Einsatz in Unternehmen

Entwicklung des VoIP-System-konzeptes

Das Ergebnis der Soll-Analyse soll ein *Katalog von Systemanforderungen* sein, der als Basis für die *Erstellung des VoIP-Systemkonzeptes* dient. Die Entwicklung des VoIP-Systemkonzeptes ist der nächste Schritt. Ein konvergentes Unternehmensnetz mit VoIP ist ein sehr komplexes Gebilde, sodass sich dessen Systemkonzept aus mehreren Komponenten, die als Teilkonzepte angesehen werden können, zusammensetzt. Auf diese Komponenten wird in Abschnitt 10.5.3 kurz eingegangen.

Kosten/ Nutzen-Analyse

Da die einsetzbaren Mittel immer limitiert sind, ist eine kontinuierliche Kosten/Nutzen-Analyse während der Entstehung des VoIP-Systemkonzeptes notwendig. Diese Analyse führt in der Regel zu einem iterativen Prozess der Verbesserung des Systemkonzeptes. Hierbei treten u.a. folgende Schwierigkeiten auf:

■ *Ermittlung von repräsentativen Kosten*: Die Kosten können meist nur innerhalb eines kleinen Zeitraums ermittelt werden, sodass sie auf längere Sicht oft fragwürdig sein können (z.B. als Folge einer neuen Zinslage).

■ *Abschätzung der Folgekosten*: Risikoabschätzung, Folgeinvestitionen, ...

■ *Ermittlung aller Einflussfaktoren*: Welche Einsparungen mit VoIP möglich sind und welche anderen Nutzungspotentiale es bietet, lässt sich umso schwerer ermitteln, je mehr Unternehmensbereiche davon betroffen sind.

Bei der Kosten/Nutzen-Analyse sind folgende Kosten und Einsparungen zu berücksichtigen:

■ *Fixe Kosten*: Es handelt sich hierbei um die Kosten, die bei der Durchführung des Projektes einmalig verursacht werden. Hierzu gehören u.a.: evtl. Beratungskosten, Kosten für die Durchführung der Ausschreibung, Kosten der Beschaffung von Systemkomponenten, Installationskosten (z.B. Verkabelungskosten).

■ *Laufende Kosten*: Hierzu werden alle Kosten gezählt, die im Laufe der Zeit immer wieder auftauchen. Die laufenden Kosten werden oft pro Monat angegeben. Zu dieser Kostenart gehören u.a.: Telefon- und Internet-Kosten, Personalkosten (Wartung und Pflege, Netzadministration), Kosten für Hardware- und Software-Update (evtl. Leasing), evtl. Versicherung und Zinsen.

■ *Direkte (errechenbare) Einsparungen*: Folgende Einsparungen sind eventuell denkbar: Personaleinsparungen, Gebühreneinsparungen, Hardware-Einsparungen (z.B. durch Verzicht auf die TK-Anlage).

■ *Indirekte (nicht errechenbare) Einsparungen*: Hierzu gehören nicht monetär bewertbare Nutzungspotentiale wie z.B.: Erhöhung der Konkurrenzfähigkeit des Unternehmens, verbesserte Kommunikation etc.

Eine Kosten/Nutzen-Analyse mit dem Vergleich monetärer Ergebnisse ist zwar oft ein wichtiger Faktor bei der Auswahl der richtigen VoIP-Systemlösung, aber auch die nicht monetär bewertbaren Nutzungspotentiale sind manchmal von entscheidender Bedeutung.

Wurde das Konzept des VoIP-Systems erstellt, wird damit die Planungsphase beendet. Es muss nun im sog. *Pflichtenheft* dokumentiert werden, wie die Aufgaben bei der technischen Realisierung des VoIP-Systems verteilt werden. Das Pflichtenheft ist ein Dokument, in dem die Aufgaben, die bei der Realisierung des erstellten Systemkonzeptes erledigt werden müssen, in der Reihenfolge ihrer Erledigung/Bedeutung und mit der Angabe der zuständigen Person(en) vollständig aufgelistet sind. *Erstellung des Pflichtenheftes*

Nach der Erstellung des VoIP-Systemkonzeptes und des Pflichtenheftes erfolgt die Beschaffung von Systemkomponenten. Hierfür ist eine Auflistung von allen notwendigen Systemkomponenten mit deren Anzahl und den eventuellen Bemerkungen bzw. den konkreten Anforderungen nötig. Die Beschreibung der einzelnen Komponenten sollte recht ausführlich definiert sein, denn selbst eine geringfügige Eigenart einer Systemkomponente kann nachher zu einer unerwünschten Folge führen. Wurden die notwendigen Systemkomponenten spezifiziert, kann deren Beschaffung erfolgen. Außer der Liste von notwendigen Systemkomponenten müssen weitere Details für die Anbieter präzisiert werden. Hierzu gehören u.a.: *Beschaffung von Systemkomponenten*

■ Zeitplan für die Realisierung der Ausschreibung und Liefertermin,

- Richtlinien für die Abnahme,

- Wartungskonzept und evtl. Schulungskonzept.

Diese Angaben mit einer ausführlichen Liste von Systemkomponenten müssen in den Ausschreibungsunterlagen enthalten sein, die in Form von Briefen an verschiedene Anbieter gesendet werden. Wünschenswert wäre es, die benötigten Systemkomponenten von einem Anbieter zu bekommen.

Auswertung der Angebote

Eine Auswahl von Systemkomponenten, die den technischen Anforderungen genügen, sollte u.a. anhand folgender Bewertungskriterien erfolgen:

- Vollständigkeit und Richtigkeit des Angebots

- Direkter Kostenvergleich: Preis des Angebots

- Langfristiger Kostenvergleich: Folgekosten, Schulungskosten, Update-Kosten, Wartungskosten, Risikoabschätzung etc.

- Entspricht das Angebot dem Standard?

- Wie wird die Wartung und Pflege gesichert?

- Bewertung des Anbieters: Seriosität, Größe der Firma, Erfahrungen, Referenzliste, eigene Werkstatt etc.

Installation und Abnahme

Nach der Beschaffung von Systemkomponenten erfolgt deren Installation und Abnahme. Nachdem die Systemkomponenten installiert, konfiguriert und alle Sicherheitsdienste eingerichtet wurden, ist es trotzdem nicht vollständig vor unvorhergesehenen Ereignissen geschützt, die sich schnell zu Notfällen entwickeln können.

Inbetrieb-nahme und Schulung

Die Migration zu VoIP endet mit der Inbetriebnahme des installierten VoIP-Systems und der eventuellen Schulung von Mitarbeitern, sodass sie in die Lage versetzt werden, das VoIP-System effektiv zu nutzen. Während der Installation von VoIP-Systemkomponenten soll die Dokumentation des Systems entsprechend den gestellten Anforderungen teilweise erstellt werden.

Notfallplan

Es ist die ständige Verfügbarkeit des VoIP-Systems gefordert. Um sie so weit wie möglich zu garantieren bzw. bei Störungen so schnell wie möglich wieder herstellen zu können, ist ein *Notfallplan* nötig. Er muss während der Planungsplase erstellt werden und enthält eine Auflistung von denkbaren Notfällen und Störungen mit einer Angabe von Maßnahmen, die in den einzelnen Fällen ergriffen werden sollen.

Standards und Richt-linien

Ein wesentlicher Gesichtspunkt bei der Migration zum VoIP-Einsatz in einem Unternehmen ist die Berücksichtigung von geltenden Standards und Richtlinien sowie Entwicklungstrends, die insbesondere die Systemanforderungen, das Systemkonzept und die zu beschaffenden Systemkomponenten beeinflussen.

10.5.1   Ist-Analyse bei der Migration zu VoIP

Zu Beginn der Migration zum VoIP-Einsatz in einem Unternehmen ist es er- *Ziele der Ist-*
forderlich, die aktuell vorhandenen Strukturen und Abläufe präzise zu erfassen. *Analyse*
Dies stellt eine *Ist-Analyse* dar. Erst auf der Basis der hier gewonnen Erkennt-
nisse kann eine fundierte Planung eines VoIP-Systems erfolgen. Während der
Ist-Analyse sollten *organisatorische* und *technische Aspekte* analysiert werden.
Das Ziel dieser Ist-Analyse sollte es sein,

- *alle Schwachstellen* heutiger Sprachkommunikation aufzulisten,

- *alle Verbesserungsvorschläge* der Sprachkommunikation zu erfassen,

- *eine Wunschliste* von innovativen VoIP-Applikationen zu erstellen.

Organisatorische Aspekte der Ist-Analyse

Die Struktur und die Leistungsmerkmale des einzurichtenden VoIP-Systems *Warum*
sollen an die existierenden organisatorischen Strukturen und Abläufe des Un- *organisatori-*
ternehmens angepasst werden. Aus diesem Grund sollte man diese Bereiche *sche*
des organisatorischen Umfelds analysieren, auf die das neue VoIP-System ir- *Aspekte?*
gendwelche Auswirkungen haben könnte. Abbildung 10.5-2 zeigt eine Auflistung von Schwerpunkten der Ist-Analyse des organisatorischen Umfelds bei
der Migration zu VoIP in einem Unternehmen.

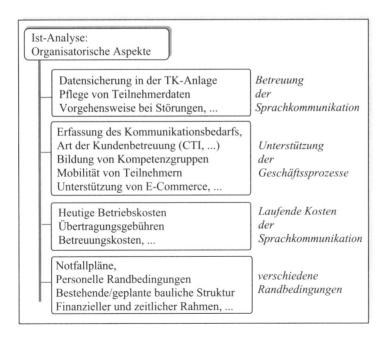

Abb. 10.5-2: Organisatorische Aspekte der Ist-Analyse bei der Migration zu VoIP

Die Schwerpunkte der Ist-Analyse des organisatorischen Umfelds sind:

■ *Betreuung der Sprachkommunikation*

Hierunter fallen alle Tätigkeiten und Abläufe, die heute im Unternehmen nötig sind, um die Sprachkommunikation auf dem geforderten Niveau zu garantieren. Daher sollte man u.a. Folgendes erfassen:

– Wie werden die Konfigurationsdaten (z.B. Leistungsmerkmale von Nebenstellen) der vorhandenen TK-Anlage gesichert und was könnte man hierbei verbessern?

– Wie werden die Teilnehmerdaten gepflegt, um Einheitlichkeit und Konsistenz im Telefonverzeichnis des Unternehmens zu gewährleisten? Welche Personen besitzen die Berechtigung, diese Daten zu pflegen? Welche Verbesserungsvorschläge gibt es?

– Wie wird die Vorgehensweise bei Störungen der Sprachkommunikation organisiert? Wer ist für was zuständig? Was könnte man verbessern?

Dies sollte dazu dienen, gute Vorschläge für die Betreuung des neuen VoIP-Systems erarbeiten zu können.

■ *Unterstützung der Geschäftsprozesse*

Es sollen die Aspekte der Sprachkommunikation erfasst werden, die bestimmte Auswirkungen auf den Verlauf der Geschäftsprozesse im Unternehmen haben. Hierzu gehört insbesondere die Erfassung des Kommunikationsbedarfs. Hierbei sollten auch die Anforderungen des Verkaufs-, des Servicebereichs sowie der Marketingabteilung an das neue VoIP-System erfasst werden. Es sollte u.a. geklärt werden: Welche CTI-Lösungen (*Computer Telephony Integration*) werden gewünscht? Soll ein *IP-basierter Contact Center* für die Kundenbetreuung und die Unterstützung der E-Commerce-Prozesse eingerichtet werden? Wie weit soll die Mobilität von Teilnehmern unterstützt werden?

■ *Laufende Kosten der Sprachkommunikation*

Es sollen alle laufenden Kosten der Sprachkommunikation erfasst werden. Hierzu gehören die heutigen Betriebskosten (z.B. Miete der TK-Anlage), Übertragungsgebühren und Betreuungskosten inkl. Personalkosten.

■ *Verschiedene Randbedingungen*

Bei der Migration zum VoIP-Einsatz müssen auch verschiedene organisatorische Randbedingungen berücksichtigt werden. Hierzu gehören u.a.: Notfallpläne, personelle Randbedingungen (Einschränkungen), bestehende bzw. geplante Gebäudestruktur, finanzieller und zeitlicher Rahmen des Projekts.

Technische Aspekte der Ist-Analyse

Bei der Einführung eines neuen VoIP-Systems in einem Unternehmen handelt *Warum*
es sich um die Konvergenz eines Datennetzes mit einem Sprachnetz auf Basis *technische*
einer TK-Anlage. Hierbei müssen somit die beiden Netze entsprechend unter *Aspekte?*
die Lupe genommen werden. Ihre Analyse sollte vor allem dazu beitragen, alle
Schwachstellen des heutigen technischen Umfelds aufzulisten sowie eine Liste
von Verbesserungsvorschlägen und eine Liste von gewünschten innovativen
VoIP-Applikationen zu erstellen. Die Ist-Analyse sollte die in Abbildung 10.5-
3 aufgelisteten technischen Aspekte berücksichtigen.

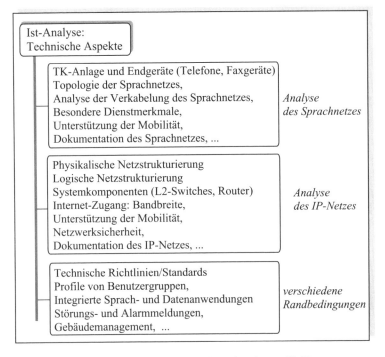

Abb. 10.5-3: Technische Aspekte der Ist-Analyse bei der Migration zu VoIP

Die technischen Aspekte der Ist-Analyse sollten u.a. sein: *Schwer-*
punkte der
■ *Analyse des Sprachnetzes*   *Ist-Analyse*
Die klassischen Sprachnetze in Unternehmen basieren auf TK-Anlagen und
sind oft mit Unternehmen gewachsen und genau an ihre Strukturen und Organisation angepasst. Die Analyse des Sprachnetzes sollte u.a. Folgendes erfassen:
– Über welche Leistungsmerkmale verfügt die vorhandene TK-Anlage
bzw. eine Vernetzung von TK-Anlagen und welche Leistungsmerkmale
werden vom neuen VoIP-System gewünscht?

- Welche Arten der Telefonapparate (analoge Apparate, digitale Apparate, schnurlose DECT-Apparate, Faxgeräte etc.) sind im Einsatz? Welche Leistungsmerkmale werden für die Telefonapparate von Mitarbeitern benötigt?

- Wie sieht die Topologie und die Verkabelung des Sprachnetzes aus? Über welche Anschlüsse erfolgt die Anbindung an das öffentliche Sprachkommunikationsnetz? Welche Auswirkungen hat die Topologie auf das einzurichtende VoIP-System? Kann die Verkabelung des Sprachnetzes teilweise für VoIP übernommen werden?

- Welche besonderen Dienstsmerkmale (Anrufumleitung, Parken und Anrufwiederaufnahme, Dreierkonferenz etc.) bietet das vorhandene Sprachkommunikationssystem und welche Dienstsmerkmale werden vom VoIP-System verlangt?

- Wie wird die Mobilität von Teilnehmern unterstützt und welche Art der Mobilität soll das VoIP-System ermöglichen?

- Wie wird das bestehende Sprachkommunikationssystem im Unternehmen dokumentiert und wie wird diese Dokumentation beurteilt?

■ *Analyse des IP-Netzes*

Wie die Sprachnetze sind auch die Datennetze in Unternehmen oft mit ihnen gewachsen und daher an ihre Strukturen und Organisation angepasst. Die Analyse des vorhandenen Datennetzes hinsichtlich der VoIP-Einführung sollte u.a. Folgendes erfassen:

- Wie wird das Datennetz physikalisch strukturiert (Topologie)? Wie eignet sich die vorhandene Datennetzstruktur für VoIP? Fundamentaler Bestandteil dieser Analyse ist in der Regel eine Verkehrsmessung.

- Wie wird das Datennetz logisch strukturiert (Subnetting)? Kann ein Sprach-VLAN eingerichtet werden?

- Ermöglichen die Netzwerkkomponenten (L2/3-Switches, Router) die QoS-Unterstützung (s. Kapitel 4)? Ist die Bandbreite des Internet-Zugangs ausreichend?

- Wie wird die Mobilität im Netzwerk unterstützt? Kommt das Protokoll *Mobile IP* zum Einsatz? Wo sind die Schwachstellen hinsichtlich der VoIP-Einführung?

- Wie beeinflusst die VoIP-Einführung die Netzwerksicherheit?

- Wie wird das bestehende Netzwerk dokumentiert und welche Erweiterungen müssen bei der VoIP-Einführung vorgenommen werden?

■ *Verschiedene Randbedingungen*

Bei der Migration zum VoIP-Einsatz sind auch bestimmte technische Randbedingungen zu berücksichtigen. Hierzu gehören u.a.: technische Richtlinien, Standards und Profile von verschiedenen Arbeitsgruppen (Abteilun-
gen). Man sollte auch klären, welche integrierten Sprach- und Datenlösun-
gen (z.B. Call Center) vorhanden sind und welche Unterstützung hierbei
vom VoIP-System zu erwarten wäre. Wie werden Störungen und Alarme
gemeldet und was könnte hier das VoIP-System leisten? Kann das VoIP-
System (z.B. mit Hilfe von SIP) für das Gebäudemanagement eingesetzt
werden?

Wurde die Ist-Analyse beendet, kann man mit der Spezifikation von Anforderungen an das einzurichtende VoIP-System beginnen.

10.5.2   Anforderungen an VoIP-System

Das Ziel der Soll-Analyse ist es, festzulegen: *Soll-Analyse*

■ wie weit alle Schwachstellen, die bei der Ist-Analyse aufgelistet wurden, zu
„beseitigen" sind.

■ wie weit die Verbesserungswünsche zu erfüllen sind.

■ welche innovativen VoIP-Applikationen eingeführt werden sollen.

Die Antworten auf diese Fragestellungen sollen in Form von Anforderungen an   *Katalog von*
das neue VoIP-System spezifiziert werden. Die organisatorischen Aspekte der   *Systemanfor-*
Ist-Analyse (s. Abb. 10.5-2) ermöglichen organisatorische Anforderungen zu   *derungen*
spezifizieren und dementsprechend entstehen technische Anforderungen infol-
ge der Ist-Analyse technischer Aspekte (s. Abb. 10.5-3). Eine Zusammenstellung sämtlicher Anforderungen an das VoIP-System kann als *Katalog von Systemanforderungen* angesehen werden.

Organisatorische Anforderungen

Die Soll-Analyse des organisatorischen Umfelds im Unternehmen bei der Migration zum VoIP-Einsatz soll zu einer Liste von organisatorischen Anforderungen an das VoIP-System führen. Abbildung 10.5-4 zeigt eine Auflistung von
organisatorischen Anforderungen (vgl. Abb. 10.5-2).

Unter den organisatorischen Anforderungen sind folgende Kategorien von An-   *Kategorien*
forderungen zu unterscheiden: *von Anforde-*
                                  rungen

■ *Anforderungen an die Betreuung der Sprachkommunikation*

Diese Anforderungen beziehen sich u.a. auf: Datensicherung in der IP-TK-
Anlage bzw. im VoIP-Server, Pflege von Teilnehmerdaten (Berechtigungen,
Gebührenerfassung, ...), Vorgehensweise bei Störungen etc.

▪ *Anforderungen an die Unterstützung der Geschäftsprozesse*

Hierbei wird u.a. spezifiziert: Wie soll der Sprachkommunikationsbedarf erfüllt werden (z.B. wo und welche Telefone und mit welchen Leistungsmerkmalen installiert werden sollen)? Wie soll die Kundenbetreuung mit dem VoIP-System unterstützt werden (z.B. durch das Einrichten eines IP-Contact-Centers)? Welche Unterstützung durch das VoIP-System erwarten verschiedene Kompetenzgruppen (Entwicklung, Vorstand, Marketing, ...)? Wie weit soll die Mobilität von Teilnehmern garantiert werden (s. Abschnitte 6.7 und 7.2)? Welche Art der Unterstützung von E-Commerce wird vom VoIP-System gefordert?

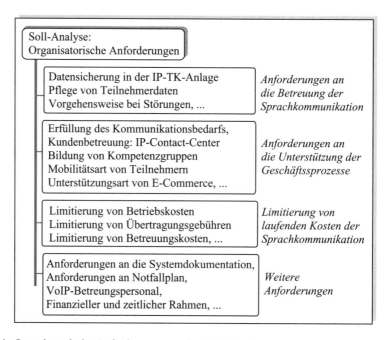

Abb. 10.5-4: Organisatorische Anforderungen an das VoIP-System

▪ *Limitierung von laufenden Kosten der Sprachkommunikation*

Nach der Analyse von laufenden Kosten können die maximalen Grenzwerte für alle Arten dieser Kosten festgelegt werden. Diese Kostenlimitierung sollte durch den Einsatz des VoIP-Systems gewährleistet werden.

▪ *Weitere Anforderungen*

Nach der Analyse von verschiedenen organisatorischen Randbedingungen wird festgelegt, wie diese Randbedingungen zu erfüllen sind. Hierzu gehören u.a. die Anforderungen an:

- die Dokumentation des VoIP-Systems (Was und wie soll dokumentiert werden?),
- den Notfallplan (Wie sollte man in Notsituationen (Wasser, Feuer) reagieren?),
- das Betreuungspersonal des VoIP-Systems (Welches technisches Wissen ist nötig?),
- den finanziellen und zeitlichen Rahmen.

Technische Anforderungen

Die Soll-Analyse des technischen Umfelds im Unternehmen bei der Migration zum VoIP-Einsatz soll zu einer Liste von technischen Anforderungen an das VoIP-System führen. Abbildung 10.5-5 zeigt eine Auflistung von diesen Anforderungen (vgl. Abb. 10.5-3). *Welche Ziele?*

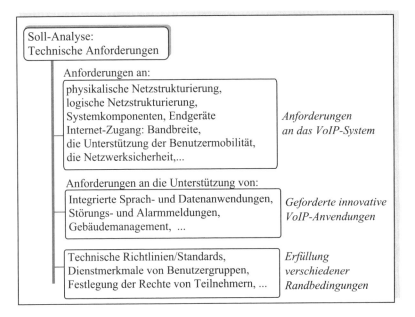

Abb. 10.5-5: Technische Anforderungen an das VoIP-System

Bei den technischen Anforderungen sind zu unterscheiden: *Kategorien von Anforderungen*

■ *Anforderungen an das VoIP-System*

Zu diesen Anforderungen gehören u.a.:

- Anforderungen an physikalische Netzwerkstruktur: z.B. erforderliche Bandbreite (z.B. zwischen den Switches in Etagen-Verteilern und dem zentralen Switch im Gebäude-Verteiler, s. Abb. 10.3-3 und -4),

- Anforderungen an logische Netzwerkstruktur; z.B. erforderliche Größe des Sprach-VLAN,
- Anforderungen an Netzwerkkomponenten (Switches, Router) und End-geräte: Sind evtl. neue Switches bzw. Router nötig und an welcher Stelle? Welche Telefonapparate, mit welchen Leistungsmerkmalen und wo sollen installiert werden? Wo sollen Faxgeräte installiert werden?
- Welche Bandbreite ist am Internet-Zugang nötig? Soll der Internet-Zugang redundant ausgelegt werden?
- Welche Art der Mobilität von Teilnehmern wird gefordert?
- Anforderungen an die Sicherheit der Sprachkommunikation.

■ *Geforderte innovative VoIP-Anwendungen*

Hierbei wird u.a. spezifiziert: Welche integrierte Sprach- und Datenanwen-dungen sollen mit Hilfe des VoIP-Systems erbracht werden (z.B. soll ein IP-Contact-Center eingerichtet werden)? Welche Störungen und Alarme sollen über das VoIP-System gemeldet werden? Soll das Gebäudemanagement mit dem VoIP-System unterstützt werden?

■ *Erfüllung verschiedener Randbedingungen*

Die Analyse von technischen Randbedingungen (s. Abb. 10.5-3) führt u.a. zu den folgenden Festlegungen:

- Welche technischen Richtlinien und Standards müssen erfüllt werden?
- Welche Dienstmerkmale werden von verschiedenen Benutzergruppen vom VoIP-System gefordert?
- Welche Rechte bei der Nutzung des VoIP-Systems sollen verschiedene Benutzergruppen erhalten?

Nach der Spezifikation von Anforderungen an das VoIP-System, z.B. in Form eines Katalogs von Systemanforderungen, kann man zur Erstellung des VoIP-Systemkonzeptes übergehen.

10.5.3 Komponenten des VoIP-Systemkonzeptes

Aufbauend auf den Angaben aus dem Katalog von Systemanforderungen und den weiteren Erkenntnissen aus der Ist-Analyse wird das Konzept des VoIP-Systems erarbeitet. Das VoIP-System ist ein sehr komplexes Gebilde, sodass sich dessen Systemkonzept aus mehreren Komponenten, die als Teilkonzepte angesehen werden können, zusammensetzt. Abbildung 10.5-6 zeigt, welche Komponenten ein VoIP-Systemkonzept enthalten soll.

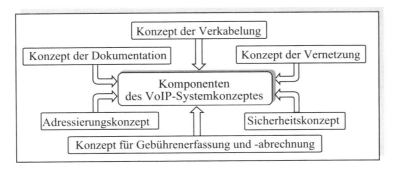

Abb. 10.5-6: Komponenten des VoIP-Systemkonzeptes

Die Komponenten des VoIP-Systemkonzeptes sind:

■ *Konzept der Dokumentation des VoIP-Systems*

Eine zwingende Aufgabe beim Aufbau eines VoIP-Systems ist seine Do-kumentation. Sie stellt einen Teil der Netzwerkdokumentation dar. Die Ar-beiten an der Dokumentation sollten bereits in der Planungsphase beginnen und im Rahmen der Systeminstallation und -inbetriebnahme fortgesetzt und beendet werden. Insbesondere sind die für das VoIP-System zu installieren-den Hardware- und Software-Komponenten entsprechend zu dokumentie-ren.

■ *Konzept der Verkabelung*

Von großer Auswirkung auf das VoIP-System ist die Netzwerkverkabelung. Sie muss entsprechend strukturiert sein und muss die benötigte Bandbreite garantieren. Bei Fast-Ethernet im Tertiärbereich, Gigabit-Ethernet im Se-kundärbereich und Gigabit- bzw. 10-Gigabit-Ethernet im Primärbereich sind keine Bandbreitenprobleme im Netzwerk mit VoIP zu erwarten.

■ *Konzept der Vernetzung von VoIP-Systemkomponenten*

Der Kern des VoIP-Systemkonzepts ist die Festlegung, welche Systemkom-ponenten man benötigt, wie sie in das Netzwerk integriert werden und wie ein Sprach-VLAN eingerichtet wird. Dies ist von mehreren Faktoren und insbesondere davon abhängig, welche innovativen Applikationen (wie z.B. VoIP-basierte Call-Center-Funktionen, Unified Messaging) zur Verfügung gestellt werden sollen.

■ *Adressierungskonzept*

Es handelt sich hier um die Festlegung des Rufnummernplans. Dieses Kon-zept ist davon abhängig, ob es sich um eine standortübergreifende VoIP-Systemlösung handelt oder nicht. Es muss geklärt werden, wie die Adress-vergabe und -verwaltung für IP-Telefone erfolgt. Wie weit wird die Mobili-tät von Teilnehmern unterstützt? Bleibt die Rufnummer des IP-Telefons beim Anschlusswechsel standortunabhängig erhalten?

■ *Konzept für Gebührenerfassung und -abrechnung*

Eine wichtige Aufgabe bei der Einführung eines VoIP-Systems im Unternehmen ist das Konzept für Gebührenerfassung und -abrechnung. Hierbei müssen folgende Probleme geklärt werden: Wie werden Amtsgespräche von Mitarbeitern abgerechnet? Werden Einzelverbindungsnachweise erstellt? Wie wird die Gebührenerfassung bei einer standortübergreifenden VoIP-Systemlösung organisiert (zentral, dezentral)?

■ *Sicherheitskonzept für das VoIP-System*

Die zentralen Komponenten des VoIP-Systems (wie z.B. VoIP-Server) müssen im Netzwerksicherheitskonzept entsprechend ihre Berücksichtigung finden. Die Benutzer des VoIP-Systems müssen authentifiziert werden.

10.6   VoIP in kleinen Büros und privaten Haushalten

Internet-Telefonie

Durch preiswerte und schnelle Internet-Verbindungen wird VoIP auch für kleine Büros und private Haushalte immer interessanter. Für VoIP über das Internet hat sich der Begriff *Internet-Telefonie* etabliert. Jeder PC-Anwender kann sich bereits heute per Internet alle für VoIP benötigte Komponenten bestellen und die Angebote verschiedener Anbieter der Internet-Telefonie in Anspruch nehmen, um über das Internet telefonieren zu können.

Problem mit SIP bei NAT

Bei der Internet-Telefonie hat sich SIP (s. Kapitel 7) als Signalisierungsprotokoll eindeutig durchgesetzt. In kleinen privaten Netzwerken, wie z.B. in Büros und privaten Haushalten, werden in der Regel private IP-Adressen verwendet, sodass sie im Router an der Grenze zum Internet auf offizielle IP-Adressen umgesetzt werden müssen. Diese Umsetzung wird als NAT (*Network Address Translation*) bezeichnet. Der Einsatz von NAT am Internet-Zugang führt aber zu Problemen bei der Internet-Telefonie nach SIP. Um sie zu vermeiden, sind bestimmte Funktionen nötig, die durch das Protokoll STUN (*Simple Traversal of UDP through NATs*) zur Verfügung gestellt werden.

10.6.1   Internet-Telefonie und private IP-Adressen

NAPT an der Grenze zum Internet

Beim Einsatz von privaten IP-Adressen und NAT bei Internet-Telefonie nach SIP entsteht ein Problem, das Abbildung 10.6-1 zeigt. Das SIP-Telefon im Netzwerk A initiiert hier mit der privaten IP-Adresse 192.168.1.5 eine Verbindung durch das Absenden der SIP-Nachricht INVITE an das SIP-Telefon im Netzwerk B (s. Abschnitt 7.1.3). Im UDP-Header stellt der Ziel-Port 5060 den Well-Known-Port von SIP dar. Damit signalisiert das SIP-Telefon aus dem Netzwerk A dem SIP-Telefon im Netzwerk B, dass die UDP-Daten (hier INVITE) an die SIP-Instanz übergeben werden sollen.

Im Router an der Grenze zum Internet wird die private Quell-IP-Adresse 192.168.1.5 gegen die offizielle IP-Adresse 218.20.7.2 ausgetauscht. Gleichzeitig wird auch der Quell-Port 7777 im UDP-Header durch den Port 8888 ersetzt. Also handelt es sich hier um eine NAT-Variante, die man auch NAPT (*Network Address Port Translation*) nennt. Das SIP-Telefon im Netzwerk B empfängt daher ein IP-Paket mit der Quell-IP-Adresse 218.20.7.1 und mit dem Quell-Port 8888.

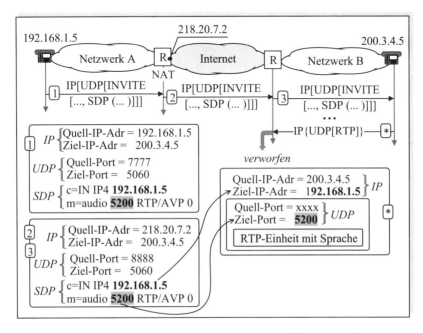

Abb. 10.6-1: Problem bei der Internet-Telefonie und der Nutzung von privaten IP-Adressen

Jede SIP-Nachricht `INVITE` enthält einen sog. *Body*, in dem in c- und m-Zeilen u.a. angegeben wird: An welche IP-Adresse und an welchen UDP-Port soll die Sprache in sog. RTP-Einheiten übermittelt werden? Der Body in SIP-Nachrichten wird nach dem Protokoll SDP aufgebaut (s. Abschnitt 7.3.3).

In Abbildung 10.6-1 signalisiert das SIP-Telefon im Netzwerk A dem SIP-Telefon im Netzwerk B im Body von `INVITE`, ihm die Sprache in den IP-Paketen an die IP-Adresse 192.168.1.5 und den Port 5200 zu liefern. Die IP-Adresse 192.168.1.5 ist aber keine offizielle IP-Adresse. Ein IP-Paket mit einer nicht offiziellen IP-Adresse wird in jedem Router im Internet verworfen. Genau das geschieht mit dem IP-Paket mit der Sprache, das vom SIP-Telefon im Netzwerk B an die Ziel-IP-Adresse 192.168.1.5 abgeschickt wurde. Zwischen den beiden SIP-Telefonen kann daher keine Sprachkommunikation stattfinden.

Worin besteht das Problem?

Es ist hier eine spezielle Funktion nötig, die durch das Protokoll STUN zur Verfügung gestellt wird.

10.6.2 Bedeutung von STUN

Funktion von STUN

Das in Abbildung 10.6-1 geschilderte Problem kann mit Hilfe von STUN gelöst werden. Abbildung 10.6-2 illustriert die STUN-Idee. STUN ist ein Protokoll, nach dem einem SIP-Telefon mit einer privaten IP-Adresse, das als STUN-Client fungiert, die ihm in NAT zugeordnete offizielle IP-Adresse von einem STUN-Server seitens des Internet mitgeteilt wird. Im gezeigten Beispiel wird dem SIP-Telefon im Netzwerk A mit STUN mitgeteilt, dass seine offizielle IP-Adresse 218.20.7.2 ist. Somit trägt das SIP-Telefon im Netzwerk A beim Initiieren einer Telefonverbindung mit INVITE diese offizielle IP-Adresse im Body (c-Zeile) von INVITE ein. Damit signalisiert das SIP-Telefon im Netzwerk A dem SIP-Telefon im Netzwerk B, dass die Sprache in den RTP-Einheiten an die IP-Adresse 218.20.7.2 übermittelt werden soll.

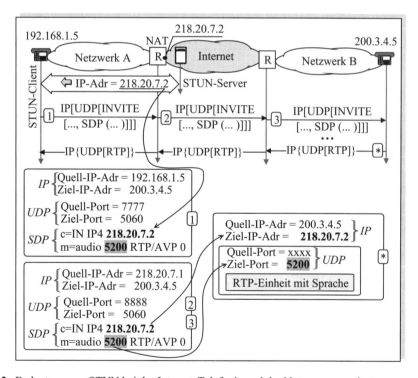

Abb. 10.6-2: Bedeutung von STUN bei der Internet-Telefonie und der Nutzung von privaten IP-Adressen

Die IP-Pakete mit der Ziel-IP-Adresse 218.20.7.2 erreichen aber nur den Router an der Grenze zum Netzwerk A. Durch die NAT-Funktion in diesem Router wird die Ziel-IP-Adresse 218.20.7.2 in IP-Paketen auf die private IP-Adresse 192.168.1.5 ausgetauscht. Damit erreichen die IP-Pakete mit Sprache das betreffende SIP-Telefon im Netzwerk A.

Um STUN zu realisieren, sind folgende zwei Funktionskomponenten nötig: *STUN als Client/Server -Protokoll*

- *STUN-Client* und

- *STUN-Server*.

Die Funktion des STUN-Client wird im SIP-Telefon realisiert. Der STUN-Server wird in der Regel bei einem ISP (*Internet Service Provider*) – also im Internet – installiert.

STUN eignet sich insbesondere für den Einsatz in kleinen Netzwerken, die bei-   *Typischer* spielsweise über eine ADSL-Leitung (*Asymmetric Digital Subscriber Line*) an   *Einsatz von* einen ISP angebunden sind. Abbildung 10.6-3 illustriert einen typischen Ein-   *STUN* satz von STUN. Wie hier ersichtlich ist, wird ein STUN-Server in der Internet-Domain vom ISP installiert. Der STUN-Server muss nicht unbedingt auf einem separaten Rechner installiert sein, sondern kann auch als Funktionsmodul auf einem SIP-Server (s. Abschnitt 7.2) zur Verfügung gestellt werden.

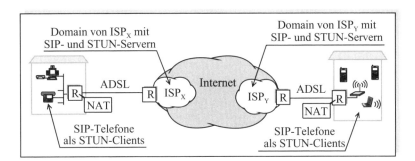

Abb. 10.6-3: Internet-Telefonie mit privaten IP-Adressen und STUN-Einsatz
       NAT: Network Address Translation, R: Router

Im Netzwerk müssen die SIP-Telefone um die Funktion des STUN-Clients er-   *STUN-* weitert werden. Somit müssen die SIP-Telefone STUN-fähig sein. STUN kann   *Aufgabe* auch in WLANs eingesetzt werden. Dies bringt Abbildung 10.6-3 ebenfalls zum Ausdruck. Zwischen dem STUN-Client in einem SIP-Telefon und dem STUN-Server im Internet werden bestimmte Nachrichten ausgetauscht, sodass das SIP-Telefon mit einer privaten IP-Adresse erfährt, welche offizielle IP-Adresse seitens des Internet ihm vom NAT im Router zugeteilt wurde. Damit kann das SIP-Telefon in `INVITE` der Gegenseite mitteilen, an welche IP-Adresse sie die Sprache in RTP-Einheiten übermitteln soll. Dies wurde bereits in Abbildung 10.6-2 illustriert.

10.6.3   Koexistenz der Internet-Telefonie mit herkömmlicher Telefonie

Internet-Telefonie und klassische Telefonie über ADSL

Die kleinen Netzwerke, wie z.B. in Büros werden an das Internet in der Regel über ADSL-Leitungen angeschlossen. Durch den Einsatz von sog. *Splittern* können die klassischen Telefone parallel zum Internet-Zugang betrieben werden, um eine hohe Verfügbarkeit der Sprachkommunikation zu erreichen. Abbildung 10.6-4 zeigt eine derartige Lösung. Hier wird beispielsweise eine Hardware-Komponente (R&S) mit einem Router-Port für den Netzwerk-Anschluss (z.B. Ethernet-Port) und einem Port für den Telefon-Anschluss installiert. Diese Komponente integriert in sich die Router- und Splitter-Funktion.

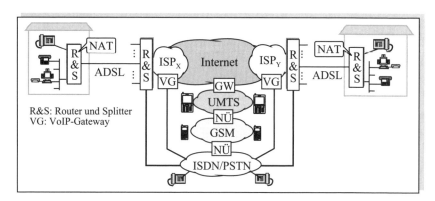

Abb. 10.6-4: Parallelbetrieb der Internet-Telefonie und klassischer Telefonie über eine ADSL-Leitung
ADSL: Asymmetric Digital Subscriber Line, GSM: Global System for Mobile Communications, ISDN: Integrated Services Digital Network, NÜ: Netz-Übergang, PSTN: Public Switched Telephone Network, UMTS: Universal Mobile Telecommunications System

Vom SIP-Telefon alles erreichbar

Da die GSM-Mobilfunknetze mit ISDN/PSTN über einen Netz-Übergang und UMTS über einen ähnlichen Netz-Übergang mit GSM-Mobilfunknetzen bereits verbunden sind, ermöglicht ein klassisches Telefon am ADSL-Anschluss die Sprachkommunikation sowohl mit Telefonen am ISDN/PSTN als auch mit GSM- und UMTS-Handys (s. Anschnitt 1.3). Da hier (Abb. 10.6-4) ein VoIP-Gateway zu ISDN/PSTN vom ISP zur Verfügung gestellt wurde, kann die Sprachkommunikation zwischen einem SIP-Telefon und einem Telefon am ISDN/PSTN bzw. einem mobilen Telefon an GSM oder UMTS stattfinden. Die SIP-Telefone z.B. im Büro ermöglichen daher die Sprachkommunikation mit allen externen Telefonen.

Nur Internet-Telefonie über ADSL

Den Fall, dass die Internet-Telefonie nur über eine ADSL-Leiung erfolgt, zeigt Abbildung 10.6-5. Im Vergleich zu der Situation in Abbildung 10.6-4 verfügt hier ein Büro bzw. ein Haushalt über *keinen* klassischen Telefonanschluss mehr. Damit werden die monatlichen Gebühren für den Telefonanschluss ge-

spart. Über die ADSL-Internet-Anbindung erfolgt hier *nur* die IP-Kommunikation.

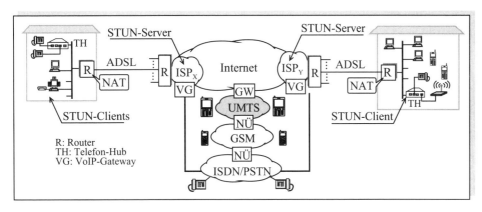

Abb. 10.6-5: Nur Internet-Telefonie über eine ADSL-Leitung
Abkürzungen wie in Abbildung 10.6-4

Für den Anschluss der herkömmlichen Telefone an IP-Netzwerke kommen sog. *Einsatz von*
Telefon-Hubs zum Einsatz. Ein Telefon-Hub integriert in sich ein VoIP-Gate- *Telefon-Hubs*
way, das in der Regel nach dem Protokoll MGCP angesteuert wird (s. Abschnitt 8.2). Eine Funkstation für die Unterstützung der schnurlosen Telefonie
nach dem Standard DECT (*Digital Enhanced Cordless Telecommunications*)
kann auch an einige Telefon-Hubs angeschlossen werden. Die DECT-Systeme
werden bereits häufig in privaten Haushalten eingesetzt.

10.6.4 Verlauf der Internet-Telefonie mit SIP bei NAT

Bei der Internet-Telefonie nach SIP und beim Einsatz von privaten IP-Adressen *STUN-*
sind bestimmte STUN-Phasen vor dem Aufbau einer RTP-Sesssion zwischen *Phasen*
SIP-Telefonen zu unterscheiden. Diese Phasen sind:

- *Binding*: Beschaffung einer offiziellen IP-Adresse für das SIP-Telefon und

- *Registrierung der offiziellen IP-Adresse* durch das SIP-Telefon.

Die erste Phase *Binding* besteht darin, dass einem SIP-Telefon eine offizielle *Phase*
IP-Adresse im Router seitens des Internet zugeordnet wird und sie ihm bekannt *Binding*
gemacht wird. Um das Binding initiieren zu können, muss das SIP-Telefon die
IP-Adresse von einem STUN-Server kennen. Typischerweise wird der Hostna-
me vom STUN-Server im SIP-Telefon bei seiner Konfiguration eingetragen. In
der Regel können hierbei mehrere STUN-Server angegeben werden, um den
Betrieb beim Ausfall eines STUN-Servers zu garantieren. Ist der Hostname des
STUN-Servers dem SIP-Telefon bekannt, wird seine IP-Adresse mit Hilfe des

DNS-Dienstes ermittelt (s. Abschnitt 3.5). Ist die IP-Adresse des STUN-Servers dem SIP-Telefon bekannt, kann das Binding durchgeführt werden.

Registrierung der offiziellen IP-Adresse

Nach dem Binding kennt das SIP-Telefon seine offizielle IP-Adresse und es muss sie nun einem speziellen SIP-Server, d.h. einem sog. *Registrar*, bekannt machen (s. Abschnitt 7.5). Sonst wäre das SIP-Telefon von der Außenwelt weiterhin „abgeschnitten". Nachdem die offizielle IP-Adresse dem SIP-Telefon bekannt ist, muss die Zuordnung *SIP-Adresse => IP-Adresse* beim Registrar eingetragen werden. Eine SIP-Adresse (sog. SIP-URI) entspricht einer Telefonnummer. Der Registrar verwaltet eine Datenbank, aus der man ablesen kann, unter welcher IP-Adresse ein SIP-Telefon mit einer bestimmten Telefonnummer zu erreichen ist.

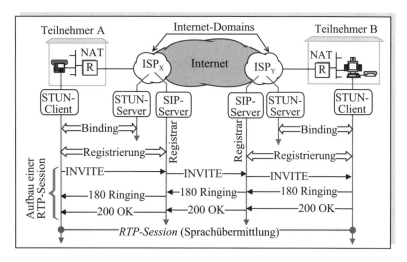

Abb. 10.6-6: Verlauf der Internet-Telefonie mit SIP bei NAT

Beispiel: Der Teilnehmer A hat die Telefonnummer 88888. Seine SIP-Adresse könnte z.B. sein: `88888@ispx.de`

Registrar als Auskunftsstelle

Um von einem SIP-Telefon die Anrufe zu initiieren und zu empfangen, muss seine Zuordnung *SIP-Adresse => offizielle IP-Adresse* bereits beim Registrar eingetragen sein. Ein Registrar fungiert wie eine Auskunftsstelle, wo die Frage beantwortet wird: Welche IP-Adresse hat diese SIP-Adresse?

Aufgabe von SIP-Server

Nach der Registrierung kann ein SIP-Telefon die abgehenden Anrufe initiieren und die ankommenden Anrufe empfangen. Wie Abbildung 10.6-6 zeigt, initiiert das SIP-Telefon des Teilnehmers A einen Anruf durch das Absenden von `INVITE` an einen SIP-Server beim ISP$_X$. Der SIP-Server interpretiert die Ziel-SIP-Adresse, aus der die Ziel-Internet-Domain von ISP$_Y$ erkennbar ist. Danach leitet er `INVITE` zum SIP-Server bei ISP$_Y$. Der SIP-Server fragt nun bei seinem Registrar nach, an welche IP-Adresse er `INVITE` übergeben muss. Der Registrar teilt ihm die IP-Adresse des Telefons von Teilnehmer B mit. Dann kann INVITE an das Telefon des Teilnehmers B übergeben werden.

Im Weiteren verläuft SIP nach den in Abschnitt 7.1.3 dargestellten Prinzipien (s. Abb. 7.1-2). Nach dem Empfangen von INVITE wird somit das „Klingeln" im Telefon erzeugt, um den ankommenden Anruf dem Teilnehmer B akustisch zu signalisieren. Dies wird dem Telefon des Teilnehmers A mit 180 Ringing angezeigt. Hat der Teilnehmer B den Anruf durch das Abheben des Hörers entgegengenommen, wird dies dem SIP-Telefon des Teilnehmers A mit 200 OK bestätigt. Nach dem Eintreffen von 200 OK beim SIP-Telefon von Teilnehmer A wird eine sog. *RTP-Session* zwischen den beiden Telefonen eingerichtet. Die Übermittlung der Sprache mit Hilfe von RTP in IP-Paketen zwischen den beiden Telefonen kann nun beginnen.

Normaler
SIP-Verlauf

10.7 Schlussbemerkungen

Die Migration zu VoIP in einem Unternehmen führt zur Konvergenz seiner Sprach- und Datennetze und stellt in der Regel ein komplexes Projekt dar, bei dem unterschiedliche organisatorische und technische Aspekte berücksichtigt werden müssen (s. [Web 01]). Das Ziel dieses Kapitels war es, diese Aspekte und die hierfür notwendigen technischen Grundlagen fundiert darzustellen. Mangels Platz konnten die VoIP-Systemlösungen leider nicht detaillierter erläutert werden.

Abschließend ist noch Folgendes hervorzuheben:

- ■ VoIP als Technik stellt die Basis für konvergente Sprach- und Datennetze der Zukunft. Auf dem Markt findet man bereits ein reiches Angebot an Produkten für die Migration zu diesen Netzen. Es sind sämtliche Hardware- und Software-Komponenten vorhanden, um VoIP in Unternehmen und anderen Institutionen einführen zu können. Es gibt auch frei verfügbare VoIP-Software. Als Beispiel hierfür sollte man die Software *Asterisk* unter Linux erwähnen (http://asterisk.org).

- ■ Es ist abzuwarten, welche Auswirkungen das Konzept ENUM (s. Abschnitt 3.8) auf die VoIP-Systemlösungen und insbesondere auf innovative VoIP-basierte Applikationen haben wird. Man kann sicher sein, dass die Grenzen zwischen klassischer Telefonie und Internet-Telefonie durch den Einsatz von ENUM fallen werden (http://www.denic.de/de_1/enum).

- ■ Die Liste von Anbietern der Internet-Telefonie wird immer länger (s. [Web 06] und ihre Angebote wirken sehr verlockend. Zu den Kunden von zahlreichen Anbietern der Internet-Telefonie zählen vor allem Heimanwender, Heimbüros, kleine Büros und private Haushalte. Sie betreiben in der Regel ein Netzwerk mit privaten IP-Adressen und werden oft über DSL-Leitungen an das Internet angebunden.

■ Um die Anbieter der Internet-Telefonie mit dem Signalisierungsprotokoll SIP in die Lage zu versetzen, ihre Dienste auch den Kunden anzubieten, die ein Netzwerk mit privaten IP-Adressen betreiben, wurde das Protokoll STUN konzipiert (s. Abb. 10.6-2 und die Webquellen [Web 03])). STUN hat dazu beigetragen, dass die Internet-Telefonie sogar in kleinen Büros und in privaten Haushalten realisiert werden kann.

■ Das Angebot an Systemkomponenten, mit denen die Internet-Telefonie mit SIP über ADSL ermöglicht wird, ist sehr breit. Dies bestätigen die Webquellen [Web 04] und [Web 05]. Es werden beispielsweise universelle Internet-Anschlussmodule, wie z.B. *FRITZ!Box Fon* von der Firma AVM, angeboten, um alle Internet-Dienste (Web-Anwendungen, E-Mails, Internet-Telefonie, ...) über einen Anschluss nutzen zu können.

■ Die Internet-Telefonie mit SIP ermöglicht – im Vergleich zu klassischer Telefonie – fast uneingeschränkte Mobilität von VoIP-Teilnehmern (siehe Kapitel 7). Die klassischen Rufnummern beginnen mit einer Ortsvorwahl, d.h. sie sind ortsbezogen. In Deutschland werden zukünftig für die Internet-Telefonie die Rufnummern mit der Vorwahl 032 – also ohne Ortsbezug – vergeben. Die Regulierungsbehörde für Telekommunikation und Post (RegTP) hat bereits die Zuteilungsregeln für 032xx-Rufnummern veröffentlicht. Die Vorwahl 032xx soll für VoIP-Anschlüsse vergeben werden, die ohne geographischen Bezug – ähnlich wie Mobilfunkrufnummern – genutzt werden können. Für weitere Informationen sei verwiesen auf die Webadressen [Web 02].

■ VoIP ist auch gefährdet. Es besteht die Gefahr, dass VoIP-Teilnehmer mit unerwünschten Anrufen „bombardiert" werden. Diese Angriffe werden als SPIT (*Spam over Internet Telephony*, dt. *Spam über Internet-Telefonie*) bezeichnet. Die Angreifer können SPIT-Rechner einsetzen, von denen jeder ohne weiteres bis 1000 Telefonanrufe pro Minute initiieren kann. Vom Band können dann Geld-, Reise- und andere tolle Gewinne versprochen werden. Besonders lästig kann dies werden, wenn ein SPIT-Rechner im Ausland steht und man nachts um 2 Uhr angerufen wird. Daher müssen die Anti-SPIT-Lösungen dringend entwickelt werden. Für weitere Informationen über SPIT sei auf die Webquellen [Web 07] verwiesen.

Literatur, Standards, Webquellen

Kapitel 1

[BaRS 03]   *Badach, A., Rieger, S., Schmauch, M.:* Web-Technologien, Architek-
             turen, Konzepte, Trends. Hanser, 2003

[BaGT 04]   *Banet, F.-J., Gärtner, A., Teßmar, G.:* UMTS, Technik, Dienstarchi-
             tektur, Evolution. Hüthig, 2004

[Ohrt 03]   *Ohrtman, F. D. Jr.:* SoftSwitch, Architecture for VoIP. McGraw-Hill,
             2003

[Sieg 02a]   *Siegmund, G.:* Technik der Netze. Hüthig, 2002

[Sieg 02b]   *Siegmund, G.:* Next Generation Networks, IP-basierte Telekommu-
             nikation. Hüthig, 2002

[Walk 01]   *Walke, B.:* Mobilfunknetze und ihre Protokolle. Teubner, 2001

Webquellen

[Web 01]   Allgemeines über VoIP
             `http://www.voip-info.de/links.htm`
             `http://www.packetizer.com`
             `http://www.cybertelecom.org/voip/`
             `http://www.cs.columbia.edu/~hgs/internet/internet-`
                     `telephony.html`
             `http://www.cse.ohio-state.edu/~jain/`
                     `refs/ref_voip.htm`
             `http://www.internet-telephony.org/voice_over_ip`
             `http://www.iptelephony.org`
             `http://www.voip-info.org`
             `http://www.net-times.com/voip/`
             `http://www.rmtc.de/netzwerke/voip.html`
             `http://www.ip-phone-forum.de/forum/portal.php`
             `http://www.voip-information.de/`
             `http://www.voipforum.de/`
             `http://topsite.sipsurf.de/index.php`
             `http://www.voice-xml.info/`

[Web 02]   Protokolle: H.323, H.245, H.248(Megaco), MGCP, SIP, ...
             `http://www.packetizer.com/voiplink.html`

[Web 03]   Internet Engineering Task Force (IETF)
             `http://www.ietf.org/html.charters/wg-dir.html`

[Web 04]   ITU Telecommunication Standardization Sector (ITU-T)
             `http://www.itu.int/ITU-T/publications/recs.html`

[Web 05]   European Telecommunications Standards Institute (ETSI)
             `http://www.etsi.org`

[Web 06]   3rd Generation Partnership Project (3GPP)
             `http://www.3gpp.org`

[Web 07]   Verschiedene Informationen über Mobilfunknetze und WLANs

```
http://www.umts-report.de
http://umtslink.at/
```

[Web 08]   Informationen über Parlay Group
            http://www.parlay.org

[Web 09]   International Multimedia Telecommunications Consortium (IMTC)
            http://www.imtc.org/about/standards.asp

[Web 10]   International Packet Communications Consortium (IPCC),
            vorher: International Softswitch Consortium (ISC)
            http://www.packetcomm.org

[Web 11]   Multiservice Switching Forum (MSF)
            http://msforum.org

Kapitel 2

[Geor 00]   *Georg, O.:* Telekommunikationstechnik. Springer, 2000

[Sieg 02]   *Siegmund, G.:* Technik der Netze. Hüthig, 2002

Webquellen

[Web 01]   ISDN und das D-Kanal-Protokoll
            http://zack1.e-technik.tu-ilmenau.de/~webkn/
                versleit/ISDN.PDF
            http://www.ericsson.com/support/telecom/part-c/
            http://mozart.gmu.edu/tmp/paper.html

[Web 02]   Informationen über SS7
            http://www.pt.com/tutorials/ss7/
            http://www.iec.org/online/tutorials/ss7/
                topic14.html
            http://www.packetizer.com/dictionary/s/ss7.html

[Web 03]   SS7/IP Interworking: Konzepte, Protokolle
            http://www.pt.com/tutorials/iptelephony/
            http://www.ietf.org/html.charters/
                sigtran-charter.html

[Web 04]   Informationen über Q-SIG
            http://www.ecma-international.org/
            publications/standards/Standard.htm
            http://www.pqmconsultants.com/qsigfaq.htm
            http://www.telesoft-intl.com/sourcecode_QSIG.html

Kapitel 3

[BaHo 01]   *Badach, A., Hoffmann, E.:* Technik der IP-Netze, TCP/IP incl. IPv6.
            Hanser, 2001, und 2. Auflage 2005

[Schu 04]   *Schulte, H. (Hrsg.):* Praxishandbuch: Vom LAN zum Kommunikationsnetz. INTEREST, 2004

[Wang 04]   *Wangen, K. (Hrsg.):* Fachkompendium: Dienste und Protokolle der Informationstechnologie. INTEREST, 2004

Webquellen

[Web 01]   Informationen über SCTP
            http://www.sctp.de/
            http://www.pt.com/tutorials/iptelephony/
                tutorial_voip_sctp.html
            http://tdrwww.exp-math.uni-essen.de/
                inhalt/forschung/sctp_fb/

[Web 02]   Informationen über EMUN
            http://www.ietf.org/html.charters/enum-charter.html
            http://www.cybertelecom.org/dns/enum.htm
            http://www.enum-forum.org/
            http://www.enum.org
            http://www.denic.de/de/enum/index.html
            http://www.enum-trial.de/
            http://enum.nic.at/
            http://www.enum-center.de/
            http://www.itu.int/osg/spu/enum/index.html
            http://www.ripe.net/enum/
            http://www.bakom.ch/de/telekommunikation/numad/
                internet/unterseite01050/index.html

Kapitel 4

[Armi 00]   *Armitage, G.:* Quality of Service in IP-Networks. Macmillan
            Technical Publishing, 2000

[BaHo 01]   *Badach, A., Hoffmann, E.:* Technik der IP-Netze, TCP/IP incl. IPv6.
            Hanser, 2001, und 2. Auflage 2005

[Blac 00]   *Black, U.:* QoS in Wide Area Networks. Prentice Hall, 2000.

[DuYa 99]   *Durham, D., Yavatkar, R.:* Inside the Internet's Resource reSerVation
            Protocol. John Wiley & Sons, 1999

[FeHu 98]   *Ferguson, P., Huston, G.:* Quality of Service. John Wiley & Sons,
            1998

[Hard 03]   *Hardy, W., C.:* VoIP Service Quality. McGraw-Hill, 2003.

[JhHa 02]   *Jha, S., Hassan, M.:* Engineering Internet QoS. Artech House, 2002

Webquellen

[Web 01]   Informationen über RSVP
            http://www.ietf.org/html.charters/rsvp-charter.html
            http://www.isi.edu/rsvp/.index.html

[Web 02]   VoIP Bandwidth Calculator
            http://www.packetizer.com/voip/diagnostics/
                bandcalc.html
            http://www.erlang.com/calculator/lipb/
            http://www.voip-calculator.com/calculator/eipb/
            http://www.newport-networks.com/pages/
                voip-bandwidth-calculator.html

[Web 03]   Infornationen über Differentiated Services
            http://www.ietf.org/html.charters/
                diffserv-charter.html
            http://diffserv.sourceforge.net/

```
http://user.chollian.net/~son6971/qos/qos.htm
http://www.cnaf.infn.it/~ferrari/tfng/ds/
```

[Web 04]   Infornmationen über MPLS
```
http://www.ietf.org/html.charters/mpls-charter.html
http://www.ietf.org/ids.by.wg/mpls.html
http://www.mplsforum.org/
http://www.mplsrc.com/
```

Kapitel 5

[VaHH 98]   *Vary, P., Heute, U., Hess, W.:* Digitale Sprachsignalverarbeitung. Teubner, 1998

[Haaß 98]   *Haaß, W-D.:* Handbuch der Kommunikationsnetze. Springer, 1997

[Haaß 98]   *Perkins, C.:* RTP: Audio and Video for the Internet. Addison Wesley, 2001

Webquellen

[Web 01]   Portalseite der IETF-Arbeitsgruppe: Audio/Video Transport (avt)
```
http://www.ietf.org/html.charters/avt-charter.html
```

[Web 02]   Links zu wichtigen Audio Codecs
```
http://www.cs.columbia.edu/~hgs/audio/codecs.html
```

[Web 03]   RTP News
```
http://www.cs.columbia.edu/~hgs/rtp/
```

[Web 04]   Download Page RTP, SRTP
```
http://www.vovida.org/
```

[Web 05]   Informationen über SRTP und MIKEY
```
http://standards.ericsson.net/fli/documents.html
http://standards.ericsson.net/fli/present.html
```

Kapitel 6

[KuSK 01]   *Kumar, V., Sengodan, S., Korpi, M.:* IP Telephony with H.323. John Wiley & Sons, 2001

[BlaB 01]   *Black, U. D., Black, U.:* Voice Over IP. Pearson Education, 2001

Webquellen

[Web 01]   ITU-T Recommendations
```
http://www.itu.int/ITU-T/publications/recs.html
```

[Web 02]   H.323 – Informationen und Standards
```
http://www.packetizer.com/iptel/h323/
http://www.openh323.org/standards.html
http://www.h323.org
http://www.ncih.net/h323/h323info.html
http://www.meetingbywire.com/netmeetingh323.htm
http://www.protocols.com/papers/voip2.htm
```

[Web 03]   H.323: Implementation Notes
```
http://www.packetizer.com/in/
```

[Web 04]   H.323 Forum
```
http://www.h323forum.org
```

[Web 05]   H.245 – Informationen und Standards
                http://www.packetizer.com/iptel/h245/

[Web 06]   H.323 Protocols Suite, H.450.x
                http://www.protocols.com/pbook/h323.htm

[Web 07]   OpenH323 Gatekeeper – The GNU Gatekeeper
                http://www.gnugk.org/index.html

[Web 08]   H.323 Clients
                http://www.openh323.org/h323_clients.html

Kapitel 7

[Cama 01]   *Camarillo, G.:* SIP Demystified. McGraw-Hill, 2001

[HaBo 04]   *Harte, L., Bowler, D.:* Introduction to SIP IP Telephony Systems.
                ALTHOS, 2004

[RuSL 02]   *Rupp, S., Siegmund, G., Lautenschlager, W.:* SIP-Multimediale
                Dienste im Internet. dpunkt, 2002

[SiJo 01]   *Sinnreich, H., Johnston, A., B.:* Internet Communications Using SIP.
                John Wiley & Sons, 2001

Webquellen

[Web 01]   SIP-betreffende Aktivitäten von IETF-Arbeitsgruppen
                http://www.ietf.org/html.charters/sip-charter.html
                http://www.ietf.org/html.charters/
                    mmusic-charter.html

[Web 02]   SIP Homepages
                http://www.softarmor.com/sipwg/
                http://www.cs.columbia.edu/sip/
                http://www.cs.columbia.edu/sip/implementations.html

[Web 03]   SIP Center
                http://www.sipcenter.com/

[Web 04]   SIP Forum
                http://www.sipforum.org/

Kapitel 8

[Blac 01]   *Black, U.:* Internet Telephony, Call Processing Protocols. Prentice
                Hall, 2001

[GoRA 98]   *Gora, W.:* ASN.1, Abstract Syntax Notation One. FOSSIL, 1998

Webquellen

[Web 01]   Informationen über MGCP
                http://www.packetizer.com/iptel/mgcp/links.html
                http://www.networksorcery.com/enp/protocol/mgcp.htm
                http://www.hssworld.com/whitepapers/overview.htm
                http://www.vovida.org/mailman/listinfo/mgcp
                http://www.vovida.org/document/pdf/
                    MGCP_Translator.pdf

[Web 02]   Informationen über Megaco/H.248
              http://www.ietf.org/html.charters/
                    megaco-charter.html
              http://www.packetizer.com/iptel/h248/
              http://www.voip-info.org/wiki-Megaco
              http://www.techabulary.com/h/h248.html
              http://www.networksorcery.com/enp/protocol/
                    megaco.htm

[Web 03]   Linux H.323 – ISDN Gateway
              http://www.telos.de/linux/H323/default_e.htm

Kapitel 9

[BaHo 01]   *Badach, A., Hoffmann, E.:* Technik der IP-Netze, TCP/IP incl. IPv6.
              Hanser, 2001, und 2. Auflage 2005

Webquellen

[Web 01]   Information über TRIP und Telefonie-Routing
              http://www.ietf.org/html.charters/
                    iptel-charter.html
              http://www.packetizer.com/iptel/trip/
              http://www.vovida.org/
              http://www1.cs.columbia.edu/~kns10/projects/
                    summer2002/trip/TRIP.pdf
              http://www.ittc.ku.edu/research/thesis/documents/
                    matt_schlesener.pdf

[Web 02]   Information über BGP
              http://www.softpanorama.org/Net/routing.shtml
              http://www.cisco.com/univercd/cc/td/doc/cisintwk/
                    ito_doc/bgp.htm

Kapitel 10

[BaHo 01]   *Badach, A., Hoffmann, E.:* Technik der IP-Netze, TCP/IP incl. IPv6.
              Hanser, 2001, und 2. Auflage 2005)

Webquellen

[Web 01]   Migration zu VoIP
              http://www.voip-info.de/migration.php
              http://www-search.cisco.com/global/DE/consultant/
                    pdf/ip-teldg_dt.pdf
              http://www.swyx.de/swyxware/anwenderberichte.html
              http://www.cytel.de/loesungen/migration.html
              http://www.gaertner.de/rat-und-tat/
                    voip-09-2004.html

[Web 02]   VoIP und Telekommunikationsgesetz
              http://www.regtp.de/reg_tele/start/
                    in_05-17-00-00-00_m/
              http://www.regtp.de/reg_tele/03113/

[Web 03]   STUN, VoIP und NAT
              http://www.voip-info.org/wiki-NAT+and+VOIP
              http://www.networksorcery.com/enp/protocol/stun.htm
              http://www.voip-info.org/wiki-STUN

[Web 04]   VoIP-Komponenten
                  http://www.voipphones.de/
                  http://asterisk.org/
                  http://www.asterisknews.com/
                  https://www.linux-magazin.de/Artikel/ausgabe/
                        2004/08/softphones/softphones.html
                  http://www.onlinekosten.de/voip/technik
                  http://www.voip-informer.de/index.php
                  http://www.voiptec.de/
                  http://www.cytel.de/produkte/ibxvoip.html
                  http://www.onlinekosten.de/breitband/dsl
                  http://www.freeworlddialup.com/support/
                        configuration_guide

[Web 05]   Internet-Telefonie
                  http://www.mammutprojekt.de/index.html?index
                  http://www.switchtel.de/
                  http://www.barmala.de/voip.de.php
                  http://www.freeworlddialup.com/

[Web 06]   Anbieter der Internet-Telefonie
                  http://www.voip-informer.de/index.php
                  http://www.voipanbieter.net/index.html
                  http://www.onlinekosten.de/voip/anbieter
                  http://www.1und1.de/
                  http://www.bluesip.net/
                  http://www.broadnet-mediascape.de/
                  http://www.dus.net/
                  http://www.freenet.de/freenet/
                  http://www.gmx.net/
                  http://www.nikotel.de/de/index.htm
                  http://www.qsc.de/
                  http://www.sipgate.de/user/index.php
                  http://www.sipsnip.com/de/
                  http://www.skype.com/intl/de/
                  http://web.de/

[Web 07]   Information über SPIT
                  http://www.lv1.ifkomhessen.de/spit.htm
                  http://www.ig4.de/ticker_meldungen/1105432274.html
                  http://www.onlinekosten.de/news/artikel/16379

Abkürzungsverzeichnis

3GPP   Third Generation Partnership Project

A

AC   Authentication Center

AccCF   AccessConFirm(ation)

AccRQ   AccessReQuest

ACELP   Algebraic-Code-Excited Linear-Prediction

ACF   Admission ConFirm(ation)

ACK   ACKnowledgement

ACM   Address Complete Message

ADPCM   Adaptive Differential PCM

ADSL   Asymmetric Digital Subscriber Line

AES   Advanced Encryption Standard

ANS   ANSwer Message

APDU   Application Protocol Data Unit

API   Application Programming Interface

ARP   Address Resolution Protocol

ARQ   AdmissionReQuest

AS   Application Server

ASN.1   Abstract Syntax Notation No. 1

AVP   Audio Video Profiles

B

BE   Border Element

BG   Border-Gateway

BGP   Border Gateway Protocol

BSC   Base Station Controller

BTS   Base Transceiver Station

C

CA   Call Agent

CBQ   Class Based Queueing

CBWFQ   Class-based Weighted Fair Queueing

CC   Call Completion

CCITT   Comité Consultatif International Télégraphique et Téléphonique

CD   Call Deflection

CELP   Code-Excited Linear-Prediction

CF   Call Forwarding

CID   Context Identifier

CLC   CloseLogicalChannel

CM   Counter Mode

CN   Core Network

COPS   Common Open Policy Service

CORBA   Common Object Request Broker Architecture

CoS   Class of Service

CQ   Custom Queueing

CRC   Cyclic Redundancy Check

CS   Circuit Switched

CS-ACELP   Conjugate-Structure ACELP

CSRC   Contributing SouRCe Identifiers

CRTP   Compressed RTP

Cseq   Command Sequence

cT	capabilityTable	**F**		
CT	Call Transfer	FCP	Fast Connect Prozedur
CTI	Computer Telephony Integra-tion	FIFO	First In First Out
		FQ	Fair Queueing
D		FT	Finish Time
DCF	Disengage ConFirm(ation)	FTP	File Transfer Protocol
DCOM	Distributed Component Object Model	FVSt	Fernvermittlungsstelle
		FW	Firewalls
DECT	Digital Enhanced Cordless Telecommunications	**G**	
DES	Digital Encryption Standard	G	Generation
DH	Diffie-Hellman	GCF	Gatekeeper ConFirm(ation)
DHCP	Dynamic Host Configuration Protocol	GGSN	Gateway GPRS Support Node
		GK	Gatekeeper
DiffServ	Differentiated Services	GK-P	Gatekeeper-Proxy
DL	Data Link	GPSR	General Packet Radio Service
DNS	Domain Name System	GRJ	GatekeeperReJect
DoS	Denial of Service	GRQ	Gatekeeper ReQuest
DPCM	Differential PCM	GSM	Global System for Mobile Communications
DRQ	Disengage Request		
DS	Differentiated Services	GW	Gateway
DSL	Digital Subscriber Line	**H**	
DSCP	DiffServ Code Point	HDLC	High Level Data Link Control
DU	Descriptor Update	HLF	Home Location Function
DUAck	Descriptor UpdateAck	HLR	Home Location Register
E		HMAC	Hashing for Message Authen-tication
EIR	Equipment Identication Register	HTTP	HyperText Transfer Protocol
ENUM	Telephone Number URI Mapping bzw. TElephone NUmber Mapping	**I**	
		IAM	Initial Address Message
ETSI	European Telecommunica-tions Standards Institute	IANA	Internet Assigned Numbers Authority
		ICMP	Internet Control Message Protocol

ID   Identifikation

IE   Information Element

IDEA   International Data Encryption
         Algorithm

IESG   Internet Engineering Steering
         Group

IETF   Internet Engineering Task
         Force

IKE   Internet Key Exchange

IMS   IP Multimedia Subsystem

IMTC   International Multimedia
         Teleconferencing Consortium

IN   Intelligent Network

INAP   Intelligent Network Applica-
         tion Part

IP   Internet Protocol

IPv4   Internet Protocol Version 4

IPv6   Internet Protocol Version 6

IRTF   Internet Research Task Force

ISC   International Softswitch-
         Consortium

ISDN   Integrated Services Digital
         Network

ISUP   ISDN User Part

ISP   Internet Service Provider

ITAD   IP Telephony Administrative
         Domain

ITU   International Telecommunica-
         tion Union

ITU-T   ITU, Telecommunication
         Standardization Sector

J

JAIN   Java API for Integrated
         Networks

K

KMP   Key Management Protocol

L

LAN   Local Area Network

LAPD   Link Access Procedure on
         D-Channel

LBS   Location Based Services

LCF   LocationConfirm(ation)

LDAP   Lightweight Directory Access
         Protocol

LD-CELP Low-Delay CELP

LPC   Linear Predictive Coding

LRQ   Location ReQuest

LS   Location-Server

M

MAC   Medium Access Control

MAC   Message Authentication Code

MAP   Mobile Application Part

MC   Media Channel

MCC   Media Control Channel

MCU   Multipoint Control Unit

Megaco   Media Gateway Control

MG   Media Gateway

MGC   Media Gateway Controller

MGCP   Media Gateway Control
         Protocol

MIKEY   Multimedia Internet KEYing

MKI   Master Key Identifier

MOS   Mean Opinion Score

MP-MLQ   Multipulse Maximum
         Likehood Quantization

MSC   Message Switching Center

MSD   MasterSlaveDetermination

MSF   Multiservice Switching Forum

MTP   Message Transfer Part

N

NAPTR   Naming Authority Pointer

NAT   Network Address Translation

NGN   Next Generation Network

NSP   Network Service Provider

NTP   Network Time Protocol

O

OK   Okay

OLC   Open Logical Channel

OMA   Open Mobile Alliance

OSA   Open Service Architecture/
        Access

OSI   Open System Interconnection

P

PBX   Private Branch Exchange

PCM   Pulse Code Modulation

PDA   Personal Digital Assistant

PHB   Per Hop Behaviours

PINT   PSTN/Internet INTerworking

PPP   Point-to-Point Protocol

PQ   Priority Queueing

PS   Proxy-Server

PS   Packet Switched

PSTN   Public Switched Telephone
        Network

PT   Payload Type

Q

Q   Queue

QoS   Quality of Service

Q-SIG   Q-Signalling

R

R   Router

R&S   Router und Splitter

RADIUS Remote Authentication
        Dial-In User Service

RAN   Radio Access Network

RAS   Registration, Admission,
        Status

REL   RELease

RCF   Registration Confirm(ation)

RCN   Radio Network Controller

RFC   Request for Comments

RIP   Request In Progress

RIP   Routing Information Protocol

RLC   ReLease Complete

ROHC   Robust Header Compression

RR   Receiver Report

RR   Resource Record

RRQ   Registration Request

RS   Redirect-Server

RSVP   Resource reSerVation
        Protocol

RTCP   RTP Control Protocol

RTD   Round-Trip Delay

RTP   Real-time Transport Protocol

RTT   Round-Trip-Time

S

SCCP   Signalling Connection
        Control Part

SCP   Service Control Point

SCS   Service Capability Server

SCTP   Stream Control Transmission
        Protocol

SDES   Source Description

SDP   Session Description Protocol

SG   Study Group

SGSN   Serving GPRS Support Node

SHA	Secure Hash Algorithm		TK	Telekommunikation
SIG	Signalisierung		TMT	Time-Memory-Tradeoff
SIP	Session Initiation Protocol		TPDU	Transport Protocol Data Unit
SLA	Service Level Agreement		TPKT	Transport PacKeT
SLD	Second-Level Domain		TRIP	Telephony Routing over IP
SMTP	Simple Mail Transfer Protocol		TL	Time To Live
SN	IP-Subnetz		TLD	Top-Level Domain
SNMP	Simple Network Management Protocol		ToS	Type of Service
			TVSt	Teilnehmervermittlungsstelle
SPIM	Common Presence and Instant Messaging			

U

SPIRITS	Service in the PSTN/IN Requesting InTernet Service
SPIT	Spam over Internet Telephony, dt. Spam über Internet-Telefonie

UDP	User Datagram Protocol
UMTS	Universal Mobile Telecommunications System
UP	User Part
URI	Uniform Resource Identifier

SR	Sender Report
SS7	Signalling System No. 7
SSP	Service Switching Point
SSRC	Synchronization SouRCe Identifier
SLA	Service Level Agreement
SN	IP-Subnetz
SRTP	Secure Real-time Transport Protocol
STP	Signalling Transfer Point
STUN	Simple Traversal of UDP through NAT(s)

URL	Uniform Resource Locator
UCF	UnregistrationConfirm(ation)
URJ	UnregistrationReject
URQ	UnregistrationRequest
UTRAN	UMTS Terrestrial Radio Access Network

V

VG	VoIP-Gateway
VHE	Virtual Home Environment
VLAN	Virtual Local Area Network
VLF	Visitor Location Function
VLR	Visitor Location Register
VoIP	Voice over IP
VPN	Virtual Private Network
VS	VoIP-Server
VS-P	VoIP-Server-Proxy
VSt	Vermittlungsstelle

T

TCAP	Transaction Capabilities Application Part
TCP	Transmission Control Protocol
TCS	TerminalCapabilitySet
TH	Telefon-Hub
Tln	Teilnehmer

W

WAN	Wide Area Network
WAP	Wireless Application Protocol
WFQ	Weighted Fair Queueing
WG	Working Group
WLAN	Wireless Local Area Network
WWW	World Wide Web

X

| XML | eXtensible Markup Language |
| XOR | eXclusive OR |

Z

| Z | (VoIP-)Zone |

Index

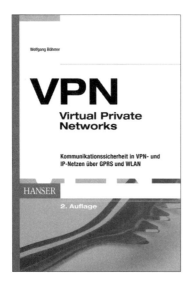